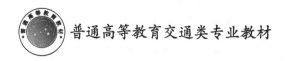普通高等教育交通类专业教材

舟桥设计理论

程建生　段金辉　主　编
王建平　陈启飞　副主编

人民交通出版社股份有限公司
北　京

内 容 提 要

本书是普通高等教育交通类专业教材之一,主要内容包括:舟桥概述、舟桥发展、我军制式舟桥的结构、舟桥总体设计、浮桥河中部分设计、连续体系浮桥岸边结构设计、连续体系浮桥动力学分析、浮桥锚定有关问题设计、门桥和码头的计算、舟桥模块化设计、海岸浮游栈桥、舟桥结构优化方法、舟桥发展的若干专题以及舟车的要求与计算。

本书供土木工程(桥梁与隧道工程方向)和交通运输工程硕士研究生及相关专业学位研究生的专业课程教学使用,也可供与舟桥相关的规划、设计、生产、监制、管理、使用、维护等工程技术人员参考。

图书在版编目(CIP)数据

舟桥设计理论/程建生,段金辉主编. —北京:
人民交通出版社股份有限公司,2023.6
ISBN 978-7-114-18748-3

Ⅰ.①舟… Ⅱ.①程… ②段… Ⅲ.①浮桥—桥梁设计 Ⅳ.①U448.192.5

中国国家版本馆 CIP 数据核字(2023)第 070547 号

Zhouqiao Sheji Lilun

书　　名	舟桥设计理论
著 作 者	程建生　段金辉
责任编辑	郭　跃
责任校对	孙国靖　宋佳时
责任印制	张　凯
出版发行	人民交通出版社股份有限公司
地　　址	(100011)北京市朝阳区安定门外外馆斜街 3 号
网　　址	http://www.ccpcl.com.cn
销售电话	(010)59757973
总 经 销	人民交通出版社股份有限公司发行部
经　　销	各地新华书店
印　　刷	北京虎彩文化传播有限公司
开　　本	787×1092　1/16
印　　张	18.25
字　　数	423 千
版　　次	2023 年 6 月　第 1 版
印　　次	2023 年 6 月　第 1 次印刷
书　　号	ISBN 978-7-114-18748-3
定　　价	58.00 元

(有印刷、装订质量问题的图书,由本公司负责调换)

前言 Preface

"逢山开路、遇水架桥",历来是兵家必须解决的重要课题。舟桥装备是工程装备中渡河桥梁装备的主要组成部分,也是工程兵舟桥部(分)队遂行渡河工程保障任务的主要装备,其战时用于架设浮桥和开设门桥渡口,从而保障作战部队、武器装备、人员物资克服江河、湖泊、水渠等水障碍实施机动;和平时期也可作为人员车辆通行、物资转运及抢险救灾保障交通机动的一种应急装备。本书围绕舟桥设计中关心的主要问题,以舟桥结构设计为落脚点,以舟桥使用中的安全性为目标,以舟桥承载力计算为重点,融合了作者多年的相关研究成果,较系统地介绍了舟桥设计中的相关理论与技术。

本书围绕舟桥设计理论中关心的主要问题进行阐述,包括舟桥概述、舟桥发展、我军制式舟桥结构、舟桥总体设计、浮桥河中部分设计、连续体系浮桥岸边结构设计、连续体系浮桥动力学初步分析、浮桥锚定有关问题设计、门桥和码头的计算、舟桥模块化设计、海岸浮游栈桥、舟桥结构优化方法、舟桥发展的若干专题以及舟车的要求与计算共14章主要内容。本书在编写过程中开展了多项研究,其中一些研究工作得到国家自然科学基金(50578157)、科研课题"××桥梁桥面防滑耐磨技术研究""高流速下××锚定技术研究""××架设过程动态响应分析""某桥故障诊断综合系统""某重型舟桥故障诊断综合系统""××适时动力固定技术研究""××装备保障能力试验与评估研究"等项目的资助。

本书由程建生、段金辉担任主编,王建平、陈启飞担任副主编。具体编写分工为:程建生编写第1章、第5章、第6章和第10章;段金辉编写第2章、第9章、第11章;王建平编写第7章、第13章;陈启飞编写第3章、第14章;刘俊谊编写第4章;申玫编写第8章;王儒编写第12章。

全书由程建生负责统稿,由黄亚新、李志刚进行审稿。

限于编者水平,书中难免存在疏漏之处,恳请广大读者批评指正。

编　者
2023年2月

目录 Contents

第1章 舟桥概述 ··· 1
1.1 舟桥历史 ··· 1
1.2 舟桥分类 ··· 1
1.3 舟桥的性能与要求 ··· 2

第2章 舟桥发展 ··· 6
2.1 外军带式舟桥发展 ··· 6
2.2 外军自行舟桥发展 ·· 14
2.3 我军舟桥发展 ·· 24

第3章 我军制式舟桥的结构 ··· 28
3.1 某型四折带式舟桥结构 ··· 28
3.2 新型重型舟桥结构 ··· 45
3.3 自行舟桥结构 ·· 51

第4章 舟桥总体设计 ·· 55
4.1 舟桥总体任务设计 ··· 55
4.2 舟桥总体指标论证 ··· 57
4.3 达到战技指标的主要技术途径 ·· 63

第5章 浮桥河中部分设计 ·· 71
5.1 简支体系浮桥 ·· 71
5.2 铰接悬臂体系浮桥 ··· 74
5.3 连续体系浮桥 ·· 78
5.4 临界长浮桥的弯矩和吃水计算 ·· 83
5.5 浮桥扭转计算 ·· 87
5.6 刚性连接的间隙对弯矩和吃水的影响 ··································· 90
5.7 各种体系浮桥的对比 ·· 93

第6章 连续体系浮桥岸边结构设计 ·· 97
6.1 自由端浮桥末段 ··· 97

6.2 刚性端浮桥末端 …………………………………………………………… 100
6.3 刚性支座上预留间隙浮桥末端 …………………………………………… 104
6.4 带弹性支座浮桥末端 ……………………………………………………… 111
6.5 带限制铰浮桥末端 ………………………………………………………… 117
6.6 各种支撑情况的对比 ……………………………………………………… 123

第7章 连续体系浮桥动力学分析 …………………………………………… 126
7.1 弹性基础梁浮桥连续通载时的动力响应研究 …………………………… 126
7.2 浮桥设计计算理论发展的趋势 …………………………………………… 130

第8章 浮桥锚定有关问题设计 ……………………………………………… 136
8.1 基于弹性理论的浮桥横张纲锚定分析 …………………………………… 136
8.2 浮桥固定时锚纲长度计算及安全性评估 ………………………………… 139
8.3 群桩锚定板计算 …………………………………………………………… 146
8.4 基于土压力理论的浮桥制式锚的锚定力计算 …………………………… 150

第9章 门桥和码头的计算 …………………………………………………… 156
9.1 门桥计算 …………………………………………………………………… 156
9.2 码头计算 …………………………………………………………………… 165

第10章 舟桥模块化设计 ……………………………………………………… 171
10.1 模块化的基本概念 ………………………………………………………… 171
10.2 新型舟桥的模块化设计规则 ……………………………………………… 175
10.3 舟桥模块化设计的基本操作 ……………………………………………… 188

第11章 海岸浮游栈桥 ………………………………………………………… 195
11.1 舟桥器材架设海岸浮游栈桥 ……………………………………………… 195
11.2 特殊结构浮游栈桥的力学模型及总体分析 ……………………………… 199
11.3 浮游栈桥的耐波性设计 …………………………………………………… 204
11.4 浮游栈桥的波浪效应估算 ………………………………………………… 207
11.5 海岸浮游栈桥在波浪上的动力效应计算 ………………………………… 211
11.6 登陆浮游栈桥的接船设计 ………………………………………………… 214
11.7 架设登陆浮游栈桥的水上动力计算 ……………………………………… 217

第12章 舟桥结构优化方法 …………………………………………………… 220
12.1 桥脚分置式舟桥向带式舟桥过渡的理论 ………………………………… 220
12.2 浮桥的优化基本概念 ……………………………………………………… 226

第13章 舟桥发展的若干专题 ………………………………………………… 235
13.1 复合材料的舟桥结构 ……………………………………………………… 235
13.2 舟桥桥面结构防滑耐磨分析 ……………………………………………… 239

13.3　信息化战争中的新概念舟桥装备 ··· 245

第14章　舟车的要求与计算 ··· 251

14.1　舟车(桥车)概述 ·· 251
14.2　舟车的现状与发展趋势 ·· 255
14.3　舟车计算 ·· 261

附录A　弹性基础连续梁桥各种公式 ··································· 271

A.1　无限长弹性基础梁有关公式 ···································· 271
A.2　弹性基础梁有关函数 ·· 271
A.3　弹性基础梁在其他条件下的有关公式 ························· 273
A.4　半无限长弹性基础梁的有关公式 ······························ 275

附录B　各类锚纲材料参数 ··· 277

B.1　D型钢丝绳参数表 ·· 277
B.2　麻绳诸元 ··· 279
B.3　聚乙烯塑料绳诸元 ··· 280

参考文献 ·· 281

第1章 舟桥概述

1.1 舟桥历史

我国幅员辽阔、江河纵横、沟渠密布,对军队的机动影响很大,能否快速、有效地克服江河障碍,直接关系到战局的胜败。舟桥是我军工程兵舟桥部(分)队战时用于架设浮桥、开设门桥渡口,保障作战部队和武器装备克服江河障碍的重要装备。

"逢山开路,遇水架桥"历来是兵家必须解决的重要课题。据统计,在我国流域面积在 $100km^2$ 以上的江河有 5 万多条,其中流域面积在 $1000km^2$ 以上的江河有 1500 余条,且有长江、黄河、珠江、松花江、鸭绿江、闽江、乌苏里江等特大江河 79 条,故自古以来我国军事家都十分重视渡河问题。据史料记载,"亲迎于渭,造舟为梁"(《诗经》),讲的是公元前 1142 年,周文王为了迎娶妃子,在渭水河上用舟船连成浮桥,并且亲自到河边迎接的故事,这是有史以来最早有关浮桥的文字记载;周武王伐纣时(约公元前 1066 年)即有渡大水的"天潢"和"飞江",越沟堑的"飞桥";公元前 287 年,秦昭襄王在山西蒲坂(现永济县)的黄河上架通了著名的军用浮桥——蒲津桥;公元 35 年,蜀将任满、田戎在湖北荆门—虎牙的长江上,首次架设了跨越长江的军用浮桥,后被东汉刘秀军焚毁;公元 1243 年至 1276 年,蒙古军兼并南宋进攻四川时,专门组织了船桥水手军,这是我国首次组建的专业舟桥部队,装备了木船、革囊、浑脱(用整只羊皮充气的浮囊),先后架桥 20 余次,对平定四川,"浮桥之功居多";1851 年至 1854 年间,清代太平天国也多次在武汉等地的长江上架设军用浮桥,其中一次的架桥点就是目前武汉长江大桥的桥址;1881 年,直隶总督李鸿章呈光绪皇帝的奏章中报告"查天津机器制造局……西局……上年造成行军桥船 130 余只,百丈之河,顷刻成为平地",这是近代工业制造舟桥的最早记录。

1.2 舟桥分类

渡河装备种类繁多,各成体系,主要包括制式舟桥装备、就便渡河器材、轻便渡河器材等。制式舟桥器材是舟桥部(分)队的装备,是军队渡河的骨干器材。

制式舟桥器材按照结构形式不同可分为普通舟桥器材、带式舟桥器材、自行舟桥器材等,按照载质量不同可分为轻型舟桥器材、中型舟桥器材和重型舟桥器材。

1.2.1 按器材的来源分类

渡河器材按其来源可以分为制式渡河器材、就便渡河器材、战备渡河器材。

制式渡河器材:专门设计的由装备部队使用的渡河器材,主要有各种冲锋舟、橡皮舟、轻型门桥和舟桥装备等,是部队进行渡河工程保障时进行轻便器材渡河、门桥渡河和浮桥渡河的装备。

就便渡河器材:在战时根据需要临时征集各种就便器材用来架设浮桥、构筑门桥等,也可以进行其他各种渡河方法。

战备渡河器材:一般是由国家交通战备部门研发,用于后方交通保障的渡河器材。

1.2.2 按舟桥装备的承载量分类

轻型门桥装备:其载质量为 16t 以下,主要包括轻型门桥和架设徒步桥,保障作战人员克服小型江河。

轻型舟桥装备:其载质量为 25t 以下,主要保障各种轻型装备克服江河障碍。

中型舟桥装备:其载质量为 40t 以下,例如某型轻型舟桥器材,主要保障各种中型装备克服江河障碍。

重型舟桥装备:其载质量为 50t 以上,例如某型四折带式舟桥、某型特种舟桥、新型重型舟桥等,主要保障各种重型装备克服江河障碍。

1.2.3 按舟桥装备的结构特点分类

普通舟桥:又称为桥脚分置式舟桥,是舟桥装备的早期形式,其主要结构有舟体、桥桁、桥板等,架设使用时作业步骤多、作业速度慢、劳动强度大。

特种舟桥:克服长江、黄河等特大江河的专用舟桥装备,并具有较强抗风浪能力、克服江河水急、河宽的能力。

带式舟桥:目前舟桥的主要形式,与普通舟桥相比,其舟、桁、板合为一体,架设使用作业简单、架设速度快、劳动强度低,总体性能高。

自行舟桥:目前世界上最先进的舟桥,与带式舟桥相比,其舟体、舟车、水上动力合为一体,具有水陆两栖行驶、防护能力强、自动化程度高等特点。

1.3 舟桥的性能与要求

1.3.1 舟桥的主要性能

舟桥装备的主要性能体现在以下几个方面:强大的支援保障能力、快速机动能力、快捷可靠的作业能力、良好的适应能力、较强的生存能力。

(1)支援保障能力。支援保障能力是器材在保障有关技术兵器通过桥梁过程中所表现出的由其自身结构所决定的各项保障能力,主要包括承载能力、通行速度和通载能力等。

(2)快速机动能力。快速机动能力是器材在机动阶段所具备的机动越野能力,主要表现为最高机动速度、最小转弯半径、最大爬坡度及越野能力等。

(3)快捷可靠的作业能力。快捷可靠的作业能力是器材在架设和撤收两个作业阶段中所具有的与作业效率相关的性能,主要指最快架设时间、最快撤收时间、最快转换时间、作业手的数量和专业培训难易程度等。可靠性能是器材在整个寿命周期内完成与维持规定功能的能力,具体体现为可靠性、维修性、有效性及耐久性等。

(4)良好的适应能力。良好的适应能力是器材对架桥点自然环境的适应能力和应变能力,主要包括其能适应岸坡、两岸高差、克服障碍最大宽度、适应不同宽度障碍等方面。

(5)较强的生存能力。较强的生存能力是器材在使用环境中的生存能力,主要指伪装隐蔽能力、抗侦察能力、抗损能力等。

1.3.2 舟桥的主要要求

舟桥装备器材以直属或战斗前由上级加强的方式伴随保障合成军队,克服行军集结和开进途中的江河障碍;强渡敌防御阵地前沿和纵深内的江河;在退却作战中保障军队有序地退却渡河。保障的重点是合成军队的装甲部队和炮兵部队。保障的时限紧迫,往往要超过被保障的部队前出至江河,按规定的时限开设门桥渡口或浮桥渡口,遂行任务完毕则需要立即撤收转移至后续江河进行保障。隐蔽条件极差的开阔水面的克服和敌人远射程、高精度、大威力的武器打击威胁是遂行保障任务的主要困难。为此,舟桥装备应该满足下列战术和技术要求:

(1)以最少的作业人员和最少的作业时间架设浮桥或结合门桥,开设浮桥渡口或门桥渡口,保障部队渡河;

(2)构筑的渡口具有良好的通行性能,不需要改变渡河部队的行军队形,不显著改变部队的行军速度;

(3)可以快速由门桥渡河转化为浮桥渡河或由浮桥渡河转化为门桥渡河;

(4)无论是门桥还是浮桥都应该有较好的抗损性和抗沉性;

(5)结构和设备具有良好的操作性和使用安全性;

(6)装备可沿道路、铁路、水路或空中实施快速机动,装载装备器材的车辆越野能力强,可以直达水沿;

(7)舟桥装备的可靠性和维修性好,容许反复多次地结合、架设和使用,故障率低,并能在野战条件下快速修理;

(8)装备器材具有较好的互换性和通用性,便于快速架设、快速更换和夜间作业;

(9)浮桥和门桥的载质量等级多,以便根据需要架设不同吨位的浮桥和门桥,充分提高装备器材的利用效率;

(10)便于战时大量制造,尽量基于国产化;

(11)利用舟桥装备架设的浮桥或结构的门桥,应该具有一定的隐蔽能力和快速机动能力,以提高战场的生存能力。

1.3.3 满足战术技术要求的措施

为使制式舟桥器材能满足上述要求,可采取下列措施。

1.3.3.1 制定合理的战术技术指标

上述战术技术要求之间存在着不同程度的矛盾制约关系,例如大载质量和高通过性能必然造成器材结构的强劲和复杂,宏观尺度和自重大,在一定程度上会制约架设(结合)速度和水陆机动速度。用相同的战术技术指标要求不同作战使命任务的器材会使设计陷入困境。实际上,不同作战使命任务的舟桥器材有着不同的保障对象、不同的主要战术使用时机和不同的战场环境,允许满足战术技术要求的重点和程度不同,从而形成一个国家军队符合国情和现代战争要求的舟桥装备系列。

因此,一种舟桥器材设计前应把它放在军队舟桥装备系列中来考虑,深入分析它的保障对象、主要使用时机、战场环境及国家工业的发展水平,得出合理的战术技术指标体系,使研制工作顺利进行。

1.3.3.2 采用高性能新材料

为了加快结合和架设速度、减少运输车辆、提高陆上机动速度、减轻劳动强度,从而减少作业人员,制造舟桥器材要采用轻质高强材料。特别是轻型舟桥器材和供空降部队专用的舟桥器材,要采用高强铝合金、纤维增强材料以及编织物增强橡胶布。重型舟桥和自行舟桥目前仍然是以使用钢材为主,其主要受力构件和连接件采用高强合金结构钢;在国力允许时,可采用铝合金和高强合金结构钢的混合结构,以减轻每纵长米桥梁自重和拼装单元自重。

1.3.3.3 采用先进的结构技术

这是实现战术技术性能指标最重要的技术途径。总体结构是指浮(门)桥的结构类型(桥脚分置式或带式)河中部分体系及连岸部分的形式,漕渡门桥的结构组成及其与岸边连接的样式,舟、主梁、桥面系融合的程度与结构形式,舟体型线和抗沉结构措施,桥段(门桥)划分拼装单元和运输单元的方案,桥段间、拼装单元间连接的结构样式,浮(门)桥载重能力变化及两种渡河方式互相转化的结构,浮桥闭塞、固定的结构,在水上动力与舟桥合为一体时,还要考虑动力及传动系统的结构布置。设计中根据国家工业发展现状,应用桥梁、船舶先进的结构理论,参考国内外舟桥器材的已有结构解决措施,拟制几个总体结构方案并系统地进行比较,确定全面符合战技性能指标的可行方案进行结构设计。在设计中,对构件采用既能充分利用材料强度减轻自重,又便于连接、使用、制造和运输的结构。

1.3.3.4 选择性能良好的底盘车

采用能充分利用其越野载质量和容许载运空间的运输单元方案。大越野载质量和大载运空间的底盘车,能促成运输单元最大限度桥段化和增大单车所运器材架设浮(门)桥长度,从而减少架设定长浮桥所需的运输车辆数量及其行军长径。而高通行性能不仅能保证舟桥器材有伴随合成军队机动的速度,还能保证它离开道路沿土路或岸滩到达水沿,沿河岸宽正面多点展开,同时进行泛水、结合、架设和撤收作业,从而缩短渡口构筑和撤收的作业时间。

1.3.3.5 提高装备机械化水平

结构的总体方案要有利于作业的机械化,以杜绝笨重和不安全的手工作业,缩短作业时间,减少作业人员。与上述作业相匹配的机械有:拼装单元中手动或液压的拼装连接机械;由底盘车动力驱动的运输单元泛水、展开、折叠、装车机械;水上动力艇或动力尾舟;岸边舟或码头、栈桥的手动升降机械;大型跳板的液压折叠翻转机械;手动锚机等。高越野性能的运载车辆、足够数量的水上动力舟艇与上述作业机械配合,可使构筑、使用、水上转移及撤收渡口的工作在宽大作业面上以机械化方式进行。

1.3.3.6 认真贯彻执行标准化要求

标准化是指在国际、国家和行业范围内对工业产品和建设工程的设计、生产(施工)、检验(验收)等环节规定和实行先进的统一协调的技术要求,以获得最佳的社会经济效益,它是组织现代化生产和提高产品与工程质量、减少物质消耗的重要手段,也是实现科学管理的重要技术基础。军用标准化对提高武器装备和国防工程的标准化程度、保证质量、提高效益、便于维修和安全节约起着重要作用。国家军用标准(GJB)中对舟桥装备的作战使用、研究、设计、定型试验、生产、验收及品种、规格制定了技术先进的规范、规程和标准,总结内外舟桥装备研制和使用中的先进经验。认真贯彻有关的国家标准(GB)和国家军用标准,不仅能保证舟桥产品规定的功能的可靠性、维修性、安全性和使用性能;而且设计图纸和技术文件的标准化、原材料的国产化和标准化、零部件尽可能采用标准件和通用件、动力装置主机采用国家定型系列产品、底盘车选用军用车辆型谱中的车型,均有利于战时组织大量制造。

第2章 舟桥发展

渡河桥梁装备在武器装备中有着不可或缺和替代的作用,对取得战场的主动权和战争的胜利影响很大。世界各国特别是各军事强国一直很重视并不断地加强渡河桥梁装备的发展。在未来空地一体化的高技术战争中,渡河桥梁装备是保障装甲、机械化部队快速通过江河障碍,保持作战部队高速机动的进攻锐势的重要装备。

2.1 外军带式舟桥发展

外军渡河桥梁装备主要分为舟桥装备和桥梁装备两大部分,其他是与之配套的相关装备。进入20世纪90年代以来,在80年代中末期开始研制的性能先进、具有明显高技术特点的型号大都陆续装备部队。如美国HDSB重型干沟支援桥,英国"90年代桥梁系统",德国SPB2型冲击桥,俄罗斯MTU—90冲击桥、TMM—6机械化桥,印度MHAB,日本92型带式舟桥等。

外军目前主要装备是带式舟桥、自行舟桥、冲击桥和快速组合式桥。带式舟桥以德军FSB2000为代表,自行舟桥先进的是德国M3自行舟桥。桥梁装备发展势头迅猛。美国HAB冲击桥、德国鼍蜥桥、英国20世纪90年代桥梁系统和瑞典FB48快速桥等性能先进,代表了主要发展方向。外军新研制装备的带式舟桥载质量大,适应流速高,能越过堤防泛水。今后渡河桥梁装备的发展,将趋向于加强国际间的交流与协作,向大跨度、大载质量、机械化快速作业和可空运等方向发展。尽管各国发展重点不同,但呈现出成桥梁族发展,桥梁构件模块化设计,具有极强的通用性,具有一车多用、一桥多用的通用化功能,如德国26m鼍蜥桥,上部结构既可在轮式车辆应用,也可在履带车辆应用,加1个单元可架设42m干沟桥,也可作为门桥和浮桥的上部结构;英国BR90桥梁系统,新老型号桥均可互换;其次,性能指标不断提高,如载重70吨级,单跨桥40m以上。冲击桥在采用新型主战坦克底盘的同时,向通用化和形式多样化方向发展,并出现可从车前面架设的新特点。带桥脚的机械化桥单跨跨度增大,并出现了有装甲防护的机械化桥。拆装式桥随着轻质材料和复合材料的不断应用,向着跨度大、自重轻、机械化快速作业的方向发展。

外军主要带式舟桥器材的性能见表2-1。

外军主要带式舟桥器材性能对比 表2-1

器材	单位	俄 ПП-91			德 FFB	美 IRB	法 PFM
承载能力	kN	600	900	1200	700	700~800	700
架设长度	m	268	165	141	100	120	100

续上表

器材	单位	俄 ПП-91			德 FFB	美 IRB	法 PFM
车行部宽度	m	6.55	10.11	13.77	4.1	4.1	4
架设时间	min	30	60	48	60	30	45
适应流速	m/s	3.0	3.0	3.0	3.5	3.0	3.0

2.1.1 俄军 ПП-91 舟桥纵列

俄军 ПП-91 舟桥纵列（图 2-1 ~ 图 2-6），整套器材由 8 个 МЗ-235 动力（节套）舟、4 艘 BMK-130M 桥梁牵引汽艇、32 个河中（节套）舟、4 个舟底连接器、2 个路面器材箱、4 个附加的工具、辅助器材和装备箱组成。该套纵列中还包括水障侦察装备、交通控制设备、提升设备和冬季渡河设备。该纵列由 50 辆 КрАЗ-260Г 舟桥卡车和 2 辆 ЗИЛ-4334 桥梁牵引汽艇卡车运输，该纵列可以架设浮桥（表 2-2）或者结合门桥（表 2-3）。

图 2-1　ПП-91 舟桥 60t 浮桥

图 2-2　ПП-91 舟桥双车道门桥

图 2-3　ПП-91 舟桥河中全形舟

图 2-4　ПП-91 舟桥泛水

图 2-5　ПП-91 舟桥

图 2-6　ПП-91 舟桥 120t 浮桥

浮 桥 性 能　　　　　　　　　　　　　　　　表2-2

项　　目		性　　　　能		
承载能力(kN)		600	900	1200
整套桥长(m)		268	165	141
限制条件	流速(m/s)	3	3	3
	风浪等级	2	2	2

门 桥 性 能　　　　　　　　　　　　　　　　表2-3

项　　目	性　　　　能		
承载能力(kN)	900	1800	3600
架设时间(min)	15	20	25
门桥数(个)	8	4	2
最大航行速度(km/h)	14	12	12

2.1.2　德国FSB2000带式舟桥

FSB2000舟桥(图2-7～图2-9)主要用于架设浮桥和结合门桥,保障车辆和技术兵器渡河。它是由德国克虏伯公司和曼公司联合研制的第二代带式舟桥。该器材在性能方面较FSB-70带式舟桥有较大提高。浮桥载质量由原来的60吨级提高到70吨级,在特殊情况下可达到80吨级。河中舟的质量由5440kg降为4800kg,其他性能也有明显改进(表2-4)。FSB2000同类似装备相比的优点是:由于采用了新的断面形状,改进了浮游桥脚的稳定性;门桥能适应较高的河岸;去掉了跳板;总结构强度更高;对装卸作业也作了改进。

图2-7　FSB2000带式舟桥泛水1

图2-8　FSB2000带式舟桥泛水2

图2-9　FSB2000带式舟桥泛水3

FSB2000带式舟桥主要性能　　　　　　　　　　　表2-4

一套器材架设浮桥能力		河　中　舟	
履带式载重量	630kN	全形舟质量	4800kg
长度	100m	全形舟折叠尺寸(长×宽×高)	6.7m×3.03m×2.35m
车行道宽	4.1m	全形舟展开尺寸(长×宽×桥高)	6.7m×8.85m×0.737m
架设时间	60min	全形舟展开舟艏高	1.27m
架设速度	1.67m/min	岸　边　舟	
适应流速	3.5m/s	全形舟质量	5200kg

2.1.3 美军 IRB 改进型带式舟桥

BMY 公司根据美军要求,改进了美军的带式舟桥,其改进部分达 40%。其中节套舟的线形进行了改进,节套舟的端部变得扁平一些,适应流速达到 3.2m/s。改进型的节套舟内填满泡沫塑料,即使被破坏也不沉没。浮桥的载质量达到 640kN,跳板长度增加到 7m,浮桥适应岸边高度可达 2m(表 2-5),架设速度快。采用通用桥梁运输车,配备桥梁接合托盘和经改型架桥汽艇托架,实现舟艇运输的通用化(图 2-10 ~ 图 2-15)。

IRB 改进型带式舟桥基础车或运输车性能　　　　　表 2-5

类　型	性　能	类　型	性　能
型号名称	M985 重型机动战术卡车	公路最大行驶速度	88km/h
驱动形式	8×8	最大续驶里程	483km
驾驶室乘员数	2	接近角	43°
公路最大载质量	100kN	离去角	45°
空载总质量	179.85kN	轮胎尺寸	16.00cm×20cm
公路满载总质量	281.68kN	发动机型号、类型	V-82 柴油发动机
外形尺寸(长×宽×高)	10.173m×2.438m×2.565m	发动机额定功率	327.3kW
轴距	5.334m	发动机额定功率时转速	2100r/min

图 2-10　IRB 改进型带式舟桥全形舟

图 2-11　IRB 改进型带式舟桥装车

图 2-12　IRB 改进型带式舟桥的舟车

图 2-13　IRB 改进型带式舟桥鸟瞰

图 2-14　IRB 改进型带式舟桥泛水

图 2-15　IRB 改进型带式舟桥与 SRB 混合架设门桥

2.1.4　法军 PFM F1 摩托化浮桥

法国 F1 型带式舟桥亦称 F1 摩托化浮桥(图 2-16～图 2-23)。该器材是在法军地面兵器技术局的指导下,由法国地中海船舶制造工业公司研制。通过比较试验和鉴定,于 1981 年被法国陆军列为正式装备,作为法军自行舟桥的补充器材。在 20 世纪 80 年代,法国地中海船舶制造工业公司向法国陆军交付了 3600m 长的 F1 型带式舟桥。1984 年开始生产第一批,于 1985 年底交付作战部队使用。该器材的河中舟由一个中心舟节、两个边舟节和两个压载舟节组成,是一种独特设计的五折节套舟。岸边跳板由一个坚固的构架和车行道扩宽件组成,跳板的升降由液压油缸调节。中心舟节、边舟节和跳板用铝合金制造,压载舟节用复合材料制成。

图 2-16　PFM F1 摩托化浮桥五折带式桥全形舟

图 2-17　PFM F1 摩托化浮桥展开

图 2-18　F1 摩托化浮桥和岸跨

图 2-19　F1 摩托化浮桥通载

图2-20 F1摩托化浮桥五折带式桥陆上机动

图2-21 F1摩托化浮桥门桥漕渡

图2-22 F1摩托化浮桥门桥或者浮桥岸跨

图2-23 F1摩托化浮桥展开后泛水

该装备具有以下特点：

(1)架设速度快，机械化部队通过迅速。

(2)具有自航能力，泛水和撤收时对河岸的要求不高。

(3)由于每个单元都是高强度铝合金结构并具有良好的水上稳定性，所以在大流速时仍能获得极好的使用操作性能。

(4)尽管PFM机械化程度很高，但其结构简单，易于维护，具有极好的可操作性和适中的维护成本。

(5)PFM具有良好的战术和战略地面机动能力，抗沉性好。

(6)PFM结构灵活，不仅适用于较平坦的岸边(通过短跳板)，也能用于较高的岸边(通过长跳板)。它既可作为70军用荷载级桥(主要用途)，也可以携带各种附加装置组合成门桥。最小的为30吨级，承载能力为27t，而最大承载能力可以超过150t(表2-6～表2-11)。

(7)根据其性能特点，PFM既可作为战术快速推进中的渡河器材，也可作为后勤支援桥或救生桥。

一套器材架设浮桥能力　　表2-6

项目	履带式载质量	长度	架设时间	撤收时间	作业人数	架设速度	适应流速
性能	630kN	100m	40min	45min	4名	2.5m/min	2.5m/s

一套器材结合漕渡门桥能力　　表2-7

项目	单位	数量	项目	单位	数量
履带式载质量	kN	720	作业人数	名	21
结合门桥舟数	只	3	航行速度	km/h	3
结合时间	min	18	—	—	—

河 中 舟   表2-8

项 目	数 量	单 位
全形舟质量	10500	kg
全形舟折叠尺寸(长×宽×高)	10×3.6×2.1	m
全形舟展开尺寸(长×宽×桥面高)	10×9.8×0.73	m

岸边跳板   表2-9

项目	质量	长度	展开尺寸(宽×高)	收起尺寸(宽×高)	宽
性能	7500kg	12m	4m×1.8m	3.6m×1.2m	4m

基础车或运输车   表2-10

项目	类 型	型号名称	驱动形式	驾驶室乘员数	空载总质量	牵引总质量(越野)
性能	牵引车	Renault TRM10000 (6×6)牵引车	6×6	2名	102.9kN	100kN
项目	外形尺寸 (长×宽×高)	轴距	轮距	公路最大行驶速度	越野最大行驶速度	最小离地间隙
性能	9.246m×2.5m× 3.11m	4.3m+1.4m	2.004m(前)/ 2.053m(后)	89km/h	10km/h	0.382m
项目	最大爬坡度	最大侧倾坡	接近角	离去角	最小转弯半径	涉水深
性能	31°	17°	45°	30°	10.5m	1.2m
项目	轮胎尺寸	—	—	发动机额定功率	发动机额定功率时转速	—
性能	14.00×20	—	—	194.9kW	2200r/min	—

舟 车   表2-11

项目	名称	满载总质量	满载外形尺寸 (长×宽×高)	公路最大行驶速度	越野最大行驶速度	最小离地间隙	涉水深
性能	TRM10000	310kN	18×3.6×4m	80km/h	10km/h	0.3m	1.2m

2.1.5 俄罗斯ПМП舟桥

ПМП舟桥(图2-24~图2-31)的单舟都由SKhl-4钢制成,四个单舟铰接在一起组成一个节套舟。折叠状态时由6×6或8×8轮式卡车运输。最初的舟车使用KrAZ-214(6×6)7t卡车底盘,而后使用功率更大的KrAZ-255B(6×6)7.5t卡车底盘。

带式舟桥按以下步骤架设:舟车上的固定销松开后,舟车倒车至水边;节套舟沿滑轮系统进入水中,并立即展开;在近岸连接节套舟,由架桥汽艇顶推到位,形成一条连续的舟桥,可立即使用。桥面有凹槽,防止车辆通行时打滑。

图 2-24　ПМП 舟桥河中全形舟

图 2-25　ПМП 舟桥岸边全形舟

图 2-26　ПМП 舟桥集结

图 2-27　ПМП 舟桥泛水 1

图 2-28　ПМП 舟桥泛水 2

图 2-29　ПМП 舟桥泛水 3

图 2-30　ПМП 舟桥结合门桥

图 2-31　ПМП 舟桥架设浮桥

带式舟桥按以下步骤撤收：舟车倒车至水边，起重臂从舟车上展开；两根钢索穿在驾驶室后部的绞盘上，通过起重臂的滑轮，沿着舟桥的撤收路线并紧固在舟桥的装车挂钮上。同时，绞盘转动，并将舟桥提升到卡车上。起重臂折叠好收至卡车上，舟桥绞好到滑轮上，并紧固好。

标准基础桥可以承载 60 吨级，但也可以通过将舟桥纵向拆开，并按照一定间隔配置全形舟来提高浮桥稳性的方式，架设荷载 20 吨级、宽度为一半、长度更长的桥。

ПМП还可用于结构各种尺寸的门桥,最大门桥的荷载等级为170t。

印度、捷克和斯洛伐克军队曾使用一辆TATRA813或815(8×8)8t卡车与ПМП配套。他们通过在TATRA813或815(8×8)8t卡车上安装推土铲刀,以便在架设浮桥前修整河岸。

全套ПМП浮桥由32个河中舟、4个岸边舟和12部BMK-T架桥汽艇组成。半套器材有16个河中舟和2个岸边舟。

还有一种ПМП-M带式舟桥。全套ПМП-M桥由32个河中舟、4个岸边舟、16部架桥汽艇、2套渡河侦察设备、2套交通指挥设备、2套冬季渡河专用设备和4套路面板组成。该桥由36辆KrAZ-255B舟桥卡车、2辆KrAZ-255B路面敷设车和16辆KrAZ-255B或ZIL-131架桥汽艇运输车运输。

ПМП-M带式舟桥稍作改动就可与ПП-91浮桥装备配套使用。

捷克共和国生产ПМП桥及其组件,但其系统称之为PMS。捷克和斯洛伐克军队的PMS桥梁组件由TATRA T815 VPR9 28.265 8×8.1R卡车运输。

在德国,EWK公司生产一种美国带式桥的全钢变形桥,它与最初的ПМП桥很相似。

2.2 外军自行舟桥发展

2.2.1 自行舟桥发展概况

自行门(舟)桥主要用于行进间渡河和强渡江河,保障武器装备快速克服江河障碍。其舟、车、艇合一,水陆自行,可直接泛水,迅速结合门桥或架设浮桥。

最早的自行门桥是第二次世界大战初期法国的BAC自行门桥。第二次世界大战末,法国在非洲北部和德国法西斯打运动战,法国陆军上校季洛瓦曾用美国DUKW水陆两用汽车架设过浮桥和门桥。法国由此得到启示,于1945年正式开始着手研究自行舟桥。在BAC自行门桥的基础上,1950年研制成功了"季洛瓦"自行门桥,1961年按合同研制成功了四种车型,其中河中桥车和跳板车两种车型组成了自行舟桥。在季洛瓦自行舟桥的基础上,法国随后又发展了更先进的季洛瓦-2自行门桥和EFA自行舟桥,以取代季洛瓦自行舟桥系统。

德国在1959年也开始研制自己的自行舟桥。他们分析了法国季洛瓦自行舟桥的特点后,认为该系统中的河中桥车和跳板车不统一;橡皮浮体充气作业时间长达30min,又易损坏,不符合快速固定的要求,这些都不能满足德国的军事要求。德国对发展自行舟桥提出了自己的要求:单舟门桥就能漕渡轻型车辆;两舟或多舟门桥可漕渡重型车辆;可用漕渡门桥直接架设浮桥;不采用法军季洛瓦自行舟桥的浮囊结构作为浮体。为此,德国在1967年基本上完成了M2自行舟桥的研制和试验,并在1968年初交付德国陆军使用。

M2自行舟桥先后发展过五种型号:M2A仅存在于装备试验阶段;M2B已装备德国陆军和英国陆军,后改进为M2D,与M2B相比较,M2D采用充气浮体来提高承载力,适用于履带式70吨级和轮式90吨级荷载;M2C为新加坡陆军生产,和其他型号相比,主要变化为发动机改为F8L413F。M2E装有一个液压起重吊臂和一个更大功率的发动机。它有一辆车装了一个新发动机,但这种型号没有继续研制。

德国陆军通过近30年来的实践,认为自行舟桥是一种快速、高效的舟桥器材。陆军无论是在战场还是在后方地域,没有这种高效器材就不能满足所提出的军事要求,尤其是在未来防御计划中更是如此,因为今后防御范围将更大,而兵力则更少。这些要求的满足都要取决于器材的机动性。为此,随着 M2 自行舟桥使用期的结束,德国又同英国合作研制了 M3 自行舟桥。他们对 M3 自行舟桥提出的要求为:支援师、旅快速克服大小障碍;无须准备即可快速投入使用;可实现短时间架设;门桥和浮桥可快速转换;浅水性能好;能在夜间使用;驾驶和操纵简单,且节省人员;尽可能减少单辆舟车数量;维修保养费用低。

　　法国季洛瓦自行舟桥研制成功后,美军也开始着手研制自己的自行舟桥。他们对自行舟桥的要求为:主要用于战斗地域,保障装甲部队和重要战斗车辆,能连续渡过各种江河,既可做漕渡门桥,又能架设浮桥。根据这些要求,美国在 1960 年 11 月完成了 MAB 自行舟桥样车的研制工作,并于 1971 年 1 月正式装备部队。

　　为了保障装甲车辆的渡河,日军在 60 年代初提出了发展自行舟桥的要求。他们分析了法国、德国、美国等有关情况和日本的公路地形情况后认为:桥车为达到所需的浮力,须设置侧翼浮体;必须减轻重量,缩小体积;行走机构采用轮胎式,轮胎压力应能调节,车轮应能收起;水上推进装置应采用喷水推进,桥板应便于在水中进行组分。三舟门桥应可保障现装备的 61 式坦克渡河。为此,他们在 1969 年研制出了自己的自行舟桥,1970 年确定制式并开始装备部队。定名为"70 式自行舟桥"。装备方面部队直属工程团,师属工程大队各一套。

　　在北约各国研制自行舟桥的同时,苏联从 20 世纪 50 年代起开始研制自行舟桥。最初的自行舟桥是ГСП-55,是用 K-61 履带式水陆两用输送车作为基础车进行改装的,20 世纪 60 年代进行多次改进。1967 年 6 月定为师工兵团渡河连的制式装备。该型装备在 1973 年中东战争中,对埃及军队成功强渡苏伊士运河发挥了一定的作用。它主要装备师工兵营登陆渡河连和集团军的登陆渡河营的自行门桥连。

　　20 世纪 80 年代以来后,苏军又研制装备了两种自行舟桥器材。一种是以轮式车辆作底盘车的自行舟桥,西方人简称为 ABS(W);另一种是以履带车辆作底盘的自行门桥器材,西方人简称为 ABS(T)。ABS(W)只在检阅时展示过,之后未见相关报道。ABS(T)即现装备于俄罗斯、乌克兰等部队的ПММ-2 自行门桥,西方称 PMM-2 自行门桥,用于代替早期的ГСП-55 自行门桥。

2.2.2　外军自行门(舟)桥现状

　　外军自行门(舟)桥的发展,先后共出现过 10 种型号,其中法军 BAC 和前苏军ГСП-55自行门桥已被淘汰。现有装备主要包括俄罗斯等国的ПММ-2 自行门桥、美军 MAB 自行舟桥、德军 M2 自行舟桥、法军季洛瓦自行舟桥、季洛瓦-2 自行门桥和 EFA 自行舟桥、日军 70式自行舟桥以及目前已停产但仍在服役的德军 M2 自行舟桥、法军季洛瓦自行舟桥和美军 MAB 自行舟桥。

2.2.2.1　俄罗斯ПММ-2 自行门桥

　　ПММ-2 自行门桥主要用于保障坦克、自行火炮等技术兵器通过江河障碍。它主要由车体、侧翼浮体、连接和拉紧装置、动力装置、行走部分、水上推进器、液压和电气设备等组成(图 2-32)。行军时,两个侧翼浮体叠放在车体上;入水时,两个浮体用液压装置展开,配置在车体两侧。车体和浮体均为水密壳体,用以提高门桥在水上的承载力和稳定性(图 2-33)。

图 2-32　ПММ-2 自行门桥　　　　　图 2-33　ПММ-2 自行门桥展开状态

ПММ-2 主要作为门桥使用,它的行军状态宽度为 3.35m,两个侧翼浮体展开时宽度为 10.05m,跳板使用长度 5m,单个门桥使用长度为 20.05m,可以克服 17m 宽的障碍。它可以架设浮桥,浮桥架设长度不受限制。

ПММ-2 在水中由尾部的两个钢制焊接螺旋桨推进;在陆上,它使用的是 MT-T 履带牵引车的底盘,该底盘是其新一代工程机械的通用底盘。

2.2.2.2　美军 MAB 自行舟桥

MAB 自行舟桥主要由基础车、河中桥节上部结构和岸边桥节上部结构组成。基础车为轮式 4×4 水陆两用车,外壳呈雪橇形,为铝合金焊接结构。河中桥节上部结构由焊接钢桁梁和冲压铝制甲板组成,行军时纵向置于车体的上部,入水后旋转 90°。展开后长为 7.924m,宽为 3.657m,加上两侧的缘材,其宽度可达 4.224m。岸边桥节上部结构由两节组成,一节与河中桥车上部结构相同,但长度只有 4.27m;另一节为长 7.01m 的跳板部分。两节铰接在一起,运输时折叠平行放置于车上,工作时转 90°展开。上部结构也可以在入水前装配,并且可以任意放置于车体的左右两侧。跳板可适应不同的岸高,还可置于水面下 0.914m。河中桥节上部结构和岸边桥节上部结构可利用吊车在 15min 内进行互换(图 2-34)。

图 2-34　MAB 自行舟桥

MAB 有高、低两套液压系统:高压系统用于安装上部结构,收放车轮和操纵绞盘;低压系统用于操纵四轮转向,调节轮胎气压和螺旋桨。每一个桥车有四个电动抽水泵,位于车体的四个角上,排水能力达 509L/min。螺旋桨位于车体的后部,直径为 711mm。水中行进时呈水平状态,推力为 22.72kN,可作 360°旋转。入水后,车轮收起。满载吃水为 1.066m。

MAB 可以用来架设浮桥和门桥。作为门桥时,一个河中桥车和一个岸边桥车组成一个双舟,两个双舟组成一个四舟门桥,其承载力可达 60 吨级,满载航速为 12.875km/h。架设浮桥时,靠岸边的桥车需放下跳板。结合一个四舟门桥需 6min,分解一个四舟门桥需 4min。

在河中架设浮桥时,架设速度为 4.572~6.096m/min,撤收速度为 4.572~7.62m/min。最大载质量为 60 吨级,通过重型坦克及其他重型兵器的间距不小于 30.48m。

2.2.2.3　德军 M2 自行舟桥

M2 主要由浮体、跳板、底盘、液压系统、起重吊臂和辅助设备组成。

浮体由主浮体(即车体)和两个液压折叠的侧翼浮体构成,均为铝合金焊接结构。主浮体不仅可提供浮力,也是主要的承载结构,其甲板即车行道。侧翼浮体为一对加强的箱形结构,铰接在主浮体的两侧。行军时侧翼浮体折叠平行放在主浮体上,水上航行时通过液压机构展开,以提供浮力。全部展开后,车行部长 8.7m、宽 5.6m。在两个侧翼浮体中各安有一个侧翼螺旋桨,操纵跳板的液压机构和舱底泵。每个侧翼浮体上均有一个凹槽,其中放置两块跳板。

陆上行驶机构为 4×4 驱动形式。在陆上行驶时,车底距地面高及接近角和离去角,可根据地形条件变化而调节。水上航行和铁路运输时,车轮可完全收回车体内。轮胎采用无内胎的越野轮胎(图 2-35)。

M2 用于克服 35m 以上的水障碍,可结合漕渡门桥和架设浮桥,保证 60 吨级的军用履带和轮式车辆通过。桥车越野性能良好,水陆转换不需任何辅助器材。桥车放下侧翼浮体后,既可以在水中机动,也可以在陆上机动。桥车既可从行驶状态直接泛水,也可展开后泛水。泛水后的门桥结构形式分密接无节间和开式有节间两种。可结合单舟、双舟、三舟门桥共三类五种门桥。桥车泛水后,将开式有节间门桥连接起来即可架成 60 吨级的浮桥。两岸边部分的两辆桥车采用密接无节间形式。一套器材的架设长度为:$L = 12 \times 8.7m = 104.4m$。

2.2.2.4 德军 M3 自行舟桥

M3 与 M2 自行舟桥无论结构还是架设方法都大体相同。M3 较 M2 的主要改进有:在驾驶方面,M3 不论在水中还是在陆上,驾驶室都在车体的前面,而 M2 在水中驾驶时,驾驶室在车体的后面。M3 的跳板由 M2 的 4 块变为 3 块,并且每一个桥车在架设长度方面都增加了 2.3m。M3 自行舟桥采用四轮全操纵,轮胎气压可调节。M3 浮桥的承载力达 70 吨级,用标准结构(图 2-36 ~ 图 2-38),根据桥车数量(N),架设浮桥的长度为:$L = N \times 11.5m + 8.35m$。

图 2-35 M2 自行舟桥

图 2-36 M3 自行舟桥

图 2-37 M3 自行舟桥结合的门桥

图 2-38 M3 自行舟桥

M3 主要用于取代早期的 M2,在 20 世纪末,M3 自行舟桥已生产出 7 辆样车,4 辆为德国陆军生产,3 辆为英国陆军生产。批量生产前,样车将经受德、英陆军的严格试验。总需求量为德军 130 辆、英军 70 辆。

2.2.2.5 日本 70 式自行舟桥

日本的 70 式自行舟桥类似于德国的 M2 自行舟桥。桥车材料采用铝、镁、锌合金制成,桥上装有三块桥面板,两边有可折叠的侧翼浮体,入水前,液压系统将浮体旋转 180°置于车体的两侧。车体一旦浮起,车轮即收入车体内部以减小吃水深度。轮胎为宽低压轮胎。为增加浮力,轮胎也可充气。舟车有轮胎气压调节装置,以此来调节轮胎接地压力,以适应不同的土质情况(图 2-39)。

车体浮起后,车上的起重设备即可将三块跳板道安装就位(起重设备也可用来安置跳板)。浮桥可通过 30t 以内的重型车辆,可结合单舟、双舟和三舟门桥,用以漕渡 10~38t 的车辆或兵器。行车道宽 3.9m。

2.2.2.6 法军季洛瓦自行舟桥

季洛瓦自行舟桥包括河中桥车和跳板车两种形式。车体分为五大部分:第一部分为驾驶室,位于车体的前方,可乘坐四人,为全密封结构;第二、三部分用于放置车轮,车轮在水中时可收起;第四部分为中心部分,内有发动机和空气压缩机;第五部分在浮游状态时为舱底,行军状态时为车尾。每车两侧各有一个浮囊,入水前叠放于两甲板的下面,充气后,浮囊长 10.972m,直径为 1.371m。浮囊可为车体提供平衡及附加浮力。在白天,熟练操作手可在 25min 内完成泛水准备。入水后,桥车由螺旋桨推进。螺旋桨位于桥车的前方,在驾驶室部分。行军状态时,螺旋桨位于舟车的上部(图 2-40)。

图 2-39 70 式自行舟桥

图 2-40 季洛瓦自行舟桥

桥车上部结构由两块钢制车辙板和一块铝合金填隙板组成,其有效长度为 8m。行军状态时,上部结构纵向放于车体的上部,泛水时,上部结构旋转 90°,展开后可形成 4m 宽的行车部。填隙板由液压系统降低。每一块车辙板都装有阴阳接头锁固。

跳板车的上部结构只包括两块跳板,其有效长度为 4m。每一块跳板道由四部分组成:一块焊接铝合金楔形跳板、一块短的钢甲板、两个液压控制的填充板。上部结构在行军状态时也是平行放于车体的上部,入水时旋转 90°,展开后可形成 4m 宽的行车道。短甲板的后部与桥车单元相连接,两甲板间的空隙由填隙板填充。

架设浮桥时,季洛瓦自行舟桥可架设 60 吨级的浮桥,适应流速 2.98m/s。它可以结合单舟门桥(只跳板车)、两舟门桥(30t)、三舟门桥和四舟门桥(110t),单舟门桥可运两辆 AMX-13 轻型坦克。

2.2.2.7 法军季洛瓦-2 自行门桥

季洛瓦-2 自行门桥是由季洛瓦自行舟桥发展而来,主要作为门桥使用,与季洛瓦自行舟桥的主要区别在于其门桥承载能力达到了 45t,使用准备时间减少到 5min,法国陆军订购了 60 辆。

季洛瓦-2 的浮体和总的性能类似于季洛瓦自行舟桥,车前有一个可乘坐 4 人的驾驶室。一般情况下需要 4 人架设,特殊情况下只需 2 人即可完成作业。主车体为钢制,上部结构和侧甲板为铝合金。所有准备工作包括升起浮囊上的侧甲板全部为机械操作。升起和放下跳板也是机械操作。跳板可在与水平方向向上 26.5° 或向下 150° 的范围内固定。这样,跳板即可在高出水平面 3.4m 或低于水平面 2m 的范围内架设。该舟车全部展开后,其承载面可达 50m^2,承载力达 450kN,车行部宽为 3.3m,可渡送 AMX-30 坦克或 155mm 自行火炮。水中靠一个螺旋桨推进,该螺旋桨可进行 360° 旋转。

2.2.2.8 法军 EFA 自行舟桥

EFA 自行舟桥主要用于替代季洛瓦自行舟桥。它前后制造过两个样车,一个为 MAF Ⅰ,采用汽油发动机,它由于动力小,开动都困难,后经改进,设计成为第二个样车 MAF Ⅱ,即现在的 EFA 自行舟桥(图 2-41~图 2-46)。试验是在 1987 年完成的,法国陆军订购 80 辆,后来减少到 70 辆,第一批已在 1992 年交付使用。

图 2-41 EFA 自行舟桥行军状态

图 2-42 EFA 自行舟桥展开状态

图 2-43 EFA 自行舟桥陆上机动

图 2-44 EFA 自行舟桥泛水

图 2-45 EFA 自行舟桥喷水推进

图 2-46 EFA 自行舟桥陆上全貌

EFA车体为轻合金制成。车辆的顶部两侧各有一块12m长的轻合金跳板。入水前,两侧挡板下的气囊充气并浮起。该车有四个大的低压轮胎。在水中行进时,用两个喷水泵推进。这两个喷水泵在车尾两侧各有一个,均可作360°旋转。该舟车既可架设浮桥,也可结合门桥。架设浮桥时,有23.5m的净跨,承载力达70吨级,适应流速为3.0m/s。结合门桥时,承载力可达950kN。

2.2.3 自行舟桥主要技术分析

2.2.3.1 结构特点

外军自行舟桥,从使用浮体来看,可大致分为以下三类。

(1)附加橡胶浮体。以法国季洛瓦自行舟桥为代表,型号包括季洛瓦自行舟桥、季洛瓦-2自行舟桥和EFA自行舟桥。它是在桥车两侧带有两个充气的橡胶浮体,以提高水上载重吨级。EFA的浮体与另外两种相比有较大的不同。一是它与车体构成一个整体,而不像"季洛瓦"那样在使用时临时装配上去,这样既可节省时间,又增大了浮体的刚度;二是采用两台充气机,车辆在行进间就可以充气,这就减少了近30min的作业准备时间。

(2)附加钢质浮箱。以德国M2自行舟桥为代表,主要型号有M2、M3、日本70式和俄罗斯ПММ-2自行舟桥,它是在车体两侧各装有一个钢制的箱形浮体,行军时,折叠在车体顶部,入水后,用液压展开。其中ПММ-2自行舟桥侧翼浮体是上下叠放在一起的,其他均是左右对折。这种舟(门)桥融桥节车、跳板车于一体,既可以作河中舟、岸边舟,又可结合门桥和架设浮桥,与季洛瓦桥相比,提高了器材的生命力。

(3)自成一体。以美军MAB自行舟桥,既没有橡胶浮体,也没有钢制浮体,它是靠加大车体宽度提供浮力的。

三种类型的自行舟桥相比较,很显然季洛瓦自行舟桥的橡胶浮体已不能满足现代作战的需要。新研制的EFA自行舟桥有它独特的优点,尤其是它的承载力非常大。美军MAB自行舟桥用加大车体宽度的方案提供浮力,影响了陆上机动性,也不符合未来机动作战的需要。各国竞相追求发展的是像M2自行舟桥那样采用钢制浮体来提供浮力的自行舟桥,对于要求承载量适中的自行舟桥来说是优先选用的方案之一。

2.2.3.2 使用方式

外军自行门(舟)桥使用方式可按以下分类。

(1)按结构门桥时是否需多舟结合可分为以下两类:一类是单车就可以作为门桥使用,如M2、M3自行舟桥;另一类是必须两舟或两舟以上结合才能作为门桥使用,如美军MAB。

(2)按有无岸边舟车和河中舟车之分可分为两类:一类是有岸边舟车和河中舟车之分,如美军的MAB、法军的季洛瓦自行舟桥;另一类是无岸边舟车和河中舟车之分,如M2、M3及法军新研制的几种器材。

(3)按可否结合浮桥可分为两类:一类是只能作为门桥使用,如法军季洛瓦-2自行门桥;另一类是既可以结合门桥又可以架设浮桥,除法军季洛瓦-2自行门桥以外的现装备的其他器材。

(4)按结构门桥和架设浮桥时的通载方式分,主要有通载方向平行于车体纵向和垂直于车体纵向之分;其上部结构在架设时有需旋转90°和不需旋转之分。外军自行舟桥除EFA

以外,通载方向均是垂直于车体方向,这种形式车体宽度作为车行部的一部分,架设跨度小;EFA自行舟桥车体纵向作为车行部的一部分,通载时是平行于车体纵向的;作为门桥使用时,单舟门桥长达36m;作为浮桥使用时,跨度是23.54m;而有代表性的M2自行舟桥架设浮桥时跨度为8.70m。

对于上部结构与车体分置式的自行舟桥,如美军MAB和法军季洛瓦"跳板车",行军时上部结构纵向放置,架设时旋转90°,而采用舟、车、桁一体的自行舟桥,不存在这种情况,架设时,只需将侧翼浮体展开即可。

综上所述,单车可作为门桥使用,多车既可结合门桥,又可架设浮桥,舟、车、桁一体,无河中舟、岸边舟之分,入水即可展开架设是发展方向,至于采用通载方向垂直或平行于车体纵向,需要根据作战使用和技术方案等多种因素综合考虑确定。

2.2.3.3 机动方式

外军自行舟桥陆上机动采用轮式底盘车辆和履带底盘车辆两种。北约各国均采用4×4轮式底盘车辆,只有俄罗斯ПММ-2采用履带式底盘车辆。履带式与轮式相比,具有更高的越野能力和更强的机动性,一般来说单舟门桥载质量大,如ПММ-2,载质量为42.5t,可漕渡一般中型坦克,而轮式单舟载质量则较小,如M2、M3只有12t;但履带式体积大、自重大、公路运输超高,吃水深,限制了在一些地区的使用。

轮式底盘的自行舟桥,采用4轮全驱动,轮胎气压可调,在水上航行时车轮可收起;在浅水中或在陆上行驶时,车底距地高以及接近角和离去角可根据地形条件的变化而调节。如一对前轮全伸出,后轮回缩时,可增大接近角;反之可增大离去角。

自行门(舟)桥水上机动使用螺旋桨或喷水泵推进。喷水泵能360°旋转,提高了水上机动能力。

2.2.3.4 主要性能指标

自行门(舟)桥主要性能见表2-12。

自行门(舟)桥的主要性能 表2-12

	型号	ПММ-2	MAB	M2	M3	季洛瓦	季洛瓦-2	EFA	70式
	国别	俄罗斯	美国	德国	德国	法国	法国	法国	日本
	一套器材数量	—	16+8	12	—	16+8	—	—	10
桥车	驱动形式	履带	4×4	4×4	4×4	4×4	4×4	4×4	4×4
	全重[1]（kN）	360	218.5 (246)	220	258	269.5 (274)	283	410	260
	长度(m)	13.35	13.03	11.315	12.882	11.861	11.28	12.35	11.4
	宽度(m)	3.36	3.657	3.579	3.35	5.994	3.7	3.6	2.8
	高度(m)	3.85	3.3	3.579	3.93	3.991	3.59	3.9	3.4
	转弯半径(m)	13	11.4	12.7	11.72	—	—	—	—
	离地间隙(m)	≥0.4	0.457	0.6~0.84	0.7	0.715	—	可调	—
	最高行驶速度（km/h）	55	64	60	80	64	60	70	56

续上表

漕渡门桥	单舟门桥	车行部宽度(m)	4.2	3.6	5.6	4.76	4	3.3	—	3.9
		适应最大流速(m/s)	2~2.5	3	3	—	2~2.5	—	3	—
		跳板长度(m)	5	7.01	5.8	8.35	4.0	7.753	12	2.8
		载质量(kN)	425	—	120	120	—	450	950	120
		门桥长度(m)	10.05	—	5.87	6.57	8	—	—	8.5
		空载航速(km/h)	12	16.126	14	14	12	12	14	12
		满载航速(km/h)	—	12.875	11	13	11	11	12	—
		空载吃水(m)	1.4	—	0.547	0.53	0.6	—	—	—
		满载吃水(m)	1.795	—	0.78	—	—	—	—	—
	两舟门桥	载质量(kN)	850	—	300	700	499	—	—	260
		门桥长度(m)	—	—	15	—	17.2	—	—	—
		结合时间(分钟)	—	—	—	—	—	—	—	—
浮桥		载质量(kN)	—	600	600	600	600	—	700	400
		跨度(m)	10.05	7.93	8.7	11.5	8.0	—	23.5	8.5
		架设长度/套(m)	—	144	$N^2 \times 8.7$	$11.5N+8.35$	172	—	—	91
		车行部跨度(m)	—	3.6	5.6	—	4.0	—	—	3.9
		作业率(m/min)	—	4.5~6	3.3~5	3.3	3.3	—	—	1.5
		作业人数(人)	—	72	36~48	—	96	—	—	40

注：1.括号中岸边舟车的重量。

2.N 为桥车数量。

从表 2-1 中可以看出,外军自行舟桥行军时外形尺寸较大,车体长度在 11.28～13.35m 之间,车体宽度在 2.8～3.657m 之间,车高在 3.3～3.93m 之间,这是由于自行舟桥水陆两栖,在水中车体必须提供足够的浮力和稳定性来保障坦克和技术车辆。

自行舟桥的自重在 258～410kN 之间,单车载重在 120～950kN 之间。载重越大,自重和外形尺寸也相应增大。它们之间大体存在如下关系:载重/自重 = 4.6～23.3kN/m,载重/外形体积 = 0.7～5.4kN/m^3。

从表中还可以看出,自行门(舟)桥陆上最高行速度达 80km/h,满载航速 13km/h,适应最大流速 3m/s,单车作业时间 5min。同时还可以看出,自行舟桥架设浮桥的跨度可达 23.5m,架桥速度为 200～360m/s,对于克服浅水岸滩,通常采用长跨大跳板,如 EFA 跳板长 12m,M3 跳板长 8.35m,能部分解决浅吃水问题。

2.2.4 自行舟桥发展趋势

综观外军现装备和新研制的自行舟桥,有的采用了带计算机的单手柄水上控制系统、泵式喷水推进装置、可收起车轮的液气悬架、轻合金承载式车体、轻合金上部结构和跳板和轮胎充放气机构等技术。可实现快速投入使用,架设速度快,门桥和浮桥转换快,浅水适应性好,夜间使用方便,驾驶和操作简单,所需人员少,单车架设长度大,维护保养费用较低。

从外军自行舟桥使用底盘车情况看,有轮式和履带式两种底盘车,难分优劣,主要根据使用环境和工业技术水平状况选用。从作业方式看,先进的自行舟桥应舟车一体,无河中舟车、岸边舟车之分,单车就可作为门桥使用,既可以结合门桥,又能架设浮桥。从采用浮体看,选用车体两侧钢制浮箱是较好的方案。对于解决浅吃水和提高岸边适应性等问题,目前主要是考虑采用长跨大跳板。

综上所述,外军在自行门(舟)桥的发展方向上可作如下预测:

(1)从选用材料上看,多选取轻质合金钢,以减轻车体自重,提高承载力与自重比。

(2)从驱动形式上看,仍将采用轮式 4×4 底盘车,采用四轮全转向,车轮可收起,轮胎气压可调,离地间隙可调,相对岸边的接近角和离去角可调。鉴于我国的地理环境,可能将发展以履带式为底盘车的自行门(舟)桥和以轮式车辆为底盘的自行舟桥。

(3)从有无岸边、河中舟车看,将向无岸边、河中舟车之分的方向发展,这样有利于实现标准化,减少构件种类,提高舟车的使用性和维修性。

(4)从采用的浮体形式看,将采用箱式浮体,但法军 EFA 的形式也是一种考虑。

(5)从使用角度看,将向主要作为门桥使用的方向发展,架设浮桥只是作为一种技术储备。

(6)从上部结构与车体、浮体的关系来看,将采用上部结构与车体、浮体的一体化,即浮体展开后即可通载,以节省渡河准备时间。

(7)从水上推进方式看,将采用舵桨推进和喷水推进形式,提高水上机动能力。

(8)从适应岸边情况看,将采用大跨度跳板,以适应岸坡较缓的河段。

总体上说,提高舟车陆上、水上机动性,加大单舟载质量,简化作业程序,增大其适应岸坡及水流情况的跨度将是自行门(舟)桥的总体发展方向。

2.3 我军舟桥发展

2.3.1 装备现状

我军的渡河舟桥装备经过近半个多世纪的发展,走过了进口、仿制阶段,自行研制、更新换代阶段,稳步发展、科技创新阶段,使我军的舟桥装备跻身于国际较先进水平,提高了我军渡河工程保障的能力。

在新中国成立以前,我军渡河工程保障大都采用就便器材进行。南昌起义后部队撤出南昌,途经广东韩江三河坝渡口时,利用拖轮牵引自编木筏,将部队全部渡过韩江;在长征中,红军多次在于都河、湘江、赤水、金沙江、大渡河等江河上利用就便器材架设浮桥或构筑门桥。解放战争时期的保障部队渡河作战更是不胜枚举,在百万雄师过大江的渡江作战中,我工兵部队在西起安庆、东至江阴的几百公里的广大正面上,配合步兵、炮兵、强渡长江成功,为中国人民的解放事业立下了不朽的功绩。

在 20 世纪 50 年代,为了支援抗美援朝进口了恩 2 波(H2П)舟桥、德勒波(ДЛП)舟桥等(开口式)6 套,依此组建了工程兵舟桥部队,并且国内的有关厂家对上述舟桥进行了仿制。但是这些舟桥器材不能完全适应中国江河的特点,不能有效地在流速较大的江河上进行渡河工程保障,因此,在 20 世纪 60 年代开始仿制性能较为先进的舟桥器材,在仿制特波波(ТПП)重型舟桥器材的基础上我军定型了某型重型舟桥器材,在仿制勒波波(ЛПП)轻型舟桥的基础上我军定型了某型轻型舟桥器材,某型重型舟桥、某型轻型舟桥器材的仿制成功,对我军舟桥装备的发展起到了关键作用。某型重型舟桥、某型轻型舟桥在作战、训练、抢险救灾等方面,发挥了重要作用,仿制的第一套某型重型舟桥就用在援越抗美的战场;在 1979 年的中越自卫反击战中,我军利用某型重型舟桥、某型轻型舟桥器材在克服红河、南溪河、盘龙江、西江、北江、平江等江河中,共架设浮桥 21 次,确保了战争的胜利。

进入 20 世纪 70 年代,随着我国国民经济的进步和我军装备的不断发展,自行研制了两种带式舟桥,即某型二折带式舟桥器材、某型四折带式舟桥器材等。仿制的某型重型舟桥、某型轻型舟桥属于桥脚分置式舟桥,所需的运输车辆及作业人员多,架设速度慢,劳动强度大。而带式舟桥具有桥脚舟、桥桁、桥板合一,所需人员、车辆少,作业机械化程度高、架设和撤收速度快等优点,适用于克服大中江河障碍。另外,在 20 世纪 70 年代还研制了某型特种舟桥器材,用于克服长江这样的宽大江河。

在 20 世纪 80 年代,我军又研究设计了轻型门桥、新型橡皮舟、架桥汽艇、某改进型带式舟桥和新型特种舟桥等装备。

轻型门桥主要装备工兵分队,是保障装备、人员克服中小江河障碍的轻型渡河器材,可以用来结构漕渡门桥、架设浮桥、架设徒步桥及作冲锋舟使用,具有多用性、灵活性及便于人工作业的特点,该装备大大提高了我步兵团自身渡河的保障能力。

新型橡皮舟主要装备我军摩步师、团的工程兵部(分)队、舟桥团;用于在强渡江河战斗中渡送第一梯队步兵团及先遣支队人员,克服江河湖海(近海)的水上障碍,实施快速机动作战,也可以用于侦察、通信、救护和登陆作战,该装备在研制中其舟底结构采用 V 字形,大大增加了整体刚性；舟底曲线呈滑翔阻力曲线，改善了航行性能，提高了航速；采用了高强度胶布（芳伦胶布）作为舟体材料，提高了抗撕裂性能和抗磨性能；采用了新工艺，以冷粘胶液和冷硫化工艺代替了热硫化工艺，提高了黏结强度。

架桥汽艇于1999年研制成功，在技术上取得了新的突破，性能上有了明显的提高，其综合技术处于国际先进水平。其舟体采用合金结构，减小了艇的自重及吃水深度；采用喷水推进系统，提高了浅水航行能力；采用电液伺服控制系统，提高了水上的操纵性。因此架桥汽艇的主要特点有：吃水浅、稳性好、使用范围广；浅水动力性能好、可以冲越浅滩；水上机动性能好，操纵灵活，可以原地回转、高速定位急停；汽艇可以单机作业，大大提高了水上作业的可靠性。

某改进型带式舟桥于1992年定型，替代某型二折带式舟桥装备舟桥部（分）队，装备性能有明显提高，特别是装备造价较低，陆上机动灵活，是我军舟桥部队的骨干装备；某改进型带式舟桥与我军某型四折带式舟桥、俄军的ПМП舟桥、美军带式舟桥相比性能先进，浮桥通载能力、门桥漕渡能力等主要性能达到国际先进水平；机动灵活，舟车由东风EQ240底盘车改装，因此公路机动灵活、方便，对道路要求低，铁路运输不超限；可靠性高、维修性好，装卸载作业利用舟车自身动力靠单钢索完成，不用液压系统，方便部队使用；造价低廉，车桥价格之比趋于合理。与其配套的水上动力是改进型牵引汽艇，也于1992年通过技术鉴定并投入生产，使用性能有较大提高，一套某改进型带式舟桥可配8艘改进型牵引汽艇。

新型特种舟桥于1996年定型，是某型特种舟桥的替代装备，专用于克服长江这样的特大江河。新型特种舟桥考虑定点保障、水上机动性强、平战结合的装备，它战时用于结合门桥或架设浮桥，保障重装备克服特大江河，也可以用于战略后方的交通保障，平时结合部队训练，开设车辆渡口，直接进行营运，支援国民经济建设。该装备采用了带舵桨推船带大截面、浅吃水驳船的设计方案，大幅度地提高了在特大江河上的保障能力；采用了主机弹性支撑、骨架和壳板局部加强等措施，解决了高速柴油机的振动问题；设计了新颖的无吊臂型滑道连杆式跳板翻转机构，方便门桥、浮桥的相互转换；特种驳船之间的纵横向连接全部采用电液操纵，结合、分解迅速可靠。因此该装备的特点有门桥渡送能力强、江河适应性能好、水上机动能力强、机械化程度高，大大提高了在宽大江河上的保障能力。

1995年定型的侦察橡皮舟、班用橡皮舟，由于采用了新材料（芳纶）、新结构、新工艺，使用性能比现装备的同类轻型渡河装备有明显提高。

尤其是进入21世纪以来，舟桥装备得到了长足的发展，2010年定型的新型重型舟桥是更新换代装备，装备于舟桥旅和部分工化（兵）旅，用于构筑门桥渡口和架设浮桥，保障作战部队、武器装备、人员物资克服300m以上的大江河。该装备具有可变结构体系舟桥总体技术、桥跨浮游自展架设技术、多功能动力舟及其控制技术、集成化锚定门桥技术、过程可控的运载车装卸载技术等创新。

综上所述，目前我军渡河桥梁装备门类相对齐全，部队装备有无问题基本解决，部分装备的综合性能已跻身世界先进行列，有的在应用高新技术提高性能上取得了较好成绩。

2.3.2 发展趋势

（1）大力采用新材料、新工艺，提高舟桥总体性能。

新材料和新工艺带来了新技术革命，以各种非金属材料特别是高分子复合材料为基础的新材料将广泛地运用在各种装备中,纤维增强金属、纤维增强塑料、碳纤维、铝镁合金、钛合金等材料将在降低舟桥装备自重、提高承载能力、提高单车架设浮桥长度以及耐磨损、抗疲劳、抗老化等方面起到重要作用;新型填充材料可大大提高舟桥装备的抗沉性;新型材料的使用还将改善装备的浅水适应性,同时为空运、空降器材的发展创造条件。

(2)大力采用机电一体化技术,提高舟桥的智能化水平。

智能化技术代表了装备发展的一个重要方向,在浮桥的架设、机动作业中大量地运用机电一体化和自动控制等技术,可以提高舟桥装备的架设速度、机动性能和适应战场环境的能力,从而提高我军舟桥渡河装备的保障能力。机电一体化技术对于自行舟桥尤为重要,它集成了陆上运载车辆、水上推进装置、舟桥结构与连接装置为一体并自动架设撤收的现代化渡河装备技术。

(3)大力采用通用化模块化技术,提高舟桥的可靠性。

为了提高重型舟桥器材的使用效率和承载能力,同时为了满足陆上机动和水上架设作业要求,必须高度重视渡河舟桥装备的标准化、通用化和模块化,努力实现一桥多用、一车多能的目的,并根据工程保障任务和战场需求采用不同的模块组合方式,以提高装备的可靠性、互换性和可维修性,最大限度地提高装备保障能力。

(4)大力采用先进的伪装技术,提高舟桥的生存能力。

未来战场上,各类先进侦察器材以及精确制导武器的大量使用必将提高战场的透明度和毁伤精度,因此如何提高渡河舟桥装备在战场的生存能力成为一项重要课题。由于舟桥装备的特殊性,可以从结构、材料、迷彩和烟幕器材等方面,提高新一代的重型舟桥的陆上机动伪装、水面锚泊通行伪装等伪装能力。其主要方式为:①通过使用复合材料、隐身结构材料、喷涂迷彩涂料、防可见光涂料和防雷达涂料对器材本身进行伪装,减少反射截面,降低可侦察效果;②降低舟桥及其承载装备暴露在水面上的高度,有条件时,采用水面下桥的总体方案;③研制配套的假舟桥和假渡河装备器材;④施放防侦察的烟幕等。

(5)大力发展信息化技术,提高舟桥装备信息化水平。

从近年来的几场高技术局部战争来看,信息化技术在战争中的地位越来越重要。发达国家的军队,工程兵通过装备信息化武器系统,实现了与其他联合作战军兵种之间的信息互联互通,增强了工程保障的预见性、针对性、精确性和时效性。我军渡河桥梁装备已经进入机械化建设与信息化建设复合发展的关键时期,应根据我军信息一体化建设的总体要求,做好以下几个方面的工作:①对现役装备进行信息化改造;②与新装备同步研制所需的信息化系统;③研制嵌入式信息化功能模块;④发展专用的通信指挥侦察装备,如包含新型江河工程侦察车、架桥指挥汽艇、渡场实时监测系统、舟桥营指挥车、舟桥部队指挥系统等。

(6)加快发展轻型渡河桥梁装备,满足新型部队机动工程保障需要。

从目前美、英等国部队建设状况来看,除了主体作战的重型装备部队外,还体现出发展中型、轻型装备部队的趋势。外军渡河桥梁装备的发展坚持将保障中型、轻型部队快速机动与保障重型装备部队快速机动并重。中型、轻型渡河桥梁装备主要以40吨级以下的轮式或者履带车辆为底盘,可实现空运空投,可以满足未来部队快速机动的需要。为适应信息化条件下局部战争的需要,以轮式装甲战斗车辆为主要突击装备的轻型机械化部队的工程保障,需要发展与此相适应的轮式自行舟桥和轻型舟桥等,另外,根据国家利益空间的拓展和非战争军事任务的需要,发展可空运、空投的渡河桥梁装备也十分重要。

(7)积极完善遂行非战争军事任务中渡河桥梁的装备体系,努力提升完成多样化军事任务的能力。

在非战争军事行动中,我军工程兵舟桥部(分)队和道路分队是抗洪抢险和道路交通应急保障的骨干力量。近年来,我军正在加紧开展用于非战争军事行动的工程装备体系建设。未来构建用于非战的渡河桥梁装备体系:①直接选用部分作战工程保障装备;②重点发展一些更加适合非战争军事任务的渡河桥梁装备,如集传统的充气舟和刚性舟优点于一体,具有较轻重量、较高稳性和良好航行性能的刚柔结合系列舟(包括侦察舟、冲锋舟、工程舟、突击舟等);集架桥与检测修桥为一体的公路桥梁快速抢修系统;适合在多泥石、多杂物水域使用、具有良好安全性和浅水适应性的喷水舷外机;适于人工拼装作业、使用灵活、可用于在松软泥泞地段构筑桥梁进出口路、飞机停机坪、简易跑道、设备堆放地坪的多功能组合路面;可以明显提高装配式公路钢桥架设速度和作业安全性、降低劳动强度的装配式公路钢桥架桥车等;③有计划地发展一些专用装备,小浮箱、橡胶坝、钢木土石组合坝、管涌封堵器、水下作业机具、植桩机等,同时还继续发展抢险救灾水上平台、水中障碍探测等装备。

第3章 我军制式舟桥的结构

我军从20世纪60年代初期开始向舟桥部队装备我军工程技术人员自行研制、设计、生产的制式舟桥器材,包括某型重型舟桥(已经淘汰)、某型轻型舟桥(已经淘汰)、某型二折带式舟桥(已经淘汰)、某改进型带式舟桥、某型四折带式舟桥、某型特种舟桥、新型特种舟桥、新型重型舟桥、自行舟桥等,而这些舟桥器材可以分为两大类,一类是桥脚分置式舟桥,如某型重型舟桥、某型轻型舟桥、某型特种舟桥,另一类为带式舟桥,如某型二折带式舟桥、某改进型带式舟桥、某型四折带式舟桥等。而新型重型舟桥根据江河条件和遂行渡河工程保障的需要,可以在桥脚分置式和带式结构中间选择。这两类舟桥器材无论是外观上、结构上、受力特点还是使用上都有明显的不同,下面仅介绍几种主要装备的结构特点。

3.1 某型四折带式舟桥结构

3.1.1 用途、组成和性能特点

3.1.1.1 用途、组成

某型四折带式舟桥器材,是我军自行设计制造并于1979年定型的一种制式重型舟桥器材;用于在流速不大于2.5m/s的江河上,架设50吨级、20吨级的浮桥和结合40t、60t、110t的漕渡门桥,保障履带式500kN、轴压力90kN以下的荷载通过江河。

该型四折带式舟桥全套器材由44个河中全形舟、4个岸边全形舟、16艘车载汽艇和66辆改装的铁马SC2030越野汽车及辅助器材组成。

3.1.1.2 性能特点

某型四折带式舟桥器材的主要特点:舟、桁、板合一的密封箱体,结构成的浮桥或漕渡门桥是连续的带式浮体;每个河中舟(岸边舟)就是浮桥或漕渡门桥的一段,桥节门桥和漕渡门桥的结构基本相同,浮桥渡河和门桥渡河转换容易;浮桥有较宽的车行部,当重荷载通过时为单车道,轻型荷载通过时可用作双车道;门桥渡河时不需构筑码头,门桥岸侧直接搁浅,利用自带的跳板即可装卸载;器材的装卸均实现了机械化,结构简单,作业速度快;但门(浮)桥阻水面增大,对浮桥固定的要求较高。

3.1.2 主要器材介绍

3.1.2.1 河中舟

河中舟用于结合桥节门桥和漕渡门桥。一个河中全形舟由两个尖舟和两个方舟连接而成。展开后的河中全形舟(图 3-1)长 6.74m、宽 8.09m,车行部宽 6.5m。当吃水深度为 0.64m 时,一个河中舟的有效载重量为 200kN。

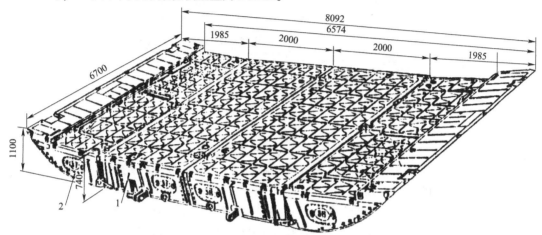

图 3-1　展开后的河中舟
1-方舟;2-尖舟

3.1.2.2 尖舟

尖舟(图 3-2)是一个由纵、横梁和舷缘角钢作骨架,外用钢板焊接的密封体,长 6.74m、宽 1.985m、高 0.74m(尖端高 1.10m)。上部为厚甲板和薄甲板,两端部的斜面为端板,底部为底板。厚甲板上焊有防护板条和防滑圆钢,钢板厚 3mm、宽 1.24m,可供轻型荷载通行;舟首为薄甲板,厚 1.5mm、宽 0.75m。厚甲板和薄甲板间的垂直面为缘材,钢板厚 3mm。舷板和底板之间设有 5mm 厚钢板制成的滑道,供河中舟滑动用。

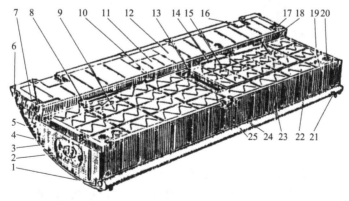

图 3-2　尖舟

1-舟间挂钮;2-舱口盖;3-端板;4-装卸圆钮;5-跳板挂座;6-折叠圆钮;7-纵向拉紧装置方销;8-锚和锚爪槽;9-厚甲板;10-并舟具;11-锚机和锚机舱;12-薄甲板;13-跳板固定装置;14-吊杆;15-跳板和跳板槽;16-羊角;17-纵向拉紧装置绞盘;18-缘材;19-抽水孔;20-吊杆孔;21-限位槽;22-滑道;23-舷板;24-甲板铰链单耳;25-扭力凸轮槽

(1)尖舟甲板上的设备。

①跳板和固定装置(图3-3):跳板用于保证车辆顺利上、下门桥(浮)桥;跳板为密封体,重173kg,可浮在水上;跳板上设有6个提环,便于人工搬运。2个挂钩和卡铁与河中舟挂座相连,以防通载时脱出。固定装置由固定座和楔形块组成。

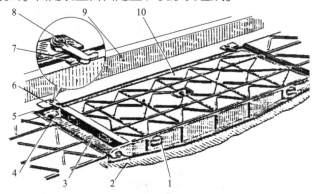

图3-3 跳板和固定装置

1-提环;2-尖舟甲板;3-跳板槽;4-卡铁;5-挂钩;6-跳板固定装置;7-楔形块;8-固定座;9-尖舟缘材;10-跳板

②跳板槽:用于放置跳板。

③吊杆(图3-4):用于吊移跳板,使其挂钩与舟体上挂座相连。吊杆由杆体、绞盘、钢索、摇把、吊钩等组成。吊杆重40kg,起吊力为3.0kN;钢索长4.6m,钢索直径7.7mm,蜗轮蜗杆传动比为1:26。运输时,固定在尖舟甲板外侧,一端插在吊杆槽内。

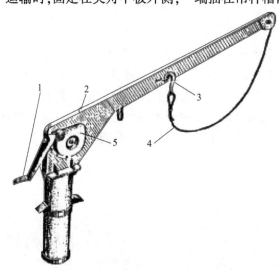

图3-4 吊杆

1-摇把;2-杆体;3-吊钩;4-钢索;5-绞盘

④吊杆槽:用于放置吊杆;位于薄甲板下方。

⑤吊杆孔:用于设置吊杆;每舟3个,其中两个位于厚甲板两端,另一个位于薄甲板中间偏右。

⑥锚机(图3-5):用于松、紧、固定锚钢;由操纵部分、机体部分和锚纲组成。操纵部分包括制动手柄、换挡手柄、摇把、摇把手柄榫头。机体部分包括机架、主轴、蜗轮、蜗杆、伞齿轮、

楔牙离合器(换挡装置)、紧急脱索装置和卷筒。锚钢为长80m、直径9.3mm的钢索。锚机有蜗轮蜗杆传动挡(慢挡传速比为1∶30)和伞齿轮传动挡(快挡传速比为1∶1)两种。当换挡手柄推到左边的挡位,摇把插在左边的摇把榫头上,摇动摇把时为快挡,最大起重力为1.0kN;当换挡手柄推到右边的挡位,摇把插在右边的摇把榫头上,摇动摇把时为慢挡,最大起重力为15kN。

⑦锚:用于固定门桥和浮桥;由锚卸扣、锚杆、锚爪、锚柄组成,质量为49kg;不使用时,部分锚爪放入锚爪槽内,并用螺栓固定在尖舟甲板外侧。

⑧并舟具(图3-6):用于操纵连接器,如纵向接头、拉紧装置、甲板扣环和舟间挂钩等,完成河中舟之间、岸边舟之间及河中舟与岸边舟之间的连接或分解。架设20t浮桥时可以作为栏杆,在装卸载时用于拨动限位销;运输时,分别固定在车行道外侧和舟车上。

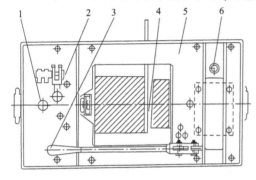

图3-5 锚机
1-摇把手柄榫头(1∶1);2-换挡手柄;3-制动手柄;
4-卷筒和锚钢;5-机架;6-摇把手柄榫头(1∶30)

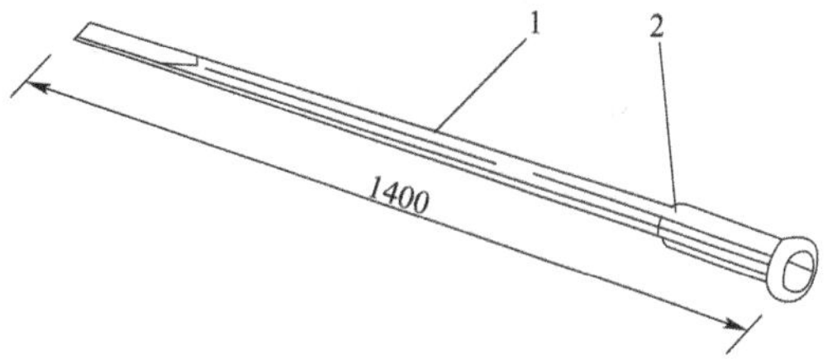

图3-6 并舟具
1-杆体;2-套筒

⑨上部连接器(图3-7):用于河中舟与河中舟之间的上部纵向连接以及固定岸边舟的提升器链环。分绞盘、方销两部分,分别反对称安装在尖舟甲板的两端,绞盘部分由方销导孔、绞盘、钢索、横销、挡板等组成,方销部分由方销、挂钩、导板、带槽板条、横销、定位销等组成。

⑩羊角:用于固定钢索和系留绳。

⑪甲板铰链(图3-8):用于尖舟与方舟的上部连接;由单耳、双耳、垫圈、销轴和开口销组成,双耳安装在方舟甲板上,单耳安装在尖舟甲板上,使用时,一般不需要分解。

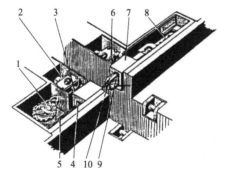 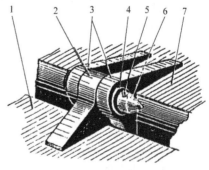

图3-7 上部连接器
1-绞盘;2-挡板;3-横销;4-方销导孔;5-钢索;
6-定位销;7-导块;8-带槽板条;9-挂钩;10-方销

图3-8 甲板铰链
1-尖舟;2-单耳;3-双耳;4-垫圈;5-开口销;
6-插销;7-方舟

⑫抽水孔:用于在排出舟内积水时用于插抽水泵或抽水管;位于甲板两端,平时加盖密封。
⑬钩篙:用于调整舟的位置和测量水深,运输时,固定在舟车上。

(2)尖舟端板上的设备。

①跳板挂座:用于门桥漕渡和浮桥通载时挂跳板;分单座和双座两种,根据荷载的宽度选择跳板挂座。

②舟间挂钮:连接尖舟和方舟时用于固定搭钩。

③舱口:检修舟时,供人员进出;位于端板中部,平时加盖用螺钉密封。

④装卸圆钮:用于强制舟泛水或铁路运输时固定紧固索。

⑤折叠圆钮:用于装载时挂装钢索以折叠河中舟。

(3)尖舟底板上的设备。

①装卸圆钮:用于装载时,挂舟车钢索。

②挡销:用于舟装载过程中挡在限位导板前方,使舟搁置在平台后梁滚轮上。

③紧定圆钮:用于装载后固定紧定具。

④滑道:用于支承河中舟滑动。滑道一端开一个限位槽,和舟车的限位销配合,限制河中舟在舟车平台上移动。

⑤放水孔:用于放出舟内积水。平时用放水塞密封,位于舷板底部的两端。

3.1.2.3 方舟

方舟(图3-9)长6.74m、宽2m、高0.74m,是浮桥和门桥的主要承重部分。方舟是一个内有舷缘角钢和主龙骨等纵向加强构件,外用钢板焊接而成的矩形箱体。内部中央设有一道横向舱壁板,将方舟分为两个密封舱,以提高舟体强度和抗沉性。底板中央有截面为工字形的主龙骨,两端安有下部纵向接头。舟甲板上装有扭力杆、甲板扣环和缘材插座。

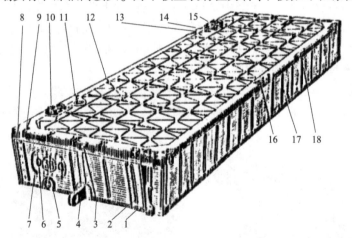

图3-9 方舟

1-固定挂钩钮;2-舟间挂钩;3-导绳座;4-下部纵向接头单耳;5-滑道;6-舱口盖;7-端板;8-承压板;9-跳板挂座;10-扣环挂座;11-抽水孔;12-甲板;13-缘材插座;14-护铁;15-甲板扣环;16-扭力杆;17-舷板;18-甲板铰链双耳

(1)方舟甲板上的设备。

①甲板扣环(图3-10):用于方舟之间的上部连接;每个河中全形舟两副,成反对称安装在两个方舟上,由扣环、扣环柄、耳座、护铁等组成。

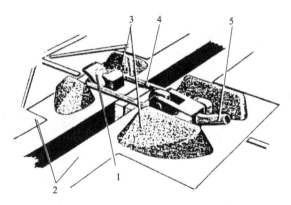

图 3-10　甲板扣环
1-耳座;2-甲板;3-护铁;4-扣环;5-扣环柄

②扭力杆(图 3-11):用于河中舟泛水后自动展开成使用状态。由扭力轴、扭力凸轮、扭力凸轮槽(设置在尖舟上)、连接套筒、固定座、活动座和衬套等组成,每个河中全形舟安装两套,每套有两根扭力轴。

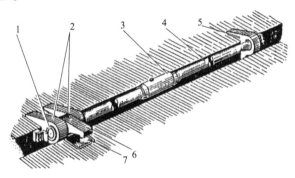

图 3-11　扭力杆
1-衬套;2-活动座;3-连接套筒;4-扭力轴;5-固定座;6-扭力凸轮;7-扭力凸轮槽

③缘材插座:用于架设 20 吨级浮桥时设置栏杆。每个方舟 3 个,位于内侧舷缘角钢垂直肢上。

(2)方舟端板上的设备。

①纵向接头及其操纵装置(图 3-12):用于河中舟之间、河中舟与岸边舟之间的下部纵向连接,是门(浮桥)桥主要的连接件;设在方舟端板中央,舟的一端为单耳,另一端为双耳。双耳的一端包括双耳、单销、齿条、盖板、上传动轴、下传动轴、传动头和传动叉。连接时用并舟具向反时针方向转动传动叉,使单、双耳结合,以实现河中舟与河中舟(岸边舟)的连接。

②舟间挂钩(图 3-13):用于方舟与尖舟之间的下部横向连接,位于方舟与尖舟之间的下部两端;由挂钩、连杆、舟间挂钮、撬杠套等组成;结合时,将并舟具插入撬杠套内,扳动并舟具,使挂钩与尖舟的舟间挂钮结合。

③导绳座、滑轮:用于河中舟折叠时穿绕舟车钢索,分别位于端板上缘和底部。

④承压板:用于传递舟间压力,每个方舟 4 块,位于端板上部两角上。

⑤折叠固定钩(图 3-14):用于河中舟折叠后,拉紧两方舟以防分开;位于端部底板,由挂钩、挂钮、轴座、销钉及小链组成。

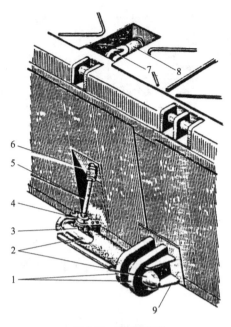
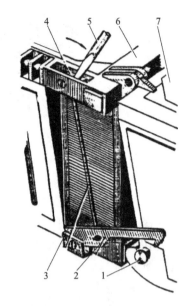

图 3-12　下部连接器
1-下部纵向接头双耳;2-单销;3-齿条;4-盖板;5-下传动轴;6-上传动轴;7-传动头;8-传动叉;9-封板

图 3-13　舟间挂钩
1-舟间挂钮;2-搭钩;3-连杆;4-撬杠套;5-并舟具;6-方舟;7-尖舟

(3) 方舟底板上的设备。

底板铰链(图 3-15):用于方舟与方舟之间的底部连接;位于底板两端;由单耳、双耳、插销、套筒、横杆、定位轴、螺母、碟形弹簧组成。

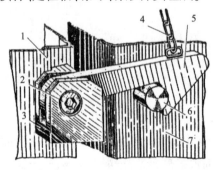
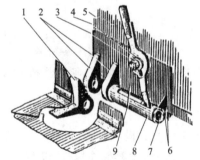

图 3-14　折叠固定钩
1-方舟;2-销钉;3-轴座;4-小链;5-挂钩;6-挂钮;7-方舟

图 3-15　底板铰链
1-单耳;2-双耳;3-螺母;4-碟形弹簧;5-杠杆;6-支耳;7-插销;8-套筒;9-定位轴

3.1.2.4　岸边舟

岸边舟(图 3-16)用于构成浮桥的岸边部分或漕渡门桥的靠岸部分。展开后的岸边舟长 5.52m,宽 7.23m,尖舟高 1.0m,方舟高 0.74m,车行部宽 6.5m,有效载重量为 100kN。岸边舟由 2 个方舟和 2 个尖舟组成,构造与河中舟基本相同,但岸边全形舟不允许分解使用。其高端是舟尾,矮端是舟首,舟首端 2.5m 范围内的底板厚 4mm,以保证搁浅受载时提供较大的承压力,舟首端的垂直面为首端板,尾端斜面为尾端板,两尖舟边缘高起的箱体为缘材。

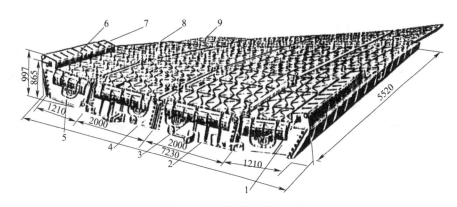

图 3-16　岸边舟(尺寸单位:mm)

1-提升器;2-承压板;3-搭板;4-方舟;5-尖舟;6-缘材;7-提升器箱;8-扭力杆;9-跳板

(1)岸边舟甲板上的设备。

①提升器(图 3-17):用于浮桥闭塞、分解或门桥漕渡时提升岸边舟,每个岸边舟上安装 2 个,位于尖舟液压提升器箱罩内,由链环、油缸、截止阀、单向阻尼阀、油箱、手摇柄、手摇液压泵等组成。每个提升器的最大提升力为 200kN。当一个岸边全形舟同三个河中全形舟结合成四舟桥节门桥时,利用提升器可将岸边舟提升最大倾角 18°,岸边舟舟首底板离水面距离可达 1.20m。

②扭力杆(图 3-18):由扭力轴、扭力凸轮、扭力凸轮槽、固定座、活动座和衬套等组成,用于岸边舟泛水后自动展开成使用状态。每个岸边全形舟安装两套,每套一根,长 1.76m。

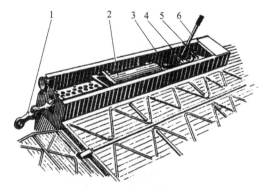

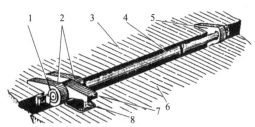

图 3-17　液压提升器

1-链环;2-油缸;3-截止阀;4-手摇液压泵;5-油箱;6-手摇柄

图 3-18　扭力杆

1-衬套;2-活动座;3-岸边方舟;4-扭力轴;5-固定座;6-岸边尖舟;7-扭力凸轮;8-扭力凸轮槽

③系留环:用于固定系留钢索;共 4 个,位于舟首及两侧。

④跳板(图 3-19):用于保证车辆和技术兵器顺利上、下门(浮)桥;每个岸边舟有两块方舟跳板,两块尖舟跳板,长均为 2.0m;跳板为密封体,可浮在水上,左侧板上设有放水孔,可放出跳板内积水。在跳板的一端设有圆钮,用以吊起跳板;在跳板另一端设有双耳,与岸边舟单耳用螺栓连接。

⑤搭板(图 3-20):用于搭盖岸边舟与河中舟连接部的间隙;每个岸边舟有方舟搭板 2 块,尖舟搭板 2 块,固定在舟的尾端。搭板上有防滑条、防护板条和双耳板。

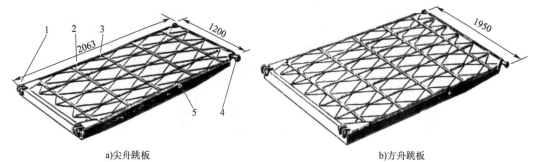

a)尖舟跳板　　　　　　　　　　　　b)方舟跳板

图 3-19　跳板(尺寸单位:mm)

1-双耳;2-防护板条;3-防滑圆钢;4-圆钮;5-放水塞

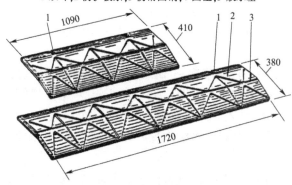

图 3-20　搭板(尺寸单位:mm)

1-双耳;2-防滑圆钢;3-防护板条

(2)端板上的设备。

①承压座(图 3-21):用于调整岸边舟与河中舟之间的间隙,承受舟上部压力;每个舟 4 个,安装在方舟舷缘角钢端部,由螺母、螺杆帽和螺杆组成。

②闭锁销(图 3-22):用于尖舟与方舟的岸侧一端连接;位于舟首端部,由上耳板、下耳板、插销、导向套筒、套筒支耳、螺母、蝶形弹簧、定位轴、支板、链环等组成。

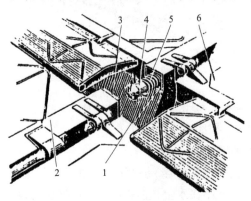

图 3-21　承压座

1-螺母;2-河中舟;3-承压板;4-螺杆帽;5-螺杆;6-岸边舟

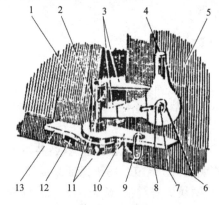

图 3-22　闭锁销

1-尖舟;2-导向套筒;3-套筒支耳;4-转柄;5-方舟;6-蝶形弹簧;7-螺母;8-定位轴;9-链环;10-上耳板;11-插销;12-支板;13-下耳板

③牵引杆支座:用于固定牵引杆;位于首端中央。

3.1.2.5 舟车

舟车(图3-23)是由TMSC2030ZQ二类底盘车(简称TMSC2030)改装而成,车上设有舟车平台、吊架、液压系统、绞盘系统和操纵系统。它既可以装载河中舟,也可以装载岸边舟,完全通用。用于折叠、装载及运输河中舟和岸边舟。

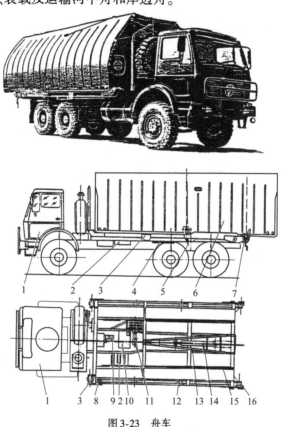

图3-23 舟车

1-TMSC2030底盘车;2-液压箱;3-平台;4-脚蹬;5-紧定具;6-舟体;7-限位导板;8-限位销;9-油泵;10-油箱;11-液压马达绞盘;12-滚轮;13-吊架;14-油缸;15-钩筒;16-大滚轮

舟车平台由以下各部分组成。

(1)平台(图3-24):主要用于承受舟体荷载和引导桥节舟的装卸。它是由折边钢和型钢等组焊而成的框架结构,用8个U形螺杆固定在汽车底盘的大梁上。平台框架的主要构件有:四根横梁、四根纵梁、十根边梁和两根副梁。一梁上装有两个过渡滑轮和两个可摆动的滑轮。二、三梁两端前方的边梁处装有滚轮,四梁上装有吊架支耳、导轮、拉杆支座、限位导板和后滚轮。所有的滑轮和滚轮都设有油槽,所有轮子和轴部都设有油嘴和油道。二梁至四梁间辅有挡泥板。

(2)滚轮:用于装卸桥节舟时,使舟体滑道在滚轮上滚动,运输时用于支撑舟体。有四个滚轮设在二、三梁两端前方的边梁处,有两个大滚轮设在四梁两端的后方。

(3)挡舟板:在平台后半部的两侧,用于限制舟的横向运动,装卸桥节舟时,起导向作用。

(4)限位挡铁:在平台一梁的中间位置,在装载桥节舟时用于限定舟在平台上纵方向的位置;当舟车运行在下坡的路上或刹车时起到阻止桥节舟向前移动的作用。

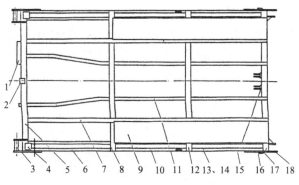

图 3-24 舟车平台

1-摆动滑轮架;2-垫板;3-一梁;4-前边梁;5-纵梁;6-二梁;7-挡泥板;8-中边梁;9-副梁;10-三梁;11-后边梁;12-挡舟板;13-拉杆座;14-导轮;15-四梁;16-四梁耳板;17-滑轮架;18-限位挡铁

(5)限位销(图 3-25):在平台一梁后方的左边梁处,用于限制舟体的纵向滑动;由拉手、螺钉、座板、弹簧、套筒和销子等组成。当舟装上车但未拧紧紧定具之前,要把限位销拉手旋转 90°,销子则被弹簧弹起,并卡进舟体滑道处的限位槽内,起到防止桥节舟纵向移动的作用。在桥节舟泛水前,应使用并舟具撬下拉手,使销子退入套筒内,从而解除对桥节舟的约束,以便进行卸舟作业;当装舟时,应使销子退入套筒内,使之不妨碍桥节舟的装车作业。

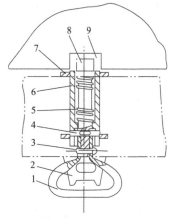

图 3-25 限位销

1-拉手;2-支点板;3-半圆头螺钉;4-螺钉;5-弹簧;6-套筒;7-座板;8-销子;9-限位槽

(6)平台滑轮:在平台一梁上设有两个过渡滑轮和两个可摆动的滑轮,用于将钢索导向其作业的方向。

(7)紧定具:用于将桥节舟紧固在舟车平台上,阻止桥节舟跳动和前后移动。

(8)导轮:在平台外侧前后共设 4 个,在整车吊装时挂套起吊钢索,后部两个并用于将钢索从其上绕过进行强制卸载。

(9)卸扣:在强制桥节舟泛水时,用于将两根钢索的套环串联起来。在运输时,放在舟车工具箱内。

(10)并舟具固定装置(图 3-26):用于在运输时固定并舟具。由插座、定位销、销套、手柄、弹簧等组成,安装在平台一、二梁之间的左、右、外边梁的下方。

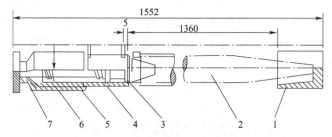

图 3-26 并舟具固定装置(尺寸单位:mm)

1-插座;2-并舟具;3-定位销;4-销套;5-手柄;6-弹簧;7-圆锥销

(11)限位导板:设在平台四梁大滚轮的外侧,在装桥节舟时,用于扶正舟体,当舟体落于大滚轮上以后,卡住舟体挡销,以阻止舟体下滑。

(12)可摆动脚蹬:在平台二、三梁之间的左、右外边梁的内测,需要时将其旋转下来,用于作业手上、下平台。

(13)工具箱:一个在平台二梁前方、纵梁和右内边梁之间,另一个在备胎的右侧。用于存放卸扣、系留绳、栏杆绳、投绳、浮标、护舷球、量规、多用扳手、抽水孔盖扳手、救生衣等。

(14)钩篙固定装置:设在平台左、右纵梁的内测,用于固定钩篙。

(15)缘材固定装置:设在钩篙固定装置的内侧,用于固定缘材。

吊架(图3-27)由折边钢和钢管等组焊而成,用于折叠和起吊桥节舟,吊架底部设有与平台四梁内侧的吊架耳板铰接的销轴,吊架中部设有与油缸活塞杆头部铰接的油缸轴,吊架中部还设有两个对称布置的斜向滑轮,吊架顶部有一个双槽滑轮。

液压系统由油箱、油泵、卸荷阀、滤油器、油压表、三位四通液压电磁阀、液压马达绞盘、平衡阀、油缸及管系等组成。用于操纵吊架的升、降以及绞盘的正、反运转。

绞盘系统由液压马达、行星齿轮减速器、控制阀、液压制动器等组成。绞盘用支架安装在汽车大梁中部的外侧,用于舟体的折叠、起吊和装卸作业。绞盘钢索有两根,一根长度为25m,另一根长度为26.17m。绞盘设计的最大拉力为100kN,实际限制使用拉力不大于88kN。

电操纵系统由内操纵盒、外操纵盒、两位三通电磁阀、汽缸、气管及电缆索等组成,是舟车进行装卸载作业的指令系统。

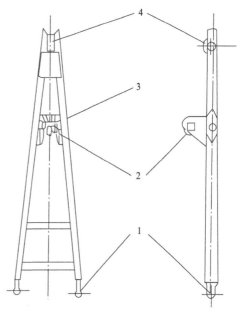

图3-27 吊架
1-销轴;2-斜向滑轮;3-油缸轴;4-双槽滑轮

3.1.2.6 辅助器材

(1)系留索具。

①系留绳:用于系留舟;运输时,放在舟车工具箱内。

②系留钢索:用于浮桥的纵向固定;运输时,放在器材车上。

③系留桩:用于挂岸边的系留钢索;运输时,放在器材车上。

④手用筑头:用于打系留桩;每个岸边舟配备一个,运输时,放在器材车上。

(2)排水机具。

①手抬机动泵(图3-28):用于抽出舟内积水和冲刷器材;运输时,放在器材车上。

②抽水孔盖扳手(图3-29):用于拧开、旋紧抽水孔盖,运输时放在器材车上。

(3)舟的量具。

①间隙规(图3-30):用于测量岸边舟承压座与河中舟承压板之间的间隙;运输时,放在舟车工具箱内。

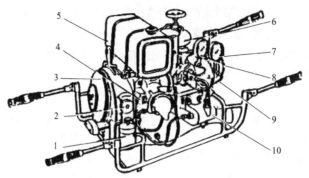

图3-28 手抬机动泵

1-燃料泵;2-阻风门;3-启动盘;4-减压阀;5-燃油箱;6-出水阀;7-真空表;8-压力表;9-吸气管;10-冷却水滤清器

图3-29 抽水孔盖扳手　　图3-30 间隙规

②河中舟量规(图3-31):用于测量河中舟扭力凸轮的高度;运输时放在舟车工具箱内。

③岸边舟量规(图3-32):用于测量岸边舟扭力凸轮的高度;运输时放在舟车工具箱内。

图3-31 河中舟量规　　图3-32 岸边舟量规

④牵扯装置(图3-33):用于闭塞浮桥时纵向移动桥段;由牵引杆、系留钢索、螺旋扣、插销等组成。运输时,放在器材车上。

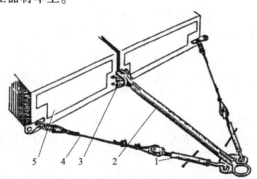

图3-33 牵扯装置

1-螺旋扣;2-牵引杆;3-插销;4-系留钢索;5-岸边舟

3.1.3 舟桥基本结构

某型四折带式舟桥为空心板架结构,其浮游桥脚舟也有河中舟和岸边舟。河中舟用于结合桥节门桥和漕渡门桥。一个河中舟的全形舟由两个尖形舟和两个方形舟连接而成。岸边舟用于构筑浮桥的岸边部分或作漕渡门桥的码头。岸边舟也由两个尖形舟和两个方形舟组成。

某型四折带式舟桥的主要诸元列于表3-1。

某型四折带式舟桥的主要诸元表　　　　表3-1

类　别	河　中　舟		岸　边　舟	
	尖形舟	方形舟	尖形舟	方形舟
基本形状	呈雪橇形	箱形	呈楔形	箱形
主要尺度(m)	6.74×1.98×0.70	6.74×2.0×0.74	5.5×1.55×0.70	5.52×2.0×0.74
自重(kg)	1600	1820	1220	1880
载重(kN)	全形舟载重200(吃水0.64m时)		全形舟载重100	

河中舟的每个节套舟总体由甲板分段、底板分段、舷板分段、端板分段焊接而成。

现将河中舟各分段的结构分述如下。

3.1.3.1 甲板分段

甲板分段属纵骨架式的板架结构,如图3-34所示,它由甲板、纵桁和横梁组成。各构件由902合金钢制成。甲板厚3mm;由于甲板直接承受载重,为了提高甲板的耐磨性和防止车辆履带滑移,在甲板上焊接有6mm的扁钢(防护板条)和钢筋条(防滑圆钢)。甲板两侧焊于舷缘角钢上,在与尖形舟相连接处的舷缘角钢叫外角钢,用∠140×90×10角钢;在与方形舟相连接处的舷缘角钢叫内角钢,用∠100×100×8角钢;甲板端部焊于舟舷梁上,舷梁用钢板折边制成,尺寸为76mm×76mm×6mm。

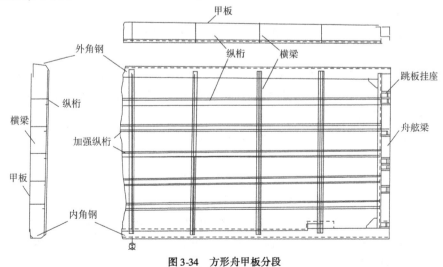

图3-34　方形舟甲板分段

甲板下纵向骨架设置有五根纵桁(沿浮桥桥轴方向),纵桁为主要承重结构,用3mm厚钢板折边制成,尺寸为 160mm×40mm×20mm;其中有两根为加强纵桁,采用厚 4mm 的钢板折边制成,尺寸相同。横向骨架为 T 形横梁,腹板尺寸为 140mm×3mm,翼板为 50mm×5mm。

3.1.3.2 底板分段

底板分段由底板、纵向骨架和横向骨架组成板架,如图 3-35 所示,底板用 2mm 厚的 902 合金钢板,在两端加厚至 3mm。底板两侧焊于舷角钢上,端部焊于端角钢上,舷角钢与端角钢均由∠63×40×4 角钢制成。

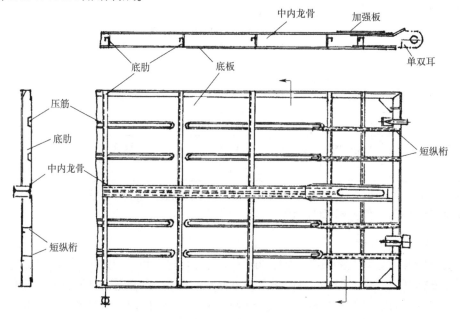

图 3-35 方形舟底板分段

纵向骨架:底部中央设置有主龙骨(中央龙骨),为主要受力构件。主龙骨用 902 钢板制成工字型,腹板尺寸为 126mm×8mm,上下翼板为 100mm×10mm,在主龙骨两端焊有下部连接装置(单、双耳),在上翼板上焊一块 8mm 钢板加强。中央龙骨两边各设置两道纵向压筋,在舟体两端部设置短纵桁与压筋相连接,短纵桁用 2mm 厚的 15MnV 钢板弯制成,尺寸为 70mm×26mm×15mm。

横向骨架:在每个肋位上均设置有肋骨构件,肋骨均用 2mm 厚的 15MnV 钢板弯制成,其尺寸与短纵桁相同。在舟体中部设置一道横舱壁板,它用 2mm 厚的 15MnV 压筋板制成,以提高舟体横向强度和抗沉性。

方舟的舷板分段和端板分段主要为压筋板,不再设置其他构件。

以上所述为河中舟方形舟的结构情况。方舟的横剖面图如图 3-36a)所示。

河中舟的尖形舟结构同样由板、纵横骨架组成,如图 3-36b)所示。一端高起带压筋的甲板为薄甲板,厚 1.5mm。后部水平甲板厚 2mm;同方形舟一样上面焊有防护板条和防滑圆钢。甲板下设置有三根用 902 钢板焊制的 T 形纵桁,腹板为 100mm×3mm,下翼板为 80mm×4mm。在每个肋位上设置有 T 形横梁,尺寸与纵桁相同。甲板四周均焊于角钢上,底部采用压筋板,在每个肋位上设置压筋。在与方舟连接一边的底部设有 5mm 厚钢板制成的滑道,它是河中舟折叠固定的支点。为保证门(浮)桥承载后,舟底搁浅时不致损坏,故底部两端钢板要比中央厚些,采用3mm。在甲板高度变换位置的横梁端部设有支柱,均用∠40×40角钢。与支柱毗邻处设底板纵桁一根,用2mm厚的15MnV钢板折边制成,尺寸为70mm×26mm×15mm。

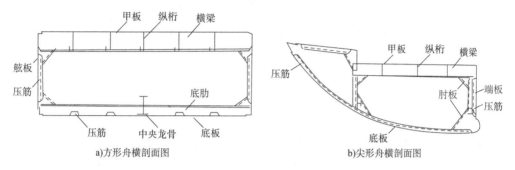

图3-36 舟体横剖面图

岸边舟的结构与河中舟基本相同。在靠岸端2.5m范围内底部钢板厚4mm,以保证舟受载后搁浅时底部有足够的承压力。

3.1.4 浮桥和门桥结构形式

3.1.4.1 浮桥结构形式

(1)50t桥节门桥。

50t桥节门桥是某型四折带式舟桥架设50t浮桥的主要结构物,该吨位的浮桥可以保障履带式500kN、轮式轴压力90kN的荷载克服江河。该吨位的门桥由全形舟纵向连接而成,通常为三舟门桥,根据需要也可以结合成二舟门桥、四舟门桥等。结合的步骤分别为"人员登舟""连接舟""结合门桥""整理器材"等,在部队通常将每个全形舟的结合都称为半门桥结合,因此三舟门桥有三个半门桥,依此类推。每个半门桥3名作业手,设门桥长1名,因此三舟门桥共有10名作业手完成,如图3-37所示。

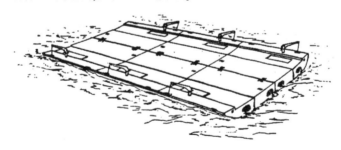

图3-37 50t浮桥桥节门桥

(2)20t浮桥"6×1/2+1"桥节门桥。

20t浮桥"6×1/2+1"桥节门桥是某型四折带式舟桥的架设20t浮桥的主要结构形式,该吨位的浮桥可以保障履带式200kN、轮式轴压力90kN的荷载克服江河。该吨位的门桥由1个全形舟与6个半全形舟纵向连接而成,通常需要四个全形舟。结合的步骤分别为"人员登舟""分解舟"("连接舟")、"结合门桥""整理器材"等。每个全形舟3名作业手,设门桥长1名,因此20t浮桥"6×1/2+1"桥节门桥共由13名作业手完成。该门桥结构形式用于流速较小的江河上架设20t浮桥时使用,如图3-38所示。

图3-38 20t浮桥"6×1/2+1"桥节门桥

(3)20t浮桥"4×1/2+1"桥节门桥。

20t浮桥"4×1/2+1"桥节门桥是某型四折带式舟桥的架设20t浮桥的结构形式之一,该吨位的浮桥可以保障履带式200kN、轮式轴压力90kN的荷载克服江河。该吨位的门桥由1个全形舟与4个半全形舟纵向连接而成,通常需要三个全形舟。每个全形舟3名作业手,设门桥长1名,因此20t浮桥"4×1/2+1"桥节门桥共由10名作业手完成。该门桥结构形式用于中等流速的江河上架设20t浮桥时使用,如图3-39所示。

图3-39 20t浮桥"4×1/2+1"桥节门桥

(4)20t浮桥"2×1/2+1"桥节门桥。

20t浮桥"2×1/2+1"桥节门桥是某型四折带式舟桥的架设20t浮桥的结构形式之一,该吨位的浮桥可以保障履带式200kN、轮式轴压力90kN的荷载克服江河。该吨位的门桥由1个全形舟与2个半全形舟纵向连接而成,通常需要3个全形舟。每个全形舟3名作业手,设门桥长1名,因此20t浮桥"2×1/2+1"桥节门桥共由7名作业手完成。该门桥结构形式用于较大流速的江河上架设20t浮桥时使用,有时在浮桥闭塞时结合这种桥节门桥,如图3-40所示。

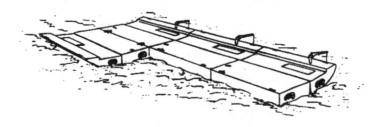

图3-40 20t浮桥"2×1/2+1"桥节门桥

3.1.4.2 门桥结构形式

(1)40t漕渡门桥结构。

40t漕渡门桥是某型四折带式舟桥结合的漕渡门桥的主要结构形式之一,如图3-41所示,该吨位的门桥可以保障履带式400kN、轮式轴压力90kN的荷载克服江河。因为该舟桥的每个全形舟在规定的吃水的情况下载质量为20t(200kN),所以该吨位的漕渡门桥由两个全形舟纵向连接而成。结合的步骤分别为"人员登舟""连接舟""结合门桥""设置跳板""整理器材"等。每个全形舟需3名作业手,设门桥长1名,因此40t漕渡门桥共由7名作业手完成。

图3-41　40t漕渡门桥

(2)60t漕渡门桥结构。

60t漕渡门桥是某型四折带式舟桥结合的漕渡门桥的主要结构形式,该吨位的门桥可以保障履带式500kN(总重量不超过600kN)、轮式轴压力90kN的荷载克服江河。每个全形舟需3名作业手,设门桥长1名,因此,60t漕渡门桥共由10名作业手完成。

(3)110t漕渡门桥结构。

110t漕渡门桥是某型四折带式舟桥结合的漕渡门桥的重要结构形式,如图3-42所示,该吨位的门桥可以保障履带式500kN(总重量不超过1100kN)、轮式轴压力90kN的荷载克服江河。每个全形舟需3名作业手,每个岸边舟4名作业手,设门桥长1名,因此,110t漕渡门桥共由20名作业手完成。

图3-42　110t漕渡门桥

3.2　新型重型舟桥结构

3.2.1　用途、组成和性能特点

3.2.1.1　用途、组成

如图3-43～图3-46所示,新型重型舟桥是我军研制的新一代骨干舟桥装备,主要装备舟桥旅和舟桥团,用于结构漕渡门桥和架设浮桥,也可以与现装备的某四折带式舟桥或某特种舟桥架设混合浮桥,保障我军坦克、火炮等重型武器装备克服长江、黄河等大中型江河障碍。

图 3-43　运载车泛水作业

图 3-44　门桥漕渡

图 3-45　分置式门桥结合

图 3-46　浮桥通载

新型重型舟桥主要由桥脚动力舟、锚定动力舟、桥跨、运载车、连指挥车、排以下通信指挥终端和辅助器材等组成。

桥脚动力舟的功能是与桥跨结合成漕渡门桥或桥节门桥，为漕渡门桥和桥节门桥提供浮力，同时还提供门桥的水上机动的动力；锚定动力舟主要用于浮桥架设和分解时投起锚作业和浮桥固定，可以结合成锚定门桥的形式使用，也可以单个动力舟的形式使用，还可以与桥跨结合成漕渡门桥。

桥跨是浮桥和漕渡门桥的承重结构，既作为浮桥和漕渡门桥的桥面，还为漕渡门桥和带式桥节门桥提供浮力。

运载车是各装载单元的装载平台，并通过车上的作业机构实现装载单元的卸载和装载作业。

辅助器材主要包括浮桥过渡连接装置、浮桥纵向系留装置和使用维护工具等。

3.2.1.2　性能特点

(1) 注重提高装备的江河适应性，尤其是高流速适应性。浮桥、门桥应能适应长江河宽、水深、浪大，黄河流速大、流线多变、混沙沉积等特点，浮桥的岸边部分能够适应1m以下的水位变化。

(2) 兼顾漕渡门桥和浮桥的性能，着力提高漕渡门桥的使用性能和门、浮桥渡河方式转换的速度，对于用于保障长江、黄河的新型重型舟桥来说，其漕渡门桥的性能非常重要，设计上尽力提高漕渡门桥的装载能力和航行速度，同时，考虑到战时门、浮桥渡河方式可能需要不断地转换，从设计上保证简化转换作业，提高作业速度。

(3) 长江中、下游和黄河下游河幅宽大，架设的浮桥长度超过800～1000m。为了保证车辆能以较高速度通行，提高浮桥通行能力，同时为保证通行安全，车行部较宽。

(4) 主要结构材料在满足强度、刚度要求下，选择工艺性能好、供货有保障的材料。

(5)舟和桥跨接头的疲劳寿命长。

(6)器材利用越野车载运,实施陆上机动。

(7)提高装备的机械化、自动化程度,提高架设作业速度,降低作业机动强度,浮桥定位和门桥漕行采用实时监测技术,器材泛水、装车及漕渡门桥、门桥结合采用机械化作业,程序控制,有较强的防误操作性能。

(8)运载车装卸载方式灵活、多样,作业方便。

(9)桥节门桥和空载漕渡门桥的水上续航时间长。

(10)漕渡门桥载质量大,漕渡作业方便。

(11)桥脚分置式桥节门桥的结合采用浮游自展技术,作业便利。

(12)锚定门桥的投起锚作业方便、快捷。

3.2.2 主要器材介绍

3.2.2.1 桥脚动力舟

桥脚动力舟(图3-47)由1个桥脚首舟、1个桥脚中舟及1个尾舟纵向连接而成,总长24.5m,宽3.3m,高(基线至舷墙顶部距离)1.9m,型深(基线至甲板的距离)1.3m。桥脚动力舟用于结构漕渡门桥或桥脚分置式桥节门桥。

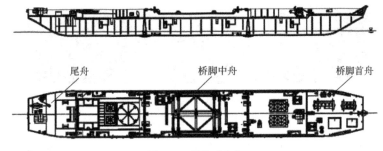

图3-47 桥脚动力舟

3.2.2.2 锚定动力舟

锚定动力舟(图3-48)由1个锚定首舟、1个锚定中舟和1个尾舟纵向连接而成,总长24.5m,宽3.3m,高(基线至舷墙顶部距离)1.9m,型深(基线至甲板的距离)1.3m。锚定动力舟用于结构锚定门桥或漕渡门桥,为门桥提供浮力。锚定动力舟的尾舟与桥脚动力舟的尾舟相同。

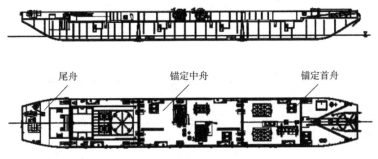

图3-48 锚定动力舟

3.2.2.3 桥跨

桥跨由桥节纵向连接而成,分为基本桥跨和闭塞桥跨两种。桥跨是浮桥和漕渡门桥的承重结构,既作为浮桥和漕渡门桥的桥面,还为漕渡门桥和带式桥节门桥提供浮力。

基本桥跨(图3-49)由1个中桥节、2个展直桥节和2个端桥节组成,总长37.0m;闭塞桥跨(图3-50)由2个展直桥节和2个端桥节组成,总长29.5m。所有桥节均为板梁和浮箱组合的整体结构,且设有桥节展开机构。

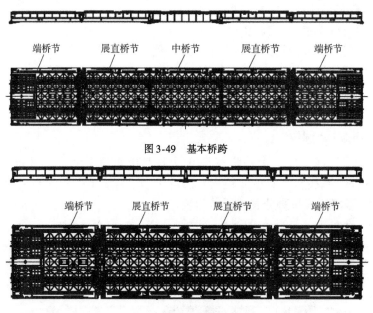

图3-49 基本桥跨

图3-50 闭塞桥跨

3.2.2.4 运载车

运载车由汽车底盘及其改装、翻转架、移动架、移动小车、链传动装置、插销机构、液压支腿等作业装置以及液压系统和操控系统组成(图3-51)。

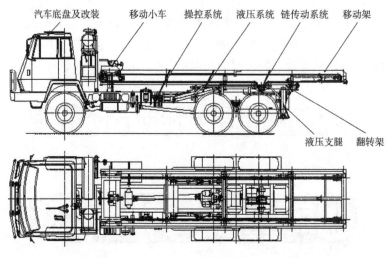

图3-51 运载车

3.2.3 浮桥和门桥结构形式

3.2.3.1 漕渡门桥

漕渡门桥(图3-52)由2个桥脚动力舟(或锚定动力舟)和1个基本桥跨组成,结构与带式桥节门桥基本相同。漕渡门桥载质量为120t,装载面积$21.0 \times 5.0m^2$,一次可装载主战坦克2~3辆。结构1个漕渡门桥需要2个动力舟和1个桥跨。

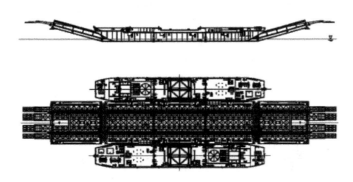

图3-52 漕渡门桥

3.2.3.2 桥脚分置式浮桥

桥脚分置式浮桥(图3-53)适用于河流流速较高(最大表面流速不超过3.5m/s)且两岸为陡岸的情况,由桥脚分置式桥节门桥逐一纵向连接构成,接岸的末端桥节门桥采用短门桥结构形式,浮桥接岸采取将末端桥节门桥的端桥节升降一定角度后端部砧板直接搁岸的形式。通过设置1~4个桥脚分置式闭塞门桥以及调整末端桥节门桥端桥节的搭岸长度,实现浮桥长度调节。浮桥采用锚定门桥锚定和直接投锚锚定,靠近两岸部分采用斜张缆固定。如果河底不适合投锚固定,可采用横张缆固定方法。

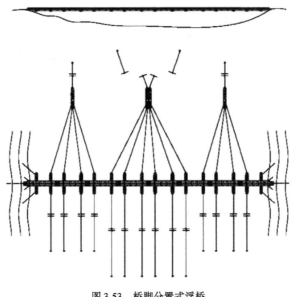

图3-53 桥脚分置式浮桥

3.2.3.3 带式浮桥

带式浮桥(图 3-54)适用于河流流速较低(最大表面流速小于 1.5m/s)且两岸为缓坡的河流,浮桥由带式桥节门桥逐一纵向连接构成,浮桥接岸采取将末端桥节门桥的端桥节升降一定角度后端部础板直接搁岸的形式。通过设置 1~4 个闭塞桥跨以及调整末端桥节门桥端桥节的搭岸长度,实现浮桥长度调节。浮桥采用锚定门桥锚定,靠近两岸部分采用斜张纲固定。如果河底不适合投锚固定,可采用横张纲固定。

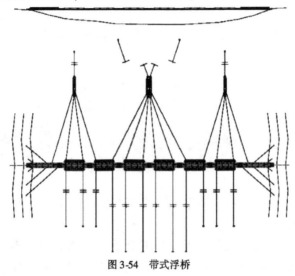

图 3-54 带式浮桥

3.2.3.4 组合浮桥

组合浮桥适用于河幅较宽、河流最大流速较大且有一岸或两岸为缓坡的河流,可根据河流流速在河幅上的分布,在不同和流速段采用不同的桥段类型。在河流流速较大(大于 1.5m/s)的中间部分采用桥脚分置式浮桥段,靠岸河流流速较小且为缓坡的部分采用带式浮桥段(图 3-55),两种浮桥段之间的过渡采取将桥脚分置式浮桥段末端桥节门桥的端桥节端部铰接在带式浮桥段桥面上的方式。浮桥接岸采取将末端带式桥节门桥的端桥节升降一定角度后端部础板直接搁岸的形式。通过设置 1~4 个桥脚分置式闭塞门桥或闭塞桥跨,以及调整两种浮桥段搭接长度和末端桥节门桥端桥节的搭岸长度,实现浮桥长度调节。浮桥采用锚定门桥锚定和直接投锚锚定,靠近两岸部分采用斜张纲固定。

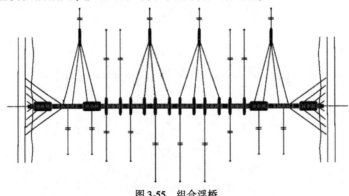

图 3-55 组合浮桥

3.3 自行舟桥结构

3.3.1 用途和性能特点

自行舟桥主要用于伴随装甲机械化部队行进间克服中小型江河障碍。使用中以结构漕渡门桥为主,也可用于架设浮桥。

当在伴随部队机动过程中,时间紧迫、敌情威胁大、需要"临机泛水、多点漕渡"时,使用以结构漕渡门桥为主。

当在战役纵深内,时间较充裕,在通行量大的重要作战方向上,可考虑架设浮桥。

自行舟桥的任务轮廓包括:陆上机动、泛水展开、结构漕渡门桥或架设浮桥、撤收作业。这些任务按图 3-56 所示的顺序依次循环,构成了遂行渡河工程保障任务的整个过程。

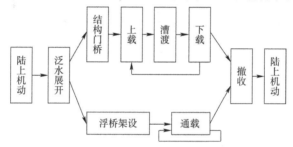

图 3-56 自行舟桥遂行渡河工程保障流程

3.3.2 主要器材介绍

自行门桥由底盘、浮舟、跳板、展开装置和专用设备组成。底盘用国产履带车辆成熟底盘进行改装。两只浮舟在行军时叠放在车体上,结构门桥或架设浮桥时,分别配置在车体两侧;每只浮舟带有一对跳板,通过作业机构将浮舟展开和跳板翻转,实施行军状态(图 3-57)向漕渡门桥状态转换。

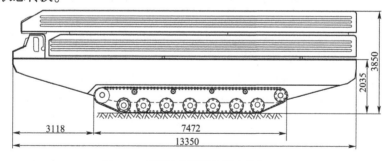

图 3-57 行军状态外形图(尺寸单位:mm)

底盘主要由车体、动力系统、传动系统、行走系统、水上推进系统、辅助系统等组成。底盘在国产履带车辆成熟底盘的基础上改装,直接选用其成熟的发动机、变速器、传动系统、行动系统等,增设水上推进器和水上冷却系统,对总体布置形式进行调整,采用发动机前置,陆上驱动机构前置的布置形式。具体布置是:车体前部为乘员室,布置有各种仪表和操纵装置及驾驶员和乘员座椅;乘员室后面安装陆上传动装置;随后为动力舱,安装发动机及其辅助系统,离心式水上推进器布置在底盘的后部或前后布置等。

3.3.2.1 车体

车体用于配置自行舟桥的机组和机构,作为桥车承重结构,承受在行驶时和克服障碍时产生的负载。车体是一个水密壳体,作为浮桥和门桥部分的承重结构,与浮舟一起保证门桥或浮桥有必要的浮力,并承担门桥或浮桥的荷载。车体主要分为骨架、车底、带连接梁的车行部、外壳和驾驶室等部分。车体采用大梁和横向框架结构形式。考虑到尽量减轻自身重量,车体主要受力部件和车辙部分材料采用高强度钢,其他非主要受力部件采用钢质薄板焊接结构。车体结构图如图3-58所示。

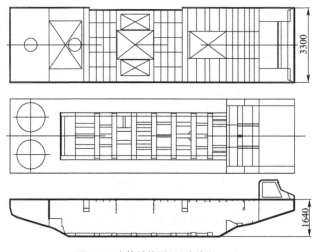

图3-58 车体结构图(尺寸单位:mm)

3.3.2.2 动力系统

动力系统是驱动自行舟桥各机组和系统的机械能源。它包括发动机和为发动机服务的燃料、冷却、进排气和空气起动系统。

发动机采用12V150ZL型涡轮增压水冷柴油机,该柴油机在12V150L柴油机基础上改进设计,其额定功率为537kW(2000r/min)。

燃料系统用于净化燃油以及向发动机燃油泵和预热器不间断地供油。包括燃油箱、燃油阀、燃油注油泵、燃油过滤器、管道等。

冷却系统分陆上冷却系统和水上冷却系统,设有水陆快速转换装置。陆上冷却系统采用两个液压驱动的轴流风扇和管片式水散热器的冷却方案,空气自进气口进入,液压风扇置于车后顶部,将热空气经专用风道排出车外;水上冷却系统采用水道夹层循环冷却水进行散热冷却。

进气系统用于净化空气和保持进气通道畅通。设置空气滤清器来净化空气。空气滤清器采用某坦克的成熟件,安装于发动机后的顶甲板支架上。进气通道为:空气自乘员室后中部的孔口进入车体、空气滤清器,经增压后进入发动机。

排气系统的作用是将废气经涡轮与左右排气管由顶甲板排出。

空气起动系统采用皮带空压机来压缩空气满足发动机的空气起动、水陆换挡,此外,还可为其他系统提供气源。空压机安装在动力舱内、传动分动箱上面,其动力从传动箱的输入轴通过皮带轮取力。

3.3.2.3 传动系统

传动系统用于将动力从发动机传送给主动轮和水上推进器,还用于保证排水泵、润滑系统和液压系统的工作。传动系统包括轴系、传动分动箱、离合器、变速器、转向机构、制动器和侧减速器等。传动分动箱采用某主战坦克传动分动箱改进设计,带后离合器。动力从发动机通过弹性联轴器输入,经分动箱分成两路:一路传给陆上变速系统,另一路传给水上传动齿轮箱驱动左右推进器。此外,还有空压机的皮带轮、油泵、排水泵等辅助设备的动力输出。离合器采用某主战坦克的主离合器。由于采取发动机横置方式,可直接采用某主战坦克变速箱、转向机构、制动器和侧减速器等传动装置。

3.3.2.4 行走系统

行走系统主要由主动轮、负重轮、诱导轮和托带轮、履带、油气悬挂和限制器等组成。履带板需重新设计为着地板面和销轴挂胶的双销耳单齿式。采用七对双轮缘负重轮,轮毂两侧注发泡塑料以增加浮力。油气悬挂优点突出,能提高陆上行驶平顺性和越野能力,水上收起负重轮和履带,能降低吃水,增强其靠岸能力,航行时能降低水阻力。目前,油气悬挂技术已应用于某122mm自行榴弹炮和某25mm自行高炮等车型,以上车型已装备部队近千辆。因此,拟采用全油气悬挂,将现有适应总重25t的油气悬挂装置,改进设计为适应总重40t需求的油气悬挂装置。

3.3.2.5 水上推进系统

采用喷口可360°回转的离心喷水推进器。该推进器操纵灵活,在浅水中使用时推进器不易受损,可提高自行舟桥的浅水适应能力、水上机动性和门桥的靠离岸能力。

3.3.3 舟桥基本结构

3.3.3.1 浮舟

自行舟桥设有两个浮舟(上浮舟和下浮舟),如图3-59所示。浮舟是一个全焊接的钢质或铝质密封壳体,能产生必要的排水量,保证门桥在水上的稳定性。

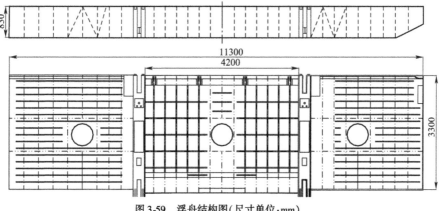

图3-59 浮舟结构图(尺寸单位:mm)

下浮舟包括舟首部分、舟尾部分、前连接梁、后连接梁、前车行部和后车行部。焊接在连接梁上的耳座,用于与车体铰接连接。连接梁上有门桥内连接耳座,用于使下浮舟与车体连接成工作(展开)状态。连接梁上缘设有挡铁,用于在门桥间连接时保证门桥上缘的接合。下浮舟车行部设有固定跳板的耳座。下浮舟的舟首和舟尾部分装有泡沫塑料,以提高自行舟桥的抗沉性。

上浮舟与下浮舟结构组成相似,主要区别在于与车体连接是借助展开装置的杠杆实现的。这些杠杆与连接梁耳座和车体耳座相连接。上浮舟的舟首和舟尾部分也装有泡沫塑料。

行军时,两个浮舟上下叠放在车体上。

3.3.3.2 跳板

跳板用于保证技术装备上下自行舟桥。每一个浮舟都有两个跳板。跳板由主跳板和端跳板组成,两者用轴铰接起来。跳板的车行部上面设有金属辅板,辅板上焊接纵向和横向条。行军时,端跳板用销钉固定在主跳板上;在作业状态时,则用销钉固定位置。主跳板利用焊接在跳板上的可折叠的拉杆固定在浮舟上。跳板的展开或收起利用液压系统实施。为了能同时展开一对跳板装置,两个主跳板之间用钢索连接。

3.3.3.3 展开装置

展开装置主要由浮舟翻转机构、跳板翻转机构、跳板高度调节机构、跳板闭锁机构以及对应的液压驱动装置等组成。展开装置主要能够完成以下几项功能。

(1)驱动浮舟的翻转油缸,使浮舟展开和收起。
(2)驱动跳板的翻转油缸,使浮舟上的跳板展开和收起。
(3)用跳板油缸调节跳板高度,以适应河岸的状况,并压紧在河岸上。
(4)闭锁浮桥的跳板液压缸,使连接好的门桥构成一个刚性的浮桥单元。

3.3.4 浮桥和门桥结构形式

自行舟桥主要用于结构漕渡门桥,其单车展开后就是一个漕渡门桥,也可两个车展开后结合起来做双车漕渡门桥。自行舟桥架设浮桥时,单车展开后就是一个桥节门桥,若干个桥节门桥结合起来就构成浮桥。

第4章 舟桥总体设计

4.1 舟桥总体任务设计

4.1.1 舟桥所装备部队

舟桥装备是工程兵遂行渡河工程保障任务的主要装备,主要装备舟桥旅、舟桥团,以及工化(兵)旅、工兵团属的舟桥营,这些舟桥部(分)队独立或者配属集团军,在指定的时间地点,采用构筑浮桥渡口或门桥渡口的方式,保障作战部队的武器、装备、兵力迅速克服江河。

4.1.2 舟桥的任务剖面与系统功能

4.1.2.1 舟桥的任务剖面

研制定型并装备到舟桥部队的舟桥装备的作战使命主要有以下几个阶段,如图4-1所示。

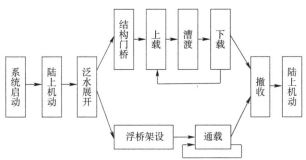

图4-1 舟桥装备任务剖面

(1)系统启动。

对于库存封存装备即刻下达装备启封用指令,进行一次启封后装备保养,进行底盘车的全面检查,重点为油料、轮胎气压、电瓶的检查等,并在营区内进行小范围的运行和跑车,配齐辅助器材。

对于部队列装非库存装备,立即进行系统检查,对照装备使用记录,重点检查上次使用时间及状况,进行一次常规保养,配齐零配件和辅助器材。

(2)陆上机动。

陆上机动在短距离时就是指舟车编队,进行机动开进到位,如果远距离机动时,则要申请铁路输送计划,并进行铁路机动。

(3)泛水展开。

达到泛水场地后,进行舟桥装备行军状态向使用状态的转换,一般舟桥可采用自动下滑泛水、强制泛水、惯性刹车泛水,或使用吊车泛水展开;新型重型舟车可以采用正常河岸泛水、陡岸泛水、缓坡泛水、陆地上泛水等;自行舟桥即做好直接舟车泛水前的准备工作就可。

(4)结构门桥。

根据需要漕渡的荷载类型和吨位,组成门桥结合与分解作业班。一般按照结合桥脚舟、结合半门桥、结合门桥、设置跳板等作业步骤进行。

(5)门桥漕渡。

漕渡门桥在动力舟或者水上汽艇等配合下,搭载武器装备或人员、物资,按照"8"字形航线、三角形航线、直线形航线进行漕渡,漕渡作业一般分为靠岸、装载、离岸、漕行、对岸靠岸、卸载、返回等步骤。

(6)架设浮桥。

在舟桥装备泛水展开后,首先结合桥节门桥和闭塞门桥,按照门桥架设法、旋转架设法、单舟架设法或者混合架设法,将门桥引入桥轴线并相互连接,最后进行浮桥的闭塞、校正等。桥节门桥可以根据地形和河流情况,分别配置在两岸的上下游,也可有选择地配置。

(7)浮桥通载。

浮桥架设完毕,渡河部队按照计划进行渡河,在浮桥上通行要遵守通行规则,保持规定的车速和车距。

(8)撤收。

执行门桥渡河或者浮桥渡河完毕,进行器材的撤收。撤收的动作一般按照上述相反动作进行。

(9)陆上机动。

陆上机动返回,返回后及时检修、维护、修理,以备执行下一步任务。

4.1.2.2 舟桥主要作战使用性能项目体系

舟桥装备作战使用性能体系如图4-2所示。

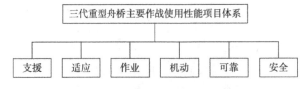

图4-2 舟桥装备作战使用性能体系

(1)支援性能是漕渡门桥和浮桥在支援有关技术兵器渡河的过程中表现出的由自身结构所决定的各项保障能力,主要包括承载能力、航行速度、渡送能力、通载能力等。

(2)适应性能是器材对江河自然环境的适应能力和应变能力,主要是其能适应的最大流速、最大岸坡、最大风速、最大浪高等。

(3)作业性能是器材在架设和撤收两个作业阶段中所具有的与作业效率相关的性能,主要指结合时间、分解时间、转换时间等。

(4)机动性能是器材在机动阶段所具备的机动越野能力,主要表现为最高机动速度、最小转弯半径、最大爬坡度及越野能力等。

（5）可靠性能是器材在整个寿命周期内完成与维持规定功能的能力,具体体现为可靠性、维修性、有效性和耐久性等。

（6）安全性能是器材在作战环境中的生存能力,主要指其抗损性及抗沉性等。

4.1.2.3 舟桥系统功能

舟桥系统功能如图4-3所示。

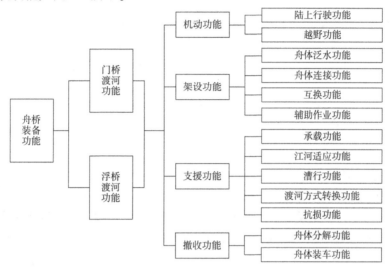

图4-3 舟桥系统功能

4.2 舟桥总体指标论证

4.2.1 支援性能

4.2.1.1 承载能力

舟桥装备的承载能力是重要的战术技术指标之一。按照重型舟桥、中型舟桥、轻型舟桥和轻型门桥的要求,分别制定舟桥的承载能力指标,一般重型舟桥的承载能力为履带式LD50-LD60,轮式为LT40-LT50（其中单轴压力为130kN）；中型舟桥的承载能力为履带式LD30-LD40,轮式为LT25-LT30（其中单轴压力为90kN）,轻型舟桥履带式LD20-LD25,轮式为LT10（其中单轴压力为70kN）。轻型门桥的承载能力为履带式LD15,轮式为160kN以下。

作为舟桥的另外一种主要结构形式的漕渡门桥,其承载能力除了符合上述的规定外,有时得总体承载能力较大,例如新型特种舟桥的承载能力为3600kN,新我军设计的第一代带式舟桥的可以结合成6×10t的漕渡门桥,我军设计的第二代带式舟桥的可以结合110t的漕渡门桥,定型的重型舟桥的漕渡门桥的承载能力为1200kN。这里的承载能力指的是在不超过上述指标的基础上,可以承受的分散荷载总重量,例如6×10t的漕渡门桥可以搭载6辆

100kN 的载重汽车或者 2 辆 300kN 的履带式车辆,但是不能搭载 600kN 的集中荷载。

4.2.1.2 航行速度

舟桥的航行速度主要指漕渡门桥在江河中的航行速度,分别有静水条件下的空载航行速度和满载航行速度;航行速度与水上动力的功率和门桥的水阻力有关。

4.2.1.3 渡送能力

对于漕渡门桥来讲,渡送能力是十分重要的指标之一。漕渡门桥的渡送能力一方面与门桥一个循环航次的时间密切相关,而一个循环航次主要包括我岸靠岸、上载、离岸、航行、对岸靠泊、卸载、空返等所有时间的总和,其中航行和空返的速度是关键;另一方面与漕渡门桥的搭载情况有关,新型特种舟桥的搭载能力为 3600kN,可以搭载 10 辆 360kN 坦克;新型重型舟桥搭载重量为 1200kN,可以搭载 2 辆 600kN 或 3 辆 400kN 坦克;其他大部分标准漕渡门桥都是按照搭载一辆主战武器设计的;桥脚分置式舟桥还可以根据需要设计成大面积漕渡门桥,可以搭载数量较多的轻型装备。

4.2.1.4 通载能力

通载能力主要指所架设的浮桥在单位时间(每小时、每昼夜)通行规定吨位荷载以下的能力,通行能力主要与浮桥的车行道数量、车行道宽度、容许通行速度、通行车辆间隔距离等因素有关,另外还与浮桥通载后进行检查维护的时间间隔、检查维护所用时间等有关,一般说来,车行道较多,容许通行速度快、通行荷载间隔距离小、可靠性高的浮桥通载能力较高。

浮桥的通载能力还有一个通载次数的指标,一般为 2 万~10 万次,这个指标主要与舟桥装备连接构件的疲劳寿命有关,也与装备的可靠性有关。

4.2.1.5 车行道数量与宽度

浮桥的车行道有单车道、双车道和多车道的区分。

对于重型舟桥,主要吨位设计成单车道浮桥,也可以架设双车道浮桥,例如图 4-4 和图 4-6 所示为单车道浮桥,图 4-5 和图 4-7 所示为双车道浮桥。

图 4-4 单车道浮桥(1)

图 4-5 双车道浮桥(1)

对于带式舟桥,可以架设重荷载单车道、轻荷载双车道的标准浮桥,也可以架设轻荷载单车道的浮桥。这种浮桥,当架设标准浮桥时,重荷载在浮桥中央行驶,为单车道,当只有标准荷载一半质量的荷载通行时,就可以作为双车道行驶。

对于多车道浮桥,当重荷载为双车道时,轻荷载可以为三车道甚至四车道浮桥。

车行道的宽度一般为单车道为 3.5m,双车道为 6.6m,两个独立车道为 2×3.5m。

图 4-6　单车道浮桥(2)　　　　　　　图 4-7　双车道浮桥(2)

4.2.1.6　门桥和浮桥长度

桥节门桥的长度与所架设的浮桥长度、门桥数量有关,标准两舟桥节门桥的长度一般为 10～15m,新一代舟桥的桥节门桥长度为 33m 左右。

漕渡门桥(图 4-8、图 4-9)的长度与其吨位、门桥上搭载荷载的数量等有关,同时也与漕渡方法有一定的联系。漕渡门桥越长,则承载面积相对较大,搭载数量就较多;当门桥长度较短时,可以采用汽艇顶推漕渡或牵引漕渡,而门桥较长时,一般采用旁带漕渡或穿梭漕渡。

图 4-8　50t 漕渡门桥　　　　　　　图 4-9　110t 漕渡门桥

浮桥的长度与装备的数量有关,外军和我军关于浮桥长度一般是按照建制部队所装备的舟桥架设长度来规定,例如,我军第一代带式舟桥是一个营一套,其架设长度为 286m,而其四分之一套为一个连套,其架设长度为 82m。而我军某改进型带式舟桥一套就是将近 100m,多套可以联合架设较长的浮桥。

工化(兵)旅舟桥团主要在大中江河遂行渡河工程保障的任务,因此一套架设标准浮桥长度为 200～300m,架设较小吨位浮桥的长度约增加 70%,即 340～500m。

舟桥旅主要在特大江河(长江)上遂行渡河工程保障的任务,因此一套架设标准浮桥长度为 1200～1500m。新定型的重型舟桥一个基本单元架设长度为 33m 左右,3 个基本单元为 100m 左右,多个 100m 浮桥可以联合架设浮桥。

架设的浮桥长度有时还影响浮桥的固定方法,例如:在宽大江河上架设的浮桥常采用锚定门桥固定法;在较窄江河上架设的浮桥可以根据河床土质选择投锚固定法、斜张纲固定法或横张纲固定法等。

4.2.2 适应性能

4.2.2.1 最大流速

对于舟桥装备来说，无论是浮桥渡河还是门桥渡河，都有适应流速的战术技术指标要求。首先，对于架设的浮桥，由于采用浮游桥脚的结构形式，浮桥主要依靠各种锚定装置保持稳定，因此适应流速的指标尤其重要。一般的带式舟桥其适应流速为 2～2.5m/s（相当于 7.2～9km/h），而桥脚分置式的浮桥适应流速为 2.5～3m/s（相当于 9～10.8km/h）。最新研制的新型舟桥的适应流速达到了 3.5m/s；其次，对于门桥漕渡来讲，其适应流速主要是由水上动力设备的功率、门桥的水阻力确定，同时也直接影响漕渡时间。另外，舟桥的适应流速还不包括泛水场地的流速、结合与分解门桥的水域流速等，这些水域的流速在使用维护说明书中有专门的规定。

4.2.2.2 岸坡和土质

岸坡分为陆上岸坡和水中岸坡。陆上岸坡关系岸边舟设计和跳板的设计，同时也影响到军用车辆上下浮桥或门桥的冲击力。另外，陆上岸坡还直接影响舟桥装备泛水方法，例如坡度适宜时采用自动下滑卸载、坡度较缓采用强制卸载、陡岸采用吊车卸载或陡岸卸载等方法。

水中岸坡影响舟桥泛水，水中坡度不适宜时将影响泛水时装备的安全，同时还影响到岸边舟、跳板的设计。

舟桥装备的泛水或渡口接近路的土质要符合相应等级车辆的通行，必要时应采取工程措施进行加强，或用配属的机械化路面装备进行铺设下河坡路。

4.2.2.3 最大风速和浪高

架设在江河中的浮桥或门桥在风力作用下会增加阻力，增加浮桥固定的难度，降低门桥漕渡的速度，因此，往往在考虑最大水流速度的情况下按照最不利情况组合进行统一考虑。

在宽大江河中遂行渡河工程保障，还需要考虑浪高的影响，因此，特种舟桥的舷板高度达到 50cm 左右，可以抵御 0.5m 的浪高。

4.2.2.4 最小和最大水深

舟桥装备架设的浮桥和结合的门桥都是在江河上的，因此，对于江河都有最小水深和最大水深的要求。

无论江河河中水深为多少，架设的浮桥需要跨越江河，结合的门桥需要漕渡江河，都有在岸边接岸的过程，因此，舟桥装备的最小水深是设计舟桥岸边部分（包括栈桥、码头、岸边舟、跳板）的关键。同时，对于舟桥本身在流速较大的浅水中使用时还要考虑其浅水效应（即浅水时舟桥底部过水面积突然变小、水流速度加快、水压降低、由于舟的首尾不对称，还会出现埋首失稳现象等）。

河中的最大深水与门桥漕渡的方法有关，水深在 5m 以内时，可以采用钩篙漕渡，水较深时只能采用其他方法；对于架设的浮桥主要与锚定有关。一方面，像水深流急的宽大江河常采用锚定门桥固定法；另一方面，如果采用投锚固定的浮桥其投锚线和桥轴线的距离为江河中最大水深的 7～10 倍，这样锚纲长度就与水深密切相关。

4.2.2.5 最低和最高温度

舟桥装备应具有全天候、全地域保障的性能,因此,冬季的东北和夏季的南方,最低温度和最高温度变化极大,对于装备的部件、零件的高低温适应性提出严格的要求。

4.2.2.6 环境适应性其他要求

随着舟桥装备的不断发展,电子元器件、机电设备、控制设备、机械设备等越来越多,因此,对于环境适应性也提出了越来越多的要求,如电磁兼容性、抗电磁干扰性、电磁辐射性、振动、噪声、摇荡等,根据舟桥装备的具体情况会提出各自的要求。

环境适应性还要有重点地考虑高原、高寒、盐雾、山区、沿海潮汐、丛林等各自的影响。

4.2.3 作业性能

4.2.3.1 作业时间

舟桥装备的泛水与装车、漕渡门桥结合与分解、桥节门桥结合与分解、浮桥架设与撤收等都需要一定的时间,其时间长短直接影响到装备的使用性能。

一般来讲,舟桥装备的泛水时间是指舟车倒车到泛水场地的合适位置,人员在车头分工完毕开始,至舟桥装备泛水后在水中呈自由漂泊状态为止。

舟桥装备的装车时间是指舟车倒车到泛水场地的合适位置,舟桥装备在水中呈自由漂泊状态开始,至舟桥装备在舟车上紧固完毕可以驶离为止。

漕渡门桥和桥节门桥的结合时间是指泛水后的舟桥按照指定的位置在岸边系固呈自由漂浮状态,作业人员准备登舟开始,至按照门桥结构形式结合完毕并完成整理器材为止。

漕渡门桥和桥节门桥的分解时间是指门桥在岸边系固呈自由漂浮状态,作业人员准备登舟开始,至分解成的舟桥有序放置并可以进行装车为止。

浮桥架设时间是指在各桥节门桥和锚定门桥已经结合完毕,并在指定地域隐蔽待命、作业人员和水上动力到位时开始,至校正浮桥桥轴线并通过试通载可以满足正式通载时为止。

浮桥的撤收时间的动作与浮桥架设相反。

另外,针对不同的舟桥装备、不同的使用环境,还有不同的要求,例如夜间作业时间、横张纲固定时间等。

4.2.3.2 作业人数

舟桥装备泛水、结合门桥、架设浮桥等都需要一定的专业作业人员。通常,作业人员分为舟桥操作人员、舟车驾驶人员、水上动力操纵人员和指挥人员等。

4.2.3.3 转换时间

几乎所有舟桥都可以架设浮桥和结合漕渡门桥,而门桥漕渡方法与浮桥渡河方法各有其特点,在作战工程保障中,根据任务进展和敌情威胁影响大小等因素,可以适时转换,从浮桥渡河转换成门桥渡河,或从门桥渡河转换成浮桥渡河的时间也是重要的战术技术指标之一。

4.2.3.4 训练周期

作业人员经过系统全面的训练,完成其规定的训练科目的时间是训练周期。对于舟桥装备越简单集成,则训练周期越短;而桥脚分置式舟桥所结合的门桥和假设的浮桥种类繁多、形式多样,因此训练周期也较长。

4.2.4 机动方式

(1)公路机动。

车辆以规定的公路运载工具,按公路运输有关标准被运输。

(2)铁路机动。

车辆以规定的铁路运载工具,按铁路运输有关标准被运输。

(3)空运空投。

车辆以规定的空运工具,按空运有关标准被运载或空投。

4.2.5 公路机动性能

(1)最高车速。

在规定的路面和环境条件下,汽车能够稳定行驶并能重复出现的最大速度。

(2)最小转弯半径。

汽车以最小圆弧稳定转向时,前外轮中心平面在汽车支承平面上的轨迹圆直径。

(3)最大爬坡度。

在规定的坡道上,汽车不用惯性冲坡所能通过的最大纵向坡度角。

(4)越野能力。

汽车在规定的质量和条件下,以足够高的平均速度通过各种坏路、无路地带(如耕作地、雪地、沙漠、沼泽等松软地面)和克服各种障碍的能力。

4.2.6 可靠性和安全性

渡河舟桥装备的可靠性和安全性主要包括:固有可用度、平均故障间隔行驶里程、平均故障间隔时间和平均作业故障间隔次数等。

(1)固有可用度 A_i。

分系统固有可用度按下式计算:

$$A_i = \frac{\sum_{i=1}^{n} T_i}{\sum_{i=1}^{n} T_i + \sum_{i=1}^{n} (M_{ct})_i} \tag{4-1}$$

式中: A_i——固有可用度;

n——样机台数;

T_i——第 i 台样机的工作时间(h);

M_{ct}——修复维修时间。

系统按照任务剖面计算时按照上式计算,否则按下式计算:

$$M_{ctj} = \left(\frac{1}{A_{ij}} - 1\right) T_j \quad A_I = \frac{\sum_{j=1}^{m} T_j}{\sum_{j=1}^{m} T_j + \sum_{j=1}^{m} M_{ctj}} \tag{4-2}$$

式中：A_I——系统的固有可用度；
   A_{ij}——第 j 个分系统的固有可用度；
   T_j——第 j 个分系统任务剖面中的工作时间；
   M_{ctj}——第 j 个分系统任务剖面中修复维修时间。

(2) 平均故障间隔行驶里程 MMBF。

$$\text{MMBF} = \frac{\sum_{i=1}^{n} M_i}{\sum_{i=1}^{n} N_i} \tag{4-3}$$

式中：MMBF——平均故障间隔行驶里程(km)；
   n——样机台数；
   M_i——第 i 台样机的总行驶里程(km)；
   N_i——第 i 台样机在整个可靠性行驶时间内的故障总次数。

(3) 平均故障间隔时间 MTBF。

$$\text{MTBF} = \frac{\sum_{i=1}^{n} T_i}{\sum_{i=1}^{n} N_i} \tag{4-4}$$

式中：MTBF——平均故障间隔时间(h)。

(4) 平均作业故障间隔次数 MNBF。

$$\text{MNBF} = \frac{\sum_{i=1}^{n} N_i}{\sum_{i=1}^{n} T_i} \tag{4-5}$$

式中：MNBF——平均作业故障间隔次数。

4.3 达到战技指标的主要技术途径

4.3.1 针对支援性能的主要途径

4.3.1.1 承载能力

根据舟桥使用的目的，一般将舟桥分为重型舟桥、中型舟桥、轻型舟桥和轻型门桥，而目前轻型舟桥都是由重型舟桥兼顾的。

重型舟桥目前都是以高强合金钢制作，为了提高承载能力，一方面在不影响陆上机动性的基础上努力增加排水量，另一方面还要降低自重。增加排水量主要就是增加水线面面积，也就是增加水线面处的水线长和型宽，并增大水线面面积系数，为了确保舟桥装备陆上机动，因此大多是以舟单元的划分和拼组来实现的。轻型门桥是以玻璃钢、铝合金等材料制作，因此用最少(轻)的材料提供最大的承载能力。

从结构设计上,减少自重增大排水体积的通常做法,一是采用折叠式结构,运输时折叠固定放置,使用时展开连接使用;二是采用充气气囊式,库存运输时放掉气体,使用时充气加强;三是由较小的浮体相互拼组形成较大的浮体。

承载能力与舟桥的总体强度有关,另外还与舟桥的局部强度有关。

4.3.1.2 航行速度

舟桥装备结合成的门桥漕渡、架设浮桥时桥节门桥的引入桥轴线等,都需要一定的航行速度,航行速度的快慢将影响渡口遂行渡河工程保障的能力,同时也直接影响到渡口的战时生存能力。

航行速度的快慢与三个因素有关。一是江河状况,包括江河流速、风速、流向、水深等;二是水上动力的有效推进功率,水上动力有架桥汽艇、动力舟、舷外机等,推进器的形式有螺旋桨式、喷水推进式等;三是水上结构物(漕渡门桥、桥节门桥、包括水上动力本身)的外形,尤其是吃水线以下的湿表面形状。

舟桥的航行速度设计主要包括航行速度的论证分析、水上结构物外形设计、水上动力的设计以及水上动力与结构外形的匹配分析,除了采用理论分析的方法外,最有效的方法是采用水池模型试验进行验证。

4.3.1.3 渡送能力

舟桥装备的渡送能力一般是指结合的漕渡门桥在单位时间里漕渡战斗兵器的数量,因此渡送能力的大小与以下因素有关:一是漕渡门桥在水上的航行速度;二是漕渡门桥的承载面积,一般标准漕渡门桥可以搭载设计荷载一个战斗单元,但是有的大面积漕渡门桥一次可以搭载多个战斗单元,例如某二折带式桥结合的 $6 \times 10t$ 大面积漕渡门桥可以搭载 6 辆运输车,搭载总重量不超过 600kN,又如某特种舟桥的渡驳一次可以漕渡 10 辆主战坦克;三是岸边适应能力,有的门桥需要靠泊码头卸载,有的自带跳板进行卸载;四是门桥在河道上的灵活性,包括浅水动力性能、回转性能、加速度性能等。

4.3.1.4 通载能力

舟桥装备的通载能力主要指架设的浮桥在单位时间里通行战斗兵器的数量。因此舟桥架设的浮桥通载能力主要与以下因素有关:一是浮桥的车行道数量,一般的浮桥都是按照设计荷载单车道通行的,大都可以在轻载是作双车道通行,但是俄军 ПП-91 舟桥纵列就可以架设重荷载双车道浮桥(图4-7);二是浮桥的通载能力还与战斗兵器在浮桥上的通行速度与间距有关,即速度越快、间距越小,则说明浮桥的通载能力越大。

4.3.1.5 车行道数量与宽度

车行道的数量与宽度是舟桥装备的主要技术参数之一,直接影响舟桥舟桥支援性能。

车行道的数量一般有一道或者两道,有时也可以多道。

其宽度按照通行荷载的吨位来确定,单车道一般为 3.8~4.0m,双车道一般为 6.6~8m。

构成舟桥桥面宽度的方法有以下几种。

(1)纵向拼组法:即桥脚舟的纵向是浮桥的横向宽度,单舟构成单车道、双舟构成双车道,依此类推,如图4-10所示。

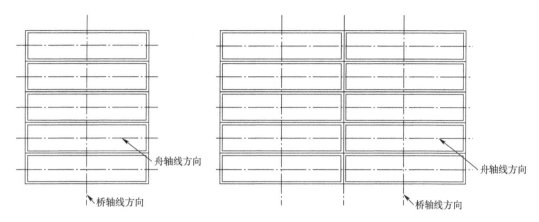

图 4-10　纵向拼组法

（2）横向拼组法：即桥脚舟的横向就是浮桥的横向宽度，由若干尖舟、方舟构成不同宽度的浮桥桥面，如图 4-11 所示。

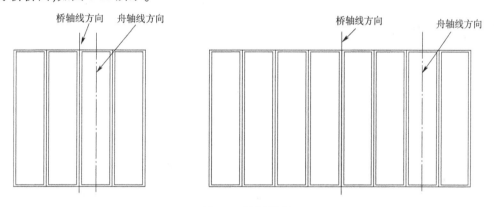

图 4-11　横向拼组法

（3）桥跨外移法：在运输过程中，两个桥跨之间没有间隙，在使用时桥跨外移固定，中间用车辙板拼装，如图 4-12 所示。

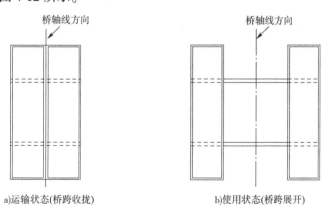

a）运输状态（桥跨收拢）　　　　b）使用状态（桥跨展开）

图 4-12　桥跨外移法

（4）水平旋转法：在运输时，桥宽沿车辆轴线方向放置，使用时首先在车辆旋转 90°，使得沿车辆轴线方向的长度变为桥梁宽度方向，以达到加宽桥面的目的，如图 4-13 所示。

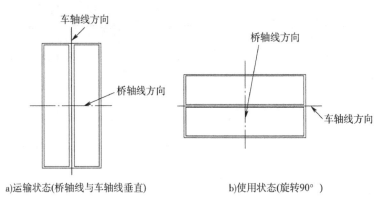

图 4-13 桥跨旋转法

(5) 翻盖加宽法:在不超过车辆最大宽度的基础上,桥部分桥面设计成翻盖形式叠放并固定在桥面上运输,使用时通过人工方式进行翻盖,在翻盖铰接连接处可以设计扭力杆,以减少人工翻盖作业量;有条件时也可以设计成机械翻盖、液压翻盖等翻盖方式,以节省劳动强度,如图 4-14 所示。

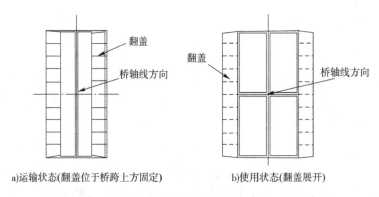

图 4-14 翻盖加宽法

(6) 附加外板加宽法:运输时将附加外板与桥跨(舟体)分开运输,结合展开后,再将附加外板与其连接,达到桥面规定宽度。这种方式的外板一般是轻质复合材料设计的,以减少劳动强度和作业量。如图 4-15 所示。

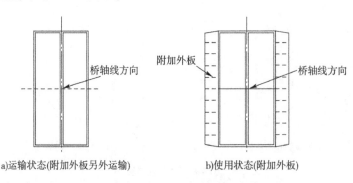

图 4-15 附加外板加宽法

4.3.1.6 门桥和浮桥长度

门桥和浮桥的长度分别指结合的漕渡门桥的长度和架设的浮桥长度。

对于漕渡门桥来说,其长度直接影响到门桥的装载面积大小和一次漕渡能够渡送武器装备数量的多少,一般其长度为12~36m。门桥太短,搭载面积小、纵向稳定性不好;门桥太长,门桥的水阻力大、速度会降低,在漕渡时回转、航渡的灵活性不够,另外目标也太明显。

浮桥的长度,在理论长可以无限长,但是浮桥的设计一般是按照临界长度浮桥设计的,因为理论分析,临界长浮桥的受力和变位都比无限长浮桥大9%左右。

一般一个舟桥连所装备的舟桥装备所架设的标准浮桥长度为80~120m,以方便舟桥连独立遂行渡河工程保障任务。

4.3.2 针对适应性能的主要途径

4.3.2.1 最大流速

舟桥装备的最大适应流速问题比较复杂,概括来说应该包括以下几个方面:一是浮桥的阻力和锚定问题,随着流速的增加,浮桥的阻力急剧增加并影响浮桥的稳定;二是门桥的阻力与航速问题,对于漕渡门桥来说,阻力越大则航速越慢;三是由于流速达到一定的界限,则门桥或浮桥动水稳定性受到影响,易发生失稳。

主要措施有以下几个方面:一是合适的舟桥结构形式,桥脚分置式舟桥的水阻力要比带式舟桥的小;二是采用流线型舟体外形以减少阻力,但是舟型系数小,则排水量也随之减小,而吃水会增加;三是加强舟桥的纵向、横向和扭转刚度,提高在动水中的稳定性;四是采用导流板、压流板等技术,提高舟桥在动水中的稳定性;五是浮桥加强锚定措施;六是门桥增加水上动力及其匹配。

4.3.2.2 岸坡和土质

浮桥的岸边部分有多种结构形式,大体来说可以分为固定结构和浮游结构。对于固定结构来说,构筑的固定栈桥和固定码头要求适应较陡的岸坡和各种土壤条件。固定栈桥(码头)的跨度要能够变化,根据不同岸边条件可以考虑连跨架设。

对于浮游结构来说,可以构筑浮游栈桥(码头),也可以采用承压舟直接带跳板的形式。用岸边舟构筑一端搁置岸边、一端浮游在水中,可以适应水位的变化,对于浮桥的闭塞通过移动栈桥位置来调整,是比较方便的;而采用承压舟接岸的形式,要求每个舟都需要按照最不利工况来设计,另外接岸的跳板将直接影响到适应岸坡的情况。

跳板采用一节跳板和两节跳板形式,前者一般采用吊臂来架设撤收,结构简单但设置架设复杂,有一定的故障率;后者第一节常采用液压结构,第二节采用人工翻转的结构,因此适应岸坡性能要更好。

4.3.2.3 最大风速和浪高

对于特种舟桥,由于使用在长江等宽大江河上,因此适应最大风速和浪高也是一个重要的技术。

风速的影响与流速一样,并同时考虑。而适应浪高能力主要靠增加型深或舷板高度来克服。

一般的带式舟桥其型深就是舟桥的高度,不用考虑波浪的影响,而特种舟桥的型深为 1.2~1.3m,舷板高度为 0.5~0.6m,舟的总高达到 1.7~1.9m,舟高增加则会影响陆上装车后的行驶。

4.3.2.4 其他环境适应性要求

其他环境适应性要求:如电磁兼容性、抗电磁干扰性、电磁辐射性、振动、噪声、摇荡、高原、高寒、盐雾、山区、沿海潮汐、丛林等,主要是对舟桥装备上所使用电子元器件、液压件、动力设备严格把关,选用可靠、稳定的配件。

4.3.3 针对作业性能的主要途径

4.3.3.1 作业时间

舟车的泛水与装载、门桥的结合与分解、浮桥的架设与撤收等作业时间的长短是舟桥装备的主要技术指标。该时间应该包括作业准备时间、作业过程时间、再作业准备时间等。

因此,要求作业的动作步骤少且简单,机械化、自动化水平高,尽量采用自动架设、自动展开、集成化设计等措施。带式舟桥的门桥结合与分解的作业时间就要远小于分置式舟桥,其就是采用了集舟、桁、板为一体的结构形式;自行舟桥又将车、舟、艇合为一体,其展开使用更加迅速。

4.3.3.2 作业人数

与作业时间一样,集成化、机械化、自动化的设计,将减少作业手人数,降低劳动强度。

作业人数还要涵盖装备准备阶段、装备使用阶段、装备撤收阶段、装备维护维修阶段等各个阶段。

作业人数也要包括装备操作手人数、舟车驾驶员人数、配套水上动力操纵员人数、辅助作业人数等。

4.3.3.3 转换时间

转换时间,这里的转换是指浮桥渡河与门桥渡河的转换,一般来说,带式舟桥的转换要比桥脚分置式的转换要快,因为标准吨位的浮桥的桥节门桥就是漕渡门桥,而将漕渡门桥连接起来就是标准的浮桥。但是桥脚分置式舟桥无论是舟节数量、舟间距、桁的数量和位置都需要重新调整,因此转换时间长、作业量大。

自行舟桥从行军状态到使用状态的作业步骤更少,动作更加迅速,人员仅做一些辅助工作皆可。

4.3.3.4 训练周期

作业手训练周期的长短,主要是由装备作业的复杂程度来决定的。因此设计的舟桥装备要采用集成化、程序化、模块化设计,做到操作动作少、操作程序简单、操作提示(图示、流程、语音)明显等,使得各个科目的训练周期短,提高操作手训练的效率。

4.3.4 针对机动方式的主要途径

4.3.4.1 公路机动

公路机动是陆上机动的主要方式,在舟桥设计中,主要做到不超限,即高度、宽度方面不超界限,单轴压力不超过130kN,前后桥之间尽量缩短,重心高度尽量降低,重心前后位置适宜,以满足各种等级道路、越野道路的行驶。

4.3.4.2 铁路机动

铁路机动是陆上长距离运输的主要方式。目前渡河桥梁装备几乎都是铁路运输二级超限,舟车整体装上铁路平板车可以进行运输,但是需要限速(30～40km/h)行驶,因此往往需要装备和舟(桥)车分装运输。

因此在设计是应该考虑下列问题:一是尽量采用各种技术措施,使得舟桥装备铁路整体运输不超限;二是在超限的情况下,做到舟桥装备在铁路站台上自行装卸;三是在舟桥装备和舟(桥)车上设置起吊、固定装置,便于在铁路平板车上分装运输。

4.3.4.3 空运空投

空运空投是舟桥装备未来立体投送的主要方式,目前的渡河桥梁还没有考虑空运空投的运输方式。

空运空投舟桥装备主要要考虑以下几个问题:一是采用新材料、新结构、新工艺,使得舟桥装备轻型化,满足未来空运空投的要求;二是尽量减小舟桥装备的外形尺度,以满足空投空运的需要;三是在空运空投后如何保证装备完全完好、如何迅速展开、如何迅速转移等方面加以研究。

4.3.5 针对公路机动性能的主要途径

4.3.5.1 最高车速

舟桥装备的最高车速是与底盘车及其改装有关的。一般舟桥装备的全重都不超过该类底盘车的设计重量,因此,最高车速就是底盘车的设计车速。但是当舟桥装备的舟车改装较大时,应该适当降低该最高车速的指标。

而实际上,舟桥装备最高车速指标是没有太大的现实意义,因为舟桥装备机动、开进都是成车队按规定路线行军的,考虑到车队的整体行军,所以一般陆上行军速度会控制在30～50km/h,远远小于装备的最高车速。

4.3.5.2 最小转弯半径与最大爬坡度

车辆最小转弯半径和最大爬坡度都与底盘车及其改装情况有关。在设计中,尽量减少与转弯半径和最大爬坡度有关的改动。

4.3.5.3 越野能力

舟桥装备设计时还要考虑其越野性能,因为在新开设渡口的两岸机动、到达下河坡路的泛水场地、对于各种岸滩的泛水与装车等都要求舟桥要具有良好的越野能力。

提高舟桥的越野能力主要考虑以下几点:一是选用全轮驱动全轮转向的越野车作为舟桥底盘车;二是在舟桥设计中舟车尽量不要超载使用;三是设计良好的互救自救机构;四是考虑复杂环境的配套器材(如机械化路面)等;五是有条件的情况下,选用履带底盘车辆作为舟车底盘,以提高越野性能。

4.3.6 针对可靠性、安全性能的主要途径

装备的可靠性、安全性关系到装备的总体质量、战术技术性能和装备使用寿命,因此在设计、制造、使用过程中都要加以考虑。

可靠性在设计时主要考虑以下几个方面:一是选用性能可靠的材料和元器件;二是采用成熟可靠的技术;三是操作控制有多种手段,有可靠性的冗余度;四是在结构设计是要考虑各种不利条件和工况;五是要从系统可靠性的指标出发,合理进行可靠性分配。

安全性在设计时主要考虑以下几个方面:一是选用安全性好的材料、元器件和作业技术;二是对于危险操作有设计有提示、警示、保护或限制措施;三是对于操作程序复杂且有危险的应尽量采用自动操作方式;四是装备中的电、气、磁、液等要有安全保护措施;五是结构设计要有安全性的考虑。

第5章 浮桥河中部分设计

5.1 简支体系浮桥

简支体系浮桥是静定结构,是支撑在浮游桥脚上的多跨简支梁。这种体系桥梁有各种不同的形式(图5-1),其中应用最广泛的是桥跨末端中央支撑在浮游桥脚上,浮游桥脚中央一般设置负桁材,桥跨结构和活载的重量通过负桁材传到桥脚上,使桥脚在沿桥梁轴线方向产生中心吃水,因此,桥跨结构强度计算与刚性桥脚上的多跨桥类似(如低水桥),桥脚则必须计算吃水和强度,两相邻桥脚由于吃水不同产生桥面纵坡度。此外,活载在桥面上的横向偏心,产生了桥跨结构各承重构件的不均匀分配,还会引起桥脚舟的纵倾。

5.1.1 桥脚吃水的计算

当桥跨中央支撑在桥脚舟上时,桥脚舟的反力影响线见图5-2。桥脚 n 的反力影响线作法与刚性桥脚桥梁类似,其纵坐标为[图5-2a)]:

$$R_{nn} = 1$$
$$R_{n,n-1} = R_{n,n+1} = 0$$

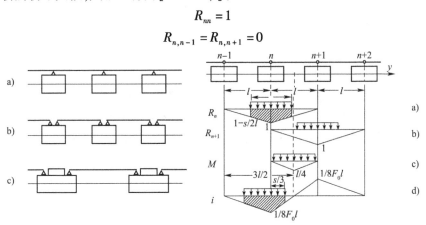

图5-1 简支体系浮桥各种形式图
a)舟中一点简支;b)舟上两点简支;
c)舟上两侧简支

图5-2 简支体系浮桥河中各部分影响线图
a)n 号舟反力影响线;b)$n+1$ 号舟反力影响线;
c)弯矩影响线;d)坡度影响线

将活载布置在反力影响线最不利位置,即得(当 $s \leq 2l$ 时):

$$R_2 = Q\left(1 - \frac{s}{4l}\right) \tag{5-1}$$

式中：Q——活载总重；
　　　s——履带长度；
　　　l——桥梁跨度。

由桥跨自重产生的桥脚舟反力：

$$R_1 = gl$$

式中：g——桥跨每纵长米质量。

桥脚舟总反力为：

$$R = R_1 + R_2 + G$$

式中：G——桥脚舟自重。

桥脚舟的中心吃水：

$$T = \frac{R}{\gamma F_0} \leq [T] \tag{5-2}$$

式中：F_0——桥脚舟的水线面面积；
　　　γ——水的重度；
　　　$[T]$——桥脚舟中心受载时的容许吃水。

当活载在桥面上行驶有横向偏心 e_x 时，则作用在桥脚舟上的反力与偏心距产生了一个倾覆力矩 $M_y = R_2 e_x$，对桥轴线旋转引起舟的附加吃水为：

$$\Delta T_y = \frac{R_2 e_x Z_x}{\gamma J_y \psi_y} \tag{5-3}$$

式中：J_y——桥脚舟计算水线面面积对桥轴线的惯性矩；
　　　ψ_y——舟在活载作用时稳心高度与稳性半径的比值，一般可取 $\psi_y = 0.9$；
　　　Z_x——计算水线面边缘在桥脚轴线方向上的坐标。

桥脚最大吃水为：

$$T' = T + \Delta T_y$$

然后验算舟的干舷是否超过容许值。

以上计算是按桥跨结构中央支撑在桥脚上时的情况进行，如果在桥脚轴线上设置两根负桁材时，两相邻桥跨结构的末端分别支撑在两根负桁材上，桥脚的吃水除了必须按活载作用在桥脚上最不利位置进行上述的验算外，还要验算活载作用在一跨的端部时（图5-3）桥脚引起的附加吃水。

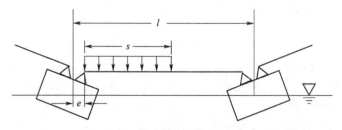

图 5-3　浮游桥脚上有两根负桁材时桥脚反力计算的活载位置

桥脚在如图 5-3 所示的活载位置时的吃水为：

$$R'_2 = Q\left(1 - \frac{s}{2l}\right) \tag{5-4}$$

桥脚产生横倾时的附加吃水为：

$$\Delta T'_x = \frac{R'_2 e'_y Z_y}{\gamma J_x \psi_x} \tag{5-5}$$

式中：e'_y——负桁材轴线到桥脚舟轴线的距离；

Z_y——计算水线面边缘在桥轴线方向上的坐标；

ψ_x——取0.85。

$$\Delta T'_y = \frac{R'_2 e'_x Z_x}{\gamma J_y \psi_y} \tag{5-6}$$

桥脚在如图5-3所示情况的最大吃水为：

$$\Delta T''_x = \frac{R'_2}{\gamma F_0} + \Delta T'_x + \Delta T'_y \tag{5-7}$$

此 T'' 应和 T' 比较出最不利的情况。

5.1.2 纵向坡度的计算

简支梁体系浮桥桥面纵向坡度的形成是由两相邻桥脚吃水不均匀引起的，设桥脚 n 的吃水为 T_n，桥脚 $n+1$ 的吃水为 T_{n+1}，则 $n \sim n+1$ 桥跨的纵向坡度为：

$$i = \frac{R_n - R_{n+1}}{\gamma F_0 l} \tag{5-8}$$

式中：R_n, R_{n+1}——荷载在桥脚 $n, n+1$ 上产生的反力。

如果 $P = 1$ 作用在桥脚 n 上，那么纵坡度等于 $i = \frac{1}{\gamma F_0 l}$；如果 $P = 1$ 作用在桥脚舟 $n+1$ 上，那么纵坡度等于 $i = -\frac{1}{\gamma F_0 l}$；如果 $P = 1$ 作用在桥脚舟 $n-1$ 和 $n+2$ 上，或作用在 $n-1$ 以左或 $n+2$ 以右，桥脚舟 i 保持水平，即 $i = 0$。

根据以上各 i 值，可作出 $n - n+1$ 跨的坡度影响线，该影响线的同号段等于 $\frac{3}{2}l$（图5-2d），将履带载布置在影响线上，即得最大纵坡度值：

$$i_{\max} = \frac{Q}{\gamma F_0 l}\left(1 - \frac{s}{3l}\right) \leqslant [i] \tag{5-9}$$

$$[i] = 6\%$$

5.1.3 桥桁强度的计算

桥跨中部的弯矩影响线和一般刚性桥脚上简支桥跨的影响线相同，最大坐标为 $\frac{l}{4}$ [图5-2c]。

将活载设置在影响线最不利位置，可得桥跨中部的最大弯矩为：

$$M_2 = \frac{Q}{8}(2l - s) \tag{5-10}$$

在静载作用下的弯矩为:

$$M_1 = \frac{gl^2}{8} \tag{5-11}$$

一根桥桁中的弯矩为:

$$M = \frac{M_1}{n} + kM_2(1+\mu) \tag{5-12}$$

式中：n——桥跨内桥桁数量；对于金属桥跨结构的浮桥，冲击系数 $1+\mu=1.15$；
k——桥跨横向分配系数。

5.2 铰接悬臂体系浮桥

铰接悬臂体系浮桥河中部分的结构是由各相邻门桥间用铰连接组成的，铰能自由转动，它能使门桥间迅速分解和结合。由于铰接结构比刚性连接简单，故便于就便器材浮桥使用。从受力情况看，铰结构只传递剪力，不传递弯矩，该剪力称作铰力。如在某一门桥上作用有活载 P，该门桥就产生桥脚吃水、桥跨弯矩和门桥桥面倾斜（图5-4），并通过铰力 X_n 和 X_{n-1}（图中铰力方向假定是正号）传递到相邻门桥上，使那些门桥也产生吃水、弯矩和倾斜现象。门桥上的静载作为均匀分布，则不产生铰力。如果以门桥作为基本体系来考虑，铰接悬臂浮桥的河中部分是超静定体系，其超静定次数即河中部分铰的总数减去2，根据各门桥端部变位协调条件可以计算铰力，铰力求出后，其余问题根据门桥计算的方法就迎刃而解了，即考虑在铰力的作用下求出门桥的桥脚吃水、桥跨弯矩和桥面倾斜的纵坡度。但这样计算铰力过于复杂，如果浮桥的河中部分不少于3~4个门桥组成时，假定浮桥的河中部分为无限长，可使计算简化，实际上可获得相当精确的结果，用于浮桥河中部分无限长时的计算方法称为焦点法。

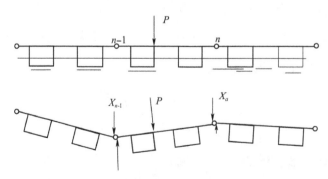

图5-4 铰接悬臂体系浮桥河中部分门桥受力图

除假定河中部分为无限长外，在计算中与门桥计算一样，还假定桥跨结构刚度为无限大，门桥中所有桥脚舟的水线面面积相等，并近似地认为门桥的重心与浮心重合。

具体计算公式见表5-1。

铰接悬臂体系浮桥河中部分主要参数计算公式表

表 5-1

参　数	带式门桥	分置式桥脚浮桥中门桥舟数		
		2	3	4
铰力 X_2	$\dfrac{Q}{2}\left(1-\dfrac{s}{1.58L_0}\right)$	$\dfrac{Q}{2}\left(1-\dfrac{s}{L_0+l}\right)$	$\dfrac{Q}{2}\left(1-\dfrac{s}{L_0+1.6l}\right)$	$\dfrac{Q}{2}\left(1-\dfrac{s}{L_0+2.2l}\right)$
门桥边舟反力 R_2 或带式门桥铰的变位 σ_2	$\dfrac{1.73Q}{\gamma F_m}\left(1-\dfrac{s}{3.16L_0}\right)$	$Q\cdot\dfrac{L_0}{L_0+l}\left(1-\dfrac{s}{3L_0+l}\right)$	$Q\cdot\dfrac{0.742L_0}{L_0+1.63l}\left(1-\dfrac{s}{3.4L_0}\right)$	$Q\cdot\dfrac{0.585L_0}{L_0+2.24l}\left(1-\dfrac{s}{3.3L_0}\right)$
门桥纵坡度 i_{max}	$\dfrac{2.2Q}{\gamma F_m L_0}\left(1-\dfrac{s}{2.58L_0}\right)$	$\dfrac{Q}{\gamma F_0}\cdot\dfrac{L_0}{l(L_0+l)}\left(1-\dfrac{s}{2L_0+l}\right)$	$\dfrac{Q}{\gamma F_0}\cdot\dfrac{0.408L_0}{l(L_0+1.63l)}\left(1-\dfrac{s}{2.5L_0}\right)$	$\dfrac{Q}{\gamma F_0}\cdot\dfrac{0.224L_0}{l(L_0+2.24l)}\left(1-\dfrac{s}{2.6L_0}\right)$
门桥中央弯矩 M_2	$\dfrac{Q}{s}(1.37L_0-s)$	$\dfrac{Q}{8}\left(\dfrac{4L_0 l}{L_0+l}-s\right)$	$\dfrac{Q}{8}\left(2L_0\cdot\dfrac{2.97l+0.333B}{L_0+1.63l}-s\right)$	$\dfrac{Q}{8}\left(\dfrac{8.47L_0 l}{L_0+2.24l}-s\right)$

注：L_0-门桥长度；l-跨度；B-桥脚舟宽度；Q-活载全重；s-履带接地长度；F_0-一个桥脚舟的计算水线面面积；F_m-带式门桥的计算水线面面积。

5.2.1 铰力计算

如活载全重为 Q,则铰力为:

$$X_2 = \frac{Q}{2}\left(1 - \frac{s}{L_0 + 2r}\right) \tag{5-13}$$

现将各种门桥的 r 值列出,以便计算时应用,假定 l 表示门桥跨度,L_0 为带式门桥长度。

带式门桥
$$r = \sqrt{\frac{1}{12}}L_0$$

二舟门桥
$$r = \sqrt{\frac{F_0 l^2}{4F_0}} = \frac{l}{2}$$

三舟门桥
$$r = \sqrt{\frac{2F_0 l^2}{3F_0}} = 0.8165l$$

四舟门桥
$$r = \sqrt{\frac{5F_0 l^2}{4F_0}} = 1.118l$$

五舟门桥
$$r = \sqrt{\frac{10F_0 l^2}{5F_0}} = 1.414l$$

当活载在浮桥的横向有偏心值 e 时,铰有不均匀受力,作用在一个铰上的铰力的计算值为:

$$X_\mathrm{p} = \frac{kX_2}{n}(1+\mu) \tag{5-14}$$

式中:k——铰力的不均匀系数;
n——在浮桥横断面内的铰数;
$1+\mu$——冲击系数,取 1.3。

在浮桥横断面中一般只布置 2 个铰,如铰之间的距离用 b 表示,此时可用下式计算铰力:

$$X_\mathrm{p} = X_2 \cdot \frac{1}{2}\left(1 + \frac{2e}{b}\right)(1+\mu) \tag{5-15}$$

5.2.2 舟反力计算

将履带活载放在影响线最不利位置,桥脚由活载产生的最大反力 R_2 即可求出。

二舟门桥
$$R_2 = Q\frac{L_0}{L_0 + l}\left(1 - \frac{s}{3L_0 + l}\right) \tag{5-16a}$$

三舟门桥
$$R_2 = Q\frac{0.742L_0}{L_0 + 1.63l}\left(1 - \frac{s}{3.4L_0}\right) \tag{5-16b}$$

四舟门桥
$$R_2 = Q\frac{0.585L_0}{L_0 + 2.24l}\left(1 - \frac{s}{3.3L_0}\right) \tag{5-16c}$$

式中：Q——履带活载重；
　　s——履带接地长度；
　　L_0——门桥全长；
　　l——门桥跨度。

此外，桥跨本身的重量引起桥脚的反力为：

$$R_1 = g_0 \frac{L_0}{m} \tag{5-17}$$

式中：g_0——纵长米桥跨本身的重量；
　　L_0——门桥全长；
　　m——门桥内桥脚舟的数量。

因此桥脚总反力为：

$$R = R_1 + R_2 + G \tag{5-18}$$

式中：G——桥脚自重。

桥脚吃水深度为：

$$T = \frac{R}{\gamma F_0} \leqslant [T] \tag{5-19}$$

5.2.3 纵坡度计算

作出纵坡度的影响线后，把活载 Q 布置在最不利位置，可求出在活载作用下的纵坡度，对于二舟门桥组成的浮桥：

$$i_{\max} = \frac{Q}{\gamma F_0} \cdot \frac{L_0}{l(L_0 + l)} \cdot \left(1 - \frac{s}{2L_0 + l}\right) \tag{5-20}$$

由其他各种门桥组成的浮桥的 $i_{\max}$ 计算公式见表 5-1。
由静载引起的纵坡度显然等于零。

5.2.4 桥跨弯矩计算

桥跨弯矩计算如下：

$$M_2 = QM_{00}\left(1 - \frac{s}{8M_{00}}\right) = \frac{Q}{8}(8M_{00} - s) \tag{5-21}$$

各种门桥的 M_2 算式列于表 5-1。

因为在静载作用下铰力等于零，所在静载作用下的弯矩与单个门桥的弯矩一样，见式(5-11)。

一根桥桁内最大弯矩为：

$$M = \frac{M_1}{N} + k(1 + \mu)M_2 \tag{5-22}$$

式中：k——横向分配系数；
　　$1 + \mu$——冲击系数为 1.15。

5.3 连续体系浮桥

5.3.1 连续体系浮桥基本微分方程式

对于连续体系浮桥的河中部分,就桥脚和桥桁的连接而言,其组成形式有两种情况:一种是桥脚分置式浮桥,它是由一系列舟作浮游桥脚,在舟上的结构是由刚度较大、在桥梁纵方向相互用刚性连接成的桥桁组成;另一种是带式桥,是由舟体在桥梁纵方向直接连接,舟体内有刚度很大的桁架,舟体上下连接部即组成桁架的刚性接头。

从受力计算情况看,以上两种情况均可作为无限长弹性基础梁(简称弹基梁)法计算。对于分置式桥脚的浮桥,桥脚舟实际上是弹性支座,由于浮游桥脚舟一般等间距配置,间距很小(一般4~6m),且桥脚数目较多(一般在5~6个以上)时,可近似以无限长梁计算,因此,可以简化成无限长弹基梁法计算,其计算误差在5%~10%。如为带式桥,由于桥脚舟密集配置,河中部分则更能作为弹基梁法计算了。

由于弹性基梁法的计算在一般力学书籍中都有详细的推导,这里只对其结果作必要的说明,并阐述如何应用在浮桥计算中。如图5-5所示为弹基梁图。

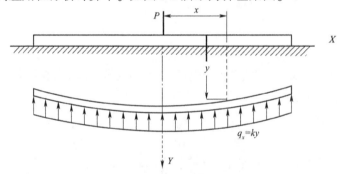

图 5-5 弹基梁图

在弹性基础无限长梁的中部,有一集中力 P 作用。根据弹基梁的挠曲轴微分方程:

$$\frac{d^4 y}{dx^4} + 4\beta^4 y = 0 \tag{5-23}$$

其通解为:

$$y = e^{\beta x}(A_1 \cos\beta x + A_2 \sin\beta x) + e^{-\beta x}(A_3 \cos\beta x + A_4 \sin\beta x) \tag{5-24}$$

式中:β——弯曲特征系数,计算时可作为常数。

$$\beta = \sqrt[4]{\frac{k}{4EJ}} \tag{5-25}$$

式中:EJ——梁的刚度;

k——弹基梁的基础刚度系数,即桥脚舟吃水 t 为1时桥脚舟的浮力,再将桥脚舟的浮力在桥脚舟的间距范围内均匀分布,则:

$$k = \frac{\gamma F t}{l}$$

在 $t=1$ 时,有:

$$k = \frac{\gamma F}{l}$$

则

$$\beta = \sqrt[4]{\frac{\gamma F}{4EJl}} \tag{5-26}$$

式中:F——一个桥脚舟的水线面面积;

l——桥脚舟的间距,即浮桥跨度;

γ——水的容量。

这样,当桥脚舟为直舷时(k 可作为常数),河中部分的 F 相等,梁的各跨 EJ 相等,且刚度很大,各桥脚舟的间距相同(l 相等),数目很多,将浮桥的河中部分作为弹性基础无限长梁计算是合乎实际情况了。

式(5-24)中,A_1、A_2、A_3 和 A_4 是四个积分常数,需根据边界条件确定。对无限长浮桥河中部分中段,其边界条件为:

(1)当 $x \to \infty$ 时,即在右端无穷远处,梁的变位为零,带入式(5-24),可得:

$$A_1 \cos\beta x + A_2 \sin\beta x = 0$$

(2)当 $x \to \infty$ 时,梁的弯矩为零,根据式(5-24),可得梁的弯矩方程为:

$$M = -EJ\frac{d^2y}{dx^2} = 2EJ\beta^2 [e^{\beta x}(A_1\sin\beta x - A_2\cos\beta x) + e^{-\beta x}(-A_3\sin\beta x + A_4\cos\beta x)]$$

以 $x \to \infty$,$M = 0$ 的条件带入,得:

$$A_1\sin\beta x - A_2\cos\beta x = 0$$

由条件(1)和条件(2),很容易得到:

$$A_1 = A_2 = 0$$

因此方程(5-24)变为:

$$y = e^{-\beta x}(A_3\cos\beta x + A_4\sin\beta x)$$

(3)当 $x = 0$,梁的倾角 $\theta = 0$,由于左右对称,故无倾角,倾角方程为:

$$\theta = \frac{dy}{dx} = -\beta e^{-\beta x}[(A_3 - A_4)\cos\beta x + (A_3 + A_4)\sin\beta x] = 0$$

得

$$A_3 = A_4$$

(4)当 $x = 0$,梁的剪力 $Q = -\frac{P}{2}$,由于左右对称,故在 P 力左右各负担 $\frac{P}{2}$ 的剪力,剪力方程为:

$$Q = -EJ\frac{d^3y}{dx^3} = -2EJ\beta^3 e^{-\beta x}[(A_3 + A_4)\cos\beta x - (A_3 - A_4)\sin\beta x] = -\frac{P}{2}$$

再利用 $A_3 = A_4$ 的条件,解得:

$$A_3 = A_4 = \frac{P}{8EJ\beta^3}$$

因此,式(5-24)变为:

$$y = \frac{P}{8EJ\beta^3}e^{-\beta x}(\cos\beta x + \sin\beta x)$$

从而可得到转角、弯矩、剪力等其他公式。综合可得，在梁的右半部的挠度、转角、弯矩和剪力的公式为：

挠度公式为：

$$y = \frac{P}{8EJ\beta^3} e^{-\beta x} (\cos\beta x + \sin\beta x) \tag{5-27a}$$

转角公式为：

$$\theta = -\frac{P}{4EJ\beta^2} e^{-\beta x} \sin\beta x \tag{5-27b}$$

弯矩公式为：

$$M = \frac{P}{4\beta} e^{-\beta x} (\cos\beta x - \sin\beta x) \tag{5-27c}$$

剪力公式为：

$$Q = -\frac{P}{2} e^{-\beta x} \cos\beta x \tag{5-27d}$$

对于左半部梁，M 和 y 是和右半部对称的，θ 和 Q 是和右半部梁反对称的，浮桥的挠度、转角、弯矩、剪力见图 5-6。

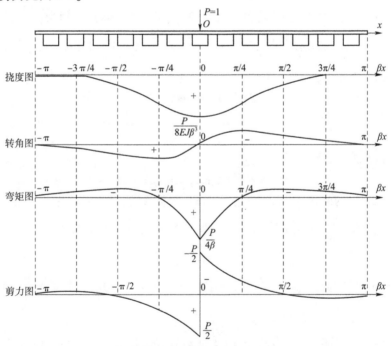

图 5-6　长桥中段在集中载作用下的变位及内力图

引入四个函数符号 η_1、η_2、η_3 和 η_4：

$$\begin{cases} \eta_1 = e^{-\beta x}(\cos\beta x + \sin\beta x) \\ \eta_2 = e^{-\beta x}\sin\beta x \\ \eta_3 = e^{-\beta x}(\cos\beta x - \sin\beta x) \\ \eta_4 = e^{-\beta x}\cos\beta x \end{cases} \tag{5-28}$$

代入式(5-27)得：

$$\begin{cases} y = \dfrac{P}{8EJ\beta^3}\eta_1 \\ \theta = -\dfrac{P}{4EJ\beta^2}\eta_2 \\ M = \dfrac{P}{4\beta}\eta_3 \\ Q = -\dfrac{P}{2}\eta_4 \end{cases} \quad (5\text{-}29)$$

式中各函数 η_1、η_2、η_3 和 η_4 可根据 βx 值计算后，得出各数值，η_1、η_2、η_3 和 η_4 亦可写成 $\eta_1(x)$、$\eta_2(x)$、$\eta_3(x)$ 和 $\eta_4(x)$。

5.3.2 河中部分中段的弯矩和吃水

以无限长弹基梁计算浮桥河中部分中段，虽然其计算理论合乎实际情况，但终究是有误差的。如何使误差小些，可在划分区段上作些规定，在该区段内其误差可以忽略不计，则作无限长梁计算。从以上四个函数 η_1、η_2、η_3 和 η_4 来看，在 $x = \pi/\beta$（即 $\beta x = \pi$）时，各函数的影响值已是中间最大值的 4.3%，如连续梁体系浮桥河中部分的长度 L 超过 $2\pi/\beta$ 时，则离两端各大于 π/β 时，该部分都可以按无限长桥计算，两端支承条件和支承反力对这一区段的影响可以忽略不计，这一段称为中段，见图 5-7，而离端点在 π/β 以内的部分，称为末段。在末段的计算中当然要计及岸边支承的影响，这一部分将在第 6 章中讨论。

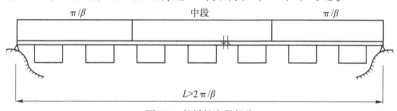

图 5-7　长桥的中段部分

由于桥梁是承受移动荷载的作用，故必须先求内力和变位的影响线。在浮桥中一般先要作出舟的吃水和桥跨弯矩的影响线。单位垂直荷载作用在浮桥中段上时，根据变位互等定理，其下沉水图即吃水影响线图。其弯矩图当梁为无限长时亦即弯矩影响线图，现作简单证明如下：

由于在图 5-8 中看出，当 O 和 X 都处于浮桥河中部分中段上时，在 X 和 O 点的弯矩图中，$M_{XO} = M_{OX}$，在这种特殊情况下，其弯矩也互等了。因此，在图 5-8 中，图 5-8b) 原为 O 的弯矩图，根据互等的性质，图 5-8b) 也是 O 点的弯矩影响线图。但在转角图和剪力图变为相应的影响线时需反号，因为其形状有反对称的性质。把荷载放在影响线最不利的计算位置，最大挠度（吃水）即可求出。如在浮桥上有若干个集中载以一定队形通过，在 O 点的最大挠度为：

$$y_O = \dfrac{1}{8EJ\beta^3}\sum_{i=1}^{n} P_i \eta_1 \quad (5\text{-}30)$$

在 O 点的最大弯矩为：

$$M_O = \dfrac{1}{4\beta}\sum_{i=1}^{n} P_i \eta_3 \quad (5\text{-}31)$$

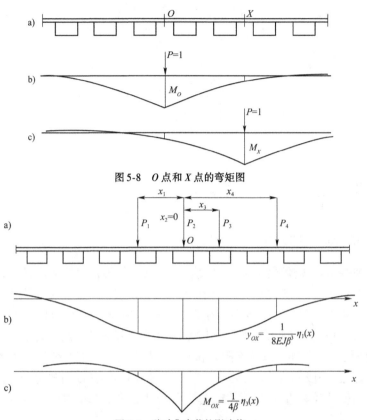

图 5-8　O 点和 X 点的弯矩图

图 5-9　移动集中载的影响值

如在浮桥上有一履带式荷载通过时，在 O 点的最大挠度为：

$$y_O = \frac{Q}{S}\Omega = \frac{Q}{S}\frac{1}{8EJ\beta^3} \times 2 \times \int_0^{\frac{s}{2}} \eta_1 dx = \frac{Q}{S}\frac{1}{4EJ\beta^3}\left(-\frac{1}{\beta}\right) \times \eta_4 \bigg|_0^{\frac{s}{2}} = \frac{Q}{sk}\left[1 - \eta_4\left(\frac{s}{2}\right)\right] \tag{5-32}$$

如再作进一步简化计算，略去影响线曲率的影响：

$$y = \frac{Q}{sk}\left[1 - \eta_4\left(\frac{s}{2}\right)\right] = \frac{Q\beta}{2k}\left(1 - \frac{\beta^2 s^2}{12}\right) = Q\frac{\beta}{2k} \tag{5-33}$$

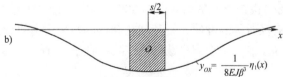

图 5-10　履带式荷载下最大挠度值

相应的桥脚舟的反力值为：

$$R = \gamma F y = \frac{Q\beta}{2k}\gamma F = \frac{Q\beta l}{2} \tag{5-34}$$

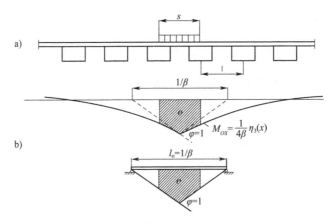

图 5-11 履带式荷载下最大弯矩图

O 点的最大弯矩为：

$$M = \frac{Q}{S}\Omega = \frac{Q}{S}\frac{1}{4\beta} \times 2 \times \int_0^{\frac{s}{2}} \eta_3 \mathrm{d}x = \frac{Q}{S}\frac{1}{2\beta}\frac{1}{\beta} \times \eta_2 \bigg|_0^{\frac{s}{2}} = \frac{Q}{2\beta^2 s}\eta_2\left(\frac{s}{2}\right) \quad (5\text{-}35)$$

如再作进一步简化近似地计算，忽略影响线曲率的影响

$$M = \frac{Q}{2\beta^2 s}\eta_2\left(\frac{s}{2}\right) = \frac{Q}{4\beta}\left(1 - \frac{\beta s}{2} + \frac{\beta^2 s^2}{12}\right) \quad (5\text{-}36)$$

$$M = \frac{Q}{4\beta}\left(1 - \frac{\beta s}{2}\right) \quad (5\text{-}37)$$

上式可改写成：

$$M = \frac{Q}{8}\left(\frac{2}{\beta} - s\right) \quad (5\text{-}38)$$

此式在形式上与简支梁的弯矩公式：

$$M = \frac{Q}{8}(2l_0 - s) \quad (5\text{-}39)$$

相似，l_0 为简支梁的跨度，近似地可把 $1/\beta$ 作为无限长弹基梁的折算跨度，因此 β 值是连续梁体系浮桥的一个极为重要的参数，弯矩 M 值与 β 成反比，从公式 $\beta = \sqrt[4]{\dfrac{\gamma F}{4EJl}}$ 看，β 代表舟的抗沉刚度与上部结构抗弯刚度之比。β 值大，相对地意味着舟强桁弱，荷载只能分配到少数舟上，故弯矩值较小；反之，β 值小，相对地舟弱桁强，此时荷载被分配到较多的舟上，故弯矩值较大。

5.4 临界长浮桥的弯矩和吃水计算

5.4.1 用弹基梁的初参数计算短浮桥

在一般情况下，浮桥均属长浮桥，按弹性地基上无限长梁计算已足够准确。但当浮桥长小于 $2\pi/\beta$ 时，这时桥在荷载作用下的变位和内力，将会受到两岸支承条件的影响，浮桥必须按有限长弹基梁的方法计算。这种情况应用力学中的弹基梁的初参数解比较方便，梁的挠曲线微分方程式仍为：

$$\frac{d^4 y}{dx^4} + 4\beta^4 y = 0$$

得其通解表达形式的另一写法：

$$y = C_1 \operatorname{ch}\beta x \cos\beta x + C_2 \operatorname{ch}\beta x \sin\beta x + C_3 \operatorname{sh}\beta x \cos\beta x + C_4 \operatorname{sh}\beta x \sin\beta x \tag{5-40}$$

式中四个积分常数 C_1、C_2、C_3 和 C_4 根据边界条件求出，即用四个初参数确定，四个初参数是初挠度、初转角、初弯矩、初剪力。

初挠度为 $x=0$ 时 y 的值　　　　　$y_o = y$

初转角为 $x=0$ 时梁的转角　　　　$\theta_o = \dfrac{dy}{dx}$

初弯矩为 $x=0$ 时梁的弯矩　　　　$M_o = -EJ\dfrac{d^2 y}{dx^2}$

初剪力为 $x=0$ 时梁的剪力　　　　$Q_o = -EJ\dfrac{d^3 y}{dx^3}$

用四个初参数 A、B、C、D 代替四个积分常数 C_1、C_2、C_3 和 C_4 后，挠曲轴的方程为：

$$y = y_0 A + \frac{\theta_0}{\beta} B - \frac{M_0}{\beta^2 EJ} C - \frac{Q_0}{\beta^3 EJ} D \tag{5-41}$$

式中 $A(x)$、$B(x)$、$C(x)$、$D(x)$ 称为弹基梁的发散型循环函数。

$$\begin{cases} A = \operatorname{ch}\beta x \cos\beta x \\ B = \dfrac{1}{2}(\operatorname{ch}\beta x \sin\beta x + \operatorname{sh}\beta x \cos\beta x) \\ C = \dfrac{1}{2}\operatorname{sh}\beta x \sin\beta x \\ B = \dfrac{1}{4}(\operatorname{ch}\beta x \sin\beta x - \operatorname{sh}\beta x \cos\beta x) \end{cases} \tag{5-42}$$

其相应的转角、弯矩、剪力的方程式为：

$$\begin{cases} y = y_0 A + \dfrac{\theta_0}{\beta} B - \dfrac{M_0}{\beta^2 EJ} C - \dfrac{Q_0}{\beta^3 EJ} D \\ \theta = -4\beta y_0 D + \theta_0 A - \dfrac{M_0}{\beta EJ} B - \dfrac{Q_0}{\beta^2 EJ} C \\ M = 4\beta^2 EJ y_0 C + 4EJ\beta\theta_0 D + M_0 A + \dfrac{Q_0}{\beta} B \\ Q = 4\beta^3 EJ y_0 B + 4EJ\beta\theta_0 C - 4\beta M_0 D + Q_0 A \end{cases} \tag{5-43}$$

初参数 y_0、θ_0、M_0 和 Q_0 的数值，实际上是根据浮桥末端支座情况确定的，以上齐次方程式的特解部分，即式(5-43)，是当梁在计算区段中梁上没有荷载的情况下使用。当梁上有荷载时，还须增加非齐次方程的特解部分，所以计算相当复杂，还要计算梁上较多点的变位和弯矩，得出最大的变位值和弯矩值。

式(5-43)的运用范围，在理论上并不限于有限长梁，但由于它用的函数 A、B、C 和 D 是发散型的函数，浮桥较长时，函数值太大，计算误差太大，故只适用于有限长梁。

5.4.2 浮桥在临界长度吃水和弯矩的计算

在大多数情况下,浮桥是作为无限长桥计算的。但是在某一长度时,其吃水和弯矩都可能超过无限长桥时所计算的值,但在更短的浮桥时,其吃水和弯矩却又减小。因为在桥梁很短时,挠度线比较平坦,浮桥的所有桥脚舟吃水较为均匀,显然这时中点弯矩也会减少,因为舟反力引起的弯矩由于对中点断面力臂减小而减小。

当短浮桥逐渐增长时,中点断面的弯矩先是增加,当长度增到一定限度时,弯矩达最大值,超过此限度,弯矩又开始减少,最后趋近于无限长梁的弯矩 $\dfrac{P}{4\beta}$。因此,在已知集中荷载 P 作用下,浮桥中点可能出现最大弯矩是对应于这样一个长度,它的两端挠度刚好为零,这时弯矩最大,对弯矩最不利的长度,称为临界长度。图 5-12 是临界长度浮桥在集中载作用下的挠度曲线(实线)和长桥的挠度曲线(虚线)的比较,下面将用初参数的公式来求该临界长度 L_K 和相应的弯矩和挠度值。

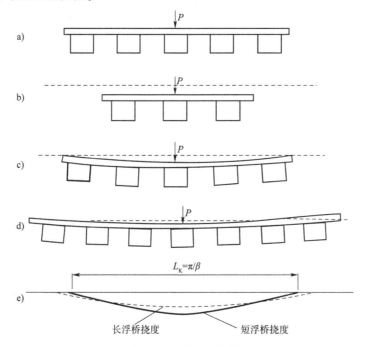

图 5-12　浮桥临界长度

图 5-13 为一临界长桥,荷载 P 作用于中点,以左端为原点。

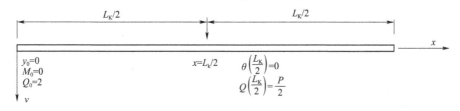

图 5-13　用初参数法计算临界长度图

桥的左半部的边界条件为:

当 $x=0$ 时 $y_0=0, M_0=0, Q_0=0$；

当 $x=\dfrac{L_K}{2}$ 时，$\theta\left(\dfrac{L_K}{2}\right)=0, Q\left(\dfrac{L_K}{2}\right)=\dfrac{P}{2}$。

四个参数中，只有 $\theta_0 \neq 0$，代入式(5-43)的转角公式中，并使 $x=\dfrac{L_K}{2}$，则：

$$\theta\left(\dfrac{L_K}{2}\right)=\theta_0 A\left(\dfrac{L_K}{2}\right)=0$$

即

$$\theta_0 \operatorname{ch}\left(\beta\dfrac{L_K}{2}\right)\cos\left(\beta\dfrac{L_K}{2}\right)=0$$

只能是

$$\cos\left(\beta\dfrac{L_K}{2}\right)=0 \text{ 或 } \dfrac{\beta L_K}{2}=\dfrac{\pi}{2}$$

故

$$L_K=\dfrac{\pi}{\beta} \tag{5-44}$$

再代入 $Q\left(\dfrac{L_K}{2}\right)=\dfrac{P}{2}$ 条件中，由式(5-43)求出未知初参数 θ_0。

$$Q\left(\dfrac{L_K}{2}\right)=Q\left(\dfrac{\pi}{2\beta}\right)=4EJ\beta^2 C\left(\dfrac{\pi}{2\beta}\right)=\dfrac{P}{2}$$

即

$$2EJ\beta^2 \theta_0 \operatorname{sh}\dfrac{\pi}{2}\sin\dfrac{\pi}{2}=\dfrac{P}{2}$$

得

$$\theta_0=\dfrac{P}{4EJ\beta^2 \operatorname{sh}\dfrac{\pi}{2}}$$

中点弯矩为：

$$M\left(\dfrac{L_K}{2}\right)=4EJ\beta\theta_0 D\left(\dfrac{\pi}{2\beta}\right)$$

$$=\dfrac{P}{\beta}\times\dfrac{1}{4}\left(\operatorname{ch}\dfrac{\pi}{2}\sin\dfrac{\pi}{2}-\operatorname{sh}\dfrac{\pi}{2}\cos\dfrac{\pi}{2}\right)\Big/\operatorname{sh}\dfrac{\pi}{2}$$

$$=\dfrac{P}{4\beta}\operatorname{cth}\dfrac{\pi}{2}=1.090\dfrac{P}{4\beta} \tag{5-45}$$

它是无限长梁在集中载作用下弯矩的 1.090 倍。

中点挠度为：

$$y\left(\dfrac{L_K}{2}\right)=\dfrac{\theta_0}{\beta}B\left(\dfrac{\pi}{2\beta}\right)$$

$$=\dfrac{P}{4EJ\beta^3}\times\dfrac{1}{2}\left(\operatorname{ch}\dfrac{\pi}{2}\sin\dfrac{\pi}{2}+\operatorname{sh}\dfrac{\pi}{2}\cos\dfrac{\pi}{2}\right)\Big/\operatorname{sh}\dfrac{\pi}{2}$$

$$=\dfrac{P}{8EJ\beta^3}\operatorname{cth}\dfrac{\pi}{2}=1.090\dfrac{P}{8EJ\beta^3} \tag{5-46}$$

它也是无限长梁在集荷载作用下挠度的 1.090 倍，在履带式荷载作用下，可近似地得出：

$$M=\dfrac{Q}{4\beta}\left(1.090-\dfrac{\beta s}{2}\right) \tag{5-47}$$

$$y = 1.090 \frac{Q}{8EJ\beta^3} \quad (5\text{-}48)$$

$$R = 1.090 \frac{Q\beta l}{2} \quad (5\text{-}49)$$

因此,在设计舟桥器材时,由于要考虑器材需要适用各种不同宽度的河流,有时要考虑到临界长度时的受力情况。

5.5 浮桥扭转计算

5.5.1 浮桥在偏心荷载下的扭转

在本章前几节中,都是认为活载作用在桥轴线上,浮桥在 xy 平面内弯曲,浮桥各横断面只有垂直方向的平移,没有横向倾斜或转动,各个桥脚舟只有均匀沉降吃水,首尾吃水相同,舟没有纵倾,浮桥处于"纯弯曲状态",这时多个桥桁具有相同的弯曲变形,浮桥截面内的总弯矩均匀分配给每根桥桁。但在活载偏离桥轴线行驶时,如偏心值为 e,见图5-14a),浮桥除了弯曲变形以外,还要产生扭转变形,这时桥脚舟会产生纵倾,舟首尾吃水不等,桥梁横断面上各桥桁的弯曲程度也不相同,各桥桁所负担的弯矩也不均匀,见图5-14b),荷载为 P,偏心距为 e,可把荷载分解为两部分,一部分是中心荷载 P,另一部分是偏心矩 Pe。在前一部分作用下,浮桥只产生弯曲变形,桥桁承受弯矩,桥脚舟首尾均匀下沉;在后一部分作用下,浮桥将产生扭转变形,桥桁各断面承受扭矩,桥脚舟首尾不均匀下沉。在以下的计算中,假定桥面的各断面的刚度是无限大的,由于浮游桥脚舟间距较密,舟的刚度很大,在结构上保证了浮桥横断面的横向刚度,该断面在扭矩 M 的作用下产生扭矩 L,在 L 作用下,整个横断面产生扭角 φ,每根桥桁产生剪力 Q_i[图5-14c)]。

$$L = \sum Q_i z_i \quad (5\text{-}50)$$

式中:z_i——各桥桁到桥轴线的水平距离。

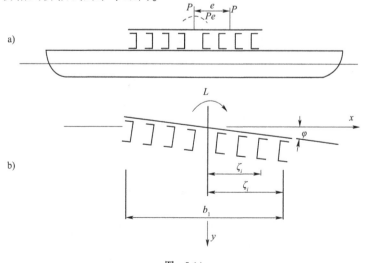

图 5-14

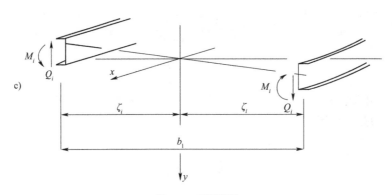

图 5-14 浮桥扭转

5.5.2 浮桥扭转的计算——拟梁法

图 5-15a)为无限长弹基梁受弯的情况,图 5-15b)为无限长弹基梁受扭的情况,由于浮桥扭转时扭角的微分方程式和梁弯曲时挠度的微分方程有相似性,见表 5-2。

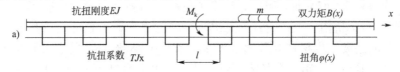

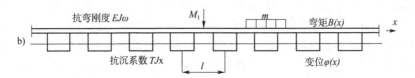

图 5-15 受扭浮桥及其拟梁
a)原桥;b)拟梁

弯曲扭转各元素相互关系表　　　　　　　　　　　　　　表 5-2

序　号	浮桥扭转元素	主桁弯曲元素	相　互　关　系
1	扭角 φ	挠度 y_i	$y_i = \varphi z_i$
2	纵向扭率 φ'	纵向倾角 y_i'	$y_i' = \varphi' z_i$
3	内扭矩 L	剪力 Q_i	$L = \sum Q_i z_i$
4	双力矩 B	弯矩 M_i	$B = \sum M_i z_i$
5	扇性惯矩 J_w	轴惯矩 J_i	$J_w = \sum J_i z_i^2$

表 5-2 中引进了两个新的概念:
(1)双力矩 B,它是与主桁弯矩 M_i 相对应的整桥中的元素。
$$B = \sum M_i z_i \tag{5-51}$$
(2)扇性惯矩 J_w,它是与主桁惯矩 J_i 相对整桥中的元素。
$$J_w = \sum J_i z_i^2 \tag{5-52}$$
扭转时的抗扭刚度系数 K_ω,抗扭特微系数 β_ω、α_ω 则为:
$$k_\omega = \frac{\gamma J_x}{l} \tag{5-53}$$

$$\beta_\omega = \sqrt[4]{\frac{\gamma J_x}{4EJ_w l}} \tag{5-54}$$

$$\alpha_\omega = \frac{\gamma J_x l^3}{6EJ_w} \tag{5-55}$$

双力矩：

$$B = \frac{Qe}{4\beta_\omega}\left(1 - \frac{\beta_\omega s}{2} + \frac{\beta_\omega^2 s^2}{12}\right) \tag{5-56}$$

最大扭角：

$$\varphi = \frac{Qe\beta_\omega}{2k_\omega} \tag{5-57}$$

上述式中：J_x——舟的水线面面积对浮桥轴线的惯矩；
其余符号含义同前。
由于外桁的附加弯矩：

$$\Delta M_i = \pm \frac{B}{J_w} J_i z_i \tag{5-58}$$

式中：J_i——外桁的惯矩；
z_i——外桁到桥轴线的距离。
桥脚舟的首尾附加吃水为：

$$\Delta T = \pm \phi \frac{L_1}{2} \tag{5-59}$$

在偏心荷载作用下，浮桥兼有弯曲和扭转两种变形，此时外桁的总弯矩为：

$$M_i = \frac{M}{n} + \frac{B}{J_w} J_i z_i \tag{5-60}$$

桥脚舟的首尾总吃水：

$$T + \Delta T = \frac{R}{\gamma F} + \varphi \frac{L_1}{2} \tag{5-61}$$

5.5.3　简易近似公式

式(10-55)可写成：

$$M_i = \frac{M}{n}\left(1 + \frac{nB}{MJ_w}J_i z_i\right) = \frac{M}{n} \cdot K_M \tag{5-62}$$

式中：K_M——外桁弯矩横向分配不均匀系数，

$$K_M = 1 + \frac{nB}{MJ_w}J_i z_i \tag{5-63}$$

由于：

$$M = \frac{Q}{4\beta}\left(1 - \frac{\beta s}{2}\right)$$

$$B = \frac{Qe}{4\beta_\omega}\left(1 - \frac{\beta_\omega s}{2}\right)$$

$$J_w = \sum_{i=1}^{n} J_i z_i^2$$
$$= \frac{1}{2} J_i \sum_{i=1}^{n/2} b_i^2$$

b_i 为对桥轴线对称的一对主桁间距离，如外桁间距为 $b_i = 2z_i$ 将 M，B 和 J_w 代入式(5-63)得：

$$K_M = 1 + \frac{neb_1}{\sum b_i^2} \frac{\beta\left(1-\frac{\beta s}{2}\right)}{\beta_\omega\left(1-\frac{\beta_\omega s}{2}\right)} \tag{5-64}$$

近似地可写成：

$$K_M = 1 + \frac{neb_1}{\sum b_i^2} \frac{\beta}{\beta_\omega} \tag{5-65}$$

对于桥脚舟的首尾吃水：

$$T + \Delta T = \frac{P\beta}{2k} + \frac{Pe\beta_\omega}{2k_\omega} \frac{L_1}{2} \tag{5-66}$$

5.6 刚性连接的间隙对弯矩和吃水的影响

5.6.1 计算原理

舟桥器材的主桁纵向连接中，其刚性接头往往有一定的间隙，因为连接螺栓的直径一般要比孔径小 1~2mm，目的是为了连接方便，架设迅速。此外连接件加工时，也会有一定的尺寸公差，孔壁受力后，会逐渐产生塑性变形。当浮桥受力产生弯曲变形时，在荷载作用的一定范围内，连接间隙将自行闭合，所连接的两构件产生了相对转动，如图 5-16 所示，在连接处产生了相对转角 α，称为间隙角。从图中可以看出，如孔径比螺栓直径大 t，则：

$$\alpha = \frac{2t}{c} \tag{5-67}$$

式中：c——接头处一对螺栓孔的距离。

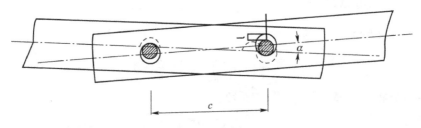

图 5-16 间隙角

如桥桁是通过短桁连接的，相当于两次连接，故其间隙应加倍。

因此，浮桥在每个连接处如有一个转角限制器，如图 5-17 所示，这些转角限制器可在正反两方向上作 α 角度的转动，如受正弯矩时，则上闭下张，称为正闭合，受负弯矩时，则上张下闭，称负闭合，各连接处间隙的闭合的正负情况要根据该处所受的弯矩正负而定。

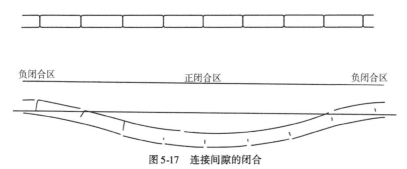

图 5-17 连接间隙的闭合

连接间隙对桥桁的影响是使浮桥的吃水增加,桥跨弯矩减少,在一般情况下,可使吃水增加 10%,使弯矩减少 20%,在本节计算中,采取一个简化假定:只考虑在荷载作用处正弯矩范围内的角间隙正闭合,忽略了离荷载较远处负弯矩区域间隙作负闭合的影响,其计算误差占 1%~2%。

间隙对弯矩和吃水的影响如图 5-18a)、d) 所示,如要计算浮桥 A 处的影响,可先将一个单位集中荷载置于该处,作出其弯矩图 $M_{xa}^{p=1}$,定出其正弯矩范围 λ,以 λ 作为连接间隙正闭合的范围,然后再作出 A 点变位"转角影响线" $y_{ax}^{\alpha=1}$,如图 5-18c)所示,此时,它是 x 处单位转角时 A 点变位影响值。根据功的互等定理,可知 $M_{xa}^{p=1}=y_{ax}^{\alpha=1}$,因此 5-18b)和 5-18c)的图形是相同的,故转角影响线的正号范围 λ_1 也和 λ 相等,在这范围内的间隙都作正闭合,而且都会使吃水增加。由于 $\lambda_2>\lambda$,间隙正闭合时使 A 点的弯矩减少,为了计算简便且偏于安全,在图 5-18d) 中仍取 λ 为有效范围。

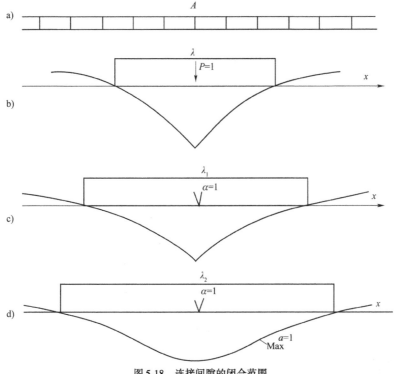

图 5-18 连接间隙的闭合范围

求间隙影响主要是作某点吃水和弯矩的转角影响线,有了该影响线,再将各处转角 α_i 与相应的影响线坐标——相乘,将各项叠加起来即可。

$$\begin{cases} y_A^\alpha = \sum_{i}^{\lambda} \alpha_i y_{ax}^{\alpha=1}(x_i) \\ M_A^\alpha = \sum_{i}^{\lambda} \alpha_i M_{ax}^{\alpha=1}(x_i) \end{cases} \tag{5-68}$$

式中：α_i——各连接间隙处的转角值；

$y_{ax}^{\alpha=1}(x_i)$——A 点变位的转角影响线在某间隙处的坐标；

$M_{ax}^{\alpha=1}(x_i)$——A 点弯矩的转角影响线在某间隙处的坐标；

λ——考虑的间隙闭合范围。

5.6.2 长浮桥中段连接间隙影响的计算

在任一梁中,x 处有单位转角使 A 点产生的垂直变位。根据功的互等定理,等于 A 点有单位垂直荷载在 x 处所产生的弯矩,即

$$y_{ax}^{\alpha=1} = M_{xa}^{p=1}$$

前者是 y_A 的转角影响线,而后者则是 $P_A=1$ 所产生的弯矩图,这两个图形是一样的,对于无限长弹基梁,它们的图形均如图 5-19b)所示,其数学表达式为：

$$y_{ax}^{\alpha=1} = M_{xa}^{p=1} = \frac{1}{4\beta}\eta_3(x) \tag{5-69}$$

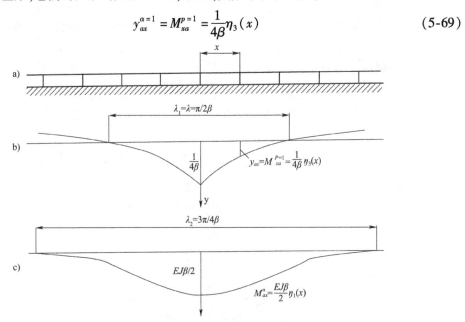

图 5-19 长浮桥中段吃水和弯矩的转角影响线

可见,A 点吃水的转角影响线的正号范围 λ_1 和荷载作用在 A 点时的正号弯矩范围 λ 是一致的,均为 $\pi/2\beta$,在此范围内所有间隙都作正闭合,都使 A 点吃水增加。现以 A 为原点,左右间隙的坐标 x 均取为正值,则总的间隙影响值为：

$$y_a^\alpha = \frac{1}{4\beta} \sum_0^{x<\pi/4\beta} \alpha_i \eta_3(x_i) \tag{5-70}$$

如各个间隙角 α_i 均相等,记为 α,则：

$$y_a^\alpha = \frac{\alpha}{4\beta} \sum_0^{x<\pi/4\beta} \eta_3(x_i) \tag{5-71}$$

如间隙角距离也是相等的,记为 d,可以近似地将间隙角 α 均匀分配在 d 的长度上,相当于有间隙角集度 α/d,则总影响可以用积分求得近似公式。

$$y_b^\alpha = \frac{2}{4\beta}\frac{\alpha}{d}\int_0^{\pi/4\beta}\eta_3(x)\mathrm{d}x = \frac{1}{2\beta^2}\frac{\alpha}{d}\eta_2\bigg|_0^{\frac{\pi}{4\beta}}$$

$$= 0.1612\frac{\alpha}{\beta^2 d} \tag{5-72}$$

下面求弯矩的转角影响线 $M_{ax}^{p=1}$[图 5-19c)]。由于无限长梁上两点具有对称性,故 A 点有转角 $\alpha_A = 1$ 在 x 点所产生弯矩,应等于 x 点有转角 $\alpha_x = 1$ 在 A 点所产生的弯矩。即:

$$M_{xa}^{\alpha=1} = M_{ax}^{\alpha=1}$$

同理
$$y_{xa}^{\alpha=1} = y_{ax}^{\alpha=1}$$

而弯矩图与变位图有二次微分关系。

$$M_{xa} = -EJy_{xa}''$$

故弯矩的转角影响线可由下述关系求出:

$$M_{xa}^{\alpha=1} = -EJ(y_{xa}^{\alpha=1})'' = -EJ(y_{ax}^{\alpha=1})''$$

将式(10-64)代入,得:

$$M_{ax}^\alpha = -\frac{EJ}{4\beta}\eta_3''(x) = -\frac{EJ\beta}{2}\eta_1(x) \tag{5-73}$$

其负号区域 $\left(\lambda_2 = \frac{3}{2}\frac{\pi}{\beta}\right) > \left(\lambda = \frac{\pi}{2\beta}\right)$,故仍取 $\frac{\pi}{2\beta}$ 为有效范围,因此,如将 A 点左右的间隙坐标 x 均取为正值,则:

$$M_a^\alpha = -\frac{EJ\beta}{2}\sum_0^{x<\pi/4\beta}\alpha_i\eta_1(x_i) \tag{5-74}$$

如各个间隙角均为 α,则:

$$M_a^\alpha = -\frac{EJ\beta\alpha}{2}\sum_0^{x<\pi/4\beta}\eta_1(x_i) \tag{5-75}$$

如间隙角间距内为 d,则得近似公式:

$$M_a^\alpha = -EJ\beta\frac{\alpha}{d}\int_0^{\pi/4\beta}\eta_1(x)\mathrm{d}x = EJ\frac{\alpha}{d}\eta_4(x)\bigg|_0^{\pi/4\beta}$$

$$= -0.6776EJ\frac{\alpha}{d} \tag{5-76}$$

5.7 各种体系浮桥的对比

浮桥的三种力学体系,在结构特点、受力分析、通载使用、战术运用等方面都有各自的优缺点,因此要综合分析、仔细研究、合理运用。

5.7.1 各种体系浮桥的对比

5.7.1.1 在结构特点方面

在结构上,应该说简支体系浮桥最简单,连续体系浮桥最复杂,而铰接悬臂体系浮桥介于两者之间。

简支体系浮桥主要是桥跨逐跨固定在相应的桥脚舟上,相邻之间的桥跨互不连接,因此,结构上最为简单,传力明确、计算方便;而连续体系浮桥除了桥跨在桥脚舟上进行逐个固定外,整座浮桥中的桥跨全部刚性接长,尤其是针对分散式桥桁结构来说,每根桥桁都需要连接两个螺栓,如果采用短桁连接方式,则要固定4个螺栓,随着桥桁数量的增加,则连接螺栓的工作量很大,作业时间也较长;铰接悬臂体系浮桥在桥节门桥内部采用刚性接长,在门桥与门桥之间采用铰接,因此,结构上的复杂程度要介于上述两种体系之间。

5.7.1.2 在桥脚舟受力方面

在上面的计算中可以得知,对于桥脚舟受力来说,简支体系浮桥的受力最大,而连续体系浮桥的受力最小,铰接悬臂梁体系浮桥的受力介于两者之间。

假如跨度都是8m,履带式荷载为500kN,履带接地长度为5m,连续体系的浮桥的弹性特征系数$\beta = 0.093(m^{-1})$,则简支体系浮桥的桥脚舟受力为421.875kN,连续体系浮桥的桥脚舟受力为182kN,而铰接悬臂体系浮桥(两舟门桥、门桥节间8m、全长16m)的桥脚舟受力为303.57kN。

由此可以看出,在相同跨度、荷载条件下,简支体系浮桥德桥脚舟受力大约是履带式荷载的0.8倍,连续体系浮桥的桥脚舟受力大约是履带式荷载的0.4倍、铰接悬臂体系浮桥的桥脚舟受力大约是履带式荷载的0.6倍,这也是影响三种体系浮桥实际运用的主要因素之一。

5.7.1.3 在桥跨受力方面

在上面的计算中可以得知,与桥脚舟受力相反,对于桥跨受力来说,简支体系浮桥的受力最小,而连续体系浮桥的受力较大,铰接悬臂体系浮桥的受力与连续体系浮桥的桥跨受力相当。

还是上述基本数据,简支体系浮桥的桥跨受力为687.5kN·m,而连续体系浮桥的桥跨受力为1056.8kN·m,铰接悬臂梁体系浮桥的桥跨受力为1020.8kN·m。可以看出,简支体系浮桥的桥跨弯矩是连续体系浮桥的65%,而铰接悬臂体系的是连续体系的96.5%。

5.7.1.4 在浮桥通行性能方面

在浮桥的通行性能方面,除了体现浮桥的车型部宽度、浮桥的水平固定及其稳定性以外,还要考虑到浮桥的纵坡度。在设计中整座浮桥均采用同样的桥脚舟和桥跨结构,但是由于结构形式上的特点,使得简支体系浮桥产生较大的纵坡度,铰接悬臂梁体系浮桥产生较小的纵坡度,而连续体系浮桥由于是桥梁整体连续接长的,其变形是连续光滑曲线,一般不计算桥面纵坡度。

例如,基于上述数据的简支体系浮桥(桥脚舟水线面积是$25m^2$),其纵坡度为19.8%,而铰接悬臂体系的纵坡度为7.3%。

5.7.1.5 在门桥浮桥渡河方法转换方面

舟桥装备在遂行渡河工程保障过程中,适时采用门桥渡河或者浮桥渡河的方式,浮桥虽然通行能力大、通行性能好,但是也由于需要的装备器材多、目标固定明显、战场难以伪装等原因,需要在必要的时候改为门桥漕渡渡河。

简支体系浮桥由于结构上的局限,无法直接改为漕渡门桥,而需要将浮桥全部分解才重新结合成漕渡门桥或码头,因此,基本上不考虑浮桥门桥之间的直接转换;连续体系浮桥均是由一个个桥节门桥纵向刚性连接而成的,在浮桥转换成门桥时,需要将所有的刚性连接接头全部分解,因此工作量较大;而铰接悬臂梁体系浮桥的桥节门桥之间仅采用铰接器连接,一般门桥与门桥之间在车行道两侧仅设置两个,因此,分解、连接十分方便,门桥浮桥转换迅速。

需要强调的是,门桥浮桥的转换吨位要根据实际情况具体分析,500kN 的浮桥分解成的漕渡门桥不是 500kN 的,350kN 的漕渡门桥连接起来的浮桥不是 350kN 的浮桥。

5.7.1.6 在浮桥抗沉性方面

浮桥的抗沉性也是舟桥装备重要的战术技术指标之一,它体现在浮桥受到敌火力打击以后浮桥受到一定的损伤,还是否具有一定的基本的生存力的性能。分析三种体系的浮桥结构特点,不难得知简支体系浮桥的抗沉性能最差,连续体系浮桥的抗沉性最好,而铰接悬臂梁体系浮桥的抗沉性介于上述两者之间。

由于简支体系浮桥是一个桥脚舟一组桥跨逐一简支架设而成为浮桥的,无论是桥脚舟还是桥跨受到破坏都直接造成浮桥的中断,因此,相比其他浮桥类型的抗沉性,简支体系的抗沉性是最差的;对于连续体系浮桥来说,一个桥脚舟一组桥跨逐一连续架设的,在某个桥脚舟受到打击时,由于有其他桥脚舟的支撑作用,浮桥不至于直接损坏,而是有一定的生存力,即使桥跨受到打击,只要不是全跨破坏,浮桥还是保持基本稳定以便于抢修;而铰接悬臂梁体系的浮桥抗沉性就介于上述两者之间了。

以上性能的对比综合见表 5-3。

三种体系浮桥性能对比 表 5-3

体系	结构	舟反力	桁受力	抗沉性	坡度	浮门桥转换	架设速度	适用江河	用途
简支体系	简单	大	小	差	陡	不能	慢	小型江河	就便器材
铰接体系	中等	中	中	中	中	快速	快速	中等以下江河	就便器材（+制式器材）
连续体系	复杂	小	大	好	缓	可以	较快	所有江河	制式器材

5.7.2 适用江河和主要用途

根据以上的定性分析,我们可以对三种体系的浮桥作如下总结:

(1)简支体系浮桥由于结构简单,而且结构稳定性较差,因此,只能适用于小型江河中使用,另外,由于其桥脚舟受力较大,往往与通行荷载的吨位相等,因此,一般用于就便民舟作为桥脚舟时使用。

(2)连续体系浮桥结构最为复杂,桥跨内受力也最大,而桥脚舟受力最小,因此,在就便器材架设浮桥中,难以使用,而在制式舟桥器材中则可以较好地解决上述问题:桥脚舟受力(浮力)最小,因此,桥脚舟的排水量(即体系)小,便于陆上机动;桥跨受力大,可以用制式钢梁或桥脚舟的舟内桥跨来受力;连接复杂,可以用各种制式连接的接头来解决,因此,制式舟桥器材都是采用连续体系的浮桥来架设的,该体系的浮桥是力学中的超静定结构,结构体系稳定,在复杂江河中也可以使用,因此,针对宽大江河、大流速等江河都采用该体系的浮桥。

(3)铰接悬臂体系浮桥的结构复杂程度和结构稳定性都是介于简支体系和连续体系浮桥之间的,因此,当在宽大江河上,征集大量民舟,并利用装配式公路钢桥等战备器材作为上部结构,可以用来架设浮桥。该桥设计方法成熟,可以充分利用岸边地形分别组织结合桥节门桥,当浮桥架设开始时利用各种水上动力将门桥逐次引入桥轴线,在桥轴线上用铰接连接器进行连接,架设速度较快;同时,当有敌情时可以迅速分解,在浮桥渡河与门桥渡河方法之间转换。

第6章 连续体系浮桥岸边结构设计

连续体系浮桥河中部分末段(以下简称为末段),通常是指离河中部分末端长度小于临界长度的一半,即小于 $\pi/2\beta$ 的桥段。末段受到端部不同的支撑条件的影响,因此,与河中部分的中间段受力情况不同。但是在设计舟桥装备时,为了减少装备的种类,尽量将中间段和末段的结构相同,这就需要进行深入的分析和计算,查明在不同的条件下其结构内力的变化规律,得出装备的最不利工况,以达到设计合理的目的。

末段的支撑形式较多,如自由端、刚性支撑端、刚性支撑上的预留间隙、弹性支座端、带限制铰端等。每种形式各有其结构特点和力学特征,并且在各种不同的舟桥装备上都有所运用。

下面将采用半无限长弹性基础梁的力学模型,考虑各种不同的边界条件,运用收敛性函数的特性,分别分析其结构特点和内力。

6.1 自由端浮桥末段

6.1.1 求集中力作用下任意截面的弯矩和变位

自由端浮桥末段的计算力学模型如图 6-1 所示。将浮桥自由端向左延长成无限长,则成为无限长弹性基础梁,这样的计算方法与河中部分相同,在 O 点的内力为:

$$M_0' = \frac{P}{4\beta}\eta_3(a) \quad Q_0' = \frac{P}{2}\eta_4(a) \tag{6-1}$$

根据自由端 O 点处 $M = 0$、$Q = 0$ 的条件,故在 O 点处切断时,应加上与 M_0' 和 Q_0' 方向相反数值相等的弯矩 M_0'' 和剪力 Q_0'',以与之抵消。

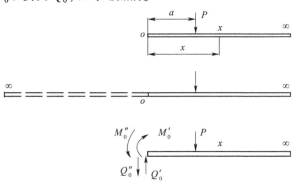

图 6-1 自由端浮桥力学模型

即
$$M_0'' = \frac{P}{4\beta}\eta_3(a) \quad Q_0'' = \frac{P}{2}\eta_4(a)$$

所以对于自由端的浮桥末段,任一点的弯矩由三部分组成:

即由于 P 在无限长弹性基础梁上所产生的弯矩:
$$\frac{P}{4\beta}\eta_3(x-a)$$

由于 M_0'' 在半无限长弹性基础梁上所产生的弯矩:
$$-\frac{P}{4\beta}\eta_3(a)\eta_1(x)$$

由于 Q_0'' 在半无限长弹性基础梁上所产生的弯矩:
$$-\frac{P}{2\beta}\eta_4(a)\eta_2(x)$$

相互叠加后可以得到:
$$M_{xa}^P = \frac{P}{4\beta}[\eta_3(x-a) - \eta_3(a)\eta_1(x) - 2\eta_4(a)\eta_2(x)] \tag{6-2}$$

$$y_{xa}^P = \frac{P}{8\beta^3 EJ}[\eta_1(x-a) + \eta_3(a)\eta_3(x) + 2\eta_4(a)\eta_4(x)] \tag{6-3}$$

式(6-2)、式(6-3)就是自由端浮桥末段在集中荷载 P 作用下计算任一截面的弯矩和变位的公式。

6.1.2 弯矩变化规律及最不利截面位置

6.1.2.1 集中荷载作用点的弯矩大小

令 $x = a$,代入式(6-2)进行整理得到:
$$M_{aa}^P = \frac{P}{4\beta}[1 - \eta_1(2a)] \tag{6-4}$$

6.1.2.2 弯矩的变化规律

P 移动时,P 作用点弯矩的变化规律,遵循图 6-2 的曲线,这条曲线是根据公式(6-4),将 a 的值从 0 到 π/β 代入式中求出 M_{aa}^P 值绘制的。图中横坐标为 P 的作用位置,纵坐标为 P 作用点的弯矩 M_{aa}^P 值。

从图 6-2 中可以看出:

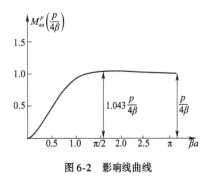

图 6-2 影响线曲线

(1)当 $a = \pi/\beta$ 时,$M_{aa}^P \approx \frac{P}{4\beta}$,与无限长弹性基础梁的最大弯矩 M_{max} 相等,说明荷载离开端部超过 π/β 时,端部的影响可以忽略,即成为无限长弹性基础梁了。

(2)当 $a = \pi/2\beta$ 时,$M_{aa}^P \approx 1.0432\frac{P}{4\beta}$,达到最大值,而此时端部的弯矩、剪力和变位均为零。因为半无限长弹性基础梁端部变位影响线方程为 $y_{0x}^{P=1} = \frac{1}{2\beta^3 EJ}\eta_4(x)$,这与

临界长度的情况相似,可以称为是"半临界状态",因为这一边是 $\pi/2\beta$ 长,而另一边是无限长,故不完全是临界长,其弯矩值也比临界长的弯矩值 $M \approx 1.09 \dfrac{P}{4\beta}$ 小。

6.1.2.3 弯矩最不利位置的影响线公式

在公式(6-2)中,令 $P=1$,将 x 与 a 对换,并将 $a=\pi/2\beta$ 代入,可得该处的弯矩影响线公式:

当 $x<a$ 时:

$$M_{\frac{\pi}{2\beta}\cdot x}^{P=1} = \frac{1}{4\beta}\left[\eta_3\left(\frac{\pi}{2\beta}-x\right) - 0.2079\eta_3(x) - 0.4158\eta_4(x)\right] \tag{6-5}$$

当 $x>a$ 时:

$$M_{\frac{\pi}{2\beta}\cdot x}^{P=1} = \frac{1}{4\beta}\left[\eta_3\left(x-\frac{\pi}{2\beta}\right) - 0.2079\eta_3(x) - 0.4158\eta_4(x)\right] \tag{6-6}$$

如将 $\left(\dfrac{\pi}{2\beta}-x\right)$ 取绝对值,则可以写成:

$$M_{\frac{\pi}{2\beta}\cdot x}^{P=1} = \frac{1}{4\beta}\left[\eta_3\left|\left(\frac{\pi}{2\beta}-x\right)\right| - 0.2079\eta_3(x) - 0.4158\eta_4(x)\right] \tag{6-7}$$

代入不同的值,就可以求出影响线坐标,绘出相应的影响线(图6-3)。

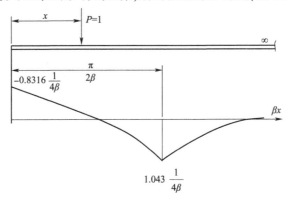

图6-3 弯矩影响线曲线

6.1.3 变位的变化规律和影响线

6.1.3.1 集中力作用点变位的变化规律

令 $x=a$,代入公式(6-3):

$$y_{aa}^P = \frac{P}{8\beta^3 EJ}\left[\eta_1(a-a) + \eta_3(a)\eta_3(a) + 2\eta_4(a)\eta_4(a)\right]$$

对上式进行整理化简可以得到:

$$y_{aa}^P = \frac{P}{8\beta^3 EJ}\left[1 - \eta_1(2a) + 4\eta_4^2(a)\right] \tag{6-8}$$

6.1.3.2 变位的变化规律

P 移动时,P 作用点的变化规律遵循图6-4曲线,该曲线是根据公式(6-8)计算得到的,

图中横坐标为荷载 P 作用点的位置,纵坐标为荷载 P 作用点的变位值。

从图 6-4 可以看出,当 $\beta a = 0$ 时,$y_{aa}^P = 4\dfrac{P}{8\beta^3 EJ}$ 为最大值,它是无限长弹性基础梁最大变位的 4 倍。

当 $\beta a = \dfrac{\pi}{2}$ 时,$y_{aa}^P = 1.0432\dfrac{P}{8\beta^3 EJ}$,此时端点的弯矩、剪力及变位均为零。

当 $\beta a = \pi$ 时,$y_{aa}^P = \dfrac{P}{8\beta^3 EJ}$,与无限长弹性基础梁的最大变位相同,故 $\beta a \geq \pi$,将遵循无限长弹性基础梁的变化规律。

6.1.3.3 末段端点的变位影响线

由公式:
$$y_{0x}^{P=1} = \dfrac{1}{2\beta^3 EJ}\eta_4(x)$$

当 $\beta a = 0$ 时,$y_0^{P=1} = \dfrac{1}{2\beta^3 EJ}$;当 $\beta a = \dfrac{\pi}{4}$ 时,$y_{0\frac{\pi}{4}}^{P=1} = 1.2896\dfrac{1}{8\beta^3 EJ}$;当 $\beta a = \dfrac{\pi}{2}$ 时,$y_{0\frac{\pi}{2}}^{P=1} = 0$。其影响线见图 6-5。

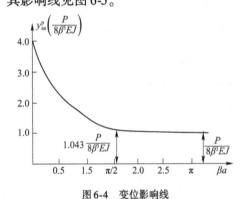

图 6-4 变位影响线

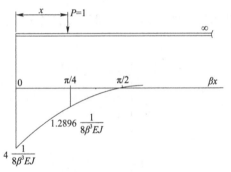

图 6-5 末段变位影响线

6.2 刚性端浮桥末端

6.2.1 集中载作用下的弯矩和变位

浮桥的端部支撑在岸边或固定栈桥上,即带刚性端支座的浮桥末段,其计算简图如图 6-6 所示。

按上述方法将 O 点向左延长成无限长,在 O 点处的内力为:
$$M'_O = \dfrac{P}{4\beta}\eta_3(a) \qquad Q'_O = \dfrac{P}{2}\eta_4(a)$$

根据刚性支座的条件,在 O 点处,$M = 0, y = 0$。

故在 O 点处切断时,应加上:M''_O 其值与 M'_O 数值相等而方向相反,Q''_O 由位移边界条件决定。

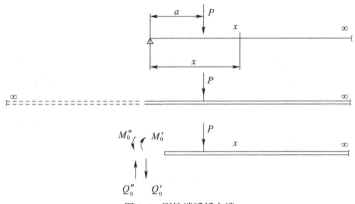

图 6-6 刚性端浮桥末端

而 O 点的数值由三部分组成，即：

由于 P 在无限长弹性基础梁上所产生的变位：

$$\frac{P}{8\beta^3 EJ}\eta_1(a)$$

由于 Q_0'' 在半无限长弹性基础梁上所产生的变位：

$$-\frac{Q_0''}{2\beta^3 EJ}$$

由于 M_0'' 在半无限长弹性基础梁上所产生的变位：

$$\left[-\frac{P}{4\beta}\eta_3(a)\right]\left(-\frac{1}{2\beta^2 EJ}\right)$$

相互叠加得到：

$$y_0 = \frac{P}{8\beta^3 EJ}\eta_1(a) - \frac{Q_0''}{2\beta^3 EJ} + \left[-\frac{P}{4\beta}\eta_3(a)\right]\left(-\frac{1}{2\beta^2 EJ}\right) = 0$$

故

$$Q_0'' = \frac{P}{2}\eta_4(a)$$

在支座 O 点的总反力：

$$R_0 = Q_0' + Q_0'' = \frac{P}{2}\eta_4(a) + \frac{P}{2}\eta_4(a) = P\eta_4(a)$$

所以

$$R_{0x}^{P=1} = \eta_4(a)$$

同样在集中力作用下截面 x 处的弯矩由三部分组成：

由于 P 在无限长弹性基础梁上所产生的弯矩：

$$\frac{P}{4\beta}\eta_3(x-a)$$

由于 Q_0'' 在半无限长弹性基础梁上所产生的弯矩：

$$\frac{P}{2}\frac{1}{\beta}\eta_4(a)\eta_2(x)$$

由于 M_0'' 在半无限长弹性基础梁上所产生的弯矩：

$$\left[-\frac{P}{4\beta}\eta_3(a)\right]\eta_1(x)$$

叠加以后得到：

$$M_{xa}^P = \frac{P}{4\beta}[\eta_3(x-a) - \eta_3(a)\eta_1(x) + 2\eta_4(a)\eta_2(x)] \qquad (6\text{-}9a)$$

$$y_{xa}^P = \frac{P}{8\beta^3 EJ}[\eta_1(x-a) + \eta_3(a)\eta_3(x) - 2\eta_4(a)\eta_4(x)] \qquad (6\text{-}9b)$$

公式(6-9a)、(6-9b)就是刚性端支座浮桥末端在集中荷载作用下计算任意截面的弯矩和变位的通用公式。

6.2.2 弯矩最不利位置的确定

6.2.2.1 集中荷载作用点 A 处的弯矩公式

令 $x = a$ 代入公式(6-9),有:

$$M_{aa}^P = \frac{P}{4\beta}[\eta_3(a-a) - \eta_3(a)\eta_1(a) + 2\eta_4(a)\eta_2(a)] = \frac{P}{4\beta}[1 - \eta_3(2a)] \qquad (6\text{-}10)$$

6.2.2.2 弯矩 M_{aa}^P 的变化规律

P 移动时,P 下弯矩的变化规律,遵循图6-7的曲线②,该曲线是根据公式(6-10)将各种 a 值代入公式中求出的值绘制而成的。图中横坐标为荷载 P 作用点的位置,纵坐标为荷载 P 作用点处的弯矩 M_{aa}^P 值。

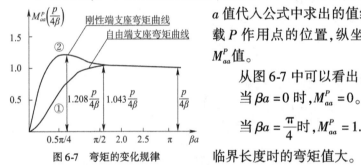

图6-7 弯矩的变化规律

从图6-7中可以看出:

当 $\beta a = 0$ 时,$M_{aa}^P = 0$。

当 $\beta a = \frac{\pi}{4}$ 时,$M_{aa}^P = 1.2079\frac{P}{4\beta}$,为最大值,比中间段临界长度时的弯矩值大。

当 $\beta a = \frac{\pi}{2}$ 时,$M_{aa}^P = 1.0432\frac{P}{4\beta}$,此时端部支座反力为零,这和自由端末段一样,亦称为"半临界状态",它和端部有无支座无关。若端部是搁置在支座上时,端部和支座开始脱离接触。当 P 继续向右移动时,弯矩就开始遵循自由端浮桥末段的弯矩变化规律。

6.2.2.3 弯矩危险(最不利)截面的位置

求公式(6-10)的极值,可确定弯矩危险截面的位置。

$$\frac{dM_{aa}^P}{da} = 0 \quad \frac{P}{4\beta}[0 - (-2)2\beta\eta_4(2a)] = 0$$

即 $\eta_4(2a) = 0$ 或者 $\cos 2\beta a = 0$

故 $a = \frac{\pi}{4\beta}$ 即弯矩危险(最不利)截面的位置处,与图6-8的结果完全相符。

6.2.2.4 弯矩危险截面处的影响线公式

在公式(6-9b)中,令 $P=1$,将 x 与 a 对换,将 $a = \frac{\pi}{4\beta}$ 代入,可得在 $\frac{\pi}{4\beta}$ 的弯矩影响线公式:

$$M_{\frac{\pi}{4\beta},x}^{P=1} = \frac{1}{4\beta}\left[\eta_3\left(\left|\frac{\pi}{4\beta} - x\right|\right) + 0.6448\eta_2(x)\right]$$

代入不同的值,就可以求出相应的影响线值,并绘出影响线图(图 6-8)。

当 $\beta x = 0$, $M_{\frac{\pi}{4\beta} \frac{\pi}{4\beta}}^{P=1} = 0$。

当 $\beta x = \dfrac{\pi}{4\beta}$, $M_{\frac{\pi}{4\beta} \frac{\pi}{4\beta}}^{P=1} = 1.2079 \dfrac{1}{4\beta}$。

当 $\beta x = \dfrac{\pi}{2\beta}$, $M_{\frac{\pi}{4\beta} \frac{\pi}{2\beta}}^{P=1} = 0.1341 \dfrac{1}{4\beta}$。

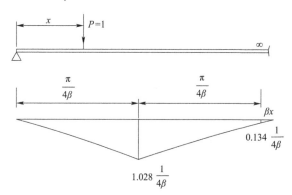

图 6-8 弯矩危险截面处的影响线

6.2.3 变位最不利位置的确定

6.2.3.1 集中荷载作用点 A 点的变位公式

令 $x = 0$ 代入公式(6-9b):

$$y_{aa}^P = \dfrac{P}{8\beta^3 EJ}[\eta_1(a-a) + \eta_3(a)\eta_3(a) - 2\eta_4(a)\eta_4(a)] = \dfrac{P}{8\beta^3 EJ}[1 - \eta_1(2a)] \quad (6-11)$$

6.2.3.2 变位的变化规律

P 移动时,P 下变位的变化规律遵循图 6-9 曲线②,该曲线是根据公式(6-11),将各种 a 值代入,求出值并绘制成的,图中横坐标为荷载 P 作用点的位置,纵坐标为荷载 P 作用点处的变位值。

从图 6-9 中可以看出:

当 $\beta a = 0$ 时,$y_{aa}^P = 0$。

当 $\beta a = \dfrac{\pi}{2}$ 时,$y_{aa}^P = 1.0432 \dfrac{P}{8\beta^3 EJ}$ 为最大值,此时端点反力为零,即端点与支座开始脱离接触。

当 $\beta a > \dfrac{\pi}{2}$ 时,变位遵循自由端浮桥末段的变化规律。

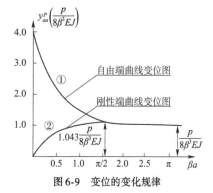

图 6-9 变位的变化规律

6.2.3.3 变位危险截面的位置

求公式(6-11)的极值,可确定变位危险截面的位置:

$$\dfrac{\mathrm{d} y_{aa}^P}{\mathrm{d} a} = 0 \quad \dfrac{P}{8\beta^3 EJ}[0 - (-2\beta)2\eta_2(2a)] = 0 \quad \eta_2(2a) = 0$$

当 $a=\frac{\pi}{2\beta}$ 时，上式成立。即变位危险截面位置在距端点为 $a=\frac{\pi}{2\beta}$ 处，与图 6-9 中曲线②相一致。

6.2.3.4 变位截面 $a=\frac{\pi}{2\beta}$ 处的影响线公式

在公式(6-10)中，令 $P=1$，将 x 与 a 对换，并将 $a=\frac{\pi}{2\beta}$ 代入，可得在 $a=\frac{\pi}{2\beta}$ 处的变位影响线公式：

$$y_{\frac{\pi}{2\beta}x}^{P=1}=\frac{1}{8\beta^3 EJ}\left[\eta_1\left(\left|\frac{\pi}{2\beta}-x\right|\right)-0.2079\eta_3(x)\right] \tag{6-12}$$

代入不同的值，可以求出相应的影响线坐标值，绘出影响线，如图 6-10 所示。

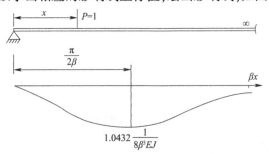

图 6-10　变位截面 $a=\frac{\pi}{2\beta}$ 处的影响线

6.3　刚性支座上预留间隙浮桥末端

6.3.1　集中载作用下的弯矩和变位

浮桥末段的端部下缘与岸边或固定栈桥的桥础预先留有一定的间隙 z，如图 6-11 所示。

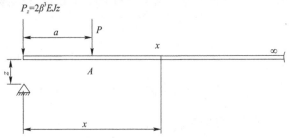

图 6-11　预留间隙的浮桥末段

集中力 P 作用在 A 点，任一截面 x 的弯矩为 M_{xa}^P，变位为 y_{xa}^P。

若在浮桥端部先加上一个力 P_z，若 $P_z=2\beta^3 EJz$，在 P_z 对浮桥末端作用与在自由端的半无限长浮桥弹性基础梁的端部作用 P_z 一样，此时浮桥的端部的变位就是 z，端部刚好与支座接触。如果加上集中载荷 P，则 P 力作用下的浮桥末段与带刚性端支座的浮桥末段相同，因此，问题就归结到在 P 力作用下的带刚性端支座的浮桥末段叠加上 P_z 作用于有自由端的半无限长弹性基础梁的影响。所以：

$$M_{xa}^P = \frac{P}{4\beta}[\eta_3(x-a) - \eta_3(a)\eta_3(x) + 2\eta_4(a)\eta_2(x)] - 2\beta^2 EJz\eta_2(x) \quad (6\text{-}13)$$

$$y_{xa}^P = \frac{P}{8\beta^3 EJ}[\eta_1(x-a) + \eta_3(a)\eta_3(x) - 2\eta_4(a)\eta_4(x)] + z\eta_4(x) \quad (6\text{-}14)$$

注意，P_z 对任一截面 x 产生的弯矩与 P 在任一截面 x 产生的弯矩方向相反，而变位则方向相同。

6.3.2 弯矩最不利位置的确定

6.3.2.1 集中荷载作用点处的弯矩公式

在公式(6-13)中，令 $x = a$，有：

$$\begin{aligned}M_{aa}^P &= \frac{P}{4\beta}[\eta_3(a-a) + \eta_3(a)\eta_3(a) + 2\eta_4(a)\eta_2(a)] - 2\beta^2 EJz\eta_2(a) \\ &= \frac{P}{4\beta}[1 - \eta_3(2a)] - 2\beta^2 EJz\eta_2(a)\end{aligned} \quad (6\text{-}15)$$

6.3.2.2 弯矩危险截面的位置

求公式(6-15)的极值，可确定弯矩危险截面的位置。

$$\frac{dM_{aa}^P}{da} = 0$$

经过化简可以得到：

$$\cos\beta a - \sin\beta a = 0$$

所以 $a = \dfrac{\pi}{4\beta}$，弯矩的危险截面仍在 $a = \dfrac{\pi}{4\beta}$ 处，与带刚性端支座浮桥末段一样，故 z 的存在不影响弯矩危险截面的位置，此截面处的弯矩值是最大值为：

$$(M_{aa}^P)_{\max} = 1.2079\frac{P}{4\beta} - 0.6448\beta^2 EJz \quad (6\text{-}16)$$

6.3.2.3 弯矩 M_{aa}^P 的变化规律

P 作用下的弯矩有如下的变化规律，见图 6-12。

当 $z = 0$ 时，公式(6-16)变为刚性端支座浮桥末段的弯矩公式，曲线即刚性端支座的弯矩曲线(图 6-12)，此曲线与自由端曲线相交于 $\dfrac{\pi}{2}$ 处。

当 $z \geq \dfrac{P}{2\beta^3 EJ}$ 时，浮桥端部和支座刚接触或未接触，为自由端浮桥末段，曲线为自由端的弯矩曲线，此时公式(6-16)已不适用。

故当 z 在上述二者之间时，才有预留间隙的曲线情况存在，不同的 z 值将有相应的曲线，如图 6-12 中的③④⑤⑥曲线。

在 z_i 值为定值，有对应的弯矩曲线，当 P 从端点向右移动到一定距离 a_{di} 时，此曲线与自由端曲线相交，端部与支座脱离接触，浮桥末端又成为自由端，如果 P 继续右移，则 M_{aa}^P 曲线遵循自由端的曲线。脱离接触点的距离 a_{di} 与 z_i 有如下关系式：

$$2\beta^3 EJz_i = P\eta_4(a_{di}) \quad \eta_4(a_{di}) = \frac{1}{P}2\beta^3 EJz_i \tag{6-17}$$

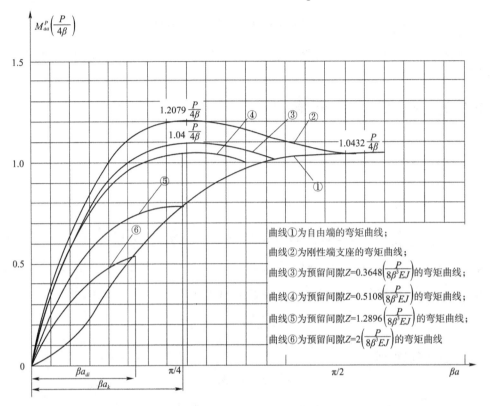

图 6-12 弯矩变化规律

当脱离接触点的距离为 $a_d = \dfrac{\pi}{4\beta}$ 时，由公式(6-17)可以求得：

$$z = \frac{P}{2\beta^3 EJ}\eta_4\left(\frac{\pi}{4}\right) = 1.2896\frac{P}{8\beta^3 EJ}$$

与此 z 值相应的 M_{aa}^P 曲线为图 6-12 中之曲线⑤，$a_d = \dfrac{\pi}{4\beta}$ 之点亦为弯矩极值点，M_{aa}^P 有极大值，故当 $z = 1.2896\dfrac{P}{8\beta^3 EJ}$ 时，脱离接触点和弯矩极值点同在 $a_d = \dfrac{\pi}{4\beta}$ 处。

当 $0 < z_i < 1.2896\dfrac{P}{8\beta^3 EJ}$ 时，则得 $\eta_4(\pi/2) < \eta_4(a_{di}) < \eta_4(\pi/4)$，即 $\dfrac{\pi}{2\beta} > a_{di} > \dfrac{\pi}{4\beta}$，脱离的接触点距离可以确定。而弯矩极点在 $\dfrac{\pi}{4\beta}$ 处，故预留间隙的 M_{aa}^P 曲线是先有极点，后与自由端曲线相交。因此可根据公式(6-17)求出弯矩最大值，这和图 6-12 中曲线③④情况相同。

当 $z_i > 1.2896\dfrac{P}{8\beta^3 EJ}$ 时，$\eta_4(a_{di}) > \eta_4\left(\dfrac{\pi}{4}\right)$，即 $a_{di} < \dfrac{\pi}{4\beta}$，脱离接触点距离 a_{di} 在 $0 \sim \dfrac{\pi}{4\beta}$ 之间，而弯矩极点在 $\dfrac{\pi}{4\beta}$ 处，故预留间隙的 M_{aa}^P 是未达弯矩极点时就已和自由端的曲线相交，随后遵循该曲线变化，此时公式(6-17)已不适用，须先确定脱离接触点 a_{di} 再代入公式(6-16)求出

弯矩 M_{aa}^P，此值即弯矩的最大值。这和图 6-12 中曲线⑥的情况相同。

6.3.2.4　决定最小预留间隙值 z_{min}

变化预留间隙值 z 值的大小，可以控制浮桥末段弯矩危险截面处的弯矩值，从公式(6-15)可知，z 值增加时，M_{aa}^P 下降。一般情况下 $z_i < 1.2896 \dfrac{P}{8\beta^3 EJ}$，从上面分析可知公式(6-16)有效。因此，可利用公式(6-17)和控制条件来决定预留间隙值 z。

如果要求浮桥末段的最大弯矩值不大于浮桥中间桥段的临界弯矩值，在集中荷载 P 作用下应满足：

$$1.2079 \frac{P}{4\beta} - 0.6448 \beta^2 EJz \leqslant 1.09 \frac{P}{4\beta} \tag{6-18}$$

所以

$$z_{min} \geqslant 0.3648 \frac{P}{8\beta^3 EJ}$$

如果要求不大于"半临界"值，在集中荷载作用下应满足：

$$1.2079 \frac{P}{4\beta} - 0.6448 \beta^2 EJz \leqslant 1.0432 \frac{P}{4\beta} \tag{6-19}$$

所以

$$z_{min} \geqslant 0.5108 \frac{P}{8\beta^3 EJ}$$

6.3.2.5　决定履带式荷载作用下的最小预留间隙值 z_{min}

在后面将详细研究履带式荷载作用下的弯矩影响线的最大坐标值的简易公式：

$$M = \frac{Q}{4\beta}\left[(1+\varepsilon) - \frac{\beta S}{2} + \frac{\beta^2 S^2}{12}\right] \tag{6-20}$$

对于刚性端支座浮桥末段危险截面的弯矩影响线的最大坐标值计算公式：

$$(1+\varepsilon) = 1.2079$$

$$M = \frac{Q}{4\beta}\left(1.2079 - \frac{\beta S}{2} + \frac{\beta^2 S^2}{12}\right) \tag{6-21}$$

同样对于预留间隙浮桥末段在履带式荷载作用下，用弯矩影响线最大坐标计算弯矩的简易公式为：

$$M = \frac{Q}{4\beta}\left(1.2079 - \frac{\beta S}{2} + \frac{\beta^2 S^2}{12}\right) - 0.6448\beta^2 EJz \tag{6-22}$$

浮桥中间段在履带式荷载作用下的临界弯矩值为：

$$M_{河中} = \frac{Q}{4\beta}\left(1.09 - \frac{\beta S}{2} + \frac{\beta^2 S^2}{12}\right) \tag{6-23}$$

利用浮桥末段的最大弯矩值不大于中间段临界弯矩值的条件可得：

$$\frac{Q}{4\beta}\left(1.2079 - \frac{\beta S}{2} + \frac{\beta^2 S^2}{12}\right) - 0.6448\beta^2 EJz \leqslant \frac{Q}{4\beta}\left(1.09 - \frac{\beta S}{2} + \frac{\beta^2 S^2}{12}\right)$$

所以

$$z_{min} = 0.3648 \frac{Q}{8\beta^3 EJ}$$

履带式荷载作用下决定 z_{min} 的公式与集中荷载作用下的公式完全相同。

6.3.3 变位最不利位置的确定

6.3.3.1 集中荷载作用点 A 处的变位公式

将 $x = a$ 代入式(6-14)：

$$y_{aa}^P = \frac{P}{8\beta^3 EJ}[1 - \eta_1(2a)] + z\eta_4(a) \tag{6-24}$$

6.3.3.2 变位 y_{aa}^P 的变化规律

P 力下变位 y_{aa}^P 的变化规律见图 6-13。

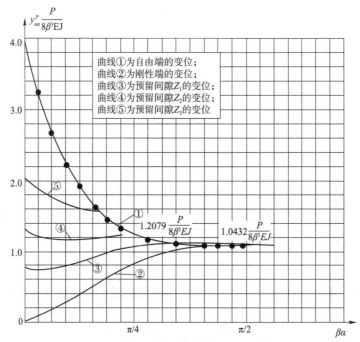

图 6-13 变位的变化规律

当 $z = 0$ 时，为刚性端支座浮桥末段，y_{aa}^P 曲线同刚性端支座浮桥末段的变位曲线(图 6-13 中曲线②)。

当 $z = \dfrac{P}{2\beta^3 EJ}$ 时，段部和支座刚接触或者未接触，为自由端浮桥末段，y_{aa}^P 曲线同自由端支座浮桥末段的变位曲线(图 6-13 中曲线①)。

当 z 在上述两者之间时，有预留间隙的 y_{aa}^P 曲线，不同的 z 值将有不同的曲线(图 6-13 中曲线③④⑤)。

当 P 向右移动到距离端点一定距离 a_α 时，端部与支座又会脱离接触，预留间隙的曲线与自由端的曲线相交，P 继续右移，y_{aa}^P 曲线即遵循自由端变位曲线。不同的 z 值，均有其相应的端部脱离接触点 a_α 值，其关系同公式(6-17)。

即

$$z = \frac{P}{2\beta^3 EJ}\eta_4(a_\alpha)$$

6.3.3.3 变位有极值的位置及极值点 a_k 与端部脱离接触点 a_α 间的关系

(1) 变位有极值的位置 a_k。

求公式(6-24)的极值,可以确定极值点的位置。

$$\frac{\mathrm{d}y_{aa}^P}{\mathrm{d}a}=0$$

即

$$\frac{P}{8\beta^3 EJ}4\beta\eta_2(2a_k)-z\beta\eta_1(a_k)=0$$

则

$$z=\frac{2\sin\beta a_k}{\cos\beta a_k+\sin\beta a_k}\cdot\frac{P}{2\beta^3 EJ}\eta_4(a_k) \tag{6-25}$$

(2) 极值点 a_k 与端部脱离接触点 a_α 间的关系。

当 $\beta\alpha=\frac{\pi}{4}$ 时,$2\sin\beta\alpha/(\cos\beta\alpha+\sin\beta\alpha)=1$。

由公式(6-17)及公式(6-25)可得 $a_k=a_\alpha$ 及变位极值点 a_k 与脱离接触点 a_α 均在 $\frac{\pi}{4\beta}$ 处(图6-13中曲线④),而且与弯矩极值点相同,此时:

$$z=\frac{P}{2\beta^3 EJ}\eta_4(a_k)=1.2896\frac{P}{8\beta^3 EJ}$$

当 $z>1.2896\frac{P}{8\beta^3 EJ}$ 时,由公式(6-17)及公式(6-25)可知 a_k 和 a_α 均小于 $\frac{\pi}{4\beta}$。由于 $\sin\beta a_k<\cos\beta a_k$ 使 $2\sin\beta a_k/(\cos\beta a_k+\sin\beta a_k)<1$,

$$\eta_4(a_\alpha)<\eta_4(a_k),故 a_\alpha>a_k$$

此时,y_{aa}^P 曲线是先有极值点,后有端部脱离接触点(图6-13中曲线⑤),极值公式(6-25)有效。但是 $z>1.2896\frac{P}{8\beta^3 EJ}$ 的情况在实际使用中无意义,不再详细讨论。

当 $z<1.2896\frac{P}{8\beta^3 EJ}$ 时,由公式(6-17)及公式(6-25)可知 a_k 和 a_α 均大于 $\frac{\pi}{4\beta}$。由于 $\sin\beta a_k>\cos\beta a_k$ 使 $2\sin\beta a_k/(\cos\beta a_k+\sin\beta a_k)>1$,

$$\eta_4(a_\alpha)>\eta_4(a_k),故 a_\alpha<a_k$$

此时,端部是先脱离接触,后有极值点(图6-13中曲线③),公式(6-25)已经不再适用,因此,须先求得脱离接触点 a_α,再代入公式(6-17)及公式(6-24),求出 z 值及 y_{aa}^P。

6.3.3.4 决定集中荷载作用下最大预留间隙 $z_{\max}$

在集中荷载作用下决定最大预留间隙值 $z_{\max}$ 的条件是浮桥末段的最大变位应不大于中间段的变位临界值,即:

$$\frac{P}{8\beta^3 EJ}[1-\eta_1(2a)]+z_{\max}\eta_4(a)\leqslant 1.09\frac{P}{8\beta^3 EJ}$$

一般预留间隙 $z<1.09\frac{P}{8\beta^3 EJ}<1.2896\frac{P}{8\beta^3 EJ}$,$a_\alpha<a_k$,所以应先求出 a_α 值,再代入上式确定 $z_{\max}$。

用试算法确定符合上式的 α_α 值及 $z_{\max}$,见表6-1。

确定预留间隙的试算法　　　　　　　　　　　　　　　　表 6-1

βa_α	$z = \dfrac{P}{2\beta^3 EI}\eta_4(a_\alpha)$	$y_{\alpha\alpha}^P = \dfrac{P}{8\beta^3 EI}[1-\eta_1(2a)] + z\eta_4(a_\alpha)$
1.100	$0.8005\dfrac{P}{8\beta^3 EJ}$	$1.0965\dfrac{P}{8\beta^3 EJ}$
1.120	$0.7681\dfrac{P}{8\beta^3 EJ}$	$1.0914\dfrac{P}{8\beta^3 EJ}$
1.125	$0.7594\dfrac{P}{8\beta^3 EJ}$	$1.0901\dfrac{P}{8\beta^3 EJ}$
1.130	$0.7507\dfrac{P}{8\beta^3 EJ}$	$1.0888\dfrac{P}{8\beta^3 EJ}$

从表 6-1 可知，$\beta a = 1.125$ 时，$y_{\alpha\alpha}^P$ 符合决定 $z_{\max}$ 的条件，相应的：

$$z_{\max} = 0.76\dfrac{P}{8\beta^3 EJ} \tag{6-26}$$

公式(6-26)即在集中荷载作用下决定最大预留间隙的计算公式。

根据 $z_{\max} = 0.76\dfrac{P}{8\beta^3 EJ}$，绘制的 $y_{\alpha\alpha}^P$ 曲线见图 6-13 中曲线③。

6.3.3.5　决定履带荷载作用的最大间隙 $z_{\max}$ 公式

浮桥末段变位最不利位置在 $\beta a = 1.125$ 处，根据前节分析的结果，同样可用集中荷载作用下决定 $z_{\max}$ 的公式(6-26)来计算：

$$z_{\max} = 0.76\dfrac{Q}{8\beta^3 EJ}$$

6.3.4　计算示例

某型四折带式舟桥末段的计算。

6.3.4.1　有关参数

履带式荷载 $Q = 50\text{t}$；履带接地长 $S = 4.5\text{m}$；惯性矩 $J = 1.87277 \times 10^{-3}\text{m}^4$。
弹性性能系数 $\beta = 0.085 \text{1/m}$。

6.3.4.2　危险截面的位置

弯矩的危险截面位置距端点 $a_1 = \dfrac{\pi}{4\beta} = 9.19\text{m}$。

变位的危险截面位置距端点 $a_2 = \dfrac{1.125}{\beta} = 13.23\text{m}$。

6.3.4.3　求间隙值

(不考虑其他因素)

由弯矩决定最小间隙值用公式(6-18)：

$$z_{\min} = 0.3648\dfrac{Q}{8\beta^3 EJ}$$

$$= 0.3648\dfrac{50}{8 \times 0.085^3 \times 2.1 \times 10^7 \times 1.87277 \times 10^{-3}} = 0.0944(\text{m})$$

由变位决定的最大间隙值用公式(6-26)：

$$z_{max} = 0.76 \frac{Q}{8\beta^3 EJ}$$

$$= 0.76 \frac{50}{8 \times 0.085^3 \times 2.1 \times 10^7 \times 1.87277 \times 10^{-3}} = 0.196(\text{m})$$

所以：$0.196\text{m} > z > 0.0944\text{m}$。

6.3.4.4 不留预留间隙时允许通过的重量

端部不设预留间隙及为刚性端支座的形式，利用使末段的弯矩值不超过中间端临界值的条件可以确定通过的重量 Q'，即按公式(6-15)得：

$$\frac{Q'}{4\beta}\left(1.2079 - \frac{\beta S_1}{2} + \frac{\beta^2 S_1^2}{12}\right) = \frac{Q}{4\beta}\left(1.09 - \frac{\beta S}{2} + \frac{\beta^2 S^2}{12}\right)$$

设 $S = S_1 = 4.5\text{m}$，则 $Q' = 44.3\text{t}$。因此，不设预留间隙时，容许通过440kN履带式荷载。

6.4 带弹性支座浮桥末端

6.4.1 集中荷载作用下任一截面的弯矩和变位公式

浮桥的末段为弹性支撑，如果浮游栈桥的形式(图6-14)，浮桥的末段反力 R，它是与端点的变位 y_0 成正比，即 $R = Cy_0$，对于带式桥，若浮游栈桥长为 b，宽度为 B_0，假定在 b 段内为无限刚体，求弹性系数 C。

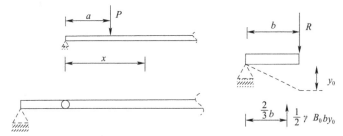

图6-14 弹性支撑的浮桥末段

因为 $\qquad Rb = \frac{1}{2}\gamma B_0 b \cdot \frac{2}{3}by_0$

则 $\qquad R = \frac{1}{3}\gamma B_0 b y_0$

故 $\qquad C = \frac{1}{3}\gamma B_0 b$

从上式可见，若改变浮游栈桥的诸元，可以改变 C 值。

现在问题归结到在一个自由端的浮桥末段，加上端点反力 $R = Cy_0$ 的影响(图6-15)。

由于 y_0 是由两部分组成的：

(1) 由 P 在半无限长弹性基础梁引起的变位：

$$\frac{P}{2\beta^3 EJ}\eta_4(a)$$

(2)由 $R = Cy_0$ 在半无限长弹性基础梁引起的变位：

$$-\frac{Cy_0}{2\beta^3 EJ}$$

叠加后得到：

$$y_0 = \frac{P}{2\beta^3 EJ}\eta_4(a) - \frac{Cy_0}{2\beta^3 EJ}$$

解出：

$$y_0 = \frac{P}{2\beta^3 EJ + C}\eta_4(a)$$

反力

$$R = Cy_0 = \frac{CP}{2\beta^3 EJ + C}\eta_4(a)$$

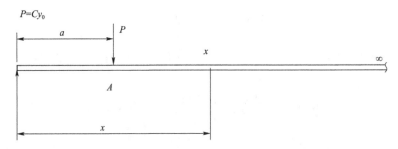

图 6-15　弹性支撑的计算模型

任一截面 x 处的弯矩，是由 P 作用在自由端浮桥末段上产生的弯矩，再加上末段 R 的作用产生的弯矩组成：

$$M_{xa}^P = \frac{P}{4\beta}[\eta_3(x-a) - \eta_3(a)\eta_1(x) - 2\eta_4(a)\eta_2(x)] + \frac{R}{\beta}\eta_2(x)$$

同理：$y_{xa}^P = \frac{P}{8\beta^3 EJ}[\eta_1(x-a) + \eta_3(a)\eta_3(x) + 2\eta_4(a)\eta_4(x)] - \frac{R}{2\beta^3 EJ}\eta_4(x)$

将 R 代入并整理得到：

$$M_{xa}^P = \frac{P}{4\beta}\left[\eta_3(x-a) - \eta_3(a)\eta_1(x) - 2\eta_4(a)\eta_2(x) + \frac{4C}{2\beta^3 EI + C}\eta_4(a)\eta_2(x)\right] \quad (6\text{-}27)$$

$$y_{xa}^P = \frac{P}{8\beta^3 EJ}\left[\eta_1(x-a) + \eta_3(a)\eta_3(x) + 2\eta_4(a)\eta_4(x) - \frac{4C}{2\beta^3 EI + C}\eta_4(a)\eta_4(x)\right]$$

(6-28)

6.4.2　弯矩变化规律及危险截面位置

6.4.2.1　集中荷载作用点处的弯矩公式

令 $x = a$，代入公式(6-27)。

$$M_{aa}^P = \frac{P}{4\beta}\left[1 - \eta_1(2a) + \frac{4C}{2\beta^3 EJ + C}\eta_4(a)\eta_2(a)\right]$$

$$2\eta_4(a)\eta_2(a) = 2e^{-2\beta a}\sin\beta a\cos\beta a = e^{-2\beta a}\sin 2\beta a = \eta_2(2a)$$

代入得：

$$M_{aa}^P = \frac{P}{4\beta}\left[1 - \eta_1(2a) + \frac{2C}{2\beta^3 EJ + C}\eta_2(2a)\right] \quad (6-29)$$

6.4.2.2 弯矩 M_{aa}^P 的变化规律

P 移动时,P 下弯矩的变化规律,遵循图 6-16 的曲线③,该曲线是根据公式(6-29),将各种 a 值(从 0 到 $\pi/2$)代入求得 M_{aa}^P 后绘制的。图中横坐标为荷载 P 作用点的位置 βa,纵坐标为荷载 P 作用点处的弯矩 M_{aa}^P。

当 $C = 0$ 时,公式(6-29)变为自由端浮桥末段的弯矩公式,曲线即自由端的 M_{aa}^P 曲线(图 6-16 中曲线①)。

当 $C = \infty$ 时,弹性端支座则成了刚性端支座了,其曲线见图 6-16 中曲线②。

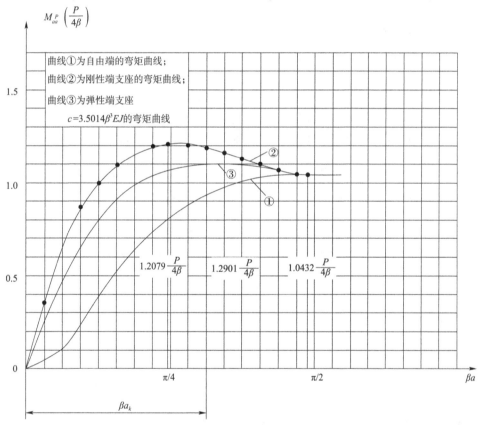

图 6-16 弯矩变化规律

C 为有限值时,其曲线在曲线①②之间。不同的 C 值,将有其相应的曲线,而且每条曲线在 $a = 0$,$M_{aa}^P = 0$;$a = \frac{\pi}{2}$ 时,$M_{aa}^P = 1.0432\frac{P}{4\beta}$。故曲线两端均与自由端曲线、刚性端支座曲线相交(图 6-16),其端部不存在脱离接触的问题,即 $\beta a > \frac{\pi}{2}$ 时,公式(6-29)仍然有效,有对应的 M_{aa}^P 值的曲线,故有其特有的变化规律。

6.4.2.3 弯矩危险截面的位置

求公式(6-29)的极值,可以确定弯矩危险截面的位置。

$$\frac{\mathrm{d}M_{aa}^P}{\mathrm{d}a} = 0$$

$$(2\beta^3 EJ + C)\eta_2(2a) + C\eta_3(2a) = 0$$

则
$$C = \frac{-2\beta^3 EJ\eta_2(2a)}{\eta_2(2a) + \eta_3(2a)} = -2\beta^3 EJ \frac{\eta_2(2a)}{\eta_4(2a)} = -2\beta^3 EJ \cdot \tan(2\beta a)$$

因为 $C > 0$,因此,只有 βa 在 $\frac{\pi}{4} \sim \frac{\pi}{2}$ 区间才可能有极值[此时 $\tan(2\beta a)$ 为负值]。

$\tan(2\beta a) = -\frac{C}{2\beta^3 EJ}$,故弯矩危险截面的位置距端点为:

$$\beta a_k = \frac{1}{2}\tan^{-1}\left(\frac{-C}{2\beta^3 EJ}\right)$$

6.4.2.4 决定最大 C 值

从公式(6-29)得:

$$M_{aa}^P = \frac{P}{4\beta}\left[1 - \eta_1(2a) + \frac{2C}{2\beta^3 EJ + C}\eta_2(2a)\right] \tag{6-30}$$

变化 C 值,可使弯矩变化,当 C 值增加时,弯矩也增加,为了使浮桥末段的弯矩值不超过浮桥中间段的弯矩值,必须控制 C 值。在集中荷载 P 作用下应该满足:

$$\frac{P}{4\beta}\left[1 - \eta_1(2a) + \frac{2C}{2\beta^3 EJ + C}\eta_2(2a)\right] \leqslant 1.09\frac{P}{4\beta} \tag{6-31}$$

可以用试算法求出 $\beta a - C - M_{aa}^P$,现将试算结构列于表 6-2。

试算法求出 $\beta a - C - M_{aa}^P$ 表 6-2

βa	$C = -2\beta^3 EJ\dfrac{\eta_2(2a)}{\eta_4(2a)}$	$M_{aa}^P = \dfrac{P}{4\beta}\left[1 - \eta_1(2a) + \dfrac{2C}{2\beta^3 EJ + C}\eta_2(2a)\right]$
1.000	$2.1865 \times 2\beta^3 EJ$	$1.1022 \times \dfrac{P}{4\beta}$
1.045	$1.7537 \times 2\beta^3 EJ$	$1.0907 \times \dfrac{P}{4\beta}$
1.100	$1.3742 \times 2\beta^3 EJ$	$1.0793 \times \dfrac{P}{4\beta}$

从表 6-2 可知 $\beta a = 1.045$ 时,M_{aa}^P 符合决定 $C_{\max}$ 的条件。相应的,有:

$$C_{\max} = 1.7537 \times 2\beta^3 EJ \approx 3.5\beta^3 EJ \tag{6-32}$$

公式(6-32)即集中荷载作用下浮桥末段最大弹性系数公式。

根据公式(6-32)和公式(6-29)绘制成的 M_{aa}^P 曲线,见图 6-17 中曲线③。

6.4.2.5 履带式荷载作用下弯矩计算公式

根据前述原理,履带式荷载作用下的公式与集中荷载作用下的公式完全相同。

在 $C_{\max} = 3.5\beta^3 EJ$ 时:

$$M_{\max}^Q = \frac{Q}{4\beta}\left(1.09 - \frac{\beta S}{2} + \frac{\beta^2 S^2}{12}\right)$$

6.4.3 变位的变化规律及变位极值点的位置

6.4.3.1 集中荷载下的变位公式

令 $x=a$,代入公式(6-28)及整理化简后得:

$$y_{aa}^P = \frac{P}{8\beta^3 EI}\left[1-\eta_1(2a)+\frac{8\beta^3 EI}{2\beta^3 EI+C}\eta_4^2(a)\right] \quad (6-33)$$

6.4.3.2 变位 y_{aa}^P 的变化规律

P 移动时,P 下的变位变化规律遵循图 6-17 中曲线③,该曲线是将各种 a 值 $\left(0\to\frac{\pi}{2}\right)$ 代入公式(6-32),求得 y_{aa}^P 后绘制成的,图中横坐标为荷载 P 作用点的位置 βa,纵坐标为荷载 P 作用点处的变位 y_{aa}^P。

当 $C=0$ 时,为自由端的曲线(图 6-17 中曲线①)。

当 $C=\infty$ 时,为刚性段支座曲线(图 6-17 中曲线②)。

C 为有限值时,其曲线在①、②曲线之间,不同的 C 值,将有其相应的曲线,而且每条曲线在:

$a=0$ 时,$y_{aa}^P=\dfrac{P}{2\beta^3 EJ+C}$;$a=\dfrac{\pi}{2}$ 时,$y_{aa}^P=1.0432\dfrac{P}{8\beta^3 EJ}$。

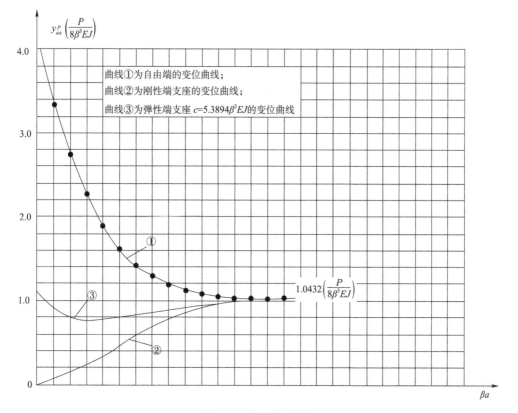

图 6-17 变位的变化规律

6.4.3.3 变位极值点的位置

求公式(6-32)的极值,可以确定变位极值点的位置:

$$\frac{\mathrm{d}y_{aa}^P}{\mathrm{d}a}=0$$

$$4\beta\eta_2(2a)(2\beta^3EJ+C)-4\beta\cdot4\beta^3EJ\eta_4(a)\eta_1(a)=0$$

$$C\cdot\mathrm{e}^{-2\beta a}\sin\beta a-2\beta^3EJ[2\mathrm{e}^{-\beta a}\cos\beta a\cdot\mathrm{e}^{-\beta a}(\cos\beta a+\sin\beta a)-\mathrm{e}^{-2\beta a}\sin2\beta a]$$
$$=0\cos\beta a[2C\mathrm{e}^{-2\beta a}\sin\beta a-2\beta^3EJ\cdot2\mathrm{e}^{-2\beta a}\cos\beta a]=0$$

上式有两个解。

(1) 解 1。

即 $\qquad\cos\beta a=0\quad\beta a=\dfrac{\pi}{2}$

y_{aa}^P 在 $a=\dfrac{\pi}{2\beta}$ 处有极大值,与图 6-17 的曲线③相符。

(2) 解 2。

$$2C\mathrm{e}^{-2\beta a}\sin\beta a-2\beta^3EJ\cdot2\mathrm{e}^{-2\beta a}\cos\beta a=0$$

$$\tan(\beta a)=\frac{2\beta^3EJ}{C}$$

此解可通过对公式(6-32)进行二次微分,可以证明在 $\left(0\rightarrow\dfrac{\pi}{2\beta}\right)$ 内, y_{aa}^P 有极小值,与图 6-17 中的曲线③相符。

6.4.3.4 决定最小 C 值

公式(6-33) $y_{aa}^P=\dfrac{P}{8\beta^3EJ}\left[1-\eta_1(2a)+\dfrac{8\beta^3EJ}{2\beta^3EJ+C}\eta_4^2(a)\right]$

当 C 减小时,变位增大,为了使浮桥末段的变位值不超过浮桥中间段的临界变位值,必须控制 C 值,使之不小于一定的值。

按上述分析,当 $a_k=\dfrac{\pi}{2\beta}$ 时,变位有极大值。

即 $y_{aa}^P=1.0432\dfrac{P}{8\beta^3EJ}$,但此时的变位较浮桥中间段的临界值小,而在浮桥末段的端点,当 C 值较小时, y_0^P 有可能等于或超过浮桥中间段的临界变位值,故应该使:

$$y_0^P=\frac{P}{2\beta^3EJ+C}\leqslant1.09\frac{P}{8\beta^3EJ}$$

求得对应的 $C\geqslant2.670\times2\beta^3EJ$:

$$C_{\min}=5.340\beta^3EJ \tag{6-34}$$

6.4.3.5 履带式荷载作用下的变位公式

根据前述理由,在 $C=5.340\beta^3EJ$ 时:

$$y_0^Q=\frac{Q}{2\beta^3EJ+C}\left(1-\frac{S}{8C}-\frac{\beta S}{8}\right)$$

6.4.4 分析讨论

根据以上分析,应用 C_{min} 大于 C_{max},末段的弹性系数 C 是不能同时满足弯矩、变位均不超过中间段临界值的条件。即按弯矩条件采用的 C 值时,则吃水超过,按变位条件采用 C 时,则弯矩超过,两者总是相互矛盾的。

从计算中获知,按弯矩条件采用的 C 值(即 $C_{max} = 3.5\beta^3 EJ$),吃水超过 33.27%,按变位条件采用 C 值(即 $C_{min} = 5.340\beta^3 EJ$),弯矩仅超过 1.788%,超过值在允许范围之内,因此,建议按变位条件采用 C 值,即按公式(6-34)计算。

若浮桥河中部分吃水有富余时,为了充分发挥其潜力,可以以其富余情况来降低 C 值,这就降低了浮桥末段的弯矩值。当 C 值减小时,可以使岸边的浮游器材的水线面面积减小,这是很有意义的问题。

假设浮桥河中部分的允许吃水较临界吃水富余 $1 + \Delta$,应使:

$$y_0^P = \frac{P}{2\beta^3 EJ + C} \le 1.09(1+\Delta)\frac{P}{8\beta^3 EJ}$$

得到:

$$C = \left[\frac{4}{1.09(1+\Delta)} - 1\right] \times 2\beta^3 EJ \tag{6-35}$$

应用公式(6-35)可以求得在吃水富余时的相应 C 值,进行浮桥末段计算及岸边浮游器材设计。

6.5 带限制铰浮桥末端

6.5.1 集中荷载作用下任一截面的弯矩和变位公式

浮桥末段的端部支撑在刚性支座上,在距端部 b 处设置一个限制铰(图 6-18)。

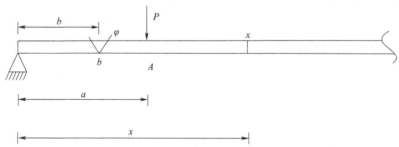

图 6-18 带限制铰的浮桥末段

在 b 处加一个转角 φ,使限制铰闭合,即成为刚性端支座的浮桥末段。所加的转角 φ 在任一截面处产生的弯矩 M_{xb}^{φ} 和变位 y_{xb}^{φ},根据功的互等定理,y_{xb}^{φ} 等于在 x 处作用一力 $P = \varphi$ 在 b 处产生的弯矩 $M_{bx}^{P=\varphi}$。

所以

$$y_{xb}^{\varphi} = M_{bx}^{P=\varphi} = \frac{\varphi}{4\beta}[\eta_3(x-b) - \eta_3(x)\eta_1(b) + 2\eta_4(x)\eta_2(b)] \tag{6-36}$$

而

$$M_{xb}^{\varphi} = -EJ(y_{bx}^{\varphi})''$$
$$= -EJ\frac{\varphi}{4\beta}[\eta_3(x-b) - \eta_3(x)\eta_1(b) + 2\eta_4(x)\eta_2(b)]''$$
$$= -\frac{\beta EJ\varphi}{2}[\eta_1(x-b) - \eta_1(x)\eta_1(b) + 2\eta_2(x)\eta_2(b)] \quad (6\text{-}37)$$

集中荷载 P 作用在 A 处,在 x 截面产生的弯矩为:

$$M_{xa}^{P+\varphi} = \frac{P}{4\beta}[\eta_3(x-a) - \eta_3(a)\eta_1(x) + 2\eta_4(a)\eta_2(x)] -$$
$$\frac{\beta EJ\varphi}{2}[\eta_1(x-b) - \eta_1(x)\eta_1(b) + 2\eta_2(x)\eta_2(b)] \quad (6\text{-}38)$$

同理:

$$y_{xa}^{P+\varphi} = \frac{P}{8\beta^3 EJ}[\eta_1(x-a) + \eta_3(a)\eta_3(x) - 2\eta_4(a)\eta_4(x)] +$$
$$\frac{\varphi}{4\beta}[\eta_3(x-b) - \eta_3(x)\eta_1(b) + 2\eta_4(x)\eta_2(b)] \quad (6\text{-}39)$$

6.5.2 弯矩的变化规律及危险截面位置

6.5.2.1 集中荷载作用点 A 处的弯矩公式

令 $x = a$ 代入公式(6-38):

$$M_{aa}^{P+\varphi} = \frac{P}{4\beta}[1 - \eta_3(2a)] - \frac{\beta EJ\varphi}{2}[\eta_1(a-b) - \eta_1(a)\eta_1(b) + 2\eta_2(a)\eta_2(b)] \quad (6\text{-}40)$$

6.5.2.2 弯矩 $M_{aa}^{P+\varphi}$ 的变化规律

P 移动时,P 下弯矩的变化规律,遵循图 6-19 的曲线③,该曲线是根据公式(6-40)将各种 a 值代入求出 $M_{aa}^{P+\varphi}$ 后绘制的,图中横坐标为荷载 P 作用点的位置 βa,纵坐标为荷载 P 作用点处的弯矩 $M_{aa}^{P+\varphi}$。

当 $\varphi = 0$ 时,为刚性端支座的曲线(图 6-19 中曲线①)。

当 $\varphi = \infty$ 时,在 b 处为弹性端支座的曲线(图 6-19 中曲线②)。

φ 为有限值时,其曲线在①②曲线之间,不同的 φ 值,将有其相应的曲线,而且每条曲线在:

$a = 0$ 时,$M_0 = 0$;

$a = b$ 时,$M_a = \frac{P}{4\beta}[1 - \eta_3(2b)] - \frac{\beta EJ\varphi}{2}[1 - \eta_1(2b)]$。

当 a 至一定距离 a_d 时,限制铰处的弯矩 $M_b = 0$,则限制铰不再有限制作用,而变为弹性端支座(即浮游栈桥)。这时曲线③与弹性端支座曲线②相交,交点的条件为:

$$M_{ba}^{P+\varphi} = \frac{P}{4\beta}[1 - \eta_3(a_d - b) - \eta_3(a_d)\eta_1(b) + 2\eta_4(a_d)\eta_2(b)] -$$
$$\frac{\beta EJ\varphi}{2}[1 - \eta_1(2b)] = 0 \quad (6\text{-}41)$$

6.5.2.3 弯矩危险截面和 φ 的最小值

求公式(6-41)的极值,可以确定危险截面的位置 a_k:

$$\frac{dM_{aa}^{P+\varphi}}{da}=0$$

解得

$$\varphi=\frac{P\eta_4(2a_k)}{\beta^2 EJ[\eta_1(b)\eta_2(a_k)+\eta_2(b)\eta_3(a_k)-\eta_2(a_k-b)]} \quad (6-42)$$

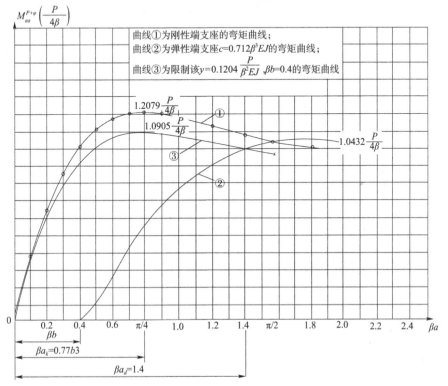

图 6-19 弯矩的变化规律

式(6-42)是弯矩危险截面位置 a_k 与对应的限制角 φ 值的关系式。为使浮桥末段的最大弯矩值不超过浮桥中间段的临界弯矩值。根据常用的 βb 值,采用试算法可求其相应的危险截面 βa_k 和最小限制角 $\varphi_{\min}$,步骤是先确定限制铰的位置 βb,将各种 a_k 值代入公式(6-42)中求出各相应的 φ 值,再代入公式(6-41)求出各相应的 $M_{aa}^{P+\varphi}$ 值,当 $M_{aa}^{P+\varphi}$ 与浮桥中间段临界弯矩值 $\left(1.09\dfrac{P}{4\beta}\right)$ 相等时,所对应的 φ 值,即由弯矩条件决定的最小限制角 $\varphi_{\min}$,而对应的 a_k 值,即为此时的危险截面位置,现将计算结果列于表6-3。

危险截面位置　　　　　　　　　　　　　　　　表6-3

βb	0.35	0.40	0.45	0.50	0.55	0.60	0.65	0.70
βa_k^M	0.7784	0.7763	0.7735	0.7705	0.7665	0.7628	0.7582	0.7530
$\varphi_{\min}\left(\dfrac{P}{\beta^2 EJ}\right)$	0.1382	0.1204	0.1094	0.0997	0.0930	0.0871	0.0825	0.0791
$M_{aa}^{P+\varphi}\left(\dfrac{P}{4\beta}\right)$	1.0904	1.0905	1.0898	1.0905	1.0901	1.0901	1.0904	1.0902

将表6-3的 a_d 及 b 值代入公式(6-42),可以求得 $M_{ba}^{P+\varphi}$ 值均大于零,限制铰均未失去限

制作用,即极点在交点之前,故均有效。

从表 6-3 可以看出危险截面位置 βa_k 均接近 $\frac{\pi}{4}$,故在近似计算中,可以定 $\frac{\pi}{4\beta}$ 处为危险截面位置,但是限制铰位置的 βb 值影响甚大,应根据舟桥器材的使用和运输等条件精确地确定。

为了便于使用,现将表 6-3 的数据绘制成曲线(图 6-20),图中左纵坐标为限制角的系数值 G_M;右纵坐标为对应的危险截面至端部的距离 βa_k^M,横坐标为限制铰至端部的距离 βb;曲线 G_M 是最小限制角 $\varphi_{\min}$ 的系数,即 $\varphi_{\min} = G_M \dfrac{P}{\beta^2 EJ}$,曲线 βa_k^M 是相应的危险截面位置。

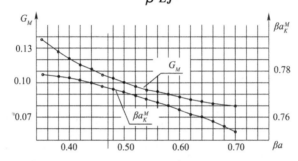

图 6-20 危险截面位置

6.5.3 变位的变化规律及危险截面位置

6.5.3.1 集中荷载作用点 A 处的变位公式

将 $x = a$ 代入公式(6-39):

$$y_{aa}^{P+\varphi} = \frac{P}{8\beta^3 EJ}[1 - \eta_1(2a)] + \frac{\varphi}{4\beta}[\eta_3(a-b) - \eta_3(a)\eta_1(b) + 2\eta_4(a)\eta_2(b)] \quad (6\text{-}43)$$

6.5.3.2 变位 $y_{aa}^{P+\varphi}$ 的变化规律

P 移动时,P 下变位的变化规律遵循图 6-21 中曲线③,该曲线是根据公式(6-43),将各种 a 值代入求出 $y_{aa}^{P+\varphi}$ 后绘制的,图中横坐标为荷载 P 的作用点的位置 βa,纵坐标为荷载 P 作用点的变位 $y_{aa}^{P+\varphi}$。

当 $\varphi = 0$ 时,为刚性端支座的曲线(图 6-21 中曲线①)。

当 $\varphi = \infty$ 时,在 b 处为弹性端支座曲线(图 6-21 中曲线②)。

φ 为有限值时,其曲线在曲线①②之间,不同的 φ 值,将有其相应的曲线,而且每条曲线在:

$a = 0$ 时,$y_0 = 0$;

$a = b$ 时,$y_a = \dfrac{P}{8\beta^3 EJ}[1 - \eta_1(2b)] + \dfrac{\varphi}{4\beta}[1 - \eta_3(2b)]$。

当 a 至一定距离 a_k 时限制铰处的弯矩 $M_b = 0$,则限制铰不再有限制作用,而变位弹性端支座了,这时曲线③与弹性端支座曲线②相交,交点的条件同公式(6-41)。

6.5.3.3 变位危险截面和 φ 在最大值。

求公式(6-43)的极值,即可以确定危险截面的位置 a_k,$\dfrac{\mathrm{d} y_{aa}^{P+\varphi}}{\mathrm{d} a} = 0$,解得:

$$\varphi = \frac{P\eta_2(2a_k)}{\beta^2 EJ[\eta_4(a_k-b) - \eta_1(b)\eta_4(a_k) + \eta_2(b)\eta_1(a_k)]} \qquad (6-44)$$

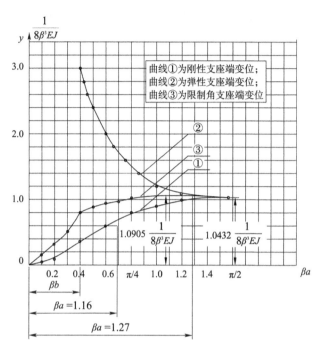

曲线②的弹性系数 $C = 0.6104\beta^3 EJ$；曲线③的限制角 $\varphi = 0.4$

图 6-21　变位 $y_{aa}^{P+\varphi}$ 的变化规律

式 6-40 是变位危险截面位置 a_k 与对应的限制角 φ 的关系式。根据和浮桥中间段临界变位相等的条件，并用前述相同的原理，采用试算法求出其相应的危险截面位置 βa_k 和最大限制角 $\varphi_{\max}$，现将试算结果列于表 6-4。

试 算 结 果　　　　　　　　　　　　　　　　　表 6-4

βb	0.35	0.40	0.45	0.50	0.55	0.60	0.65	0.70
βa_k^{γ}	1.154	1.1615	1.171	1.182	1.192	1.203	1.214	1.225
$\varphi_{\max}\left(\dfrac{P}{\beta^2 EJ}\right)$	0.2439	0.2133	0.1842	0.1602	0.1411	0.1240	0.1102	0.0981
$y_{aa}^{P+\varphi}\left(\dfrac{P}{8\beta^3 EJ}\right)$	1.0904	1.0901	1.0904	1.0902	1.0905	1.0903	1.0902	1.0902

同前述将表 6-4 数据用公式(6-44)检验，这些极值点均在交点之前，故限制铰未失去限制作用。现将表 6-4 的数据绘制成曲线图 6-22，图中左边纵坐标为限制角的系数 G_y，右边纵坐标为危险截面 βa_k^{γ} 值，横坐标为 βb 值；曲线 G_y 是最大限制角 $\varphi_{\max}$ 的系数，即 $\varphi_{\max} = G_y \dfrac{P}{\beta^2 EJ}$；曲线 βa_k^{γ} 是相应的危险截面位置。

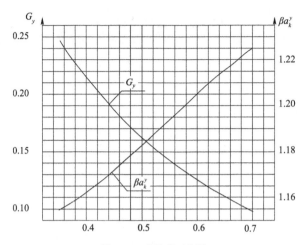

图 6-22 危险截面位置

6.5.4 履带荷载作用下的弯矩和变位公式

根据前述理由，履带式荷载作用下的弯矩和变位公式仍可应用集中荷载作用下的结果，即 $\varphi_{\min}\sqrt{\beta a_k^M}$、$\varphi_{\max}\sqrt{\beta a_k^y}$ 分别可以从图 6-20 和图 6-22 中查出。

6.5.5 计算示例

6.5.5.1 有关参数

履带式荷载 $Q=50t$；履带接地长 $S=4.5m$；舟的计算高度 $h=0.77m$；带式桥的惯性矩 $J_{河中}=2.5\times10^{-3}m^4$；限制铰的位置 $\beta b=0.0736\times5=0.368$。

6.5.5.2 求危险截面位置及限制铰的角间隙

由弯矩条件决定最小角间隙及危险截面位置，查图 6-20，得：

$$\beta a_k^M = 0.778,\text{ 所以 } a_k^M = \frac{0.778}{0.0736} = 10.571(\text{m})$$

$$\varphi_{\min} = 0.1305 \times \frac{50}{0.0736^2 \times 2.1\times10^7 \times 2.5\times10^{-3}} = 0.02294(\text{rad})$$

因此，最小角间隙 $A_M = \tan\varphi h = 0.02294 \times 0.77 = 0.0177(\text{m})$。

由变位条件决定最大角间隙及危险截面位置，查图 6-22，得：

$$\beta a_k^y = 1.155,\text{ 所以 } a_k^y = \frac{1.155}{0.0736} = 15.6929(\text{m})$$

$$\varphi_{m\max} = 0.2335 \times \frac{50}{0.0736^2 \times 2.1\times10^7 \times 2.5\times10^{-3}} = 0.04105(\text{rad})$$

因此，最大角间隙 $A_M = \tan\varphi h = 0.04105 \times 0.77 = 0.0316(\text{m})$。

所以当 $17.7mm \leq A \leq 31.6mm$ 时，可以保证带式桥的末段最大弯矩和变位值不大于河中部分中间段的临界弯矩和变位值。

同前所述，当履带式荷载不大于 443kN 时，可以不设限制铰，即成为刚性端支座的形式是可以保证安全通行的。

6.6 各种支撑情况的对比

6.6.1 各种支撑情况的使用条件和评价

(1)自由端支座。

自由端支座在实际上不可能单独使用,但它是分析其他支撑情况的基础,它和其他形式结合,如带预留间隙的端部,就是自由端与刚性端支座相结合的一种形式。

(2)刚性端支座。

刚性端支座也是分析其他支撑情况的基础。在实际使用上,如浮桥的通过荷载比设计荷载小11.3%时,可以直接使用;又如当浮桥河中部分的抗弯强度有11.3%的富余时,也可以使用刚性端支座的支撑形式。

(3)刚性端支座上预留间隙。

这是一种常见的支撑形式,选择适当的间隙值 z,使浮桥末段的弯矩值及变位值,均不超过浮桥中间段临界弯矩及变位值。z 值可以从表6-2中查到,选取在最大值和最小值之间的任一数据均可以,但是一般均取在靠最小的预留间隙值。

(4)弹性端支座。

弹性端支座实际使用中,有浮游栈桥和加强末段舟等形式。在设计中,主要以满足吃水条件为主,充分利用浮桥河中部分吃水的富余量 $(1+\Delta)$,可以按照下式求 C 值:

$$C = 2\beta^3 EJ\left[\frac{4}{1.09(1+\Delta)} - 1\right] \tag{6-45}$$

在浮桥河中部分吃水没有富余时,按 $C=5.34\beta^3 EJ$ 设计岸边浮游栈桥。

(5)限制铰支座。

限制铰支座也是在带式舟桥中常见的形式。选择铰的位置,对于限制角度的大校有很大影响,故需根据使用条件、结构形式、加工条件等综合考虑,确定铰的位置。

计算时,只需按确定铰的位置 βb,从图6-20及图6-22中分别查出 G_M 和 G_y,并求得相应的 $\varphi_{\min}$ 和 $\varphi_{\max}$,选择在两者之间即可。

6.6.2 其他说明

(1)在本章中,是按照浮桥中间段临界弯矩值和变位值来调整末段计算的,使其达到和河中部分的强度和吃水相等。但是,事实上,河中部分由于其他因素的影响,其强度和吃水,特别是吃水,可能有富余,这时,可以依据本章中一般性的公式和相同的方法灵活运用,以达到同样的目的。

(2)在某些舟桥器材设计中或架设的民舟浮桥中,由于河面较宽(大于 $2\pi/\beta$ 时),过去往往认为浮桥可以按无限长弹性基础梁计算。根据本章分析,即使这种情况时,浮桥末段还存在着"半临界状态",即荷载位置距端部为 $\pi/2\beta$ 时,不管端部支撑情况如何,其弯矩值和吃水均为无限长弹性基础梁的1.0432倍,因此,当浮桥长度小于 $\pi/2\beta$ 时,按照临界长浮桥设计,当大于 $\pi/2\beta$ 时,应该按照"半临界状态"设计。

(3)带式桥和桥脚分置式浮桥末段,其规律是相似的,故本章中的公式和数据,可以作为桥脚分置式浮桥末段的近似计算和设计时的参考。

6.6.3 半无限长弹性基础梁公式

半无限长弹性基础梁如图 6-23、图 6-24 所示。

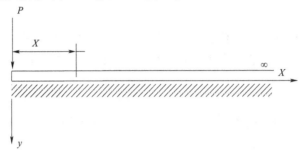

图 6-23 半无限长弹性基础梁

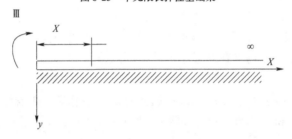

图 6-24 半无限长弹性基础梁

(1)自由端作用 P 力时

①在距 P 为 x 处的变位和能力公式

$$变位\ y_x = \frac{P}{2\beta^3 EI}\eta_4(x);\ 转角\ \theta_x = -\frac{P}{2\beta^2 EI}\eta_1(x)$$

$$弯矩\ M_x = -\frac{P}{\beta}\eta_2(x);\ 剪力\ Q_x = -P\eta_3(x)$$

②在端部的变位公式

$$变位\ y_0 = \frac{P}{2\beta^3 EI};\ 转角\ \theta_0 = -\frac{P}{2\beta^2 EI}$$

③端部变位影响线

根据变位互等定理:$y_{x,0}^{P=1} = y_{0,x}^{P=1}$ 因此有:

$$y_{x,0}^{P=1} = \frac{1}{2\beta^3 EI}\eta_4(x)$$

(2)自由端作用 M 力矩时

①在距离 M 处为 x 的变位和内力公式

$$变位\ y_x = -\frac{M}{2\beta^2 EI}\eta_3(x);\ 转角\ \theta_x = \frac{M}{\beta EI}\eta_4(x)$$

$$弯矩\ M_x = M\eta_1(x);\ 剪力\ Q_x = -2M\beta\eta_2(x)$$

②端部的变位公式

$$变位\ y_0 = -\frac{M}{2\beta^2 EI};转角\ \theta_0 = \frac{M}{\beta EI}$$

③端部变位影响线

根据变位互等定理：$y_{x,0}^{M=1} = \theta_{0,x}^{P=1}$ 因此有：

$$\theta_{x,0}^{M=1} = -\frac{1}{2\beta^2 EI}\eta_3(x)$$

第7章 连续体系浮桥动力学分析

7.1 弹性基础梁浮桥连续通载时的动力响应研究

制式舟桥器材架设的浮桥具有架设速度快、通行性能好、保障能力大和撤收转移方便等优点,是未来战争中工程兵舟桥部队遂行渡河工程保障任务的主要手段之一。为了保证浮桥的正常使用,在教材教范中都分别规定了最大通行速度和最小通行车距。在舟桥设计和计算中,对于荷载按一定速度和一定车距连续通过浮桥的情况都是从静力学角度来分析计算的,只通过在最后的计算结果上乘以冲击系数 $1+\mu$,将重荷载在浮桥上的冲击动力影响考虑进去,但是荷载以不同的速度和间距通行时对浮桥变位的影响是不可能相同的,所以简单地乘以相同的冲击系数是不够准确的。

7.1.1 运动方程的建立

7.1.1.1 基本假设

由于制式舟桥器材所架设的浮桥通行性能较好,因此,当大量荷载以恒速等间距通过浮桥时,如果考虑到浮桥中间的任一点,可以看成是作用一个等频率、有变化规律的变荷载,此变荷载将引起内部的变位、内力的动力响应,为分析这一现象,先对系统模型进行简化并作如下基本假设:

(1)作用在浮桥上的荷载大小相等,并以恒速等间距行驶;
(2)浮桥简化为抗弯刚度 EI 相同的弹性基础梁;
(3)浮桥长度为无限长,即两端支承条件的影响不予考虑;
(4)浮桥在无荷载作用下处于水平状态;
(5)浮桥的弹性基础符合温克尔假设,即弹性基础的反力与变位成正比且方向相反;
(6)由于在弹性基础梁的力学模型中充分考虑了水作为弹性基础的作用,因此在振动分析中忽略水介质的阻尼作用。

7.1.1.2 系统模型的简化

根据弹性基础连续梁的理论分析,浮桥位移的影响线如图 7-1 所示。其位移的影响线方程为:

$$y = \frac{1}{8EI\beta^3} e^{-\beta x}(\cos\beta x + \sin\beta x) = \frac{1}{8EI\beta^3}\eta_1(\beta x) \tag{7-1}$$

式中：y——无限长弹性基础梁中单位力作用下的位移的影响线值；
EI——无限长弹性基础梁的抗弯刚度；
β——弹性基础梁的弯曲特征系数（1/m）。

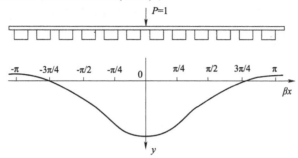

图7-1 弹性基础无限长梁的变位（变位影响线）

$$\beta = \sqrt[4]{\frac{\gamma F}{4EIl}} \tag{7-2}$$

式中：γ——水的重度；
F——一个桥脚舟的水线面面积；
l——浮桥跨度，即桥脚舟的间距。

由图7-1可见，为简化分析过程，对于O点的变位影响线，我们仅考虑其在$-\pi < \beta x < \pi$段，而超过此范围按指数规律迅速衰减，可以忽略不计；对于履带式荷载，其履带接地上$S \ll 2\pi/\beta$，根据弹性基础梁理论，忽略其履带接地的分布，而将其作为集中荷载Q（质量为M）进行分析。

7.1.1.3 固有频率分析

基于能量守恒的Rayleigh法认为，在没有能量损耗的情况下，系统的最大位能与最大动能相等。无限长弹性基础梁的基本振型的形函数可以假设为：

$$v(x,t) = y(x) \cdot Y_0 \cdot \sin \overline{\omega} t \tag{7-3}$$

式中：Y_0——系统变位时O点的最大幅值；
$\overline{\omega}$——系统的固有频率；
$y(x)$——变位函数。

在这个弯曲变形系统中的应变能为：

$$V = \frac{1}{2} \int_{-\infty}^{\infty} EI(x) \left(\frac{\partial^2 v}{\partial x^2}\right)^2 dx + MgY_0 \tag{7-4}$$

将型函数代入式(7-4)并考虑其在$-\pi < \beta x < \pi$段积分得到最大应变能为：

$$V_{\max} = \frac{1}{2} EI \cdot Y_0^2 \int_{-\pi}^{\pi} \left(\frac{\partial^2 y}{\partial x^2}\right)^2 dx + MgY_0 \tag{7-5}$$

考虑到$Y_0 = Qy = \frac{Q}{8EI\beta^3}\eta_1(0)$，即$Q = \frac{Y_0}{y(0)}$，代入上式，有：

$$V_{\max} = \frac{1}{2} Y_0^2 \left[EI \cdot \int_{-\pi}^{\pi} \left(\frac{\partial^2 y}{\partial x^2}\right)^2 dx + \frac{2}{y(0)} \right] \tag{7-6}$$

同理,系统中的动能为:

$$T = \frac{1}{2}\int_{-\infty}^{\infty} m(x)\left(\frac{\partial v}{\partial t}\right)^2 dx + \frac{1}{2}\frac{Q}{g}\left(\frac{\partial v}{\partial t}\right)^2\bigg|_{x=0} \tag{7-7}$$

式中:$m(x)$——质量函数,其包含舟桥的单位长度质量和附连水的质量,即 $m(x) = m + \Delta m$。

将型函数代入得到最大动能:

$$T_{max} = \frac{1}{2}Y_0^2\bar{\omega}^2\left\{(m+\Delta m)\int_{-\pi}^{\pi}[y(x)]^2 dx + \frac{Q}{g}\left(\frac{1}{8EI\beta^3}\right)^2\right\} \tag{7-8}$$

根据 Rayleigh 法有 $V_{max} = T_{max}$,即

$$\bar{\omega}^2 = \frac{EI\left[\int_{-\pi}^{\pi}\left(\frac{\partial^2 y}{\partial x^2}\right)^2 dx + 16\beta^3\right]}{(m+\Delta m)\int_{-\pi}^{\pi}[y(x)]^2 dx + \frac{Q}{g}\left(\frac{1}{8EI\beta^3}\right)^2} \tag{7-9}$$

将式(7-1)代入式(7-9)并积分得:

$$\bar{\omega}^2 = \frac{(2EI\beta^3)\left\{\beta(e^{2\beta\pi} - e^{-2\beta\pi}) + \frac{\beta}{2}[e^{-2\beta\pi}(\sin2\beta\pi + \cos2\beta\pi) - e^{2\beta\pi}(\sin(-2\beta\pi) + \cos(-2\beta\pi))] + 32\beta^4\right\}}{(m+\Delta m)\left\{(e^{2\beta\pi} - e^{-2\beta\pi}) - \frac{1}{2}[e^{-2\beta\pi}(\sin2\beta\pi + \cos2\beta\pi) - e^{2\beta\pi}(\sin(-2\beta\pi) + \cos(-2\beta\pi))]\right\} + \frac{Q}{g}} \tag{7-10}$$

上式即系统的固有频率,由公式可以看出,其与无限长弹性基础梁的抗弯刚度、弯曲特征系数、质量分布以及荷载等有关。

7.1.2 动力影响分析

7.1.2.1 动力放大系数

根据结构动力学的理论,谐振荷载引起的系统位移和内力与静荷载引起的位移和内力的比值为动力放大系数 λ,它与系统的固有频率和谐振荷载的频率有关,即

$$\lambda = \frac{1}{1-(\omega/\bar{\omega})^2} \tag{7-11}$$

式中:λ——动力放大系数;

$\bar{\omega}$——系统的固有频率(rad/s);

ω——荷载频率(rad/s),与车辆行驶的车速 v(m/s)及车距 L(m)有关,即

$$\omega = 2\pi v/L \tag{7-12}$$

根据定义,动力放大系数与我们常用的冲击系数有相似的意义和作用,都是在静载引起的变位和内力的基础上,再乘以一个大于 1 的系数,将动力影响考虑进出,因此在一定程度上可以说,动力放大系数就是冲击系数,只不过冲击系数是选定的,动力放大系数是变化的。

7.1.2.2 算例及分析

(1) 算例。

以我军第一种带式舟桥器材来加以研究。

根据资料提供:该带式舟桥50吨级浮桥的弹性特征系数 $\beta = 0.076(1/m) = 0.76 \times 10^{-3}$ (1/cm),$EJ = 2.1 \times 10^7 \times 3.02524 \times 10^5 = 6.353 \times 10^{12}(N \cdot cm^2)$,浮桥的载重量为 $Q =$

500kN,每纵长米浮桥质量为 $m=3880/2.7=14.37(\text{kg/cm})$;而由于浮桥振动引起周边水介质振动的附加质量为 $\Delta m=1.05m=15.09\text{kg/cm}$。

将上述数据代入公式(7-11)计算得到:$\overline{\omega}=5.422\text{rad/s}$。

利用公式(7-11)和公式(7-12),对不同的行车车距和行驶速度,得到不同的动力放大系数,见表7-1和图7-2。

带式浮桥不同车距和行驶速度下的动力放大系数　　　　　表7-1

车速(km/h)	5	10	15	20	25	30	35	40	50
行车车距 L=30(m)									
荷载频率(rad/s)	0.290	0.565	0.848	1.131	1.413	1.695	2.036	2.327	2.909
动力放大系数	1.003	1.011	1.025	1.045	1.073	1.108	1.164	1.226	1.404
行车车距 L=40(m)									
荷载频率(rad/s)	0.218	0.424	0.653	0.871	1.090	1.310	1.527	1.745	2.182
动力放大系数	1.002	1.006	1.015	1.026	1.042	1.062	1.086	1.116	1.193
行车车距 L=50(m)									
荷载频率(rad/s)	0.175	0.340	0.523	0.697	0.872	1.046	1.222	1.396	1.745
动力放大系数	1.001	1.004	1.009	1.017	1.027	1.039	1.054	1.071	1.116

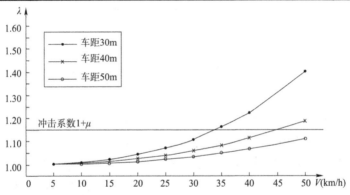

图7-2　带式浮桥不同车距和行驶速度下的动力放大系数

(2)结果分析。

通过上述算例,我们分析如下:

《渡河教范》和相应的专业装备使用手册上规定行车车距最小为30m是合理的。车距愈小,单位时间内浮桥的通行荷载数量就愈多,但是小于30m时,根据弹性基础梁的理论,在 π/β(带式舟桥为41m)长度内如果有2个以上的荷载,则其影响会相互叠加,在动力影响下会产生耦合效应。

使用手册上规定的行车速度也是合理的。根据上述计算,带式浮桥在行驶速度为35km/h时(车距为30m),其动力放大系数为1.164,当车距为50m时,其车速可以达到50km/h。

当车速为0,则根据公式(7-12),动力放大系数为0,即相当于静载;如果考虑平时常见的动力放大系数为1.15,则同样根据公式(7-12)和公式(7-13),可以得到车速与车距之间的关系为:

该带式舟桥的标准浮桥:

$$V = 1.122L \qquad (7\text{-}13)$$

式中:L——车距(m);

V——相应车速(km/h)。

例如当带式舟桥50t标准浮桥的车速为35km/h时,其合理车距应该为31.2m;当车距为45m时,理论速度可以达到50km/h。

7.1.3 小结

针对浮桥上连续通行某种荷载,将引起浮桥的振动,其影响因素很多。与荷载类型、浮桥性能、通车速度、车辆距离、水流速度、锚定状况、连接间隙等都有一定的关系。在经典的理论分析中基本上都是乘以 $1+\mu$ 的冲击系数。而利用本书的方法,将浮桥的类型(主要是抗弯刚度、质量等基本性能)、车辆行驶的车距和速度等几个主要因素结合起来,分析冲击系数的影响程度,并对合理的车距和车速给出了建议,对新研制的舟桥性能的确定和现役舟桥装备的使用都会有一定的参考作用。

当然,这里动力放大系数仅仅是从垂直弯曲的振动考虑的,桥面的不平顺引起的冲击振动;流速和锚定系统对浮桥振动的影响;舟桥连接间隙的存在将从实际上降低浮桥的抗弯刚度 EI 等因素还没有考虑;实际上荷载冲击影响更加复杂,有必要对上述问题进行更深入的研究。

7.2 浮桥设计计算理论发展的趋势

浮桥设计经过几十年的发展,取得了许多理论上的突破和技术创新,人们对门桥等浮式结构的认识也日益加深,利用绝对刚性法计算浮桥(门桥)是设计理论的初始,逐步过渡到考虑浮桥(门桥)的柔性来分析计算,将浮桥在总体体系上分为简支体系、铰接悬臂梁体系和连续梁体系是浮桥设计理论体系的深化和深入。弹性基础梁、弹性支承梁、双联弹性支承梁等力学模型的建立使浮桥设计理论日趋完善。特别是带式舟桥的出现使弹性基础经典梁的设计理论取得重大进展:无限长弹性基础梁、有限长弹性基础梁、半无限长弹性基础梁、各种支承边界条件下的弹性基础梁等,设计计算的方法既完整又实用。在浮桥的抗冲击、抗扭转、水动力稳定性、锚定计算等方面也有完整和实用的计算理论和方法,但基本上还限于静力分析和准动力分析,浮桥作为一个水上工程结构物,在总体力学模型、边界支承形式、浮桥的工作环境、多种形式锚定的影响、江河特性的变化、风浪潮汐的影响以及承受荷载的复杂性等方面有许多是传统经典的静力学计算方法所不能顾及的,随着刚体动力学和多体动力学理论的发展,浮桥的动力分析和设计等将越来越突现出重要地位。

7.2.1 浮桥总体分析的复杂性

7.2.1.1 浮桥的总体力学模型的多样性

浮桥是由一系列的浮体结构相互连接漂浮在水面上的一种桥梁,它可以由桥桁(梁)、桁架相互连接,也可以由箱式结构相互连接。在传统的浮桥设计计算的理论中,将浮桥分为三种体系,即简支体系、铰接悬臂梁体系及连续梁体系。这三种体系的分析方法、设计理论日趋成熟,三种体系的浮桥各有特点。

但是,随着浮桥类型的发展,目前有一些新的结构形式出现,使浮桥的上述分类有些模糊,例如,随着大吨位甲板式驳船的大量出现,有关单位曾利用数百至上千吨级的平板驳船舷舷相连或者舷艄相连、舷艉相连而架设浮桥,这样的浮桥在相连处是铰接的,但是每个驳船还要考虑倾斜时的稳性和相互之间的影响,因此该类浮桥就难以直接归于简支体系还是铰接体系。如图7-3所示。

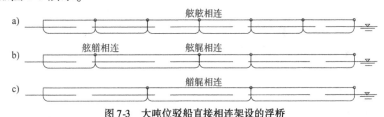

图7-3 大吨位驳船直接相连架设的浮桥
a)舷舷直接相连的浮桥;b)舷艏或舷艉相连而架设浮桥;c)艏艉相连架设的浮桥

又如在连续体系浮桥中有规律地隔若干个舟用限制铰连接代替刚性连接,这种结构可以减少弯矩特别是波浪引起的弯矩,但是在结构上就难以归其为铰接体系还是连续体系。如图7-4所示。

图7-4 带有限制铰的连续梁体系浮桥

再如利用某改进型重型舟桥或者某型舟桥架设小吨位浮桥时,每隔几个半全形舟而用一个全形舟,这在连续体系浮桥中应该属于变刚度的弹性基础连续梁(图7-5)等。

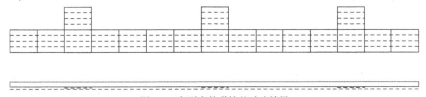

图7-5 变刚度的弹性基础连续梁

7.2.1.2 浮桥边界支撑形式的多样性

浮桥与岸边的连接主要靠各种连岸设施来完成,根据不同的浮桥体系和不同的江河情况,采用多种形式的连岸设施。而对于浮游栈桥因为要靠泊门桥或者其他船舶,因此在水侧又需要另一种支撑形式。而连岸设施也多种多样,如简支固定、预留间隙、带限制铰等。而浮游栈桥的水侧除了上述支承方式外,还有自由支承、浮游支承、带弹性支座的支承等。支承形式的变化直接影响到浮桥的总体分析和设计。

7.2.1.3 浮桥工作环境的复杂性

浮桥的工作环境是相当复杂的,主要体现在以下几个方面:锚定类型、江河特性变化、风浪潮汐的影响、大气及水中的腐蚀现象等。

(1)浮桥的锚定。

由于锚定方式本身具有多样性,锚定的固定作用及其分析理论较为成熟,但是对浮桥的影响定性分析的多,定量分析的少。例如横张纲固定时由于浮桥的整个受力全部或者大部分由一根横张纲来完成,因此张纲固定的技术指标(如塔架高度、矢度、主索的悬空高度等)对浮桥稳定性的影响分析、主索的锚定可靠性分析等研究得不够;张纲固定时塔架基础沉降、锚定坑变形、主索弹性伸长等对浮桥总体稳定性的影响分析不够;再比如斜张纲固定的斜向受力对浮桥总体稳定性的影响;锚定门桥固定法的桥段划分等对锚定效果的影响等。

(2)江河特性的变化。

在江河特性方面,流速对浮桥的影响研究得较多,但是流向不稳定、江河水位的变化、水中的含沙量等对浮桥稳定性的影响研究不够。例如,由于水位的改变,浮桥的动水稳定性将受到浅水效应的影响;泥沙含量的多少除了产生舟桥壳板的冲刷磨损以外,引起的浮桥水阻力也是明显的;河水中流向的多变不但影响浮桥的架设和浮桥的结构受力,也影响浮桥的锚定。

(3)风浪潮汐的影响。

风浪潮汐环境复杂。在特大江河上架设的浮桥以及在沿海港口和江岸架设的浮码头和栈桥,还要受到风浪潮汐的影响。有时风浪潮汐还将影响浮桥的结构形式及架设使用方法。风阻力由于有很大的任意性和方向多变性,对浮式结构的影响十分复杂;而浪的存在将严重影响浮桥的正常使用甚至生存;潮汐带来的潮流、潮差、潮间带等对靠用浮力作为主要承载力的浮桥来说提出了各种考验。

(4)大气及水中腐蚀现象严重。

大气及水中腐蚀成分复杂,对浮桥结构的影响潜移默化。由于环境的恶化,大气中的酸雨、河水中的酸碱物质以及海水环境中的盐碱对舟桥的腐蚀性加大,虽然这种影响是缓慢的,但是主要体现在舟体壳板厚度的减小、连接件的锈蚀等方面。探索在目前的环境中,舟桥强度以什么样的规律降低,舟桥装备的可靠性呈什么样的变化规律,以至于舟桥装备的全寿命分析都是十分复杂的课题。

7.2.1.4 浮桥承受荷载的复杂性

架设的浮桥主要是来完成渡河工程保障任务的,因此在浮桥上通行各种车辆荷载是浮桥分析中需要重点考虑的。在经典的浮桥设计理论方法中,将各种荷载(集中载、轮式荷载、履带式荷载)置于桥上进行静力分析,并设计分析浮桥。但是荷载是以一定速度和一定车距通过浮桥的。在车桥相互作用的研究中,学者研究了简支梁桥上承受谐荷载作用、承受移动荷载作用、承受移动质量作用、承受各种车辆力学模型的移动等,而对于弹性基础连续梁上的相应情况研究得较少,例如在弹性基础连续梁上分别作用简谐荷载、移动荷载、移动质量、各种车辆力学模型的情况。

在经典的浮桥设计理论与方法中,浮桥上承受的荷载为轮式轴压力和履带式分布载,但是一般不考虑荷载以一定车距和一定速度通过浮桥的情况,从静力学考虑来说,如果浮桥上的车距在 π/β 之内时,荷载的作用还会产生叠加效应,而从动力学角度考虑,则连续通行荷载还会引起浮桥的振动效应;另外,荷载在行驶过程中出现的起步、制动、转向、打滑等以及桥面不平顺引起的冲击效应影响也不容忽视。

7.2.2 在浮桥总体设计理论方面的几点思考

在传统的浮桥设计理论与方法的基础上,建立更加符合实际浮桥的新动力学模型,在总体模型上加上各种荷载并分析,研究内部约束和外部不同的边界条件对系统的影响,特别是研究锚定系统(类型、江河情况、技术指标等)对浮桥总体性能的影响,辅之以合理的实验室试验和必要的实桥试验,得到浮桥的总体动力学性能(包括振动的振型、各阶固有频率、介质阻尼、振动时的位移内力的动力放大系数、共振现象)及改善浮桥总体动力学性能的措施和建议等,以完善浮桥的设计理论和方法(图 7-6),这将是十分有意义的课题。

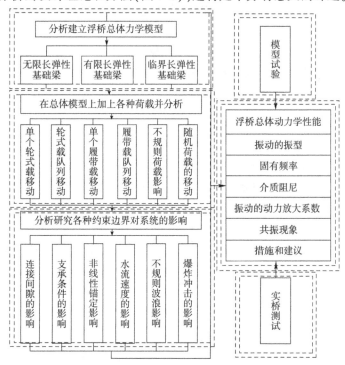

图 7-6 浮桥总体动力分析研究的内容和步骤

7.2.2.1 在总体动力学模型建立上要有新思路

弹性基础梁的设计理论在静力学角度已经十分完善,但是从动力学角度看,还是刚刚起步。林铸明等探讨了移动集中载下的弹性基础连续梁和弹性基础铰接梁的计算;宁晓骏等探讨了车辆与桥梁结构耦合振动时的轮轨接触几何非线性的影响;林铸明等总结了桥梁车辆振动分析理论;曹雪琴对桥梁结构的动力分析和横向振动进行了系统的研究等。

但是,浮桥作为弹性基础梁的动力学模型在上述研究中还很少涉及或者刚刚起步。因此有必要开展系统深入的研究。首先,建立浮桥总体的动力学模型。浮桥的总体分析力学模型有弹性基础连续梁、弹性支承连续梁、双联弹性支承连续梁等。由于目前的舟桥装备逐步向带式舟桥发展,因此弹性基础连续梁更加接近于实际。弹性基础连续梁的静力研究已经非常成熟,而且运用广泛:无限长弹性基础梁、有限长弹性基础梁、临界长弹性基础梁、中间具有限制铰的弹性基础梁、半无限长弹性基础梁;边界条件具有铰接支承、弹性支承、预留间隙、限制铰的弹性基础梁等,这些力学模型广泛用于浮桥、船舶、铁路和其他钢结构的结果分析。浮桥总体动力学模型将依托这些成熟的力学模型,运用动力学理论进行分析。

经过近几十年的理论工作者的努力,结构动力学特别是多自由度的结构动力学得到迅速发展,在建立运动方程方面,有 d'Alembert 原理、虚位移原理、Hamilton 原理、Lagrange 方法、Newton-Euler 方法、Maggi 方法、Kane 方法、Appell 方法、变分原理等,根据不同的情况可以有针对性地选用。在振型分析方面,有基于能量守恒的 Rayleigh 法,还有 Stodola 法、矩阵迭代法、Holzer 法以及模态综合法等,它们各有千秋。

7.2.2.2 进行荷载和边界条件的动力学特征研究

首先,研究荷载的力学性能,分析规则的轮式荷载、履带式荷载、成队列的轮式荷载、成队列的履带式荷载、随机分布的荷载等。研究上述荷载通行时的规律,通过时域分析方法和频域分析方法研究荷载的力学性能。然后,对各种内部约束和外部边界条件进行分析,逐步引进连接间隙的因素、支承条件的因素、锚定的非线性因素、水流速度的因素、荷载不规则行驶(例如在桥上制动、起步、转向、打滑等)的因素,甚至爆炸冲击波的因素,分析在上述情况下的浮桥总体性能。

7.2.2.3 进行浮桥车辆系统的动力学分析

将上述荷载与浮桥的力学模型结合起来,研究浮桥的总体动力响应,包括浮桥的动力位移、动力角位移、动力影响下的弯矩和剪力等,特别有意义的是分析得出系列的动力放大系数供浮桥总体设计时采用和参考。另外,根据理论分析和关键技术的攻关进程,制订合理的模型试验方案,进行水池模型试验,利用相似原理,得到浮桥总体动力分析中难以分析的一些参数,如介质阻尼等,以充实理论分析并指导实桥测试。最后,对上述研究成果有重点、有目的地结合部队训练进行试验测试,以验证建立的力学模型的正确与否,采用的方式方法合适与否,得到的结论结果是否符合实际。

7.2.2.4 在浮桥锚定分析方面要有所进展

主要针对浮桥在各种不同的锚定措施情况下,开展对锚定的系统分析。浮桥的阻力产生的原因已经明了,其锚定计算除了传统考虑的问题外,还有几个方面需要引起思考。

车辆的动力影响:车辆的桥面上的移动将使浮桥产生不同的吃水,进而引起浮桥局部桥段的阻力改变,车辆在桥面上由于各种变速变向而产生的横向分析也影响局部阻力的大小。

浮桥的横向变形:在传统的锚定计算中,浮桥横张纲的锚定计算都是按照浮桥是绝对刚性的假设前提进行计算的,但是浮桥一般都是细长体,在水流阻力的作用下,浮桥的横向弯曲变形不可忽视,另外,横张纲的主索由于长度比浮桥还要长,在工作中也会产生较大的弹性变形。浮桥的横向弹性弯曲将引起浮桥系统内(桥体、锚定系统等)的受力重新分配。对于投锚固定法,由于浮桥在各段的受力不同、锚纲的松紧程度不同、投锚线的平行度不同,则其中的受力和浮桥变位也不同;对于横张纲系统,由于塔架高度、主索矢度以及河面宽度等不同,使主索有悬空、入水、在河面等几种情况,对浮桥的受力相应也有向上、向下和平行河面的情况,而使浮桥的稳定性受到影响。

7.2.3 小结

浮桥总体动力响应分析将对浮桥设计理论进行发展和完善补充。基于静力学的设计理论是浮桥设计的基础,但是像结构的疲劳、损伤等都与动力学特征有关,总体使用性能也受到动力特征的限制(如冲击影响、共振现象、动水稳定等),研究的意义可以体现在以下两个方面:

一方面,可以指导原有舟桥装备的合理使用。为充分发挥舟桥装备的性能,尽量提高浮桥的通行量是重要指标之一,而依托浮桥动力响应的成果,可以针对具体的江河情况(流速、宽度等)和浮桥的情况(装备类型、浮桥吨位、两岸支承等),制订更为合理、更为具体的使用规则(如通行速度、车辆间距以及编队方案等)。

另一方面,可以促进新舟桥装备的研制。依托理论研究的成果,在研制新型舟桥装备时,便充分改善浮桥的总体动力特征,进行方案对比和结构优化,以促进装备的发展。另外,弹性基础梁理论还可以广泛地用于舟桥复杂板架的分析、连续梁桥的分析和特种桥梁的设计分析。

第8章 浮桥锚定有关问题设计

8.1 基于弹性理论的浮桥横张纲锚定分析

浮桥的固定方法主要有抛锚固定、锚定门桥固定、斜张纲固定和横张纲固定,这些方式各有特点。而横张纲固定是依靠张纲固定装置在水面以上对浮桥实施固定,因而它不受河底土质、水深诸因素的影响,在水面以上固定浮桥有利于浮桥动水稳定性,但是横张纲固定方法在器材、作业方法以及计算理论方面比较复杂。在有关资料上,浮桥横张纲的固定计算都是按照浮桥是绝对刚性的假设前提进行计算的,但是浮桥一般都是细长体,在水流阻力的作用下,浮桥的横向弯曲变形不可忽视,另外,横张纲的主索由于长度比浮桥还要长,在工作中也会产生较大的弹性变形。浮桥的弹性弯曲和主索的弹性变形将引起横张纲锚定系统内的受力重新分配,因此利用弹性理论对该系统进行分析研究是有必要的。

8.1.1 基本假设

横张纲固定的弹性理论的基本假设为:柔性假设,主索是绝对柔性的,不能承受任何弯矩;弹性假设,主索材料服从虎克定理;荷载假设:主索以小垂度柔索形式工作,系留纲索较多并均匀分布,因此主索的自重和由系留纲的荷载可以视为分布载;共面假设:主索和系留纲索张紧后在同一平面内;同刚度假设:浮桥由系留纲索固定并且是相同的截面,具有相同的刚度;小变形假设:主索和系留索在荷载作用下的变形可以忽略。

8.1.2 弹性理论的基本计算公式

8.1.2.1 计算模型
如图 8-1 所示,浮桥横向在水流作用下将参与弯曲受力,因此为一次超静定问题。

8.1.2.2 计算公式
在图中将主索切断并释放,主索内的力 H 为多余未知力,则:

$$H = -\frac{\delta_{PH}}{\delta_{HH}} \tag{8-1}$$

式中:H——多余未知力,为主索的水平拉力;

δ_{PH}——在多余未知力 $H=1$ 的情况下经过系留纲索传递给浮桥所引起浮桥的曲线;

第8章 浮桥锚定有关问题设计

δ_{HH}——在多余未知力 $H=1$ 的情况下该截面的水平位移,其计算时应考虑浮桥的横向变形、主索和系留纲索的变形总和,即

$$\delta_{HH} = \int_0^l \frac{\overline{M}_H^2}{EI}dx + \sum \frac{\overline{T}_H^2 S}{E_1 A} \tag{8-2}$$

式中:$\overline{M}_H$——由 $H=1$ 所引起的浮桥横向弯矩;

$\overline{T}_H$——由 $H=1$ 所引起的在主索、系留纲索等中的内力;

EI——浮桥的横向刚度;

E_1、S、A——主索、系留纲索的弹性模量、长度和横截面面积。

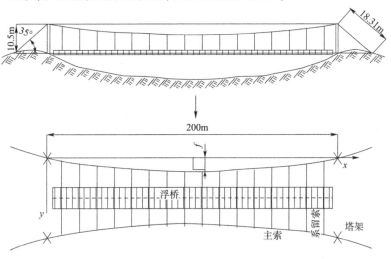

图 8-1 浮桥横张纲锚定

当 $H=1$ 时,系留纲索传给浮桥上的均布荷载为:

$$q = \frac{8f}{l^2} \tag{8-3}$$

在浮桥的任意截面 x 处,由系留纲索传给浮桥的均匀荷载所引起的挠度为:

$$\delta_{PH} = \frac{8f}{l^2} \frac{l^3 x}{24EI}\left[1 - 2\left(\frac{x}{l}\right)^2 + \left(\frac{x}{l}\right)^3\right] \tag{8-4}$$

按照图示坐标系,其主索的挠曲线方程为:

$$y = -\frac{4f}{l^2}x(l-x) \tag{8-5}$$

δ_{HH} 中由于浮桥横向弯曲所产生的多余未知力处的位移为:

$$\int_0^l \frac{\overline{M}_H^2}{EI}dx = \frac{1}{EI}\int_0^l (Hy)^2 dx = \frac{8f^2 l}{15EI} \tag{8-6}$$

则主索和系留纲索的变形为:

$$\sum \frac{\overline{T}_H^2 S}{E_1 A} = \frac{1}{E_1 A}\int_0^l \frac{dl_s}{\cos^2\varphi} + \frac{2l_{s0}}{E_1 A \cos^2\varphi_1}$$

$$= \frac{1}{E_1 A}\left(1 + \frac{8f^2}{l^2} + 2.56\frac{f^4}{l^4}\right) + \frac{2l_{s0}}{E_1 A \cos^2\varphi_1} \tag{8-7}$$

由于 f 与 l 相比小得多,因此 $2.56\dfrac{f^4}{l^4}$ 为高阶小量,可以忽略。因此有:

$$\delta_{HH} = \frac{8f^2 l}{15EI} + \frac{1}{E_1 A}\left(1 + \frac{8f^2}{l^2}\right) + \frac{2l_{s0}}{E_1 A \cos^2\varphi_1} \tag{8-8}$$

将式(8-4)、式(8-8)式代入式(8-1),并考虑系留钢索的受力方向与水流引起的阻力之间的夹角为 β,解得 H 有:

$$H = \left\{\frac{x\left[1 - 2\left(\dfrac{x}{l}\right)^2 + \left(\dfrac{x}{l}\right)^3\right]}{1.6f + 3\dfrac{EI}{fE_1 A}\left[1 + 8\left(\dfrac{f}{l}\right)^2 + \dfrac{2l_{s0}}{\cos^2\varphi_1}\right]}\right\}\frac{1}{\cos\beta} \tag{8-9}$$

8.1.3 算例及讨论

在河幅为 200m 的江河上架设浮桥,采用横张纲固定浮桥,其塔架高度为 10.5m,根据水阻力和风压力的计算,系留桥段长为 10m,其桥段的总横向阻力为 $Q = 7000$N,矢度采用 8.3%,考虑某型轻型舟桥架设的浮桥其横向弯曲刚度为 $EI = 1.656 \times 10^7$ Nm^2。经文献计算,主索长度为 243.66m,主索内的最大张力为 301.3kN,采用 ϕ41mm 的 D 型钢索(GB 358-64,8×19),其破断拉力为 736 kN,其安全系数为 2.44。

如果采用公式(8-9),则 $l = 200$m, $f = 0.083l = 16.6$m。

主索的弹性模量:

$$E_1 A = 1.0 \times 10^5 \text{MPa} \times \frac{\pi}{4} \times 4.1^2 \times 10^{-4} = 1.32 \times 10^9 \ (\text{Nm}^2/\text{m}^2)$$

系留钢索与水平面的夹角:$\beta = 33°$;

两端锚定点主索与水平面的夹角:$\varphi_1 = 35°$。

$$l_{s0} = 10.5/\cos 35° = 18.31(\text{m})$$

则有:

$$H = \frac{x}{26.67\cos\beta}\left[1 - 2\left(\frac{x}{200}\right)^2 + \left(\frac{x}{200}\right)^3\right] \tag{8-10}$$

利用叠加原理绘制出影响线如图 8-2 所示。

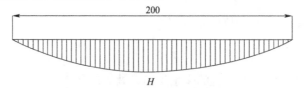

图 8-2 主索张力的影响线(尺寸单位:m)

如果河中浮桥所受到的阻力沿桥长方向为常量:$q = Q/L_0 = 7000/10 = 700$N/m,则主索内的总张力为:

$$H_0 = \int_0^l qH\mathrm{d}x = q\int_0^l \frac{x}{26.67 \times \cos 33°}\left[1 - 2\left(\frac{x}{200}\right)^2 + \left(\frac{x}{200}\right)^3\right]\mathrm{d}x = 242(\text{kN})$$

经过校核其主索的安全系数为 3.04,符合要求。

通过以上实例,可以分析得到:

(1)考虑浮桥和主索的弹性变形以后,主索内的张力有所减小,这主要是因为系统内部发生弹性变形以后,系统内的受力进行重新分配,因此主索内的张力减小。

(2)改变浮桥的横向弯曲刚度,例如增加桥桁数量或者加大桥桁的截面,用同样的方式计算,主索内的张力有所减少,但是减少的幅度不大,基本可以忽略不计。

(3)改变主索的矢度将引起主索内的张力发生较大幅度的变化,例如将上述算例中的矢度改为7.5%,其他参数不改变,则主索内的张力为267kN,增加了10%。

(4)在一般江河中,流速在河断面中呈不均匀分布,因此主要由流速生产的浮桥横向水平阻力也呈不均匀分布。在河床对称、稳流的理想情况下,流速是中间大、两侧小,可简化成抛物线分布,因此阻力也大致呈抛物线分布,利用公式(8-9)可以计算有规律变化阻力下的主索内张力。在该例中假设阻力方程为:

$$q(x) = q\left[\frac{4x}{l} - \left(\frac{2x}{l}\right)^2\right] = 700\left[\frac{x}{50} - \left(\frac{x}{100}\right)^2\right] \tag{8-11}$$

代入公式(8-9)并计算可得:

$$H_0 = \int_0^l q(x)H(x)\mathrm{d}x = 195.821(\mathrm{kN})$$

与阻力沿桥长均匀分布时的情况相比,其张力减小6.75%,这符合实际情况。

通过理论分析和实例计算,考虑浮桥横向弯曲和主索弹性变形条件下的主索张力计算是符合实际情况的,而且通过调整有关参数(浮桥的横向刚度、主索矢度、主索的截面尺度、塔架之间的距离、阻力分布情况等),可以分别计算主索内的张力,根据张力便可以进行塔架设计、两侧锚定等具体工作。

在计算中,针对浮桥和主索的大挠度变形引起的结构非线性影响将需要进一步研究探讨。

8.2 浮桥固定时锚纲长度计算及安全性评估

投锚固定由锚和锚纲组成。在我军的制式舟桥器材中,锚的选用及锚纲的直径是一定的。因此,在浮桥锚定过程中,投锚长度的长短直接关系着浮桥使用过程的安全。我军现行的各种舟桥教范中,对于投锚点位置的规定是投锚线离桥轴线的水平距离一般为桥轴线上最大水深的7~10倍,这是一个概值。

通过对投锚长度的初步分析得知,锚纲过长或过短均会对浮桥的安全产生影响。锚纲过长,在风和水流作用下,浮桥水平方向摆幅振幅增加,会产生偏荡现象,易使浮桥结构产生破坏;锚纲过短,会使锚不能以最佳状态着地,锚杆与水底产生一定角度,当外力增加时,易发生走锚现象。针对这种情况,本书利用悬链线理论对锚纲进行受力分析,总结出一种较为准确的锚纲长度的计算公式,并对此进行了安全性评估,为投锚固定时锚纲长度的确立提供了依据。由于通载情况复杂,在此仅计算浮桥空载时的锚纲长度。

8.2.1 浮桥水平力计算

浮桥在锚定过程中,会受到水阻力、风阻力及锚纲阻力等水平力的影响,以下分别计算。

8.2.1.1 浮桥水阻力的计算

浮桥在投锚固定时,经常会受到不规则的河流及其他水流的影响,水流作用于船体会产生水阻力,通常采用经验公式。根据文献选用下式:

$$F_{水} = C \frac{\rho}{2} v^2 \Omega_{H} \tag{8-12}$$

式中:$F_{水}$——浮桥所受到的水阻力(N);

Ω_{H}——桥脚舟浸水部分垂直于水流方向的最大横剖面面积($\Omega_{H} = B \cdot h_{吃水}$);

B——桥脚舟的型宽(m);

$h_{吃水}$——桥脚舟吃水深度(m);

v——计算流速(m/s);

ρ——水的密度(N/m³);

C——总阻力系数(无量纲)。

8.2.1.2 浮桥风压力的计算

风压力的计算可以用风压强与阻风面积相乘获得。在不考虑通载情况下,仅计算浮桥自身所受风压力。

桥脚分置式浮桥中一个节套舟受的风压力为:

$$F_{风} = (\Omega_1 + \Omega_2)\omega \tag{8-13}$$

带式浮桥中一个浮舟所受的风压力为:

$$F_{风} = \Omega_1 \omega \tag{8-14}$$

根据文献,对于一般的浮桥、门桥,风压强度可用下式计算:

$$\omega = 0.8 v_{风}^2 \tag{8-15}$$

式中:$F_{风}$——浮桥所受的风压力(N);

Ω_1——桥脚舟的阻风面积(m²),$\Omega_1 = \Delta H \cdot B$,其中,$\Delta H$ 是舟的干舷高度(m);

Ω_2——桥跨结构的阻风面积(m²),对于梁式桥跨 $\Omega_2 = \Delta h \cdot l$,对于桁架式桥跨 $\Omega_2 = (0.4 \sim 0.5)\Delta h \cdot l$;

Δh——桥跨结构物的高度(m);

l——单节桥跨长度(m);

ω——风压强度(N/m²);

$v_{风}$——风速(m/s)。

8.2.1.3 锚纲水阻力的计算

锚纲在水中会受到水流方向上的外力,尤其在流速比较大的江河中投锚固定时,锚纲所受的水阻力不容忽视,根据文献:

$$F_{纲} = C_e \frac{\rho}{2} v^2 h d \tag{8-16}$$

式中:$F_{纲}$——锚纲所受的水阻力(N);

C_e——阻力系数(无量纲),通常可取 $C_e = 1.0$;

h——水深(m);

d——锚纲直径(m)。

8.2.1.4 浮桥的水平受力计算

根据上述分析,则浮桥水平力为水阻力、风压力与锚纲水阻力的合力,即:

$$T_0 = (F_水 + F_风)n + F_纲 \qquad (8-17)$$

式中:T_0——浮桥水平力,即作用在锚上的水平力(N);

n——一个锚所固定的桥脚舟数。

8.2.2 锚纲长度的计算

由图 8-3 可知,锚纲长度分为悬垂段和卧底段两部分组成,下面分别计算。

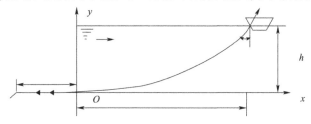

图 8-3 悬链线受力分析

8.2.2.1 悬垂段长度计算

在投锚过程中,锚纲的悬垂段在水中为悬链线,根据悬链线理论经过对悬链段任意一微元受力情况进行分析,可以得出悬垂段计算方程式。

(1)建立平面直角坐标系。

如图 8-3 所示,以悬垂段与卧底段交界处为原点,以水底线为 x 轴,以通过原点垂直于水底线方向为 y 轴,建立直角坐标系。有如下假设:①水底是水平的,锚链固定于 O 点;②锚链位于一垂直平面内;③水流没有垂直分量,且水平流速也位于锚链所在平面内,流速取平均速度。

悬链线部分长度为 S_h,卧链线长度为 S_b,锚自身的锚定力为 R_a,卧底锚纲的抓力为 R_b,L 为锚纲系留点到卧链端头 O 点的水平距离;T 为锚纲所受张力;φ 为锚链筒处锚纲与铅垂线的夹角。

(2)建立受力平衡方程式及求解微分方程。

根据悬链线理论,可得一般状态下悬垂段计算方程为:

$$y = a\left(\operatorname{ch}\frac{x}{a} - 1\right) \qquad (8-18)$$

式中:$a = \dfrac{T_0}{q}$,其中,q 为锚纲在水中单位长度重量(N/m);

$q_空$——锚纲单位长度重量(N/m),根据文献,计算中 $q = 0.862 q_空$。

对上述悬链线计算方程进行积分,可得悬链线长为:

$$S_h = a \cdot \operatorname{sh}\frac{L}{a} \qquad (8-19)$$

从公式(8-18)、公式(8-19)中可以看出 y 是 T_0、q、x 的函数,即 $y = f(T_0、q、x)$。如果选定了锚链,则 q 是已知的,水深 y 及作用在舟桥上的外力 T_0 也可以通过公式(8-17)求得。这样,可以根据公式 $y = f(T_0、q、x)$ 反向推出 $x = f(T_0、q、y)$。当计算得到的 y 恰好等于水深 h

时，x 就是我们要求的值 L。可利用 Excel 软件函数功能编程求解。求得 L 后，接下来根据公式(8-19)即可求出悬链长度 S_h。

8.2.2.2 卧链段长度计算

设锚泊工况处于图 8-4 示位置 1 时处于平衡状态，当浮桥所受的外力增大时，浮桥向右推移。假定悬链着地端 O 点固定，则随着外力的不断增大，锚链将渐趋拉直。极限情况下，当浮桥移至位置 2 时，锚链着地端产生垂直向上的分力 F_0。若 O 点直接连接锚，则将可能引起锚爪抓土松动，甚至拔锚漂移，形成走锚。为此，实际上悬垂锚链于 O 点并不直接连接锚，而是铺卧一段锚链沉于河底。

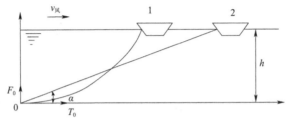

图 8-4　锚纲极限状态下受力分析

如图 8-4 所示，当浮桥段处于位置 2 时，有：

$$\tan\alpha = F_0/T_0 = \frac{h}{\sqrt{s_h^2 - h^2}} = \frac{k_2 s_b q}{T_0}$$

即可求得：

$$s_b = \frac{T_0 h}{k_2 q \sqrt{s_h^2 - h^2}} \tag{8-20}$$

上述式中：F_0——悬链线张力在垂直方向上的分力；

　　　　　α——悬链线与河底的夹角；

　　　　　k_2——卧底锚纲的抓力系数(无量纲)。

8.2.2.3 锚纲长度计算

浮桥投锚固定时，放出的锚纲长度为水中悬垂长度和水底卧链长度之和，分别根据公式(8-19)、公式(8-20)所求 S_h、S_b 即可求得投锚所处环境下，锚纲长度计算公式为：

$$S = S_h + S_b \tag{8-21}$$

但在现行的我军渡河教范中，对于投锚长度的规定一般为桥轴线上最大水深的 7 ~ 10 倍，由此可知，浮桥在投锚固定时，放出锚纲长度即 S 是已知的，此时只需按公式(8-19)求出悬垂段长度 S_h，即可反推出水底卧链长度 $S_b = S - S_h$。

8.2.3　投锚固定安全评估

8.2.3.1　防止走锚条件

浮桥进行投锚固定时，为了使锚发挥最大的锚定力，锚杆应平卧于水底，这就要求放出的锚纲除了悬垂于水中外，还必须有一部分卧于水底，见图 8-3，此时锚的抓力 R 实际上是锚自身的锚定力 R_a 与卧底锚纲的抓力 R_b 之和，即：

$$R = R_a + R_b \tag{8-22}$$

其中： $R_a = K_1 G_a, R_b = K_2 S_b q$

式中：K_1——锚的抓力系数(无量纲)；

G_a——锚自重(N)；

K_2——卧底锚纲的抓力系数(无量纲)。

从理论上讲,为保证锚泊安全必须是浮桥所受水平外力 T_0 应小于或等于锚与锚链所能提供的最大抓力 R。如果 $R \geqslant T_0$,则锚定力大于外力,不会走锚,反之 $R \leqslant T_0$,则会由于锚定力不足,发生走锚现象。

8.2.3.2 锚纲的张力计算及安全评估

由锚纲工作状态图可知,锚纲内张力的水平分力恒等于系留桥段的水平力 T_0,根据文献,锚纲的张力计算公式为：

$$T = \frac{T_0 \sqrt{L^2 + 4h^2}}{L} \tag{8-23}$$

根据计算所得的锚纲张力 T 验证所选锚纲强度,T 应不大于锚纲的安全拉力 $[T]$：

$$T \leqslant [T] = \frac{N}{B_1} \tag{8-24}$$

式中：N——所选锚纲的破断拉力(kg)；

B_1——锚纲的安全系数,钢索取2,麻绳和聚乙烯塑料绳取3。

8.2.3.3 水平方向上锚定力的安全评估

投锚固定浮桥时,锚在水平方向上始终受到水平力 T_0 的作用,应满足下式：

$$T_0 \leqslant [T_0] = \frac{K_1}{1.5} G \tag{8-25}$$

8.2.3.4 竖直方向上锚定力的计算及安全评估

投锚固定浮桥时,锚和锚纲可能处于正常或非正常工作状态(即无卧链存在)。当锚和锚纲处在正常工作状态下,锚仅受到水平力的作用,没有竖直向上的拔力。当锚和锚纲处在非正常状态下,锚除受到水平力的作用外,又要受到竖直方向上的分力。根据文献,张力 T 在非正常状态下竖直方向上的分力 V 计算公式为：

$$V = T_0 \left(1 + \frac{h^2}{2L^2}\right) \frac{h}{L} \tag{8-26}$$

锚所受的竖直向上拔力 V 应满足下式：

$$V \leqslant [V] = \frac{B_2}{1.5} G \tag{8-27}$$

式中：V——锚所受的竖直向上的拔力(N)；

B_2——锚的抗拔阻力系数,对海军锚取1.5,对丹福锚取3.0。

8.2.4 极限状态下的算例分析及安全评估

以某重型舟桥50t标准结构浮桥为例。由文献可知浮桥的有关参数如下：桥脚舟宽 $B =$

2.4m,高 $H=1.15$m;桥脚舟空载吃水深度 $h_{吃水}=0.227$m;桥跨结构物的高度 $\Delta h=0.5$m;单节桥跨长度 $l=5.01$m;每个锚所固定的桥脚舟数 n 取1;锚及锚纲参数如下:丹福锚重 $G_a=500$N;抓力系数 $K_1=44$;锚纲单位长度的重量 $q_{空}=27.4$N/m;直径 $\phi28$mm,最小破坏力36950kg,卧底锚纲抓力系数 $K_2=1$;江河环境参数如下:流速为 $v=3.0$m/s;水深 $h=20$m,风速为8级。

8.2.4.1 水平力的计算

(1)计算水阻力。

由公式(8-12)计算空载情况下的桥脚舟水阻力为:

$$F_{水}=1543.5\text{N}$$

(2)计算风压力。

此重型舟桥为桁架式桥脚分置式舟桥,由公式(8-13)计算一个节套舟的风压力。

$$\Omega_1=2.2152\text{m}^2,\Omega_2=1.2525\text{m}^2$$

8级风速的风压值为300N/m²则:

$$F_{风}=10403\text{N}$$

(3)计算锚纲阻力。

由公式(8-16)可得:

$$F_{纲}=2520\text{N}$$

(4)计算水平力。

根据公式(8-17)求得:

$$T_0=14466.5\text{N}$$

8.2.4.2 锚纲长度的计算

对于悬链段部分,由式(8-18)、式(8-19)可得:

$$x=156.5\text{m} \quad S_h=ash\left(\frac{L}{a}\right)=157.8\text{m}$$

根据我军渡河教范规定取投锚长度为最大水深10倍,即200m,则卧链长度为42.2m。

8.2.4.3 投锚固定安全评估

(1)投锚固定前的安全评估。

根据公式(8-22):$R=22996\text{N}>T_0=14466.5\text{N}$,所以不会发生走锚现象。

(2)锚纲张力计算及安全评估。

根据公式(8-23):$T=14931.5\text{N}$;根据公式(8-24):$T\leq[T]=18475\text{N}$;锚纲强度满足。

(3)水平方向上锚定力的安全评估。

根据公式(8-25):$T_0\leq[T_0]=14666\text{N}$;锚水平抓力足够。

(4)竖直方向上锚定力的计算及安全评估。

根据公式(8-26):$V=1833-42.2\times27.4\times0.862=836.3(\text{N})<[V]=1000\text{N}$;锚竖向抗拔力足够。

8.2.5 不同环境下投锚长度分析

8.2.5.1 不同流速时锚纲长度

见表8-1。

不同流速时锚纲长度（水深10m，风速4级） 表8-1

流速(m/s)	悬链段(m)	卧底段(m)	锚纲总长度(m)
1.0	37.7	18.5	56.2
2.0	47.0	23.0	70.0
3.0	59.4	27.8	87.2

8.2.5.2 不同水深时锚纲长度

见表8-2。

不同水深时锚纲长度（流速2m/s，风速4级） 表8-2

水深(m)	悬链段(m)	卧底段(m)	锚纲总长度(m)
5	31.0	15.3	46.3
10	47.0	23.0	70.0
20	74.7	35.9	110.6

8.2.5.3 不同风速时锚纲长度

见表8-3。

不同风速时锚纲长度（流速2m/s，水深10m） 表8-3

风速(m/s)	悬链段(m)	卧底段(m)	锚纲总长度(m)
4级	47.0	23.0	70.0
6级	68.6	33.3	101.9
8级	98.0	47.1	125.1

8.2.6 小结

(1)由算例可以看出，在流速 $v=3.0$m/s，水深 $h=20$m，风速为8级的极限环境下，按照教范上规定投锚长度为200m时，经强度校核是合适的。

(2)由式(8-18)、式(8-19)可以看出，悬链线长度的大小和所处环境的水流、风速、水深、所选锚纲基本参数等有关，且当浮桥吃水较小时，风压力对锚纲水平分力影响较大；当浮桥吃水较大时，水阻力对锚纲水平分力影响较大。

(3)外力及水深对卧底链长度有较大的影响。由公式(8-20)可以看出，在选用的锚及锚纲一定时，风流合力越大，通过卧底锚纲来抵御外力的摩擦力越大，所需要的卧底链的长度就越长。

(4)根据算例可知，卧链线长度一般约为悬链线长度的一半，且当锚纲所受外力越小时，这种关系表现得越明显。

8.3 群桩锚定板计算

8.3.1 常用军用浮桥岸边锚定的结构形式

8.3.1.1 卧桩锚定座

卧桩锚定座又称水平锚定座。如图 8-5 所示,它是由一根或几根圆木捆扎在一起,水平横置埋入土内当作系留横木(卧桩),在横木上缠绕锚定钢索,并按后拉索同样方向引出地面以提供锚定力的结构物。卧桩埋入深度应根据锚定受力的大小、方向以及土质情况决定,一般为 1.5~3.5m,能提供的锚定力为 30~400kN。当荷载超过 75kN 时,锚定常用水平栅或圆木做成的木壁加强。卧桩锚定座结构简单,锚定力大,但作业相对复杂。

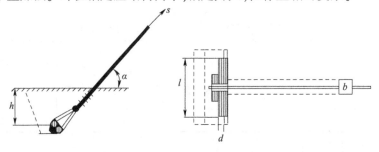

图 8-5 卧桩锚定座

在实际运用此种锚定座时,可在现地对锚定座进行具体的结构设计,即通过对锚定座在垂直力作用下的稳定性、在水平力作用下的土压力及水平系留横木的强度条件三个方面的计算,制定其结构方案;也可以通过查阅参考资料直接选用合乎锚定力要求的标准结构方案。

8.3.1.2 竖桩锚定座

植入土壤中的桩柱(木桩、钢筋混凝土桩等),不仅具有轴向承载能力,而且具有横向承载力,因此,桩顶可对缠绕其上的缆索提供锚定力。竖桩的横向承载力取决于桩在土中的嵌固条件、桩与土的变形性质、桩本身的强度条件以及土壤的承压能力。

竖桩锚定座可分为单桩、并列桩(由系材连接的两个单桩)、桩群以及有支撑圆木加固的桩。其使用时机一般是:

单桩用于土壤可植(埋)桩、锚定力要求 10~30kN 的时机。

并列桩用于土壤可植(埋)桩、锚定力要求 30~50kN 的时机。

桩群用于土壤可植(埋)桩、锚定力要求 30~100kN 的时机。

有支撑圆木加固的桩用于松软土壤。

竖桩锚定座在实用时可查表确定相关尺寸和桩类、桩数。在查表设计时,依据所需的锚定力,参照竖桩锚定座的典型图例(图 8-6),查竖桩锚定座尺寸表(表 8-4)。

竖桩锚定是军用浮桥岸边锚定的常用形式,从表 8-4 可以看出其所提供的锚定力在一般土壤条件下随着竖桩参数及数量而变化。由于以锚纲联结的普通群桩不能很好地共同工作,后桩不能充分发挥作用,所以在普通群桩中,总是前桩尺寸较大,承受总锚定力的百分比较大,中桩次之,后桩较小,因而以锚纲联结的普通群桩总体的锚定力比群桩中各单桩的锚定力之和要小。

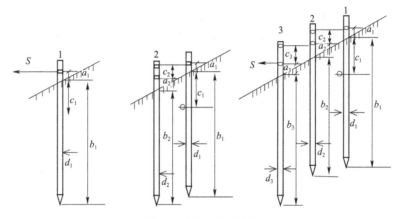

图 8-6 竖桩的典型图例

竖桩锚定座尺寸表 表 8-4

锚定力 (kN)	尺寸(cm)											
	1 号桩				2 号桩				3 号桩			
	a_1	b_1	c_1	d_1	a_2	b_2	c_2	d_2	a_3	b_3	c_3	d_3
10	30	150	40	18								
15	30	150	40	20								
20	30	150	40	26								
30	30	150	40	20	30	150	90	22				
40	30	150	40	22	30	150	90	25				
50	30	150	40	24	30	150	90	26				
60	30	150	40	20	30	150	90	22	30	150	90	28
80	30	150	40	22	30	150	90	25	30	150	90	30
100	30	150	40	24	30	150		26	30	150	90	33

若已知竖桩的竖向承载力,也可估算得知横向承载力。横向承载力约为竖向承载力的六分之一。

8.3.1.3 重力式锚定座

任何一个重物都可以当成锚定座设施,停下的汽车、拖拉机、巨大的石块都可利用,这叫重力式锚定座,或叫压载锚定座。

锚定座需要进行三方面估算:
①系留缆索点的结构强度(抗弯、抗剪、挤压等强度);
②压载重物与地面摩擦力;
③压载重物倾倒的稳定性及竖向稳定性。

重力式锚定座常与桩式锚定座共同使用。

8.3.1.4 综合措施锚定座

有些锚定座是多种措施综合工作的。例如,在沙洲上构筑锚定座,就常将埋设水平桩、植桩、压载等措施综合使用。因为沙质松散,摩擦角小,所以基坑挖不大、挖不深,在卧桩之前都必须植桩,上部回填必须混合以杂草等物,除此之外,上部以沙袋进行压载。

8.3.1.5 地形、地物的利用

(1)石嘴锚定座。

突出的生根孤石也可用作锚定座,但石嘴直径需较大且突出较多,钢索缠绕时,为防止岩石割坏缆索,钢索石嘴之间应垫钢纤。

(2)树干锚定座。

根深叶茂的大树,树干经采取措施保护不被钢索切割时,可用作锚定座。

(3)建筑物的利用。

如桥梁遭破坏后,墩台可供作锚定使用。

(4)坑洞式锚定座。

当渡口进出路受到山地地形的限制,不可能有足够的直线地段,可采用坑洞式锚定座。它的位置可靠近山脚也可在山腹。坑洞应按后拉钢索倾斜角开掘并被复(岩石坚硬系数在8级以上不用被复),在坑底构筑木质、钢筋混凝土或型钢锚定轴。系留纲在锚定轴上缠绕一周引出坑洞,再以索卡固定。

8.3.2 水平荷载作用下单桩计算方法研究现状

竖桩锚定是军用浮桥岸边锚定最常用的形式,这种桩的受力模式可视为水平荷载作用下的单桩和群桩。目前,在军用浮桥锚定设计计算中,还没有很系统的单桩和群桩计算方法。而在建筑桩基领域,国内外学者对单桩和群桩计算方法的研究较多。由于群桩锚定板与建筑桩基在结构上有一定的相似之处,但又有自身的特点,因而可以将建筑桩基的计算方法用于参考。水平荷载作用下单桩的计算方法,主要有以下三种:静载试验方法、极限平衡法、线弹性地基反力法,详细内容可参阅建筑类相关书籍。

8.3.3 水平荷载作用下群桩计算方法研究现状

关于群桩在水平荷载作用下的性能研究在国外已有几十年历史,而国内则研究还不够多。现主要根据国内外研究资料,从影响因素和研究方法两个方面进行综述。

8.3.3.1 影响水平荷载作用下群桩性能的因素

如图8-7所示为一典型的承受水平荷载的群桩,由该图分析可知:群桩沿着荷载作用方向产生倾覆运动;各单桩有绕其与上部结构连接节点转动的趋势;与上部结构相连处的群桩中心在水平方向产生位移;群桩中各单桩之间存在相互作用,即群桩中各桩的性能具有相关性;每根桩的变形包括弯曲变形。

上述这类简单的群桩以及其他一些更复杂的群桩性能主要与桩的几何布置、桩与上部结构的连接情况、结构单元的刚度、结构的荷载情况、群桩效应有关。

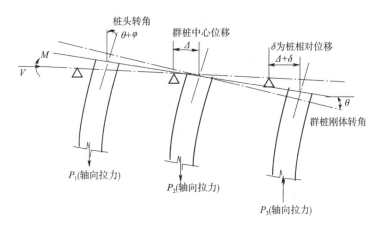

图 8-7　群桩承受水平荷载的受力和变形

(1) 群桩的几何布置。

关于这一点是显然的,群桩的几何位置不同,会影响由于桩的"推—拉"作用和桩身弯曲变形所产生的倾覆弯矩的相对大小。如果其他条件相同,具有刚性承台的群桩,如果它的单桩分布离倾覆轴线远,则其抗倾覆性能好。对于非圆形分布的群桩,对不同的倾覆轴线其抗倾覆能力是不同的。群桩的几何性质还会影响每根桩受其他桩的影响程度,桩的中心距在 6~8 倍桩径以内的群桩各桩受其他桩的影响较大。

(2) 桩与上部结构连接。

桩与上部结构的连接结点的类型,无论对群桩中的各单桩的性能还是对群桩的整体影响都是很显著的,Manolin 和 Clark 等人的研究表明,桩与上部结构连接的节点刚度是桩头可转动的节点刚度的三倍以上,实际上桩与上部结构的联结节点的刚度是介于刚性和可转动之间的,当然这种桩的性能与上述两种极端的情况是绝对不同的。

(3) 上部结构的刚度。

上部结构的刚度不仅会影响它向桩基传递的荷载的大小与性质,而且会影响到荷载在群桩上的分布情况,这在研究桩与上部结构共同工作中是十分重要的。结构的整体刚度会影响到桩在水平荷载作用下的响应,由于 P-Δ 效应,承受水平荷载的结构的摇晃会使基础受到二次弯矩的影响。只要桩间有相互作用,则桩间的荷载分配就会发生变化。同样,在转动过程中桩头平面刚度的变化会影响桩的"推—拉"作用所抵抗的倾覆力矩的大小程度。

(4) 荷载条件。

作用在结构上的荷载对桩基的影响是很明显的,荷载的大小、加载期的长短以及作用荷载的组合方式都是影响因素。较小的荷载引起的桩的反应接近线性,随着荷载的增加,地基土上的应力—应变关系表现为非线性性质。周期作用的荷载与缓慢施加的荷载(类似静载)作用下基础的反应当然是不同的,较大的加载速度会增加土的计算强度和刚度。当然,周期加载也会由于塑性变形的积累和超孔隙水压力的产生而降低土的强度。因此,周期加载对土体的影响是这两种矛盾现象叠加的结果。

(5) 群桩效应。

在施加于桩承台的荷载作用下的群桩中的每根桩的性能和同样条件的独立单桩的性质是不一样的,考虑到群桩之间的相互影响,需要在此基础上加以修正。对于桩间距较小,排

列比较紧凑的群桩在加载时桩之间要产生相互作用,这就是桩—土—桩相互作用或桩土共同工作问题(PSPI)。

8.3.3.2 承受水平荷载群桩的分析方法

水平荷载作用下群桩基础的工作性状和单桩有较大不同,主要表现在群桩中各桩间距小于临界桩距时,群桩中的各桩通过桩间土相互作用而产生群桩效应,使得在相同水平荷载作用下群桩基础的位移大于单桩位移,群桩中的各桩所分担的荷载也各不相同,尤其是荷载作用方向上,前排桩所承担的荷载明显大于后排桩。对水平荷载作用下的群桩基础进行计算分析时,必须认真考虑这两大特点。

目前,计算分析水平荷载作用下群桩基础的方法主要有以下几类:群桩效率法、p-y 曲线法、弹性理论法、有限元法,详细内容可参阅建筑类相关书籍。

8.4 基于土压力理论的浮桥制式锚的锚定力计算

8.4.1 传统计算方法

浮桥的固定是使浮桥始终保持在既定设计及架设位置的关键措施,我军浮桥固定多采用投锚固定法,那么所使用的制式锚的锚定力就成为浮桥的稳定因素。目前制式锚的锚定力计算尚没有有效准确的计算方法,只能通过经验公式获得,对浮桥的安全性产生一定的影响。本书通过引用被动土压力理论,得到对制式锚的锚定力的较为准确的计算方法。浮桥和各种水上特种平台的锚定方法很多,每种方法都有自己的特点。对于投锚固定来说,它结构简单、操作方便;作业准备时间短,完成作业费时少;便于紧急开放门桥和紧急撤收浮桥;安全程度高,锚多且分散工作,一锚松动,其邻近锚可以参加工作,并不立即危及全桥的安全。这些优点满足了快速架设军用浮桥的要求。因此,投锚固定是我军架设浮桥时的基本固定方法。

锚定力是指锚所能提供的抓力,它是浮桥投锚固定后能否安全稳定工作的一个重要的限制性指标,目前的计算方式,是锚定力等于抓重比乘以锚重,各类锚都有相应的抓重比。

$$R = K_1 \cdot G \tag{8-28}$$

式中:K_1——锚的抓重比(无量纲);

G——锚重(kN)。

由于目前尚没有比较有效的方法计算锚的抓重比,各种锚的抓重比均是通过试验和经验获得,因此通过此种方法计算所得的锚定力与准确的数值存在着一定的误差,可能影响浮桥锚定安全性的判断。那么能否找到一种较为准确的方法计算各种锚在不同的土壤条件,不同工况下的锚定力就有待研究。

8.4.2 直接计算水平力法

使用投锚固定法时,一般先计算固定浮桥所需要的水平力,进而根据所受的力来选定所用的锚,是一种由上而下的计算方法。

8.4.2.1 水平力的计算

(1)桥脚舟水阻力。

桥脚舟的水阻力 $R_水$ 按下式计算:

$$R_水 = C_0 C_1 C_h \frac{\rho}{2} V^2 \Omega \tag{8-29}$$

式中:ρ——水的密度(kg/m^3);

V——架桥前江河断面的平均流速(m/s);

Ω——桥脚舟浸水面积的最大横剖面积(m^2);

C_0——水流无限深时,孤立的浮桥桥脚舟的阻力系数(无量纲);

C_1——跨度影响系数(无量纲);

C_h——浅水影响系数(无量纲)。

(2)桥脚舟风压力。

桥脚分置式浮桥中一个节套舟受的风压力为:

$$R_风 = (\Omega_1 + \Omega_2)\omega + \Omega_3 \frac{l}{D}\omega \tag{8-30}$$

带式浮桥中一个浮舟所受的风压力为:

$$R_风 = \Omega_1 \omega + \Omega_3 \frac{B}{D}\omega \tag{8-31}$$

式中:Ω_1——桥脚舟的阻风面积(m^2),见文献《舟桥设计手册(二)》;

Ω_2——桥跨结构的阻风面积(m^2),见《舟桥设计手册(二)》;

Ω_3——活载的阻风面积(m^2),见《舟桥设计手册(二)》;

D——活载在浮桥上通行的最小容许车距(m);

B——带式浮桥桥脚舟的宽度(m,沿桥轴线方向的尺寸)。

(3)锚纲的水阻力。

锚纲的水阻力 $R_纲$ 按下式计算:

$$R_纲 = hdC_e \frac{\rho V_1^2}{2} \tag{8-32}$$

式中:h——水深(m);

d——锚纲直径(m);

V_1——水流沿深度方向上的平均流速(m/s),可取 $V_1 = 0.8V$;

C_e——阻力系数(无量纲);

v——水的黏性系数(无量纲)。

8.4.2.2 锚的受力计算

如图 8-8 所示,计算时假设锚纲为直线。

作用在锚上的水平力为:

$$R = (R_水 + R_风)n + R_纲 \tag{8-33}$$

式中:n——一个锚所固定的浮舟数。

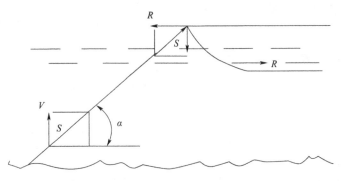

图 8-8 投锚固定计算示意图

8.4.2.3 锚的选定

作用在锚上的水平力应小于锚的水平抓力:

$$R \leqslant \frac{K_1 G}{1.5} \tag{8-34}$$

8.4.2.4 分析

使用直接水平力法计算,可以作为浮桥投锚固定选用何种制式锚的依据。它计算所得到的水平力是指固定浮桥所需要的力,但是制式锚本身所具备的锚定力并不能通过此种方法算出,依然使用的是经验公式,得到的锚定力只是一个概值,存在着误差。那么通过此种方法所选用的制式锚是否能够在不同的条件、工况下都满足要求不能保证,对浮桥的安全使用将存在隐患,那么就需要一种能较为准确地计算锚的锚定力的方法。

8.4.3 被动土压力法

假定抓力锚在受力时,入土的锚爪推动爪前土壤作缓慢的运动,使土壤变形锚受到阻力,因而提供了抓力。此抓力与土壤性质和锚的形状有关。锚与土壤的这种受力接触方式,与挡土墙受到土壤的被动土压力极为相似,因此,可以考虑利用被动土压力法来计算抓力锚的锚定力。且不同的水深还会产生不同的水压力,对于锚定力也会起一定的作用。被动土压力计算如图 8-9 所示。

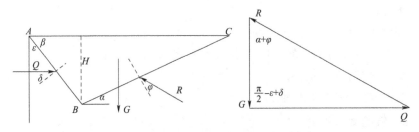

图 8-9 被动土压力计算

G-土楔 ABC 重力(N);R-土体作用在滑动面 BC 上的反力(N);Q-锚对土楔的作用力(N);H-锚爪在投影面的高度(m);α-极限破裂角(°);β-锚杆与锚爪折角(°);φ-土壤内摩擦角(°);δ-Q 与锚爪法线间的夹角(°)

考虑滑动土楔 ABC 的静力平衡条件,绘出 G、R 与 Q 的力三角形及土楔受力示意图,如图 8-10 所示。

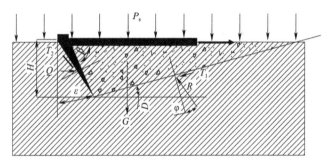

图 8-10 考虑水压力时锚定的受力分析

8.4.3.1 土楔重力计算

计算由于锚的推动而滑动的土楔 ABC 的重力,考虑水压力的影响,将水压力换算成土楔的重力。

$$G_合 = G + G_水 \tag{8-35}$$

由图 8-10 可知:

$$G = \frac{1}{2}\overline{AC} \cdot H \cdot \gamma \tag{8-36}$$

$$G_水 = \rho g h \cdot \overline{AC} \tag{8-37}$$

式中:γ——土壤重度(kN/m³);

h——水深(m)。

将式(8-36)、式(8-37)代入式(8-35)中,则可得:

$$G_合 = \left(\frac{1}{2}H\gamma + \rho g h\right)\overline{AC} \tag{8-38}$$

8.4.3.2 被动土压力计算

如图 8-10 所示,由正弦定律得:

$$\frac{\overline{AC}}{\sin(\pi - \beta - \alpha)} = \frac{\overline{AB}}{\sin\alpha} \tag{8-39}$$

$$\overline{AB} = \frac{H}{\cos\varepsilon}$$

式中:α——极限破裂角(°);

β——锚的袭角(°),$\varepsilon = \frac{\pi}{2} - \beta$。

锚对土楔的作用力为 Q:

$$\frac{Q}{G_合} = \frac{\sin(\alpha + \varphi)}{\sin\left(\frac{\pi}{2} + \varepsilon - \delta - \alpha - \varphi\right)} \tag{8-40}$$

式中:φ——土壤内摩擦角(°);

δ——Q 与锚爪法线间的夹角,等于锚爪与土楔间的摩擦角(°)。

将式(8-38)、式(8-39)代入式(8-40),得:

$$Q = \frac{\frac{1}{2}\gamma H^2 + \rho g h H}{\cos\varepsilon} \cdot \frac{\sin(\alpha+\beta)\sin(\alpha+\varphi)}{\sin\alpha\sin(\alpha+\varphi+\beta+\delta)} \tag{8-41}$$

式中,γ、H、ε、β、δ、φ 均为常数,Q 值随破裂角 α 而变化。当锚推向土壤时,最危险的滑动面上的抵抗力一定是最小的,这个最小值 $Q_{\min}$ 即所求的被动土压力。

计算 $Q_{\min}$ 值时,可令:

$$\frac{dQ}{d\alpha} = 0 \tag{8-42}$$

由此可导出一个计算公式:

$$\frac{\sin^2\alpha\cot\beta + \sin\alpha\cos\alpha}{\sin^2(\alpha+\varphi)\cot(\beta+\delta) + \sin(\alpha+\varphi)\cos(\alpha+\varphi)} = 1 \tag{8-43}$$

将已知各角度值代入此公式,可求出 α 值,然后代入公式(8-40),即可得出被动土压力的值 E_P:

$$E_P = Q_{\min} \tag{8-44}$$

8.4.3.3 锚定力计算

求出锚对土楔的被动土压力后,此时锚的锚定力可以看作是在锚爪宽度范围内,土楔对锚的作用力 P,可由被动土压力乘以锚爪宽度求得:

$$P = E_P \times b_4 \tag{8-45}$$

式中:b_4——锚爪的宽度(m)。

8.4.3.4 算例及分析

在我军的大部分舟桥器材中,所使用的制式锚均为丹福锚,因此选用较为常用的 50kg 的丹福锚进行计算。

河底土壤为黏土:淤泥含量92%;贝壳含量7%;泥沙含量1%。根据《公路桥涵设计规范》(JTG D60—2015)规定,计算中选定:重度为 $\gamma = 18 \text{ kN/m}^3$,内摩擦角 $\varphi = 16°$,丹福锚的锚重 $G_{锚} = 500\text{N}$,锚杆与锚爪折角为 $\beta = 30°$,即 $\varepsilon = 60°$,锚爪长 $h_0 = 707\text{mm}$,锚爪宽 $b_4 = 438\text{mm}$。假设锚定点水深 $h = 5\text{m}$,锚定土块背面粗糙,破裂面通过角点,取 $\delta = (2/3) \times \varphi = 10.667°$。

(1)极限破裂角 α 计算。

将 β、δ、φ 值代入公式(8-43),可得:

$$\frac{\sin^2\alpha\cot 30° + \sin\alpha\cos\alpha}{\sin^2(\alpha+16°)\cot 40.667° + \sin(\alpha+16°)\cos(\alpha+16°)} = 1$$

由此式可求出 $\alpha = 42.69°$。

(2)被动土压力 E_P 计算。

将求出的 α 值和各已知常数代入公式(8-40),则可计算出被动土压力 E_P:

$$E_P = Q_{\min} = \frac{\frac{1}{2} \times 18 \times 0.3535^2 + 49 \times 0.3535}{\cos 60°} \times \frac{\sin 72.69° \times \sin 58.69°}{\sin 42.69° \times \sin 99.357°} = 44.98(\text{kg/m})$$

(3)锚定力 P。

$$P = E_P \times b_4 = 44980 \times 0.438 = 19701.24(\text{N})$$

(4)对比分析。

计算时选用的是50kg的丹福锚,由文献《浮桥施工技术》可查得丹福锚在黏土中的抓力系数为40~63,根据经验公式(8-28),计算出锚定力:

$$P' = 500 \times (40 \sim 63) = 20000 \sim 31500(\text{N})$$

计算结果表明,传统计算采用经验数值,其数值偏差较大,最小值与最大值数值差达到57.5%,而采用新的计算理论的方法,考虑了水深的因素,其计算结果较明确,其值与经验数值的最小值偏差仅有1.5%,所以可以采用此种方法计算锚定力。而且计算结果将根据土壤参数、锚体结构参数、水深情况发生变化,能够方便地进行不同参数、不同工况下的计算。

8.4.4 小结

(1)使用被动土压力法计算制式锚的锚定力,其数值与使用传统方法中的经验公式所得数值相比,偏差不大,且值较为明确,因此可采用此种方法计算锚定力。

(2)与直接计算浮桥水平力法相比,被动土压力法是直接计算锚在工作状态下具有的锚定力,其计算所得数值较为明确,可作为直接计算浮桥水平力法中选用制式锚的依据,安全性较高。

(3)在此种方法中,虽然考虑了水压力的影响,但是水的黏滞力、土壤的黏聚力及土壤与锚杆、锚爪的摩擦力等因素没有考虑,因此还可以进一步研究。

(4)从计算过程中可以看出,制式锚的锚定力主要由土壤参数、锚体结构参数和水深决定。更改这些参数,可以计算不同条件、不同工况下的锚定力。

第9章 门桥和码头的计算

9.1 门桥计算

当外荷载作用在门桥上时,将引起它的下沉和弯曲这两种主要现象。当荷载重心偏离门桥重心时,还会使门桥倾斜。要安全地漕渡载重物,必须一方面保证门桥有足够的载质量和稳性,另一方面门桥承重结构要有足够的强度,因此,这三方面成为门桥计算的主要内容。

从静力学观点讲,门桥是作为分置式桥脚上的梁或带式桥脚(连续基础)上的梁来计算的。在荷载作用下门桥产生吃水和弯曲,因为桥跨的弯曲变形与桥脚舟吃水相比通常是很小的,在多数情况下可忽略不计,所以可认为门桥是具有绝对刚性的承重结构的刚体。门桥越短,这种假定越接近准确。一般桥脚分置式门桥的桥脚舟数在3~4个以下时,是较准确的。通常结构的门桥舟数多在这个范围内,因此,这个假定对我们是适用的。以下介绍用绝对刚性计算门桥的浮性、稳性和桥桁强度。

9.1.1 浮性计算

浮游桥脚的吃水包括静载和活载共同作用时桥脚的吃水,静载又包括桥跨结构的自重和桥脚舟的自重。吃水包括门桥的中心吃水和附加吃水,中心吃水是活载重心位置配置在门桥的浮游中心线上,浮游桥脚上各点的吃水均为:

$$\begin{cases} T_1 = \dfrac{G}{\gamma F_m} \\ T_2 = \dfrac{Q}{\gamma F_m} \end{cases} \tag{9-1}$$

式中:G、Q——静载和活载总重,对于分置式桥脚的门桥,$G = mG_0 + gL_0$,对于筏式门桥,$G = gL_0$;

m——门桥中桥脚舟数量;

G_0——单个桥脚舟重量;

g——门桥桥跨结构或筏式门桥结构的每纵长米重量;

L_0——门桥全长;

γ——水的重度;

F_m——门桥的计算水线面面积,对分置式桥脚门桥,$F_m = mF_0$;对筏式门桥,$F_m = B_0 L_0$;

F_0——单个桥脚舟的水线面面积;

B_0——筏式门桥的计算宽度,$B_0 = \delta B$;

B——筏式门桥全宽;

δ——门桥桥脚的排水量系数。

门桥的总吃水深度校核(图9-1)为:

$$T = T_1 + T_2 \leq [T] \tag{9-2}$$

式中:$[T]$——容许吃水深度,对于开口式桥脚$[T] = \dfrac{2}{3}H$,但干舷不得小于30cm,对于闭口式桥脚$[T] = \dfrac{4}{5}H$,但干舷不得小于20cm,H为干舷的计算高度。

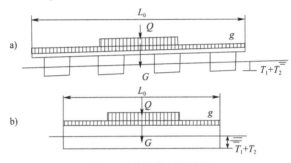

图9-1 门桥浮性计算简图
a)分置式桥脚的门桥;b)筏式门桥

9.1.2 稳性计算

由于活载在门桥上装载后,活载的重心对于门桥的浮游中心经常产生一定的横方向和纵方向的偏心,其重力和浮力对于此偏心产生一个力矩,在此力矩的作用下,桥脚舟产生了纵倾和横倾,由此产生了门桥的稳性计算问题,桥脚舟在纵横两个方向上有了附加吃水,必须将此附加吃水在计算桥脚舟的总吃水时计入。活载偏心位置在计算时可这样选定,活载在门桥 x 轴方向受到缘材的限制,而在 y 轴方向虽不受结构物的限制,但因装载是慢速进行的,并尽可能使桥脚舟获得均匀的吃水,经验证明一般不超过1m。

活载沿 x 轴 y 轴的偏心值可取:

$$e_x = \frac{b_0 - B_c}{2}$$

$$e_y = 1$$

式中:b_0——桥跨车行部宽度;

B_c——活载全宽。

在计算桥脚舟的附加吃水可用舟艇原理中小倾角稳性公式,对于门桥的纵倾角 θ_x 和横倾角 θ_y 可用式(9-3)计算(图9-2):

$$\theta_x = \frac{M_x}{\gamma J_x \psi_x}$$

$$\theta_y = \frac{M_y}{\gamma J_y \psi_y} \tag{9-3}$$

$$M_x = Qe_y \quad M_y = Qe_x$$

上述式中：Q——活载全重；

J_x、J_y——门桥计算水线面面积分别对于 x 轴和 y 轴的惯性矩；

γ——水的容量；

ψ_x、ψ_y——门桥稳心高度与稳定半径的比值，对于 x 轴和 y 轴在多数情况下可分别取 1.0 和 0.9。

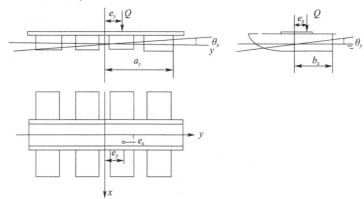

图 9-2　门桥稳性计算简图

在分置式桥脚的门桥的计算水线面面积对 x 轴的惯性矩的计算中，略去桥脚舟对自身轴线的惯性矩后，即按下式确定：

$$J_x = \sum_m F_0 a_i^2$$

式中：F_0——一个桥脚舟的计算水线面面积；

a_i——每个桥脚舟 i 的轴线到门桥轴线的距离；

m——门桥中桥脚舟的数目。

分置式桥脚的门桥的水线面面积对 y 轴的惯性矩等于全部桥脚舟的水线面面积惯性矩之和，即 $J_y = mJ_y^0$，式中 J_y^0 为一个桥脚舟的计算水线面面积对 y 轴的惯性矩。

带式门桥的水线面面积惯性矩按只有一个桥脚舟的门桥计算。

现将各种门桥的水线面面积的惯性矩列于表 9-1。

各种门桥的水线面面积惯性矩　　　　表 9-1

惯性矩	二舟门桥	三舟门桥	四舟门桥	五舟门桥	筏式门桥
J_x	$\frac{1}{2}F_0 l^2$	$2F_0 l^2$	$5F_0 l^2$	$10F_0 l^2$	$\frac{1}{12}B_0 L_0^3$
J_y	$2J_y^0$	$3J_y^0$	$4J_y^0$	$5J_y^0$	$\frac{1}{12}B_0^3 L_0$

注：l 为门桥跨度，其余符号同前。

由纵倾和横倾引起距门桥中心最远点的附加吃水等于：

$$\begin{cases} \Delta T_x = \theta_x a_y \\ \Delta T_y = \theta_y b_x \end{cases} \tag{9-4}$$

式中：a_y、b_x——门桥最大吃水点的坐标(9-2)，对于分置式桥脚的门桥等于：

$$\begin{cases} a_y = \dfrac{(m-1)l + B}{2} \\ b_x = \dfrac{L}{2} \end{cases} \qquad (9\text{-}5)$$

式中：B、l——浮脚桥脚的宽度和长度。

对于筏式门桥等于：

$$a_y = \dfrac{L_0}{2}$$

$$b_x = \dfrac{B_0}{2}$$

最大吃水为：$T' = T + \Delta T_x + \Delta T_y$，要求 $H - T' \geq h_0$

式中：H——门桥计算高度；

h_0——容许干舷高度。

对于开口式舟：$h_0 = 10\text{cm}$；对于闭口式舟：$h_0 = 0$。

9.1.3 桥桁强度计算

门桥的强度计算主要是桥跨强度和舟体强度，这里只介绍桥桁强度计算的方法，而桥板的计算方法和一般桥梁相同。

在求桥桁弯矩之前，必须先作桥脚反力影响线，当载重 $P = 1$ 作用在离门桥中心轴 x 时，桥脚舟 i 的反力可通过以下方法求得。

在不破坏平衡的条件下在坐标原点 O 上作用一对等值的反向力 $P = 1$（图9-3），这样，单位偏心力的作用可由作用在坐标原点的单位力 $P = 1$ 和 $M = 1 \cdot x$ 的力偶来代替。桥脚舟 i 的反力可看成是由两部分组成的：

$$R_{ix} = \dfrac{1}{m} + \dfrac{xa_i}{rJ_x}F_0$$

引入惯性半径 r 的公式：

$$r = \sqrt{\dfrac{J_x}{F_m}} \text{ 或 } J_x = F_m r^2 \qquad (9\text{-}6)$$

R_{ix} 式经过整理后写成：

$$R_{ix} = \dfrac{1}{m}\left(1 + \dfrac{a_i}{r^2}x\right) \qquad (9\text{-}7)$$

式中：a_i——在分置式桥脚门桥中桥脚舟 i 的轴线到门桥轴线的距离。

根据式(9-7)可求出当 $P = 1$ 分别作用在 A、O、B 时的桥脚 i 反力影响线的各坐标。

$P = 1$ 在 A 点时： $\qquad R_{iA} = \dfrac{1}{m}\left(1 + \dfrac{a_i L_0}{2r^2}\right)$

$P = 1$ 在 O 点时： $\qquad R_{i0} = \dfrac{1}{m}$

$P = 1$ 在 B 点时： $\qquad R_{iB} = \dfrac{1}{m}\left(1 - \dfrac{a_i L_0}{2r^2}\right)$

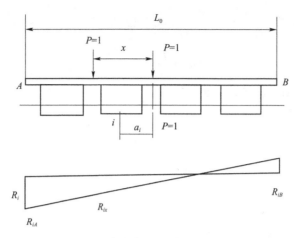

图 9-3　桥脚舟 i 的反力影响线图

因此对于各种舟数的门桥的桥脚反力影响线都可求出,如以二舟门桥为例,门桥跨度为 l, $m=2$, $a_i=1/2$, $r=1/2$ 代入式(9-7)得桥脚舟1[图9-4a)]的反力影响线纵坐标方程及纵坐标值。

$$R_{ix} = \frac{1}{2}\left(1 + \frac{2x}{l}\right)$$

$$R_{1A} = \frac{L_0 + l}{2l}$$

$$R_{11} = 1$$

$$R_{12} = 0$$

$$R_{1B} = -\frac{L_0 - l}{2l}$$

具体作影响线图只要将 $R_{11}=1$ 和 $R_{12}=0$ 两点坐标连成直线即可,其他各舟门桥反力影响线坐标可用同样方法求得,影响线见图9-4。

根据浮游桥脚的反力可以计算门桥桥跨上任一点的弯矩,一般只计算门桥中央截面的弯矩,以四舟门桥为例。如 $P=1$ 作用在距中央点 O 为 x 时,O 点的弯矩可由下式求出(图9-5),如 $P=1$ 位于断面 O 的右侧,则为:

$$M_{ox} = R_{1x} \cdot \frac{3l}{2} + R_{2x} \cdot \frac{l}{2}$$

如 $P=1$ 位于断面 O 的左侧,则为:

$$M_{ox} = R_{1x} \cdot \frac{3l}{2} + R_{2x} \cdot \frac{l}{2} - x$$

以上公式中,R_{1x} 和 R_{2x} 表示由 $P=1$ 作用在距中央点 O 为 x 时,桥脚1和2的反力。如 $P=1$ 作用在桥脚1上,则为:

$$M_{01} = R_{11} \cdot \frac{l}{2} - 1 \cdot \frac{l}{2} = 0$$

如 $P=1$ 作用在门桥中央,则为:

$$M_{00} = R_{10}\frac{l}{2} = \frac{1}{2} \cdot \frac{l}{2} = \frac{l}{4}$$

第9章 门桥和码头的计算

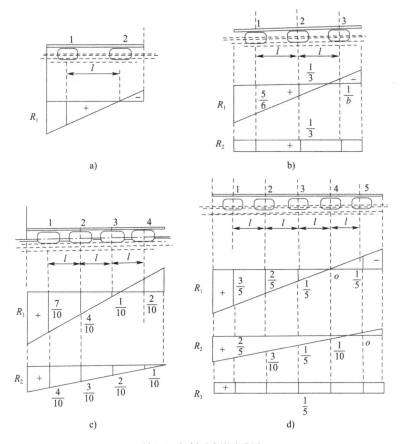

图 9-4 门桥反力影响线图

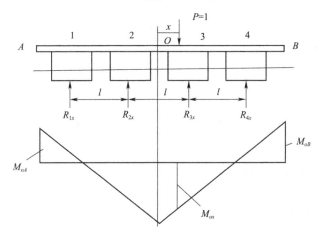

图 9-5 门桥桥跨中央点弯矩影响线图

用同样方法可求出三、四、五舟桥中央点弯矩影响线的各主要坐标值,见图9-6。由于桥桁在舟上一般采用舟舷支撑的方法,因此当门桥的舟数为奇数时(如三舟门桥、五舟门桥),和以上的计算稍有不同,这时中间舟的舟舷反力对门桥中央点产生一部分弯矩如图9-7所示,舟舷反力等于桥脚反力的一半。

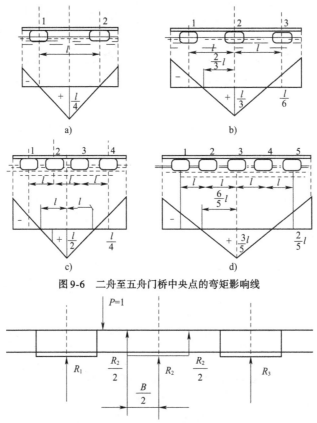

图 9-6 二舟至五舟门桥中央点的弯矩影响线

图 9-7 三舟门桥中间桥脚的舟舷反力图

如舟宽与跨度之比：

$$\eta = \frac{B}{l}$$

则三舟门桥桥跨中央点弯矩影响线坐标为：

当 $P=1$ 作用在桥脚 1 上时：$M_{21} = R_{11} \cdot l + R_{21} \cdot \frac{l}{4} \cdot \eta - 1 \cdot l = -\frac{l}{12}(2-\eta)$

当 $P=1$ 作用在桥脚 2 上时：$M_{22} = R_{12} \cdot l + R_{22} \frac{l}{4} \cdot \eta = \frac{l}{12}(4+\eta)$

用同样方法可求出五舟门桥中央点弯矩影响线坐标。

当 $P=1$ 作用在桥脚 1 上时：$M_{31} = -\frac{l}{20}(8-\eta)$

当 $P=1$ 作用在桥脚 2 上时：$M_{32} = \frac{l}{20}(2+\eta)$

当 $P=1$ 作用在门桥中央时：$M_{33} = \frac{l}{20}(12+\eta)$

这种弯矩影响线坐标比桥跨在舟上中央支撑的要大些。对于三舟门桥，增大 $\frac{\eta}{12}$；对于五舟门桥，增大 $\frac{\eta}{20}$（图 9-8）。

在假定桥跨为绝对刚体的情况下,桥跨中央点弯矩影响线的正段长度 λ_0 不难得出:
$$\lambda_0 = 4M_{00}$$
式中:M_{00}——门桥中部弯矩影响线的最大坐标。

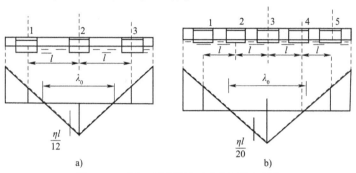

图9-8 三舟与五舟门桥中央点弯矩影响线图

这样,不论是几舟门桥,都可以作为二支点的梁来计算,其计算跨度为 $\lambda_0 = 4M_{00}$。

$$\left.\begin{array}{ll} 二舟门桥 & \lambda_0 = l \\ 三舟门桥 & \lambda_0 = \dfrac{1}{3}(4+\eta)l \\ 四舟门桥 & \lambda_0 = 2l \\ 五舟门桥 & \lambda_0 = \dfrac{1}{5}(12+\eta)l \end{array}\right\} \quad (9\text{-}8)$$

式中:l——门桥中桥脚轴线间的距离。

在近似估算中,可按下式计算:
$$\lambda_0 = \frac{m}{2}l$$

式中:m——门桥中桥脚舟数。

在活载作用下的桥跨弯矩可按下式计算:
$$M_2 = \frac{Q}{8}(2\lambda_0 - s) \tag{9-9}$$

式中:Q——活载全重;
λ_0——计算跨度;
s——履带接地长度。

静载作用下的桥跨中部的弯矩可按下式计算:
$$M_1 = \Omega_m \cdot g = \frac{gL_0}{8}(2\lambda_0 - L_0) \tag{9-10}$$

弯矩影响线总面积 $\Omega_m = \dfrac{1}{2} \cdot L_0 \cdot \dfrac{L_0}{4} - \dfrac{L_0 - \lambda_0}{4} \cdot L_0 = \dfrac{L_0}{8}(2\lambda_0 - L_0)$,因为 $2\lambda_0 - L_0$ 的值很小,而且有时候可能得出负值,所以在近似计算时由于自重引起的弯矩值可以忽略不计。

一根桥桁中的弯矩为:
$$M = \frac{M_1}{n} + KM_2 \tag{9-11}$$

式中：M_1——在静载作用下的桥跨中产生的弯矩；
M_2——在活载作用下的桥跨中产生的弯矩；
n——桥跨横断面中桥桁的数量；
K——横向分配系数。

横向分配系数用下式计算：
当桥桁的间距相同时：

$$K = \frac{1}{n}\left(1 + \frac{6e}{b_1} \cdot \frac{n-1}{n+1}\right) \qquad (9\text{-}12)$$

当桥桁的间距不同时：

$$K = \frac{1}{n} + \frac{eb_1}{\sum b^2} \qquad (9\text{-}13)$$

式中：b_1——边桁的间距；
b——对称于桥轴线的每对桥桁的间距；
e——活载重心对桥轴线的偏心矩。

门桥边桁的弯曲应力为：

$$\sigma = \frac{M}{W} \leq [\sigma]$$

式中：W——桥桁的断面系数；
$[\sigma]$——桥桁的容许应力。

对于长度为 L_0 的筏式门桥：

$$M_1 = 0$$
$$M_2 = \frac{Q}{8}(L_0 - S) \qquad (9\text{-}14)$$

在求筏式门桥中央点 O 的弯矩影响线时，如单位力 $P = 1$ 作用在距中央点 O 为 x，在不破坏平衡条件下，在 O 点作用两个等值反向的单位力 $P = 1$[图 9-9a)]，然后用中心力 $P = 1$ 和力偶 $M = 1 \cdot x$ 的组合作用来代替偏心力的作用。截面 O 内的弯矩由中心力引起的弯矩 M'_{0x} 和力偶 M''_{0x} 引起的弯矩叠加而成。

由中心力引起的弯矩等于作用在 O 点以左的浮力的合力 D' 引起的弯矩[图 9-9b)]：

$$M'_{0x} = D'_{c0} = \frac{1}{2}c_0$$

式中：c_0——门桥中心到半个水线面面积的重心的距离，在筏式门桥为 $\frac{L_0}{4}$。

由力偶作用的矩引起门桥倾斜，此时浮力图为两个三角形[图 9-9c)]，这些浮力的合力作用在三角形的重心处，并组成力矩 $D''a$ 与外力矩 $M = 1 \cdot x$ 平衡，即

$$D'' = \frac{x}{a}$$

由力偶引起的弯矩等于 O 截面以左的浮力的合力 D'' 的力矩和外力 $P = 1$ 引起的力矩之和，因此：

$$M''_{0x} = \frac{D''a}{2} - x = \frac{x}{2} - x = -\frac{x}{2}$$

单位偏心力作用引起的总弯矩等于：

$$M_{0x} = M'_{0x} + M''_{0x} = \frac{1}{2}(c_0 - x) = \frac{1}{2}\left(\frac{L_0}{4} - x\right)$$

上式是截面 O 的弯矩影响线左肢的方程式,右肢是和左肢对称的[图 9-9d]。

当 $x = 0$ 时: $\qquad M_{00} = \frac{1}{2}\left(\frac{L_0}{4} - 0\right) = \frac{L_0}{8}$

当 $x = \frac{L_0}{4}$ 时: $\qquad M_{0c_0} = \frac{1}{2}\left(\frac{L_0}{4} - \frac{L_0}{4}\right) = 0$

当 $x = \frac{L_0}{2}$ 时: $\qquad M_{0A} = M_{0B} = \frac{1}{2}\left(\frac{L_0}{4} - \frac{L_0}{2}\right) = -\frac{L_0}{8}$

门桥中央点弯矩影响线图见图 9-9d)。

因此门桥中央弯矩影响线与以门桥的半水线面面积重心为支点的刚性桥脚上的简支梁的跨中弯矩影响线具有相同的形状和纵坐标值[图 9-9e]。

静载是沿整个门桥长度假定为均匀分布的,在任一截面内,由静载所引起的弯矩都被浮力所引起的弯矩平衡,所以在门桥中央点由静载所引起的弯矩也就为零。在计算由活载所引起的弯矩时,将活载设置在门桥中央,由图 9-9e)即可得出式(9-14)。

$M'_{0x} = \frac{1}{2}(c_0 - x)$ 实际上就是各种门桥中央点弯矩影响线纵坐标的普通算式,将各 c_0 值代入后同样可作出图 9-6 的各影响线,c_0 值即各种门桥作为简支梁计算时的一半计算跨度。

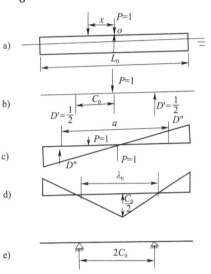

图 9-9 筏式门桥中央点弯矩影响线图

$$c_0 = \frac{\lambda_0}{2}$$

当 $x = 0$ 时: $\qquad M_{00} = \frac{1}{2}c_0$

$x = \frac{L_0}{2}$ 时: $\qquad M_{0A} = -\frac{L_0 - 2c_0}{4}$

9.2 码头计算

在用门桥进行渡河时,通常在两岸构筑码头来保证安全地装卸载重物。

码头一般作成固定桥脚码头或浮游桥脚码头,浮游桥脚码头的计算和铰接悬臂梁体系浮桥的浮游栈桥相似,可参阅第 9 章。本节只介绍固定桥脚码头的计算。

固定桥脚码头的计算与浮桥固定栈桥计算相似,只是在码头的桥桁末端增加了支架,门桥的一端支撑在支架上,码头支架顶面与门桥桥跨底面之间的间隙应该能够保证门桥装载后能自由地离开码头和停靠码头,即间隙 $h \geq T_2 + 0.02 \text{m}$;又应该保证门桥装载时边舟还有容许的干舷高度,$h \leq H - T_1 - h_0$;这样,门桥桥跨弯矩和桥脚吃水两方面都能保证不超过门桥未停靠码头时的弯矩和吃水,门桥就不必另行验算。以上确定 h 值范围的算式中,T_1 和 T_2 分别由静载引起的和由活载作用在门桥中央时引起的吃水深度,H 为舟有效高度,h_0 为容许干舷高度,在计算码头时,取:

$$h = T_2 \tag{9-15}$$

h 值的调整方法可通过在码头支架上增减桥板数目,当荷载 P 作用在门桥中央时:

$$T_2 = \frac{P}{\gamma F_m}$$

此时支架对门桥端部无反力,即 $Y=0$,当 P 距门桥中央为 x 时,支架上产生反力 Y,此反力可由门桥末端变位条件决定。门桥和码头简图如图 9-10 所示,支架反力 Y 图如图 9-11 所示。

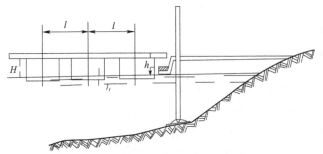

图 9-10 门桥和码头简图

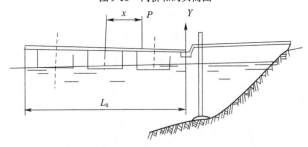

图 9-11 支架反力 Y 图

$$\left(\frac{P}{\gamma F_m} + \frac{P x L_0}{2 \gamma J_x \psi_x} \right) - \left(\frac{Y}{\gamma F_m} + \frac{Y L_0^2}{4 \gamma J_x \psi_x} \right) = \frac{P}{\gamma F_m} \tag{9-16}$$

式中:L_0——门桥全长;
  ψ_x——系数,取 1;
  J_x——门桥计算水线面面积的惯性矩;
  F_m——门桥计算水线面面积;
  γ——水的容量。

由单位力作用时,Y 值可用下式表示:

$$Y = \frac{2x}{L_0 + \dfrac{4\psi_x J_x}{L_0 F_m}}$$

因 $J_x = F_m r^2$,r 为门桥水线面面积惯性半径,$\psi_x = 1$,得:

$$Y = \frac{2 l_0 x}{L_0^2 + 4 r^2} \tag{9-17}$$

由式(9-17)可计算 Y 力影响线的坐标值。$x = 0$ 时,$Y = 0$,$x = \dfrac{L_0}{2}$ 时,$Y = \dfrac{L_0^2}{L_0^2 + 4r^2}$,见图 9-12a)。

利用 Y 值的影响线可以作出码头的桥脚反力和桥跨弯矩的影响线。桥脚 A 的反力影响线为[图 9-12b)]:

如 $P = 1$ 作用在码头范围内:
$P = 1$ 作用在桥脚 A 上,$A = 1$;
$P = 1$ 作用在桥脚 B 上,$A = 0$;
$P = 1$ 作用在支架悬臂 c' 上,$A = \dfrac{c' + l'}{l'}$。

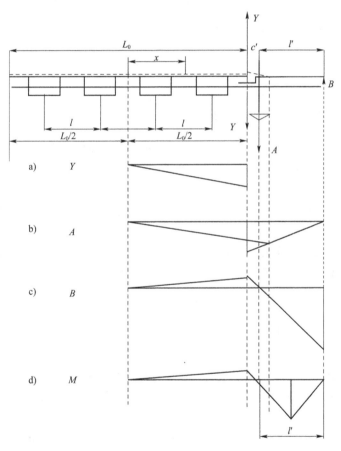

图 9-12 码头计算中各影响线图

如 $P = 1$ 作用在门桥范围内:
$P = 1$ 作用在门桥中央,$A = 0$。
$P = 1$ 作用在门桥端部,$A = \dfrac{c + l'}{l'} \cdot \dfrac{L_0^2}{L_0^2 + 4r^2}$。

桥脚 B 的反力影响线为[图 9-12c)]。
如 $P = 1$ 作用在码头范围内:

$P=1$ 作用在桥脚 B 上,$B=1$。

$P=1$ 作用在桥脚 A 上,$B=0$。

$P=1$ 作用在支架悬臂 c' 上,$B=-\dfrac{c'}{l'}$。

如 $P=1$ 作用在门桥范围内:

$P=1$ 作用在门桥中央,$B=0$。

$P=1$ 作用在门桥末端,$B=-\dfrac{c'}{l'}\cdot\dfrac{L_0^2}{L_0^2+4r^2}$。

码头桥跨中央的弯矩影响线为[图 9-12d)]。

如 $P=1$ 作用在码头范围内,则和一般简支梁相同,最大坐标在 $\dfrac{l'}{2}$ 处,$M=\dfrac{l'}{4}$。

$P=1$ 作用在支架悬臂 c' 上,$M=\dfrac{l'}{2}$。

如 $P=1$ 作用在门桥范围内:

$P=1$ 作用在门桥中央,$M=0$。

$P=1$ 作用在门桥末端,$M=-\dfrac{c'}{2},Y=-\dfrac{c'}{2}\cdot\dfrac{L_0^2}{L_0^2+4r^2}$。

以上影响线在支架有一突变,左边值为右边值乘一 Y 值,而 $Y<1$,实际荷载上下门桥时,往往铺上跳板,因此此坐标值不再产生突变,即图上虚线部分所示。

在 A、B 和 M 的影响线上布载,就可以求出在活载作用下的最大反力 A_2、B_2 和最大弯矩 M_2,然后和一般固定桥脚桥梁一样计算在静载作用下的反力 A_1、B_1 和弯矩 M_1,根据这些数值计算码头构件。

在桥脚 B 的反力影响线负段内布载就产生桥脚 B 的负反力 B_2',使整个码头有绕 A 点转动的情况,因此要使由码头桥跨静载产生的反力 B_1 和最大负反力 B_2' 之比满足以下条件:

$$\dfrac{B_1}{B_2'}\geqslant 1.15\sim 1.2$$

计算例题:计算三舟门桥的吃水和桥桁强度,如图 9-13 所示。

已知数据:

(1)荷载:履带式荷载全重 $Q=400\text{kN}$,履带接地长度 $S=4.0\text{m}$,活载宽度 $B_c=3.2\text{m}$。

(2)桥脚舟:闭口式舟,长 $L=14.57\text{m}$,宽 $B=2.2\text{m}$,计算舷高 $H=0.80\text{m}$,计算水线面面积 $F_0=29.8\text{m}^2$,自重 17.8kN。

(3)上部结构:桥桁数量 $n=12$ 根,型号为[18a,容许应力 $[\sigma]=340\text{MPa}$,每根桁的惯性矩 $J=1273\text{ cm}^4$,断面系数 $W=141.4\text{ cm}^3$,桥桁不等间距排列,$b_1=3.78\text{m}$,$b_2=2.94\text{m}$,$b_3=2.48\text{m}$,$b_4=1.63\text{m}$,$b_5=1.09\text{m}$,$b_6=0.25\text{m}$。上部结构自重为 5.5kN/m。

(4)三舟门桥跨度 $l=4.0\text{m}$,门桥全长 $L_0=12\text{m}$,车行部宽为 $b_0=3.84\text{m}$。

解:(1)桥脚吃水

由静载、活载引起的吃水由式(9-1)计算:

$$T_1=\dfrac{G}{\gamma F_m},\quad T_2=\dfrac{Q}{\gamma F_m},\quad G=mG_0+gL_0$$

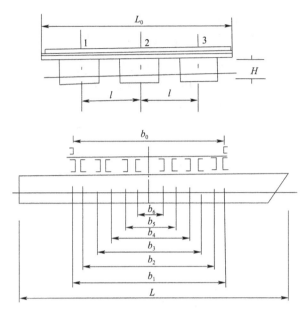

图 9-13 计算例题图

将 $m=3, G_0=17.8\mathrm{kN}, g=5.5\mathrm{kN/m}, L_0=12\mathrm{m}$ 代入得：

$$G = 3\times 17.8 + 5.5\times 12 = 119.4(\mathrm{kN})$$

$$F_\mathrm{m} = mF_0 = 3\times 29.8 = 89.4(\mathrm{m}^2)$$

$$T_1 = \frac{G}{\gamma F_\mathrm{m}} = \frac{119.4}{10\times 89.4} = 0.134(\mathrm{m})$$

$$T_2 = \frac{Q}{\gamma F_\mathrm{m}} = \frac{400}{10\times 89.4} = 0.447(\mathrm{m})$$

门桥总吃水：
$$T = T_1 + T_2 = 0.134 + 0.447 = 0.581(\mathrm{m})$$

$$[T] = \frac{4}{5}H = \frac{4}{5}\times 0.80 = 0.64(\mathrm{m})$$

$T<[T]$，且 $H-T = 0.80-0.581 = 0.219(\mathrm{m})>0.20\mathrm{m}$

由活载偏心引起的距门桥中心最远点的附加吃水计算：

$$e_x = \frac{b_0 - B_c}{2} = \frac{3.84 - 3.2}{2} = 0.32(\mathrm{m})$$

$$e_y = 1(\mathrm{m})$$

$$J_x = 2F_0 l^2 = 2\times 29.8^2 \times 4^2 = 953.6(\mathrm{m}^4)$$

$$J_y = 3J_y^0 = 3\times \frac{F_0 L^2}{12} = 3\times \frac{29.8\times 14.57^2}{12} = 1581.5(\mathrm{m}^4)$$

$$\psi_x = 1, \psi_y = 0.9$$

$$a_y = \frac{(n-1)l + B}{2} = \frac{(3-1)\times 4.0 + 2.2}{2} = 5.1(\mathrm{m})$$

$$b_x = \frac{L}{2} = \frac{14.27}{2} = 7.29(\mathrm{m})$$

$$\theta_x = \frac{Qe_y}{\gamma J_x \psi_x} = \frac{400 \times 1}{10 \times 953.6 \times 1} = 0.042$$

$$\theta_y = \frac{Qe_x}{\gamma J_y \psi_y} = \frac{400 \times 0.32}{10 \times 1581.5 \times 0.9} = 0.009$$

$$\Delta T_x = \theta_x a_y = 0.042 \times 5.1 = 0.214(\mathrm{m})$$

$$\Delta T_y = \theta_y b_x = 0.009 \times 7.29 = 0.066(\mathrm{m})$$

干舷高度：

$\Delta H = H - T - \Delta T_x - \Delta T_y = 0.80 - 0.581 - 0.214 - 0.066 = -0.061(\mathrm{m})$，超过容许值 $0.061\mathrm{m}$。

(2) 桥桁强度

由静载引起的弯矩：

$$\eta = \frac{B}{l} = \frac{2.2}{4} = 0.55 \quad \lambda_0 = \frac{1}{3}(4+\eta)l = \frac{1}{3} \times (4+0.55) \times 4 = 6.07(\mathrm{m})$$

$$M_1 = \frac{gL_0}{8}(2\lambda_0 - L_0) = \frac{5.5 \times 12}{8} \times (2 \times 6.07 - 12) = 1.155(\mathrm{kN \cdot m})$$

由活载引起的弯矩：

$$M_2 = \frac{Q}{8}(2\lambda_0 - s) = \frac{400}{8} \times (2 \times 6.07 - 4) = 407(\mathrm{kN \cdot m})$$

单根桥桁的弯矩：

$$K = \frac{1}{n} + \frac{eb_1}{\sum b^2} = \frac{1}{12} + \frac{0.32 \times 3.78}{3.78^2 + 2.94^2 + 2.48^2 + 1.63^2 + 1.09^2 + 0.25^2} = 0.12$$

$$M = \frac{M_1}{n} + KM_2 = \frac{1.155}{12} + 0.12 \times 407 = 48.9(\mathrm{kN \cdot m})$$

弯曲应力：

$$\sigma = \frac{M}{W} = \frac{48.9 \times 10^6}{141.4 \times 10^3} = 346.1(\mathrm{MPa})$$

σ 超过容许应力，但 $\frac{\sigma - [\sigma]}{[\sigma]} \times 100\% = \frac{346.1 - 340}{340} = 1.8\% < 5\%$，可认为仍然安全。

第10章　舟桥模块化设计

10.1　模块化的基本概念

10.1.1　模块(Module)

10.1.1.1　模块的概念

至今,国内外对模块化的研究已经非常广泛而深入,但对于模块的概念仍未有一个统一的定义,在各个应用领域中对模块的定义不同,并且带有很强的专业色彩。

百度百科上对模块一词的解释是:

模块　module;block

(1)在程序设计中,为完成某一功能所需的一段程序或子程序;或指能由编译程序、装配程序等处理的独立程序单位;或指大型软件系统的一部分。

模块有各种类型,如单元操作模块(换热器、精馏塔、压缩机等)、计算方法模块(加速收敛算法、最优化算法等)、物理化学性质模块(汽液相平衡计算、热焓计算等)等。

(2)可以组合和变换的标准单元硬件。模块,又称构件,是能够单独命名并独立地完成一定功能的程序语句的集合(即程序代码和数据结构的集合体)。它具有两个基本的特征:外部特征和内部特征。外部特征是指模块与外部环境联系的接口(即其他模块或程序调用该模块的方式,包括有输入输出参数、引用的全局变量)和模块的功能;内部特征是指模块的内部环境具有的特点(即该模块的局部数据和程序代码)。

(3)电路中将分立元件组成的电路重新塑封称为模块,如电源模块,它和IC本质上没什么区别,只是一般模块,适用于大功率电路,是"半集成电路",而且内面可能含有IC,而IC则是全集成电路。

(4)在韦氏英文的词典里,"模块"一词的第一条解释是"家具或建筑物里的一个可重用的标准单元"。

"模块"这个词作为标准化术语使用,最早见于《数据处理词汇　15部分　程序设计语言》(GB/T 5271.15—1986)中,其定义为:模块(module),程序单位(program unit),一种由多个过程或数据说明所组成的语言构成部分。

童时中认为,模块就是可以组合成系统、具有某种确定功能和接口结构的、典型的通用独立单元。

贾延林认为,模块是一组同时具有相同功能和相同结合要素(指联结部位的形状、尺寸和联结件之间的配合或接触参数),而具有不同性能或用途甚至不同结构特征但能互换的单元(零件、组件、部件或系统)。

Ulrich 认为,模块作为产品的组成部分,相对于产品来说是基本的、独立的功能单元,通过标准化的接口和相互作用可以组合成产品。

哈佛商学院院长吉姆·克拉克与前副院长卡利斯·鲍德温认为,模块是大系统的单元,这些单元虽然在结构上相互独立,但是共同发挥作用。

根据日本经济产业研究所所长、斯坦福大学的青木昌彦教授的界定,模块是指半自律性的子系统,通过和其他同样的子系统按照一定的规则相互联系而构成更加复杂的系统或过程。

10.1.1.2 模块的特点

根据以上的各种定义以及对模块的研究可以得出,模块通常是一个系统或构造的可替换的组合部件或独立集合单元,是为了容易装配或灵活使用而设计制成的,它具有独立(完整)性、通用性、组合性,并可与其他单元组合在一起构成一个更大的结构或系统。模块具有如下特点:

(1)独立性。

具有独立的功能和结构,可以进行单独的设计、运转或测试、制造、储备,可作为商品流通于市场。

(2)通用性。

具有广泛的功能或结构覆盖性,可以为构造多样化的系统提供功能或结构组件,从而构造出多样化的系统。

(3)组合性。

具有标准的功能和结构接口,通过简单的连接形式实现与系统成员的结构与功能集成,构造成新的功能和结构;也可以通过简单的逆过程把模块从系统中分解出来。

10.1.2 模块化(Modularity)

模块化,指的是在单元化的基础上,通过若干单元的有效组合形成模块或用模块构造更大的系统。模块化是在系统综合考虑技术和产品的构成结构的基础上,通过层次化和有序分解,便于整体和部分之间的优化组合,充分体现整体的协调性和灵活性,同时尽量使各部分具有相对独立性,以期达到简化系统设计、使构件得到重用以及便于集成组合和升级。模块化着眼于相似性和组合原则,合理平衡多样性和统一性的利弊,通过对复杂系统解耦简化并对组成部分合理封装,通过形成标准接口界面提高互换和升级便利性。模块化是面向大规模定制的产品平台和产品族设计的重要原则。

模块化是标准化适应新的社会发展而产生的,是更高级别的标准化形式。模块化继承了标准化的基本属性,具有以下特征:

(1)标准化。

标准化是模块化的主要特征。它们在目的性是上一致的,都是为了确保产品质量,提高生产效率;其次,模块化与标准化形式如典型化、通用化、系列化等存在着必然的联系。如典型化是模块化的前提,它们在作用和目的上是一致的。典型化的目的是使模块具有概括和代表同类事物的基本特征的性质,从而消除模块在功能上的不必要的重复性和多样性。

(2)组合化。

组合化是模块化的基本特征之一。模块化产品以模块化组件与模块化组件(或非模块组件)组合而成。标准化的模块接口是模块组合成产品(或系统)的基础。没有模块的组合,模块就不能结合成为具有特定功能的产品(或系统),这样产品组合的模块化也就失去了存在的意义。

(3)通用性。

通用性是模块化的又一基本特征。通用性以互换性为前提,是指在不同时间、不同地点制造出来的部件或零件,在装配时不必经过修整就能被任意替换使用。模块作为部件级的通用件,它以接口的标准化为基础,使得模块能够在不同的产品中使用,并且能够保证产品的功能完整和正常使用。产品的复杂程度越高,这种优越性就越突出。

10.1.3 模块化设计(Modular Design)

模块化设计是一种实用的设计方法学,可以有效地解决标准化与多样化之间的矛盾。模块化设计是在对一定范围内的不同功能或相同功能不同性能、不同规格的产品进行功能分析的基础上,划分并设计出一系列功能模块,通过模块的选择和组合来构成不同产品,以满足市场不同需求的一种设计方法。在模块化设计中,改变一个模块对其他部件的影响较小,通过把产品分解为模块这一子系统,设计者、制造者和用户都获得了很高的灵活性;而不同模块供应商可以同步进行模块的设计与制造,可以为系统的集成节约大量时间;况且通过模块的不同组合可以形成形态多样化的产品。

根据克拉克与鲍德温的理论,可将模块化设计归结为"模块化123",即一个可模块化的系统是在两套规则作用下,通过三个核心要素而形成。一个可模块化的系统是指系统本身是可拆分的,否则无法进行模块化设计。两套规则:一是明确规定的规则,又称为"看得见的设计规则",是界定模块之间关系的规则;二是隐形的设计规则,也叫"看不见的设计规则",是一种仅限于一个模块之内而对其他模块的设计没有影响的规则,允许和鼓励模块设计人员在遵循第一类设计规则的前提下自由发挥对模块内的设计。三个核心要素:一是结构,确定哪些模块是系统的构成要素,它们是怎样发挥作用的;二是界面,详细规定模块如何相互作用,模块之间的相互位置如何安排、联系,如何交换信息;三是标准,检验模块是否符合设计规则,衡量模块的性能。

在具体设计过程中,模块化的关键在于界定模块并制定明确的设计规则,模块化设计的关键点与难点在于对系统的功能性分析。"模块化123"概括了模块设计的一般方法,但在具体设计过程中,其关键点与难点在于系统的总设计者必须确定整体结构、规定什么是模块、有多少模块、各模块的功能如何;确定模块之间相互作用的共同界面;建立模块功能和表现的评价体系。这就需要对系统有着深刻理解,并且运用系统的功能主义分析方法对系统进行功能性分析与分解。系统的设计者为了确定能使模块发挥整体作用的看得见的设计规则,必须精通产品和整个生产过程的内部作用。

模块化设计的一个重要特点是它将设计参数分为可见参数和隐藏参数两类。隐藏参数对设计的其他部分来说是独立的,隐藏参数也可以改变。模块化设计和任务结构的适应性

很强,如果后来出现新技术,从而获得隐藏模块设计的更好解决方案,那么模块会比较直接地将新方案纳入进来,而不用改变系统的其他部分。能够包容不确定性,是模块化设计的独特特点。

在面向模块化设计时,应考虑以下若干基本准则:

(1)标准化、通用化、组合化准则

模块化既是一种产品开发设计方法,也是一种思维方式和一种设计过程。通过对舟桥装备进行系统的分析和综合研究,把其中相同或相似功能的基本单元加以分离筛选,按照标准化原则进行统一、归并、简化,结合当前技术和方法中符合未来发展趋势的合理化(优化重组)准则,来设计通用化的以独立形式存在的基本单元模块,然后再按一系列合理化的组合原则(规则),将模块组合成多种功能和结构各异的新产品。从技术发展观点来看,新的模块化努力,实际上都是为适应新发展而产生的更高层次的标准化努力。

(2)多样化准则

模块化设计的一个重要原则是,应符合提高和完善面向产品(也可以认为是用户需求)多样化的需求。通过模块化来实现产品的多样化,通常的方式有:

①采用通用的模块和连接方式来组合基本的产品。

②采用通用的模块为主和专用的模块相结合来组合专用要求的产品。

③采用通用模块变形来形成有局部变形功能需求的产品。

④通过基于通用模块或完全创新的方法形成新的产品等。

10.1.4 模块化的设计规则(Design Rules)

模块化的过程一般可分为三个阶段:设计规则阶段,为所有模块提供相应的输入参数;独立并行的设计行动阶段,每个模块中的工作都是独立进行的;系统集成与测试阶段,所有部分汇成整体并进行调试。在具体设计过程中,模块化的关键在于界定模块并制定明确的设计规则。

今天的电脑,尽管品牌、型号和用途等可以不同,但是它们都是可以兼容的,尽管你的电脑与其他人使用的电脑是不同公司的产品,但其操作系统、处理器、软件等是可以兼容的,因此,我们可以使用不同的电脑,而无须重新改写原来的程序或软件。可是,早在 IBM 推出 360 电脑系统之前,IBM 与其他主机生产商的电脑机型却都是不可通用的,这当然给顾客带来了极大的麻烦。

为了克服这个缺陷,IBM 的设计者在不同型号的电脑之间的兼容性问题上做了一个大胆的尝试,也就是在设计上创造性地采用了模块化原理:将设计规则分成两类,一类是预先制定的设计规则,它由 IBM 决定并向参与设计者们公布与宣传。这个预先制定的规则包括确定哪些模块、详细规定模块之间如何安排和联系在一起(即确定所谓的"界面")以及用于衡量模块的标准等。另一类规则可称为自由的设计规则或者叫"看不见的设计规则",它允许和鼓励设计人员在遵循第一类设计规则的条件下自由发挥对模块内的设计。IBM 做了这样的模块化设计之后,新的系统与现存的软件之间的兼容性问题得到了解决。只要遵循设计的规则(标准、尺寸与界面等),从而使得模块之间能够正确地发挥作用,各个独立的企业现在可以自由地使用自己独特的工艺方法来开发自己的模块,甚至可以设计和制造与 IBM

兼容的外接的模块,如打印机、存储器、软件乃至CPU。有了设计和制造的戏剧性的模块化,特别是有了设计上的自由规则的那一部分,才有可能使研发独立的"模块"的队伍壮大并展开模块内部的竞争,才使得信息产业在近几十年取得了突飞猛进的发展。

10.1.5 舟桥模块化中的设计规则

模块化的设计规则包含有两套规则:一是明确规定的规则,又称为"看得见的设计规则"或"明确的规则",是界定模块之间关系的规则;二是隐形的设计规则,也叫"看不见的设计规则"或"隐形的规则",是一种仅限于一个模块之内而对其他模块的设计没有影响的规则,允许和鼓励模块设计人员在遵循第一类设计规则的前提下自由发挥对模块内的设计,而不必考虑其他模块的设计思路。舟桥模块化设计中首先应当明确制定的设计规则属于前一种规则。

由于模块的根本特征是,它们之间是相互独立的、只受一组通用设计规则的约束,模块化之后,各个模块的发展就完全独立于其他模块之外。除了可以对模块进行局部的优化外,还可以大量利用新技术,对整个模块进行升级甚至换代。设计人员遵守"明确的规则",确保模块之间能够正确地发挥作用,发挥"隐形的规则",自由、广泛地尝试各种方法,从而导致模块创新的速度显著提高。

目前我军的舟桥由于在开展设计时没有基于模块化设计思想的总体规划,所以目前各种装备之间基本没有联系,导致舟桥型号多、通用性和兼容性差,给部队的作战训练、维修管理带来不便。舟桥的组合性、通用性和互换性使其具有实现模块化的潜力和需求,而军事技术发达的国家在舟桥模块化方面已经取得了实质性的进展。应当通过区分"明确的规则"和"隐形的规则"来实现模块化,在遵守"明确的规则"的前提下,将舟桥设计和构造成能更换模块组件的系统。

我军舟桥装备经历了60多年的发展,从仿制和参照设计到自行设计,目前关于舟桥设计的技术储备已经增长到可以建立起一系列"明确的设计规则"(下文一律简称"设计规则")的程度。

为新型舟桥制定的完备的设计规则应当充分阐述以下几类设计信息:第一,系统结构,即渡河桥梁系统的各部分是何种模块、它们扮演何种角色、怎样发挥作用;第二,接口设计,即描述不同模块之间如何相互作用,包括它们之间如何匹配、连接、传递信息等;第三,集成检测标准,即渡河桥梁系统如何运行、检验模块是否符合设计规则、如何衡量模块的性能等方面的规定。

需要注意初次模块化一个不易察觉到的不利方面,即设计规则中的缺陷只有在设计过程的很晚阶段才能显露出来。设计规则一旦齐备,单个模块上的工作就开始独立进行,在一段时间内看起来会很顺利。只有到了把模块聚在一起以便最终集成和测试的时候,模块之间尚未预见到的相互依赖关系才会暴露出来。假如缺陷涉及系统的重要部分,就必须重新设计,因此新型舟桥的模块化能否成功取决于设计规则的质量。

10.2 新型舟桥的模块化设计规则

为新型舟桥制定的完备的设计规则应当充分阐述:系统结构,即新型舟桥的各部分是何种模块、它们扮演何种角色、怎样发挥作用;接口设计,即描述不同模块之间如何相互作用,包括它们之间如何匹配、连接、传递信息等;集成检测标准,即新型舟桥如何运行、检验模块是否符合设计规则、如何衡量模块的性能等方面的规定。本章将尝试从这三个方面着手,讨论建立新型重型舟模块化设计规则的方法。

10.2.1 系统结构

建立系统结构主要是对新型舟桥进行模块划分。当前国内外很多学者对于模块的划分的方法进行了深入的研究。文献通过衡量组件相似度来划分模块;文献提出启发式搜索方法,通过分析产品功能流图中存在的主流、分支流和转换流来完成模块划分;文献利用定义在几种基本产品结构上的"积木块"来划分复杂产品中的模块;文献通过测量各种功能输入和输出之间的距离,并利用一个系统图来描述产品模块的分布;天津大学的姜慧等人提出了通过建立全系列模块化矩阵和计算子功能之间相关度来进行模块划分的方法;大连理工大学的王海军等人提出了运用层次分析法对零部件全生命周期中的功能、物理和辅助特性进行分析,建立零部件之间的关系矩阵,并采用模糊树图理论把待配置的零部件聚合成模块的方法。

根据模块划分原则,结合目前我军现有新型舟桥自身的结构特点、未来高技术战争的特点,以及综合设计师们在设计以前新型舟桥的长期经验基础上,提出舟桥模块化设计时应该遵循的模块划分的基本原则:

(1)完整性原则:不管怎样进行模块划分,首先也必须保证划分的模块最后能完整地实现新型舟桥的总功能。

(2)通用性原则:新型舟桥完成渡河保障任务时主要取决于其最大允许荷载以及适应流速等,在战时某一类器材受损伤或保障对象的影响不能单独保障时,能够同别的型号器材通用的模块,在划分时就应该在不同型号之间统一这类主要关键部件,不一定要在主参数上达到一致,但是对于功能要求尽量达到划分一致,这样就能在新型舟桥的设计时充分利用模块的遗传特点。

(3)实用性原则:新型舟桥作为复杂的机械产品,重量重,它在保障过程中费时又费力。在设计中充分考虑到模块的划分,争取达到通过少量模块之间的互换、组合或是添加某一模块就能构成具有新的功能的产品,而不必将某一个复杂的模块拆卸再重新连接;系统出现问题时,能很快地检测到出问题的模块,而且能够快速地实现更换。

(4)可发展原则:现在科学技术日新月异,随着我国经济水平的不断提高,新材料、新技术、新工艺将会运用到工业上来,特别是信息技术不断提高,对于这类模块,在划分时应该作为一个单独的模块。

(5)灵活性原则:每个系统都可以从不同角度化为不同的层次,而每个行业中也具有不同的标准,新型舟桥是很多专业产业的复合产品,划分时要充分考虑模块的兼容性,在别的行业中已有的模块,在设计时可以拿过来改变其某一零件或组件就能得到我们需要的模块时,可以将这类模块直接作为一个单独的模块;而比如该模块和舟桥系统中已有的模块装配在一起或是需配作,则应划到一起;对于某些有特殊要求而且不利于模块化设计功能,就不能强行地划为一个模块,比如伪装功能仅仅是一功能,就没有明显的结构模块能与之对应

(6)标准化原则:是指模块的结构标准化,尤其是接口标准化。模块化设计所依赖的是模块的组合,显然,为了保证不同功能模块的组合和相同功能模块的互换,模块应具有可组合性和可互换性两个特征,而这两个特征主要体现在接口上,必须提高其标准化、通用化、规格化的程度,从而便于连接和分离。

本书主要采用模糊层次分析法来进行计算。模糊层次分析法是在层次分析法的基础上,利用模糊数学在层次分析法的计算部分进行了改进,改进后的模糊层次分析法十分简单,也更准确,可使更多的非数学工作者,特别是行政工作者易于掌握、便于应用。

10.2.1.1 结构单元的关系矩阵建立

(1)相关度。

恰当地描述出结构单元之间的相互关系需要综合考虑零部件之间的相似特性,即功能、物理以及几何特性的相关度。功能相关指结构单元完成所属系统功能时存在着配合、依赖、先后等关系;物理相关指结构单元之间存在着能量流、信息流、物料流等的传递关系;几何相关指结构单元存在着尺寸、接口以及排列顺序、装配形式等方面的相互关系。将功能相关度编号为1、物理相关度编号为2、几何相关度编号为3。

可以采用层次分析法进行结构单元的相似特性分析。层次分析法(Analytic Hierarchy Process,AHP)是美国学者 Saaty 教授于 20 世纪 70 年代创立的,AHP 法是对定性问题进行定量分析的一种实用有效的多准则决策方法。其特点是:把复杂问题中的各种因素通过划分为相互联系的有序层次,使之条理化。

为了描述单元之间相应于功能、物理和几何特性交互作用的强弱,需要以定量的方式进行描述。表 10-1 以 [0,1] 区间的平均分布数值来定义对应于各个相似特性的任意两个单元之间的模糊关系。

结构单元模糊关系数值定义 表 10-1

序号	关系类型	交互数值	关系描述
01	极强	1	不可拆分,需要装配在一起
02	亲密	0.8	连接紧密,关联性强
03	适中	0.6	有一定相互作用和关联度
04	一般	0.4	关系疏松,互作用性较弱
05	较弱	0.2	基本上独立
06	无	0	无联系

参照表中所定义的结构单元模糊交互关系得出一个结构单元 m_i 与另一个结构单元 m_j 之间的综合交互值 A_{ij};设结构单元之间相关类型有 n 种,结构单元关于第 k 种相似特性的相关度为 A_{ij}^k,第 k 种相关度的权重值为 w_k,则经过加权平均之后的结构单元 m_i 与结构单元 m_j 的相关度为:

$$A_{ij} = \sum_{k=1}^{n} A_{ij}^k \cdot w_k \tag{10-1}$$

结构单元的相似特性权重分配满足下列约束条件:

$$\sum_{k=1}^{n} w_k = 1$$

显然相关度具有如下性质:$0 \leqslant A_{ij} \leqslant 1; A_{ii} = 1; A_{ij} = A_{ji}$。
由此可以形成所有结构单元之间的关系矩阵 S:

$$S = \begin{bmatrix} A(1,1) & A(1,2) & \cdots & A(1,n) \\ A(2,1) & A(2,2) & \cdots & A(2,n) \\ \cdots & \cdots & \cdots & \cdots \\ A(n,1) & A(n,2) & \cdots & A(n,n) \end{bmatrix} \tag{10-2}$$

(2)权重值。

求不同相关性准则的权重值 w_k 的具体步骤为:

①模糊判断矩阵的建立。

模糊判断矩阵 F 表示元素 $a_1, a_2, \cdots, a_n$ 之间相对重要性的比较,模糊判断矩阵可表示为:

$$F = \begin{bmatrix} f_{11} & f_{12} & \cdots & f_{1n} \\ f_{21} & f_{22} & \cdots & f_{2n} \\ \cdots & \cdots & \cdots & \cdots \\ f_{n1} & f_{n2} & \cdots & f_{nn} \end{bmatrix} \tag{10-3}$$

其中,f_{ij} 表示元素 a_i 同 a_j 进行比较时,元素 a_i 和元素 a_j 具有模糊关系"…比…重要得多",为了进行定量的对比,采用三标度法给予判定:

$$f_{ij} = \begin{cases} 0, & \text{当 } a_i \text{ 没有 } a_j \text{ 重要时} \\ 0.5, & \text{当 } a_i \text{ 和 } a_j \text{ 同等重要时} \\ 1, & \text{当 } a_i \text{ 比 } a_j \text{ 更重要时} \end{cases} \tag{10-4}$$

将功能相关度编号为 1、物理相关度标号为 2、几何相关度标号为 3,则可建立它们之间的模糊判断矩阵:

$$F = \begin{bmatrix} 0.5 & 1 & 1 \\ 0 & 0.5 & 1 \\ 0 & 0 & 0.5 \end{bmatrix} \tag{10-5}$$

②模糊一致矩阵的建立。

利用行和公式 $r_i = \sum_{j=1}^{n} f_{ij}$,再用转换公式 $r_{ij} = \frac{r_i - r_j}{2n} + 0.5$ 将模糊优先关系矩阵 F 转换成模糊一致性关系矩阵 R:

$$R = \begin{bmatrix} r_{11} & r_{12} & \cdots & r_{1n} \\ r_{21} & r_{22} & \cdots & r_{24} \\ \cdots & \cdots & \cdots & \cdots \\ r_{n1} & r_{n2} & \cdots & r_{nn} \end{bmatrix} \tag{10-6}$$

依据前面已得的模糊判断矩阵可得 $r_1 = 2.5, r_2 = 1.5, r_3 = 0.5$,代入模糊一致性关系矩阵:

$$R = \begin{bmatrix} 0.5 & 0.6667 & 0.8333 \\ 0.3333 & 0.5 & 0.6667 \\ 0.1667 & 0.3333 & 0.5 \end{bmatrix} \tag{10-7}$$

③求权重值。

由一致矩阵的元素可以求得各因素的权重,计算排序向量的方法有行和归一法和方根法。本书采取方根法:

$$S_i = \sqrt[n]{\prod_{j=1}^{n} r_{ij}} \tag{10-8}$$

由模糊一致性关系矩阵计算可得:$S_1 = 0.6525, S_2 = 0.4807, S_3 = 0.3029$。

$$w_i = S_i / \sum_{i=1}^{n} S_i \tag{10-9}$$

则计算得出三种相关度的权重依次为:$w_1 = 0.4543, w_2 = 0.3348, w_3 = 0.2109$,权重向量 $W = (w_1, w_2, \cdots, w_n) = (0.4543, 0.3348, 0.2109)$。

由于权重系数的精确性对于判断单元的独立性有着相当重要的影响,因此将此权向量作为迭代初值 V_0,采用特征值法进行进一步的计算,为了增加权重的精确度,本书取 $\varepsilon = 0.001$。

首先利用转换公式 $p_{ij} = r_{ij}/r_{ji}$ 将互补性模糊一致判断矩阵 $R = (r_{ij})_{n \times n}$ 转换成反互补性模糊判断矩阵 $P = (p_{ij})_{n \times n}$。

$$P = \begin{bmatrix} 1 & 2 & 5 \\ 0.5 & 1 & 2 \\ 0.2 & 0.5 & 1 \end{bmatrix} \tag{10-10}$$

利用迭代公式:

$$V_{k+1} = EV_k \tag{10-11}$$

将 $V_0 = W^T = (0.4543, 0.3348, 0.2109)^T$ 作为迭代初值代入,可得:

$$V_1 = EV_0 = \begin{bmatrix} 1 & 2 & 5 \\ 0.5 & 1 & 2 \\ 0.2 & 0.5 & 1 \end{bmatrix} \begin{bmatrix} 0.4543 \\ 0.3348 \\ 0.2109 \end{bmatrix} = \begin{bmatrix} 2.1783 \\ 0.9837 \\ 0.4691 \end{bmatrix}$$

则可求得 V_1 的无穷范数:

$\|V_1\|_\infty = \underset{1 \leq j \leq n}{Max} \sum |v_i| = 2.1783$;$\|V_0\|_\infty = \underset{1 \leq j \leq n}{Max} \sum |v_i| = 0.4543$;

$\|V_1\|_\infty - \|V_0\|_\infty = 1.7240 \gg \varepsilon$,这表明经过一次迭代还远远达不到精度要求,因此以 $V_0^1 = \dfrac{V_1}{\|V_1\|_\infty} = \left(\dfrac{V_{11}}{\|V_1\|_\infty} \quad \dfrac{V_{12}}{\|V_1\|_\infty} \quad \dfrac{V_{13}}{\|V_1\|_\infty}\right)^T = (1 \quad 0.4516 \quad 0.2154)^T$ 作为新的初值代入:

$V_2 = EV_1 = \begin{bmatrix} 1 & 2 & 5 \\ 0.5 & 1 & 2 \\ 0.2 & 0.5 & 1 \end{bmatrix} \begin{bmatrix} 1 \\ 0.4516 \\ 0.2154 \end{bmatrix} = \begin{bmatrix} 2.9800 \\ 1.3823 \\ 0.6412 \end{bmatrix}$,$\|V_2\|_\infty = 2.9800$,则可求得 $\|V_2\|_\infty - $

$\|V_1\|_\infty = 0.8017 \gg \varepsilon$,仍需迭代,新的初值为:

$$V_0^2 = \dfrac{V_2}{\|V_2\|_\infty} = (1 \quad 0.4639 \quad 0.2152)^T, \text{代入得:}$$

$V_3 = EV_2 = \begin{bmatrix} 1 & 2 & 5 \\ 0.5 & 1 & 2 \\ 0.2 & 0.5 & 1 \end{bmatrix} \begin{bmatrix} 1 \\ 0.4639 \\ 0.2152 \end{bmatrix} = \begin{bmatrix} 3.0035 \\ 1.3942 \\ 0.6471 \end{bmatrix}$,$\|V_3\|_\infty = 3.0035$,则可求得 $\|V_3\|_\infty - $

$\|V_2\|_\infty = 0.0235 > \varepsilon$,再次迭代,新的初值为:

$V_0^3 = (1 \quad 0.4642 \quad 0.2154)^T$，代入得：

$$V_4 = EV_3 = \begin{bmatrix} 1 & 2 & 5 \\ 0.5 & 1 & 2 \\ 0.2 & 0.5 & 1 \end{bmatrix} \begin{bmatrix} 1 \\ 0.4642 \\ 0.2154 \end{bmatrix} = \begin{bmatrix} 3.0056 \\ 1.3951 \\ 0.6475 \end{bmatrix}, \|V_4\|_\infty = 3.0056，则可求得 \|V_4\|_\infty -$$

$\|V_3\|_\infty = 0.0021 > \varepsilon$，再次迭代，新的初值为：

$V_0^4 = (1 \quad 0.4642 \quad 0.2154)^T$，注意此时 $V_0^4 = V_0^3$，说明经过 4 次迭代后，精度已经满足要求，无须进一步迭代。将 V_4 进行归一化处理就得到了所需的三种相关度的权重值，分别为：

$w_1 = 0.5954$——功能相关性准则的权重；

$w_2 = 0.2763$——物理相关性准则的权重；

$w_3 = 0.1283$——几何相关性准则的权重。

(3) 关系矩阵生成。

由于舟桥辅助器材及专有模块与基本结构联系相对较为薄弱，为简化设计，可以运用排除操作，暂不考虑。将新型舟桥的主要结构单元进行编码，见表 10-2。

新型舟桥主要单元编码　　　　　　　　　　　　　　　　表 10-2

编码	对应单元	编码	对应单元	编码	对应单元
01	中间桥节	06	锚定首舟	11	指挥车
02	展直桥节	07	锚定中舟	12	军用移动电脑
03	端桥节	08	尾舟	13	电台1(大)
04	桥脚首舟	09	底盘车	14	电台2(小)
05	桥脚中舟	10	装卸载机构	15	对讲机

根据表中给出的单元之间模糊关系的数值定义，新型舟桥的任意两个结构单元 i、j 关于第 k 种相似特性的相关度 A_{ij}^k 可通过专家估测法进行统计（表 10-3～表 10-5）。

新型舟桥主要结构单元关系子矩阵 S_1　　　　　　　　　　表 10-3

S_1	01	02	03	04	05	06	07	08	09	10	11	12	13	14	15
01	1	0.8	0.2	0.4	0.6	0.4	0.4	0.4	0.4	0.4	0.2	0.2	0.2	0.2	0.4
02		1	0.8	0.4	0.6	0.4	0.4	0.4	0.4	0.4	0.2	0.2	0.2	0.2	0.4
03			1	0.4	0.6	0.4	0.4	0.4	0.4	0.4	0.2	0.2	0.2	0.2	0.4
04				1	0.8	0.4	0.6	0.4	0.4	0.4	0.2	0.2	0.2	0.2	0.4
05					1	0.4	0.4	0.4	0.4	0.4	0.2	0.2	0.2	0.2	0.4
06						1	0.8	0.6	0.4	0.4	0.2	0.2	0.2	0.2	0.4
07							1	0.8	0.4	0.4	0.2	0.2	0.2	0.2	0.4
08								1	0.4	0.4	0.2	0.2	0.2	0.2	0.4
09									1	0.8	0.2	0.2	0.2	0.2	0.4
10										1	0.2	0.2	0.2	0.2	0.2
11											1	0.8	0.6	0.4	0.4
12												1	0.8	0.6	0.6

续上表

S_1	01	02	03	04	05	06	07	08	09	10	11	12	13	14	15
13													1	0.8	0.6
14														1	0.8
15															1

新型舟桥主要结构单元关系子矩阵 S_2 表10-4

S_2	01	02	03	04	05	06	07	08	09	10	11	12	13	14	15
01	1	0.6	0.2	0.2	0.4	0.2	0.2	0.2	0.4	0.6	0.2	0.2	0.2	0.2	0.2
02		1	0.8	0.2	0.6	0.2	0.2	0.2	0.4	0.6	0.2	0.2	0.2	0.2	0.2
03			1	0.2	0.8	0.2	0.2	0.2	0.4	0.6	0.2	0.2	0.2	0.2	0.2
04				1	0.8	0.2	0.2	0.6	0.4	0.6	0.2	0.2	0.2	0.2	0.2
05					1	0.2	0.2	0.8	0.4	0.6	0.2	0.2	0.2	0.2	0.2
06						1	0.6	0.6	0.4	0.6	0.2	0.2	0.2	0.2	0.2
07							1	0.8	0.4	0.6	0.2	0.2	0.2	0.2	0.2
08								1	0.4	0.6	0.2	0.2	0.2	0.2	0.2
09									1	0.8	0.2	0.2	0.2	0.2	0.2
10										1	0.2	0.2	0.2	0.2	0.2
11											1	0.6	0.8	0.8	0.4
12												1	0.6	0.6	0.8
13													1	0.6	0.8
14														1	0.8
15															1

新型舟桥主要结构单元关系子矩阵 S_3 表10-5

S_3	01	02	03	04	05	06	07	08	09	10	11	12	13	14	15
01	1	0.8	0.8	0.4	0.4	0.4	0.4	0.4	0.6	0.6	0.2	0.2	0.2	0.2	0.2
02		1	0.8	0.4	0.4	0.4	0.4	0.4	0.6	0.6	0.2	0.2	0.2	0.2	0.2
03			1	0.4	0.4	0.4	0.4	0.4	0.6	0.6	0.2	0.2	0.2	0.2	0.2
04				1	0.8	0.6	0.6	0.6	0.6	0.6	0.2	0.2	0.2	0.2	0.2
05					1	0.8	0.6	0.8	0.6	0.6	0.2	0.2	0.2	0.2	0.2
06						1	0.8	0.6	0.6	0.6	0.2	0.2	0.2	0.2	0.2
07							1	0.8	0.6	0.6	0.2	0.2	0.2	0.2	0.2
08								1	0.6	0.6	0.2	0.2	0.2	0.2	0.2
09									1	0.8	0.2	0.2	0.2	0.2	0.2
10										1	0.2	0.2	0.2	0.2	0.2
11											1	0.4	0.4	0.4	0.2

续上表

S_3	01	02	03	04	05	06	07	08	09	10	11	12	13	14	15
12												1	0.4	0.4	0.4
13													1	0.4	0.4
14														1	0.2
15															1

根据式(10-1)、式(10-2)并结合相似关系子矩阵 S_1 - S_3 可得任意两个结构单元 i、j 之间的综合交互值的统一表达形式为：

$$A(i,j) = (w_1, w_2, w_3)(a_1(i,j), a_2(i,j), a_3(i,j))^T$$
$$= 0.5954 a_1(i,j) + 0.2763 a_2(i,j) + 0.1283 a_3(i,j)$$

例如,中间桥节和端桥节的综合交互值为：

$$A(1,3) = 0.5954 \times 0.2 + 0.2763 \times 0.2 + 0.1283 \times 0.8 = 0.2770$$

由此可得到新型舟桥系统中结构单元之间的关系矩阵 S,如表10-6所示。

新型舟桥主要单元关系矩阵 S　　　　　表10-6

S	01	02	03	04	05	06	07	08	09	10	11	12	13	14	15
01	1	0.7447	0.2770	0.3447	0.5191	0.3447	0.3447	0.3447	0.4257	0.4809	0.2	0.2	0.2	0.2	0.3191
02		1	0.8	0.3447	0.5743	0.3447	0.3447	0.3447	0.4257	0.4809	0.2	0.2	0.2	0.2	0.3191
03			1	0.3447	0.6296	0.3447	0.3447	0.3447	0.4257	0.4809	0.2	0.2	0.2	0.2	0.3191
04				1	0.8	0.3704	0.3704	0.6	0.4257	0.4809	0.2	0.2	0.2	0.2	0.3191
05					1	0.3961	0.3704	0.8	0.4257	0.4809	0.2	0.2	0.2	0.2	0.3191
06						1	0.7447	0.6	0.4257	0.4809	0.2	0.2	0.2	0.2	0.3191
07							1	0.8	0.4257	0.4809	0.2	0.2	0.2	0.2	0.3191
08								1	0.4257	0.4809	0.2	0.2	0.2	0.2	0.3191
09									1	0.8	0.2	0.2	0.2	0.2	0.3191
10										1	0.2	0.2	0.2	0.2	0.2
11											1	0.6934	0.6296	0.5105	0.3743
12												1	0.6934	0.5743	0.6296
13													1	0.6934	0.6296
14														1	0.7230
15															1

10.2.1.2　基于模糊树图的模块划分

(1)图论的基本知识。

定义1:称一个有序的三元组 $G = (V(G), E(G), \varphi_G)$ 为一个图,其中 $V(G)$ $(V(G) \neq \phi)$ 成为顶点集合;$E(G)$ 是一个对象之间的连线集,$E(G)$ 的元素叫边;$V(G) \cap E(G) = \phi$;φ_G 是从集合 $E(G)$ 到 $V(G) \times V(G)$ 的一个映射,称作是 G 的关联函数,其定义域是 $E(G)$,$\forall e \in E(G)$,∃唯

一的顶点 u,v 使得 $\varphi_G(e)=uv$；当 u,v 无序时 G 为无向图，否则为有向图；如果 $|V(G)|=\nu$，$|E(G)|=\varepsilon,\nu<+\infty,\varepsilon<+\infty$，称 G 为有限图，否则成为无限图。

定义2：设在图 $G=(V(G),E(G),\varphi_G)$ 中任意两个顶点都有连通的时候，称 G 为连通图。

定义3：一个不含回路的连通图称为树，记为 T。当树为连通图 G 的子图且 $V(G)=V(T)$ 时，称 T 为 G 的生成树。

定义4：模糊图 $\tilde{G}$ 是一个有序的三元组 $\tilde{G}=(G,\sigma,\mu)$，其中 $G=(V(G),E(G),\varphi_G)$ 是一个无向有限图。

设 $\tilde{T}=(T,\sigma,\mu)$ 是 $\tilde{G}$ 的模糊图生成树，如果对于 $\tilde{G}$ 的任意生成树 $\tilde{T}'=(T',\sigma,\mu)$ 满足下列约束条件：

$$\sum_{\sigma\in E(T)}\mu(e)\geqslant\sum_{\sigma\in E(T')}\mu(e)$$

则 $\tilde{T}$ 称为模糊图 $\tilde{G}$ 的最大生成树。

$\tilde{G}$ 的最大生成树 $\tilde{T}$ 实质上描述顶点集 $V(G)$ 上一个模糊等价关系，能够确定一个模糊分类，由此可以根据模糊最大生成树对给定产品进行模块创建。可以按照以下步骤形成模糊最大生成树：

步骤1：给定模块创建对象为单元集合 $C=\{C_1,C_2,\cdots,C_N\}$ 对应的相似矩阵为式(3-2)中的 $S=[A(i,j)]_{N\times N}$。

步骤2：将 $A(i,j)(1\leqslant i,j\leqslant N)$ 从大到小的顺序进行排列，得到 $r_1>r_2>\cdots>r_M$。其中 r_k 为某个 $A(i,j)$，M 为相似矩阵 S 中的不同元素个数。

步骤3：将关系数值 r_1 的对象用线连接，并在线上标注权值 r_1。在连接过程中需要保证不出现交叉和回路。重复这一步骤，直到针对 $r_1、r_2、\cdots、r_M$ 的对象全部连接完毕，此时的生成树 $\tilde{T}$ 即模糊最大生成树。

步骤4：根据模糊最大生成树中的权值 $r_k(r_k=\mu(e),e\in E(\tilde{T}))$ 来选取不同的 λ，截取 $\tilde{T}$ 中低于 λ 的边，所得到的 T_λ 为 $\tilde{T}$ 的 λ-截树，每一个子树相应地表现为一个模块，同时形成相对于每个 λ 值的模块创建方案。

(2) 模块划分方案。

基于模糊树图的模块创建方法具有以下特点：

①模糊最大生成树上赋予的权值可直观地反映零部件之间的交互关系。

②避免了因得出模糊等价矩阵而增加的计算复杂性。

③在模糊最大生成树的基础上，不需要凭人为经验选取过多的 λ 值就可以生成最优模块创建方案。

根据上面得出的新型舟桥结构单元的关系矩阵 S，并运用基于模糊树图的模块创建方法，可以得到其模糊最大生成树 $\tilde{T}$，如图10-1所示。图中15个节点进行无向连接，节点之间路径上标注的权值是两个节点单元按照模糊关系矩阵 S 得出的综合交互值。

分别选取不同的 λ 值对模糊最大生成树 $\tilde{T}$ 的各个路径进行截取，如果权值低于 λ 值则该路径被截断。截断相关度小于阈值的枝，就得到在 λ 水平上的分类。

根据模块划分原则及新型舟桥的特点，取 $0.6296<\lambda<0.6934$，得到的聚类结果为：

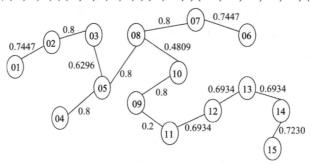

图10-1 新型舟桥主要结构单元模糊最大生成树

运用扩展,将辅助器材及专有模块添加进系统,各个模块命名如表10-7所示,从而初步建立新型舟桥的模块化结构。

新型舟桥模块化结构组成　　　表10-7

模块名称	模块组成
桥跨结构模块	中间桥节、展直桥节、端桥节
水上动力模块	桥脚首舟、桥脚中舟、锚定首舟、锚定中舟、尾舟
陆上动力模块	运载车、装卸载机构
通信指挥模块	指挥车、军用移动电脑、电台1(大)、电台2(小)、对讲机
辅助功能模块	用于辅助和保障舟桥装备完成基本任务的各种配套设备
专有功能模块	针对各种特定的使用场合设置的,通过预留接口连接到通用模块上的各种专有功能模块

10.2.2 接口设计

模块化系统各组成部分之间相互传递功能的共享界面称为接口。物质、能量、信息等通过接口进行传递,模块通过接口组成系统。新型舟桥的模块兼容性和通用性主要体现在其接口能否与更多的功能模块相连接完成更多的特殊功能,因此新型舟桥的接口设计与模块划分一样是模块化设计中的重要内容。

10.2.2.1 新型舟桥接口的属性

新型舟桥的接口有其自身的特征和功能活动,并会与其所处的环境发生关系,因此,清晰地定义一个接口不仅要明确地说明接口自身的特征及其所完成的功能活动,还要说明它与其他模块、接口等的关系及所处的环境。为方便新型舟桥的接口定义,可以将接口的属性概括为关系属性、功能属性、物理属性和环境属性等几类属性。

(1)关系属性。

关系属性是指一个特定接口所属的模块、接口类型等属性,如这一接口是只适用在一种特定模块还是能用在多个完全不同的模块。一般来说,接口的适用范围由接口的功能集成性和标准化程度决定,接口的功能集成性和标准化程度越高,则其适用范围越大,反之则越小。进行接口的关系属性描述可以明确构件接口与模块之间的关系,也便于接口的功能定义。

要实现模块的快速设计、制造,很重要的一点是增加模块的重复使用度,因此,在进行模块设计的时候,利用已有的模块设计或是对已有的模块设计进行改进以用在新的模块设计中,是实现模块的快速设计的有效方法。这样一个特定的接口设计或是其改进设计就可能出现在同一系统的不同模块或是不同系统的模块中。

(2) 功能属性。

功能属性是指接口完成交换的物质、信息和能量等功能的功能元的类型、同一个接口所能完成的功能元的数量及其功能元的性能范围。由于完成不同功能的构件的物理形式不同,因此在进行接口设计时,有必要对接口的功能元进行分类。按不同的分类标准进行分类,比如,按接口完成交换类型的不同可以将接口划分为交换物质型接口(如液压缸中的液压液流入流出的阀门)、交换信息型接口(如传递电压和电流信号的电气类接口)和交换能量型接口(如传递力或是扭矩的机械类接口)。功能属性说明一个接口能在多大程度上满足模块化设计的需求。

(3) 物理属性。

物理属性主要包括机械属性和电气属性等。机械属性主要说明接口的机械特性,包括接口的机械结构及其尺寸以及接口功能的机械参数等;电气属性主要说明接口的电气参数。对接口的物理属性进行实例化就可使其成为一个接口实体,因此物理属性是接口设计的主要内容,通过确定接口的物理属性就可以完成大部分设计工作。

(4) 环境属性。

每个接口都是在一定的环境下完成自己的功能。环境属性是指接口所处的环境对接口功能所产生影响,或是接口所交换的物质与接口构成材料之间可能发生化学反应等情况。如接口的构成材料在接口所在的特定环境中发生的氧化、腐蚀、电解或是其他类型的化学反应。环境属性是模块化设计过程中必须考虑的适用环境,是接口设计的限制条件之一。

10.2.2.2 模块化接口的特点

与传统的接口相比,模块化接口的兼容和通用程度更高。接口的兼容性和通用性具体体现为接口能交换的物质、信息和能量的种类、数量等的多少和交换实现的程度。接口间交换物质、信息和能量的种类和数量多、程度高,接口的兼容性和通用性就好;反之,其兼容性和通用性则不好。因此,模块化接口具有以下特点:

(1) 功能集成性。

功能集成性是指接口能兼容多种类型的功能元,它包括功能元类型不同和功能元类型相同但其性能不同两种情况。具有这种特性的接口能够连接更多种类的模块,生成更多的组合变量。

通过让接口具有更多的功能,来提高接口的兼容性和通用性,使其能够连接更多具有对应功能的接口的模块化构件,能提高基本构件的适应性。这里只要满足两个条件就可以实现两构件接口的连接:一是接口的功能类型及其性能范围相匹配;二是接口的其他设计参数如结构参数等也相匹配。

与传统的接口相比,模块化接口具有的功能更多,并且可能是不同种类的功能的组合,这就使得模块化接口具有功能集成性的特点。

(2) 标准化。

标准化是模块化接口的重要特点之一,由于系统变量的生成是通过基本构件或非基本构件与具有附加功能的模块进行连接实现的,因此具有不同功能属性的模块要与特定的接口连接实现物质、信息或是能量的交换,协同完成系统的整体功能,就要求接口在功能和设计参数上实现标准化。功能的标准化是指功能类型和功能性能指标范围的标准化,功能的标准化更有利于接口功能的实现。参数的标准化保证了接口的正常连接和物质、信息或能量在接口间的正常交换。

(3) 冗余性。

接口兼容性和通用性的提高是以特定的接口集成更多类型和数量的接口功能元及具备更广的功能性能指标范围来实现的,因此接口在连接的时候,由于不同的扩展模块具有的功能元类型和数量及其性能的不同,接口间传递的物质、信息以及能量的种类、数量就不尽相同。这样,在具体实现接口连接时,就存在接口功能及其性能出现冗余的现象,并且在一般情况下,接口的兼容性越大,冗余的功能及性能就可能越多。要实现模块的兼容性和通用性,进而实现产品的多样化,构件接口在功能及其性能上就必然会存在一定的冗余。适度的冗余能满足多样化及低生产成本的要求。判断特定接口的冗余是否适度要以此接口在能实现相同数量的产品变量的情况下进行,即在接口能生成的产品变量数量相同的情况下,冗余越少,则构件的接口设计就越好,反之则不好。

10.2.2.3 新型舟桥模块化接口的设计过程

接口设计作为新型舟桥模块化设计的一个重要组成部分,贯穿了模块化设计的整个过程。接口设计的基本过程包括:模块化接口的定义、接口设计方案的选择、接口的具体设计、接口设计的校验等步骤,如图 10-2 所示。其具体设计过程主要开始于系统的模块划分,原因在于模块划分必然要涉及各模块之间交换的物质、信息或能量的种类及数量,以及功能模块间的连接形式,所以在模块划分的同时也就开始了模块化接口的设计过程。

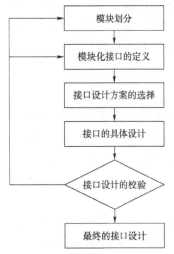

图 10-2 模块化接口的设计过程

(1) 舟桥系统的模块划分。

模块划分是指用具体的模块划分原则或是算法对系统进行模块范围的确定。模块的划分确定了一个特定模块必须完成的功能以及与此模块相连接的模块间的关系。特定模块及与其相连接的模块关系的确定,也就确定了此接口所交换的物质、信息及能量的类型和数量,也确定了此模块化接口的功能属性、物理属性和环境属性等属性。

(2) 模块化接口的定义。

模块化接口的定义主要是指在设计规范、生产条件和适用环境等约束条件下,对接口的属性进行进一步的确定。模块化接口的功能属性、物理属性和环境属性可以通过模块的划分得到。模块化的接口设计可使用到多个系统中,包括模块升级后的系统或是后续研制的不同系统和系列化的模块,因此接口的关系属性就涉及对已有接口及其形式的选择(继承或是局部修改)或是对此接口设计的后续使用,所以关系属性的选择和确定可能会影响甚至改变前一步所确定的接口的功能属性、物理属性和环境属性。在进行接口定义的时候,需要综合考虑各属性相互之间的关系,使其达到整体的最优化。

根据接口的属性,以新型舟桥中桥跨模块的接口为例进行分析,主要包括机械接口、液压接口和通信接口等。其中机械接口在桥跨模块不同的工况下,在不同部位的连接形式不同,参考其他舟桥装备的机械接口,可对新型舟桥中桥跨模块的机械接口进行定义(表10-8)。

新型舟桥机械接口定义　　　　　　　　　　表10-8

连接方向	接口工况	方案选择	功能特性
纵向连接	桥跨模块各单元之间、桥跨模块之间连接,分置式门桥与筏式门桥之间连接,动力舟模块各单元之间、动力舟模块之间连接	上部采用顶紧承压板和纵向拉紧装置、下部采用单销连接接头	弯矩由下部单销连接接头和上部顶紧承压板承受,剪力、反弯矩和扭矩由下部单销连接接头和上部纵向拉紧装置共同承受
		上部采用顶紧传压板和单销连接接头、下部采用丙丁接头	弯矩由下部丙丁接头和上部顶紧传压板承受,丙丁接头承受拉力;剪力、反弯矩和扭矩由上部单销连接接头承受
		电磁接头	连接过程中通过供电产生磁场引力,牵引各单元进行连接,连接完成后断电,由其他接头承受荷载
		柔性接头	采用非刚性复合材料进行连接,避免连接材料疲劳断裂
		铰链、扣环和挂钩等	连接过程中承受部分荷载,连接完成后基本不承受荷载,起到固定结构的作用
		其他方案	—
横向连接	桥跨模块之间连接,桥跨模块与动力舟模块之间连接,动力舟模块之间连接	同纵向连接	—
上下连接	桥跨模块架设于动力舟模块之上	动力舟上设支撑架	利用桥距展直机构展平桥跨,放下桥脚舟方舟上的支撑架,使桥跨端部落在桥脚舟方舟的舟沿上
	桥跨模块叠加以获得更大的强度、刚性和浮力	设想中	—
其他	架设过程中拉合门桥	钢索绞盘和方销	承受部分剪力、扭矩和负弯矩

(3)接口设计方案的选择。

因为模块化接口具有功能集成性、标准化和冗余性等特点,因此要对已经完整定义的接口设计方案进行择优选择或进行必要的调整或修改,使其满足模块化接口的功能集成性、标准化和冗余性的要求。

如桥跨模块横向连接成双车道时,侧面连接的接头应设计为能与动力舟模块侧面相连;舟桥装备的机械连接虽然复杂多样,但仍可以进行归纳和典型化,总结为几类标准连接形式,每种连接形式的几何尺寸、适用范围和承载能力等均可进行标准化;在采取某一标准连接时,适当考虑设计冗余,从而拓宽模块和系统的功能。

(4)接口的具体设计。

模块化接口的具体设计主要是将选择出的设计方案进行实例化以得到一个具体的模块化接口构件。包括实现功能的原理的选择确定、功能到设计参数的映射、设计参数及其范围的选择和确定、设计参数的实例化等内容。

(5)接口设计的校验。

主要是对已经设计完成的接口依据在接口定义阶段所确定的目标值,对其进行功能及其性能的校验,以检验设计能否达到预定的设计要求。如果设计满足预定的设计要求就将此设计作为最终设计;如果没有通过检验,就要返回到模块化接口定义甚至模块划分的步骤,进行模块化接口的重新定义或是模块划分的调整,以使设计出的模块化接口与模块能协同完成功能,达到设计要求。

10.2.3　集成检测标准

为新型舟桥制定集成检测标准是为了使检测人员有所依据,了解如何进行检测工作,以确保舟桥系统的正常运行。

新型舟桥集成检测的标准应包含以下内容:

(1)各类模块和接口检测的标准。

各模块及接口应当具备的基本功能,通过检测确保其正确完成设计要求;需要符合兼容要求的一些基本标准,如尺寸、形状、承载能力、动力要求以及通信信号波段等,为各模块及接口独立并行的设计提供技术参数框架;故障检测标准,指模块或接口出现异常情况时如何判定故障并衡量故障对系统的影响程度。

(2)系统集成的标准。

各模块和接口独立设计完成后纳入渡河桥梁系统时,针对其使用特点和技术要求进行检测的标准,以保证相互兼容,符合系统功能要求;系统各模块及接口连接的限制约束标准,由于舟桥系统连接形式多样,各模块和接口相互联系又相互制约,不能无限制地连接,连接的过程中既不能缺少某些模块,又要避免某些模块完全没有发挥作用。

10.3　舟桥模块化设计的基本操作

模块化结构中可能出现的变化主要是由六类相对简单的模块操作引起的。这些操作在不同的点上,以不同的组合得到应用,它们可以为模块化结构创造出所有可能的演进路径。模块操作是模块化设计逻辑本身所固有的一种功能强大的概念工具。本章将分别阐述这六类模块操作在新型舟桥模块化中可能的应用。

10.3.1 模块分割

分割——将设计(或任务)分割成模块(splitting)。

分割是新型舟桥模块化的第一步,是其他模块操作的前提。通过分割,具有相互依赖关系的参数由单层设计转变成具有一组核心独立模块的层级化设计。分割之后,每个模块会形成一个具有自身特点的独立设计,曾经被分割的模块还可以再次被分割。如图 10-3、图 10-4 所示,如果某个模块被分割,被改变的只是它的内部设计结构。

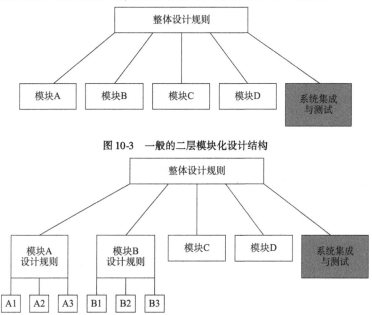

图 10-3　一般的二层模块化设计结构

图 10-4　模块的二次分割:三层的设计体系

可以通过以下四个步骤来实现系统的分割:

(1)积累并整理关于特定参数相互依赖关系方面的知识;

(2)认识到创建模块化设计的准确时机;

(3)形成关于体系结构、界面及测试的设计规则;

(4)在设计过程中实施设计规则,使任务结构不重回互连状态。

一旦现有的技术水平能够认识到新型舟桥某一模块的设计中所有关键的相互依赖关系,从而支持设计任务结构的分割,对此模块进行分层设计就成为可能。将某一模块分割为几个独立的子模块进行设计时,每个子模块都必须严格遵守上一级模块的设计规则,以确保能够完成整体功能。

10.3.2 模块替代

替代——用一种模块化设计替代另外一种模块化设计(substituting)。

替代是模块竞争的基础。替代允许设计者或使用者用系统中同一模块的更好版本来替换原有模块。当两种模块设计不同程度的达到同一目标时,竞争就产生了。较好的设计会在竞争中胜出,这就是替代的本质。在传统的相互依赖型设计结构中,唯一的替代就是整个设计的替代,某一参数的任何改变都可能导致全新设计的产生。而在模块化结构中,由于分割使模块层面的替代成为可能,所以只需在系统设计规则框架内用一个模块代替另一个模块。

新型舟桥的主要结构几乎全部采用钢材。钢材的优点在于强度高,塑性和韧性好,弹性模量高,各向受力均匀,性能可靠,设计计算理论成熟。在舟桥装备的使用中,钢材也暴露出许多突出的缺点。比如重量大,严重影响装备的机动性能和战场架设速度,耐腐蚀性差,维修保养费用高等。减轻舟桥结构重量,提高装备的机动性能,是国内外舟桥装备发展的重要趋势。

采用轻质高强材料作为结构材料是减轻结构自重的有效途径。在现有的各类轻质高强材料中,铝合金乃是最适宜作为舟桥装备主体结构的材料。铝合金因其相对密度小、比强度高、易加工成形和无磁性、无低温转变等优点,与用钢材作为舟体结构材料相比,用中强可焊铝合金材料可以明显降低舟桥结构的自重,根据国外资料,一般可降低 25% ~ 30%,可大幅度提高部队的机动性,减少兵员和降低能源消耗等。西方国家用铝合金焊接构件作渡河器材装备部队已有几十年的历史,目前已达到标准化和系列化的程度,这些装备至今仍在使用。我国虽然此方向的研究工作已经启动,但距离实际应用尚有一定的距离。随着我国综合国力的增强和工业水平的提高,铝合金将在舟桥装备上得到越来越广泛的应用。

10.3.3 模块扩展

扩展——将新模块加到系统中(augmenting)。

扩展就是将一个新的模块加入已有的模块化系统中。一个模块化系统的设计使扩展对于设计者和用户来说都相对容易。用户可以把模块增加到一个基础系统中,以此来满足他们的特殊需要。设计者可以将其专有知识运用于一个特定的模块,而让系统的其他部分保持不变。新的隐模块的设计者和购买者,不需要与原系统的设计者协调决策,弄清他们的设计,而只需要了解和遵循原系统的设计规则。

在设计之初考虑适当的冗余,就是为以后扩展留有余地。所谓"冗余",就是系统所包括的为完成规定功能所必不可少的组成部分的额外附加(包括硬件或软件)。冗余设计是指在设计的过程中为模块或系统的功能扩展留有余地,以便提高模块的通用化程度,拓宽系统的适用范围。

冗余设计一般有功能冗余、结构冗余及接口冗余。下文将新型舟桥扩展为双车道即功能冗余的应用,双车道门(浮)桥(加强型或标准型)的承载能力有了很大提高,对于非紧急情况而言,现有的单车道即可满足需要,双车道显得"冗余",但双车道的适用范围明显要宽得多。

通过在原有系统的基础上设置专用功能模块就可以对系统进行扩展。由于模块的接口系统采用模块化设计,能够同具有标准接口的模块相连接,当加上一些工程物的特殊功能后就能构成具有新功能的产品。

(1) 登陆门桥。

采用舟体模块和水上动力模块结合成登陆门桥。登陆舰或登陆艇的吃水比较深一般为 1.5 ~ 2m,对于部队抢滩登陆来说得克服近 2m 深的水,这是非常不利的。登陆门桥负载时的最大吃水不大于0.7m,可克服浅水区、河中浅滩、河口沙洲并驶入河中。

(2)浮游栈桥。

登岛作战中,大量武器装备需要从大型运载船中通过换乘小型登陆舰才能到达对岸,这样就加大了登陆的难度,增加了时间。利用标准舟模块可以迅速连接成浮游栈桥,在浮游栈桥靠近岸边连接岸边舟模块,可以横向加宽增加通行量。

(3)浮游码头。

战时大量的原有码头会遭到破坏,可以通过标准舟模块的横向和纵向连接构成浮游码头,利用固定模块进行码头的锚定。

(4)浮游起重平台。

近海或是湖泊中进行起吊或是进行水上作业时,如果用海上工程船时费用很高,而且不能提供作业的平台,利用舟体模块的承载能力和浮游功能,通过舟体模块自身的接口系统,选择符合实际需要起重的起重模块(设备)结合成浮游起重平台,当遇紧急情况或是作业完成时,能够迅速分解撤收。

(5)江河和近海维护舰。

利用标准舟模块、动力模块通过连接模块选用陆地上的火炮模块、武器控制模块、搜索雷达模块、跟踪雷达模块结合成江河和近海维护舰。结合成的维护舰造价低,吃水浅,目标小,并且根据不同情况更换具有不同功能的模块,维修快,分解也快。非常适用于近海和江河上的维护。

10.3.4 模块排除

排除——从系统中排除某个模块(excluding)。

排除操作是扩展的逻辑对立面和有效补充,排除一个或多个模块的目的是为了减少成本或保持竞争地位。利用排除操作,设计者可以延迟投资,直至有迹象显示市场接受整个系统为止,这样可以保存设计资源。如果系统设计是成功的,资源就可以配置到开发系统隐含的选择权上。反之,资源就不会用来为一个注定失败的系统建立一组完整的模块。排除操作的价值体现在资源保护和资源有效利用的原则上。

"排除然后扩展"这一设计策略的优点在于,一个小的设计团队可以利用有限的财力和人力设计一个相对较大、较复杂的系统。在新型舟桥设计之初并不进行专用功能模块的具体设计,此时运用的是排除操作;而当基本模块都设计完成并且反馈良好时,再运用扩展操作,对整个舟桥系统进行扩展。

10.3.5 模块归纳

归纳——归纳并创建新的设计规则(inverting)。

归纳是指将以前的隐藏信息移动至设计层级,使它对模块组来说是可见的。随着时间的推移,常见问题的一个好的解决方案常常被归纳,也就是将它移至较高的设计层级。如果某一部件的功能是解决一个一般性问题,那么它的设计需要与其出示环境分离开来,以利于更广泛的应用。如图10-5所示,归纳前,模块A和模块B都有一个执行相同功能的模块1,归纳后,将功能模块1推到了一个新的设计层级。

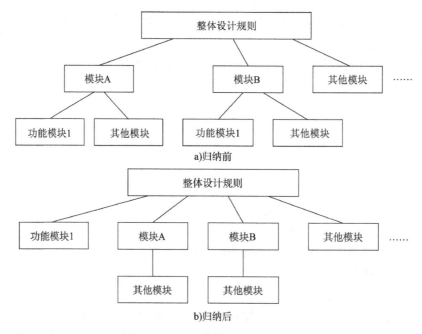

图 10-5 归纳

新型舟桥的水上动力模块中,锚定动力舟是专为浮桥锚定设置的,但其主要尺寸及性能均与桥脚动力舟相似,在动力锚定技术成熟的情况下应当考虑运用动力锚定,从而减少单元种类,提高通用性和互换性。

桥跨模块中,桥节单元有三种结构,中间桥节具有桥节连接功能,展直桥节具有连接和液压展直功能,端桥节除具有连接功能外,在架设桥节门桥时还具有辅助架设功能。不妨考虑将三种单元的结构进行整合,比如给每个桥节都安置液压装置,从而都具有展直功能。尽管多了一套液压设备的成本,但是从模块化的角度来看,增强了通用性,节省了设计、检测、运输及维护等成本。

10.3.6 模块移植

移植——将一个模块移植到其他系统中(porting)。

当隐模块挣脱某个系统,并可以在多个具有不同设计规则的系统中运行时,就需要移植了。像归纳一样,移植导致隐模块移至设计层级体系的上层,但是移植与归纳的不同之处在于它是不可见的,系统结构师和其他模块的设计者不必知道已经进行了移植。

移植就是把为某个系统设计的模块转而运用到其他系统上。通过翻译程序模块,移植建立了系统之间的联系。需要以下三个步骤:

(1) 将模块进行分割,使之能够被移植到与系统相关或与系统无关的功能上。

(2) 为那些独立于系统的部件找到一个表现形式。它能够详细说明设计规则并确认可移植系统的隐模块。

(3) 设计转换模块,以使可移植系统与其他系统兼容。

内部—外部模块化如图 10-6 所示。

模块 B 被移植到系统 II 中,如图 10-7 所示。

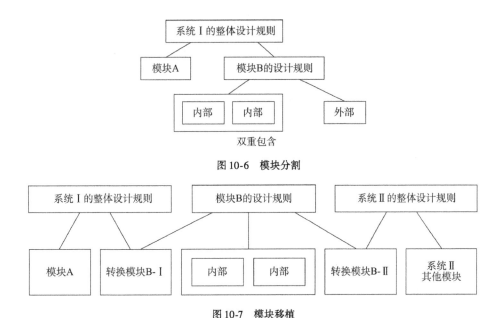

图10-6 模块分割

图10-7 模块移植

移植前,模块B是一个模块,遵循系统Ⅰ的设计规则。进行移植前,模块B必须模块化,分成两个子模块:一个内部模块,一个外部模块。这种"内—外"两分法是可移植模块结构的本质特征。外部子模块必须能够将外部环境(系统Ⅰ)的信号翻译成模块B的内部元件可以处理的信号。

为了将模块B移植到系统Ⅱ中,必须设计一个新的转换模块,能够将系统Ⅱ的信号转化成内部元件可以处理的信息。如果两个转换模块都能起作用,模块B就可以成功移植,从而就可以在两个或更多不相容的系统中运行。

目前,为新型舟桥设置的连指挥车,即通信指挥模块,为方便有效,可直接从其他军兵种已有的指挥车中选用移植过来。

10.3.7 模块综合操作

一旦新型舟桥模块化之后,上述六个操作对设计者改进系统就是可用的。模块操作的一个重要特点就是,它们都能局部应用。只要初始的模块化能够严格地划分并建立清楚的界面,原来的设计者不需要预知或同意设计中接下来的变化。容许"局部规则"是模块化设计的重要特征。虽然六个操作知识在局部应用,却影响整个系统的结构。在不同情况下按照不同的组合方式应用这六个操作,整体系统的结构会发生巨大的变化,并且初始的设计规则不会改变。

以一个一般的二层模块化设计结构为例,如图10-8所示,一共有六个模块(ABCDEF)。模块A被分割为三个子模块,模块B设计了一个可替代模块,模块C被排除,模块G是为了扩展系统新创建的,模块D和E的共同部分被归纳。为使归纳成为可能,设计者开发出子系统的设计规则和结构化模块。模块F被移植。首先模块F被分割,之后其内部模块与模块F的设计规则联系起来,接着开发出翻译程序模块。最后的系统是一个三层结构的系统。

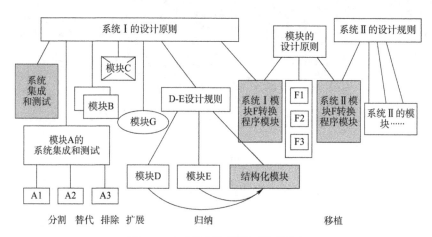

图10-8　六个操作符对模块系统的影响

六个模块操作符在不同时点和不同组合中的应用能够产生一组丰富多变的模块,这组模块由相互交叉的设计规则绑在一起。

第11章 海岸浮游栈桥

11.1 舟桥器材架设海岸浮游栈桥

在未来高技术局部战争中,我工程兵舟桥部队除了需要在众多江河上遂行渡河工程保障任务外,还要面临大规模渡海登岛作战的近海和海岸工程保障问题。工程兵所装备的制式舟桥器材是按内陆江河的战术技术要求及使用条件而设计的,用舟桥器材架设海岸浮游栈桥遂行工程保障是否有必要?在架设海岸浮游栈桥的过程中会遇到那些问题?我们应该采取哪些措施?这都需要我们认真加以研究解决。

11.1.1 海岸浮游栈桥的作用

(1)弥补码头数量的不足。

随着我国改革开放的发展,沿海建成了许多功能各异的码头,但由于战时军事任务的紧迫性,运输任务繁忙,各种战备物资、装备弹药、作战人员等都需要大量的各类船舶来运输,众多船舶集结靠泊将使码头泊位严重不足,大量船舶只能锚泊等待,这不但容易堵塞航道、遭敌袭击,而且会贻误战时,因此有必要利用我军现装备的制式舟桥器材在合适的海岸架设各种浮游栈桥以进行保障。

(2)替代受损码头。

通过北约对南联盟的空袭可以看出,在未来战场上,高技术装备的敌人拥有绝对优势的制空权,并利用远射程高精度武器从海陆空天多维袭击重要目标。除直接的军事目标外,桥梁、道路、码头等交通枢纽也将是敌人打击的重点目标,因此,作为军事用途的桥梁码头在战场的生存受到极大威胁,而需要利用舟桥器材架设各种用途的海岸浮游栈桥来替代受损的码头。

(3)现有码头适用军事用途有局限。

现有码头虽然数量多,但其是按民用目的设计的。对于大型码头,由于大多数是固定式码头,虽然其强度刚度大,可适用于大型重武器装备的上下船,但码头干舷较大,只适于大型船舶的靠泊和卸载,不能满足数量众多的中小型船舶的靠泊和装卸;对于小型码头,虽然其干舷高度基本符合要求,但由于一般用于散装货物的装卸,所以其码头和连桥的结构强度难以得到保证。因此需要利用现装备的制式舟桥器材架设强度大而干舷小的浮游栈桥来适用军事重武器装备的装船或卸船。

(4)用于敌岸的装卸载。

随着登岛作战的深入进行,需要渡送大量的重武器装备在敌岸登岛上陆,而敌岸的渡口码头将受到敌人的严密防守或彻底破坏,因此利用机动性能良好的舟桥器材在敌岸架设浮游栈桥将是保障我军重武器装备大规模地实施快速、有效登陆的重要举措,为夺取战争胜利创造条件。

11.1.2 架设海岸浮游栈桥时遇到的问题

(1)克服潮间带。

由于潮汐的影响,在海岸架设浮游栈桥首先要解决的是潮间带问题。潮间带就是高低潮位时的水平距离。如在海岸潮间带为50m时,则需架设的浮游栈桥长度为60~80m,这样长的浮游栈桥,其架设维护,特别是低潮的使用会遇到许多问题,需要我们采取措施加以解决。

(2)适应潮差。

由于4~5m的潮差,对浮游栈桥的使用产生很大影响,为确保低潮时水侧的水深要满足船舶靠泊要求,因此浮游栈桥要有一定的长度,还要解决低潮位坐滩、浮游栈桥的纵坡过大、浮游栈桥的固定、浮游栈桥的维护等系列问题。

(3)适应流向不稳定。

在大多数海岸,由于其岸侧海底海况复杂,因此在涨潮落潮过程中产生较大的海流,而且海流方向不稳定,流向经常发生变化,对于浮游栈桥基本没有上游和下游之分,有时还有靠岸流和离岸流,这对一端悬浮的较长浮游栈桥的固定极为不利,要采取措施加以解决。

(4)考虑水侧泊船。

浮游栈桥在力学模型上相当于一端简支、一端悬浮的半无限长弹性基础梁,假如浮游栈桥采用标准浮桥的一段而不采取任何措施,则在半载通行时(如50t浮游栈桥通行25t荷载时)经计算和试验可符合规定的吃水,但如果全载通行时,水侧将产生大于规定值的吃水,重载尚未上船便滑入水中,因此需要用特殊的结构形式保证其结构强度和通行的安全性。

(5)舟桥防海水锈蚀。

舟桥器材因考虑陆地的良好机动性,因此其壳板厚度通常为1.5~3mm,而且部分器材由于使用年限的增大而逐步减薄,在海水中浸泡后极易受到锈蚀,数月后薄薄的钢板在锈蚀后要失去原功能而影响器材使用,这无论是和平时期的训练还是战时工程保障都不能忽视的问题。

由于舟桥器材在海岸架设浮游栈桥与内陆江河的使用有不同之处,因此在架设方法、维护使用等方面都要采取特殊的手段和方法。

11.1.3 架设海岸浮游栈桥的技术措施

利用制式舟桥器材可架设各种形式的浮游栈桥,特别是某型重型舟桥器材,由于结构形式多变,可以灵活使用;某改进型带式舟桥和某型四折带式舟桥具有良好的接岸结构。因此主要以这几种舟桥器材架设海岸浮游栈桥。

(1)海岸浮游栈桥的总体方案。

海岸浮游栈桥的总体方案有以下三个方案6种形式,见表11-1。

第11章 海岸浮游栈桥

海岸浮游栈桥的总体方案 表 11-1

码头方案	浮游栈桥末端	河中部分	连岸部分
方案一	某型重型舟桥加强型门桥（Ⅰ型或Ⅱ型）	某型重型舟桥50t标准浮桥段	某型重型舟桥可移动滚动码头
方案二	某型重型舟桥加强型门桥（Ⅰ型或Ⅱ型）	某型重型舟桥50t标准浮桥段	某型四折带式舟桥式可坐滩码头
方案三	某型重型舟桥加强型门桥（Ⅰ型或Ⅱ型）	某型重型舟桥50t标准浮桥段	某改进型带式舟桥可坐滩码头
说明：浮游栈桥末端Ⅰ型的桥面距水面高为1m； 浮游栈桥末端Ⅱ型的桥面距水面高为1.4m。			两种形式可适用不同高程的船舶靠泊和装卸

（2）采取特殊的水侧结构形式。

Ⅰ型加强门桥的浮游栈桥结构形式如图 11-1 所示，Ⅱ型加强门桥的结构形式如图 11-2 所示。

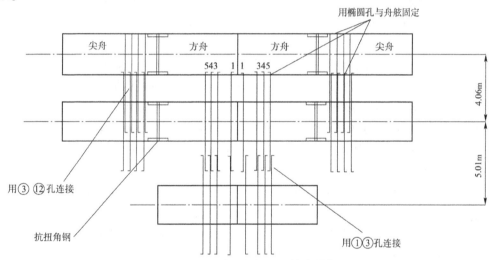

图 11-1　Ⅰ型加强门桥的浮游栈桥结构

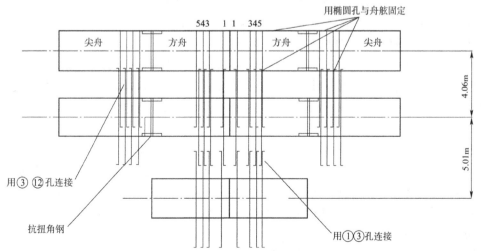

图 11-2　Ⅱ型加强门桥的浮游栈桥结构

这两种结构形式的相同点都是桥桁在水侧不外露，便于船舶的靠泊和使用，另外，水侧两个全形舟皆为4舟(2尖2方)，节间为4.06m，这与常规使用区别较大。

在Ⅰ型加强门桥的浮游栈桥中，水侧舟的桥面没有桥跨结构，桥面高程为0.8m，船舶靠泊后利用跳板直接通过甲板面下载，为确保1、2号舟的刚性连接，利用了两侧的次桁技术。位于桥轴线附近的桥桁为主桁，两侧较远可间接传递弯矩的桥桁为次桁，次桁利用桁端的椭圆孔与1号舟的水侧舟舷进行固定，从而避免桁端外露。两组次桁利用第3个桥桁螺杆孔与过桁中央的第12桥桁螺杆孔进行刚性连接，其主桁和另一组次桁也用桁端椭圆孔与水侧1号舟的陆侧舟舷进行固定。

另外，在通常情况下，尖方舟之间通过两个舟间螺杆来传递剪力，而采用这种结构形成后，由于是通过两侧次桁传递弯矩和剪力的，因此在尖方舟之间将产生扭力，在架设中可用抗扭角钢来加强舟间螺杆，抗扭角钢可采用20角钢加工而成。

在Ⅱ型加强门桥的浮游栈桥中，其主要区别是主桁直接架设到1号舟的水侧，也是用桁端椭圆孔与水侧舟舷进行固定的，此时桥面离水面高度为1.2m，两种形式的浮游栈桥可适用于不同干舷船舶的需要。

(3) 采用双向固定措施。

为了保持浮游栈桥稳定，必须用100m左右的锚进行交叉固定，在陆侧则可固定在陆上，水侧利用铁链栓锚进行固定，如果利用常规的尼龙锚纲，由于4～5m的潮差，加上尼龙锚纲有弹性、重量较轻，因此在低潮时锚纲松弛，浮游栈桥不稳定，在高潮时，容易走锚，而铁链本身重量较大，无论是低潮还是低潮，都能较好地保持浮游栈桥的稳定性。在架设海岸浮游栈桥时，由于海岸的海流方向常变化，所以利用双向铁链锚进行固定可克服潮差大时对浮游栈桥的影响。

(4) 采用阴极保护措施避免锈蚀。

阴极保护措施防止锈蚀在海洋船舶中并不鲜见，舟桥器材由于在内陆江河上使用，因此还没有采用此方法的先例。制式舟桥器材由于壳板极薄，在表面的适用于内陆江河淡水江河的防锈漆不能抵御海水的侵蚀。可以根据舟桥器材的结构特点、浸湿表面积的大小以及使用时间来决定锌块的数量及其位置。对于河中舟可将4块1kg左右的锌块分别焊接在舟底滑铁的两侧并避开紧定具的圆钮即可，一次焊接可连续使用12个月。其他器材(如汽艇、码头等)也可在适当位置焊接锌块，但要注意防火和焊透。

(5) 采用特殊的接岸结构形成。

如采用带式桥作为接岸部分，则其本身有一定的坐滩能力，因此在较轻的荷载通过时可不采用任何措施，如果重载通过时要根据不同的潮水位适时地移动岸边舟、增减河中舟，特别需要指出的是在落潮时要提前准备以防止坐滩以随时方便移动。如果不采用此法则要加强舟体。

如采用的是某型重型舟桥滚筒结构形式。但由于一方面潮汐的影响，潮间带长达数十米，在低潮时连岸部分的舟桥要坐滩，另一方面，由于海岸淤泥较深，崎岖不平，滚筒式码头也难以移动，因此利用通道技术在海岸架设达30m的滩涂通道，滚筒码头根据高低潮位适应不同的水位变化。河中部分采用伸缩节间或增减门桥的方法来调整。

(6) 采用定时跟踪维护措施。

架设的海岸浮游栈桥需要不间断地维护。维护分为一般维护和跟踪维护。当执行完任务后,如在短时内没有通载任务,将各门桥之间的刚接头变成铰接接头,即撤除结合部的缘材和部分桥板,并拧下每根桥桁上的一个桥桁螺杆,在两侧锚碇好的情况下,浮游栈桥随潮汐的变化而自由浮动高潮时浮起,低潮地任其坐滩,这种维护为一般维护;如果要考虑通载则要认真查对潮汐表,计算出使用时的潮位及高差,采用移动码头来适应潮汐变化,这种维护为跟踪维护,一般每次维护由一个栈桥维护班(12人)15min即可完成。

11.1.4 展望

我军现装备的舟桥器材机动性好,构成的码头栈桥形式多样,可适用于不同的海岸和不同类型的船舶靠泊,特别是将舟桥器材渡送到敌岸后(舟桥器材海上渡送方法另文讨论),可根据不同的海况、不同的海岸、不同的使用要求结构架设形式各异、功能不同的栈桥码头。

为了更好地利用制式舟桥器材遂行近海工程保障任务,如果能更加深入地挖掘现有制式舟桥器材的潜力,改进器材中存在的某些缺陷,特别是加强对克服海岸淤泥滩涂难题;解决汽艇、操舟机的抗风浪问题,甚至研制出既能适用于内陆江河又能用于近海工程保障的新一代舟桥器材,将极大地提高我工程兵舟桥部队的综合保障能力,提高我工程兵在未来高技术战场上的地位,为打赢未来战争作出应有的贡献。

11.2 特殊结构浮游栈桥的力学模型及总体分析

在未来的高技术局部战争中,我工程兵舟桥部队除了需要在众多江河上遂行渡河工程保障任务外,还要面临大规模的渡海登岛作战的近海和海岸工程保障问题。利用制式的舟桥器材架设具有特殊结构的海岸浮游栈桥可以弥补原有民用码头栈桥的数量不足、替代受到损伤的民用码头栈桥、克服民用码头栈桥不能适用军事用途的局限以及到敌岸架设码头栈桥等特点。因此利用我军装备的各种制式舟桥器材结构适应性能较好的海岸浮游栈桥,不仅是完全可能的,而且也是未来战场所必须的。浮游栈桥的力学模型相当于一端简支、一端悬浮的半无限长弹性基础梁,假如浮游栈桥是标准浮桥的一段而不采取任何措施,则在设计荷载通行时,水侧悬浮端将产生大于规定值的吃水,桥跨内的弯矩也将大大地超过规定值,重装备尚未上船便滑入水中,因此需要用特殊的结构形式来保证其结构强度和通行的安全性。对于结构特殊的浮游栈桥,应建立新的力学模型,并进行综合分析和计算,做到万无一失。为了说明问题,下面对于常规结构浮游栈桥和采取特殊结构形式的浮游栈桥分别予以研究并加以对比。如图11-3、图11-4所示。

11.2.1 常规结构浮游栈桥的计算

11.2.1.1 力学模型

根据参考文献,我们采用半无限长弹性基础梁,其一端为自由悬浮,另一端为无限长。由于某型重型舟桥重型舟桥构筑的50t标准浮游栈桥,其弹性基础梁的特征系数为 $\beta = 0.1045(1/m)$,因此其半临界长为:

$$L = \frac{\pi}{2\beta} = \frac{\pi}{2 \times 0.1045} = 15.03(\text{m}) \tag{11-1}$$

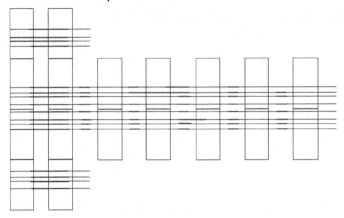

图11-3 特殊结构的海岸浮游栈桥

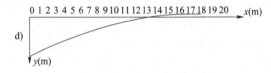

图11-4 常规结构浮游栈桥的力学模型和吃水、弯矩影响线

而海岸浮游栈桥为了适应各种潮水位,其长度为60～100m,因此上述假设是符合实际情况的。

11.2.1.2 在单位力作用下的影响线

半无限长弹性基础梁的剪力、弯矩以及挠度、转角等都可以列出分析公式来计算,但是我们主要关心的是浮游栈桥的弯矩和挠度。

浮游栈桥末端在集中力P作用下的弯矩和挠度分别为:

$$M_{xa}^p = \frac{P}{4\beta}[\eta_3(x-a) - \eta_3(a)\eta_1(x) - 2\eta_4(a)\eta_2(x)] \tag{11-2}$$

$$y_{xx}^p = \frac{P}{8EJ\beta^3}[\eta_1(x-a) + \eta_3(a)\eta_3(x) + 2\eta_4(a)\eta_4(x)] \tag{11-3}$$

其中4个弹性基础梁的收敛性循环函数分别为：

$$\eta_1(x) = e^{-\beta x}(\cos\beta x + \sin\beta x) \tag{11-4}$$

$$\eta_2(x) = e^{-\beta x}\sin\beta x \tag{11-5}$$

$$\eta_3(x) = e^{-\beta x}(\cos\beta x - \sin\beta x) \tag{11-6}$$

$$\eta_4(x) = e^{-\beta x}\cos\beta x \tag{11-7}$$

式中：a——集中力 P 到栈桥末端的距离，在此 $a=0$，为作出其相应的影响线，取集中力为单位力 $P=1$，桥跨结构的刚度为：

$$EJ = 2.1 \times 10^7 \times 6048 \times 10^{-8} \times 8 = 1.016 \times 10^4 (\text{kN} \cdot \text{m}^2)$$

根据公式(11-2)编程并以步长1m进行数值计算可以作出在单位力作用下浮游栈桥末段的弯矩影响线。如图11-4c)所示。

同样根据公式(11-3)可以作出在单位力作用下浮游栈桥末段的变位影响线。如图11-4d)所示。

由于在公式中都含有 $e^{-\beta x}$ 这个按指数迅速衰减的函数，因此我们只需要考虑末端20m的浮游栈桥即可。

11.2.1.3　设计荷载作用下浮游栈桥的吃水和弯矩

在单位力作用下浮游栈桥的吃水和弯矩影响线值见表11-2。

在单位力作用下浮游栈桥的吃水和弯矩影响线值　　　　表11-2

$x(\text{m})$	0	1	2	3	4	5	6	7
$y(10^{-3}\text{m})$	4.312	3.863	3.422	2.998	2.600	2.214	1.866	1.544
$M(\text{kN}\cdot\text{m})$	0	-0.899	-1.611	-2.157	-2.557	-2.829	-3.000	-3.077
$x(\text{m})$	8	9	10	11	12	13	14	15
$y(10^{-3}\text{m})$	1.264	0.992	0.761	0.559	0.383	0.233	0.108	0.003
$M(\text{kN}\cdot\text{m})$	-3.077	-3.018	-2.911	-2.767	-2.595	-2.429	-2.202	-1.996
$x(\text{m})$	16	17	18	19	20			
$y(10^{-3}\text{m})$	-0.082	-0.149	-0.201	-0.238	-0.265			
$M(\text{kN}\cdot\text{m})$	-1.789	-1.585	-1.389	-1.203	-1.028			

将荷载分别布置在吃水影响线和弯矩影响线的最不利位置，并利用辛普森积分法求得其相应的面积为：

$$\Omega_y = 1.078 \times 10^{-2}, \Omega_M = 13.606$$

因此，其最大吃水和弯矩分别为：

$$y = \Omega_y \times g = \Omega_y \times Q \div S = 1.078 \times 10^{-2} \times 500 \div 4.5 = 1.2(\text{m})$$

$$M = \Omega_M \times g = \Omega_M \times Q \div S = 13.606 \times 500 \div 4.5 = 1511.78(\text{kN}\cdot\text{m})$$

根据资料，某型重型舟桥器材的型深为1m，其500kN标准桥跨最大容许弯矩为1200kN·m，因此经计算可知，常规的浮游栈桥是不能通过相应荷载的。常规的浮游栈桥之所以不能通过规定的荷载，主要是因为常规的结构只能架设标准的浮桥，而浮桥是两端通过桥础与岸边都有支撑的，而该浮游栈桥是一端悬浮的，当荷载位于端部时，其吃水最大，达到1.2m，舟舷早已浸入水中；当荷载行驶到距端部4m左右时，其桥跨内的弯矩达到1511kN·m，也早已超过桥跨的容许极限了。

11.2.2 特殊结构的浮游栈桥总体计算

11.2.2.1 力学模型

在浮游栈桥悬浮末端的两个桥脚舟,增加它的水线面积,即由原来的一尖一方两个单舟换成两尖两方四个单舟,并进行相应的结构处理,这样增加的悬浮末端的地基刚度。笔者曾以一个具有不同弹性地基刚度的半无限长进行研究,但是理论研究有一定的难度。因此,将浮游栈桥视为具有相同的弹性地基刚度的半无限长梁,其增加的水线面面积作为一个弹性支座作用在浮游栈桥的端部[图 11-4a)],弹性支座的作用力是随着变位的增加而增加的。这样的力学模型受力明确、分析方便,而且数值计算结果合理。

11.2.2.2 计算公式

如图 11-5 所示带有弹性支座的半无限长弹性基础梁的力学模型,利用卸载法分析如下。

为了求任一点的弯矩和变位,先将半无限长梁向左延伸为无限长梁,则根据无限长弹性基础梁理论,在 O 点的弯矩、剪力、变位分别为:

$$M'_0 = \frac{P}{4\beta}\eta_3(a) \tag{11-8}$$

$$Q'_0 = \frac{P}{2}\eta_4(a) \tag{11-9}$$

$$y'_0 = \frac{P}{8EJ\beta^3}\eta_1(a) \tag{11-10}$$

但是 O 点实际上是自由端,故应该在 O 点上切断,再加上与 M'_0 及 Q'_0 方向相反大小相等的弯矩 M''_0 和剪力 Q''_0,并考虑由于变位 y'_0 产生的弹性支座反力 $F = k \times y'_0$,因此任一点的弯矩应该由下列四部分组成。

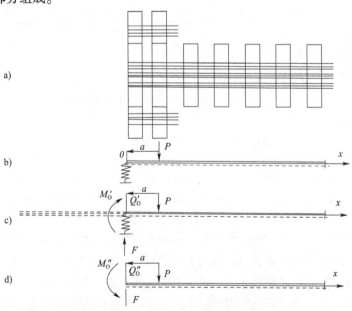

图 11-5 特殊结构浮游栈桥的力学模型

(1)由于 P 作用在无限长梁上所产生的,其值为:
$$P\eta_3(x-a)/4\beta$$
(2)由于 M_0'' 作用在半无限长梁末端所产生的,其值为:
$$-P\eta_3(a)\eta_1(x)/4\beta$$
(3)由于 Q_0'' 作用在半无限长梁末端所产生的,其值为:
$$-P\eta_4(a)\eta_2(x)/2\beta$$
(4)由于 $F = k \times y_0'$ 作用在半无限长梁末端所产生的,其值为:
$$F\eta_2(x)/\beta = ky_0'\eta_2(x)/\beta = kP\eta_1(a)\eta_2(x)/8EJ\beta^4$$

四部分相叠加可以得到:
$$M_{xa}^p = \frac{P}{4\beta}\left[\eta_3(x-a) - \eta_3(a)\eta_1(x) - 2\eta_4(a)\eta_2(x) + \frac{k}{2EJ\beta^3}\eta_1(a)\eta_2(x)\right] \quad (11\text{-}11)$$

同理,因此任一点的变位应该由下列四部分相叠加得到:
$$y_{xx}^p = \frac{P}{8EJ\beta^3}\left[\eta_1(x-a) + \eta_3(a)\eta_3(x) + 2\eta_4(a)\eta_4(x) - \frac{k}{2EJ\beta^3}\eta_1(a)\eta_4(x)\right] \quad (11\text{-}12)$$

式中:a——集中力 P 到栈桥末端的距离,在此 $a = 0$,为作出其相应的影响线,取集中力为单位力 $P = 1$,桥跨结构的刚度为 $EJ = 2.1 \times 10^7 \times 6048 \times 10^{-8} \times 8 = 1.016 \times 10^4 (\text{kN} \cdot \text{m}^2)$;

k——弹性支座的刚度,$k = 485(\text{kN/m})$。

11.2.2.3 影响线

分别根据式(10-11)、式(10-12)编程并以步长 1m 进行数值计算,可以作出特殊结构浮游栈桥在单位力作用下的弯矩影响线和吃水影响线[图 11-6a)、b)中的实线]。

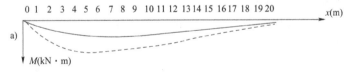

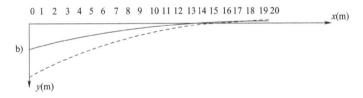

图 11-6 特殊结构的浮游栈桥的弯矩、吃水影响线

11.2.2.4 吃水和弯矩的最大量值分析

单位力作用下特殊结构浮游栈桥的吃水和弯矩影响线值见表 11-3。

单位力作用下特殊结构浮游栈桥的吃水和弯矩影响线值　　表 11-3

$x(\text{m})$	0	1	2	3	4	5	6	7
$y(\text{m}),10^{-3}$	2.057	1.843	1.632	1.430	1.243	0.921	0.891	0.737
$M(\text{kN} \cdot \text{m})$	0.000	-0.429	-0.768	-1.029	-1.220	-1.384	-1.432	-1.399

续上表

$x(\text{m})$	8	9	10	11	12	13	14	15
$y(\text{m}),10^{-3}$	0.596	0.473	0.362	0.267	0.183	0.111	0.052	0.001
$M(\text{kN}\cdot\text{m})$	-1.399	-1.390	-1.389	-1.320	-1.238	-1.146	-1.050	-0.952
$x(\text{m})$	16	17	18	19	20			
$y(\text{m}),10^{-3}$	-0.039	-0.071	-0.096	-0.113	-0.126			
$M(\text{kN}\cdot\text{m})$	-0.853	-0.756	-0.663	-0.574	-0.490			

将荷载分别布置在吃水影响线和弯矩影响线的最不利位置,并利用辛普森积分法求得其相应的面积为:

$$\Omega_y = 0.714 \times 10^{-2}, \Omega_M = 6.292$$

因此,其最大吃水和弯矩分别为:

$$y = \Omega_y \times g = \Omega_y \times Q \div S = 0.714 \times 10^{-2} \times 500 \div 4.5 = 0.8(\text{m})$$
$$M = \Omega_M \times g = \Omega_M \times Q \div S = 6.292 \times 500 \div 4.5 = 699.1(\text{kN}\cdot\text{m})$$

11.2.3 结论

在实际试验中,当该特殊结构的浮游栈桥通过总重为360kN的重装备(履带接地长度为4m)时,测得的端部吃水值为0.55m,按照该方法计算得到:

$$y = \Omega_y \times g = \Omega_y \times Q \div S = 0.655 \times 10^{-2} \times 360 \div 4 = 0.59(\text{m})$$

理论计算与实际试验值十分接近,从而进一步证明了该力学模型的合理可信。

从图11-6的两个影响线可以看出,有了末端的结构加强,无论是弯矩还是挠度都要比常规结构的减少许多,这也是采用端部结构加强的目的。

从表11-1和表11-2可以看出,有了末端的结构加强,最大弯矩出现点比原有结构的最大弯矩点要向左侧移动2m左右,这是端部加强后出现的内力变化。

根据公式(11-11)和公式(11-12),可以计算其他类似结构浮游栈桥的内力和挠度,以达到校核预测效果;另外再调整弹性支座的刚度k值(即增加舟的水线面面积),可以得出不同的影响线以达到优化的目的。

当然以上计算都是基于静水状态下的静力计算的,在实际中还要考虑荷载的冲击影响、海浪海流作用耦合影响等。

11.3 浮游栈桥的耐波性设计

11.3.1 耐波性主要内容

浮游栈桥在海洋环境下工作,经常性地承受上部车行荷载以及海浪、潮流和风力的作用。在海浪作用下,浮游栈桥将产生摇荡运动和淹湿甲板,它们将严重影响浮游栈桥的通行效果和结构强度。海浪、海风和潮流将使结构产生纵横向的弯曲和扭转等一系列动力效应,严重的动力效应将危及结构的安全。对海洋环境的各种因素对结构的动力效应我们称为耐

波性,主要包括:

(1)良好的通行性能:在海浪作用下,浮游栈桥不致因为过大的摇荡运动而影响正常的作业使用,不致降低结构的使用效率。

(2)足够的强度:浮游栈桥的主体结构、联结件、系缆设备等必须具有足够的强度,确保在风浪流的作用下不致损坏。

(3)较高的生存力:浮游栈桥在采取一定的措施后能在恶劣的海洋环境下生存,不致因为海洋环境变化而造成浮栈频繁的撤收、架设情况。

当然,海上的浮游栈桥耐腐蚀、疲劳损伤、大潮差的克服也十分棘手,需要深入研究。

11.3.2 耐波性发展

海上浮体的耐波性研究是一门理论性较强的综合应用学科。其开始于舰船建造业,而且成为舰船设计中不可缺少的内容。早在19世纪中叶(1861年),Froude率先进行了舰船摇荡运动分析,此后(1896年)Krylov又对舰船的垂荡和纵摇进行了系统研究,但是在这些早期的研究中,只考虑了入射波对船体运动的影响,而没有考虑船体的存在和运动对周围流场的影响。但是他们的研究成果也为后人所认可,即所谓的Froude-Krylov力。

事实上,人们在试验和理论研究中发现:一方面,入射波诱导了舰船运动,这种运动进一步又干扰了原来的流场,即产生了波的辐射;另一方面,即使舰船静止,由于船体对水质点的不可穿越性也将造成波的反射。因此处于波浪中的浮体周围的流场应该是处于入射波势、辐射波势和反射波势的叠加环境中。在研究中,仅考虑Froude-Krylov力是远远不够的。

从20世纪40年代起,人们开始致力于舰船摇荡运动中流体动力的理论研究。其中,Haskind研究的速度势线性边值问题的建立和求解中应用GreenTheorem构造由于舰船存在和运动引起的扰动速度势和积分方程,并用窄船理论假设得到方程的解,其分析方法和研究结果至今仍是人们处理摇荡问题中线性扰动势的经典方法。20世纪50年代,舰船在波浪上的运动研究在两个方面取得了有意义的进展。第一个是丹尼斯和皮乐荪将频谱分析方法引入舰船运动的分析中,它不仅使舰船摇荡运动分析从确定性分析步入更符合实际的随机分析,而且还因频谱分析方法自身的特点为过去规则波中舰船的摇荡运动分析赋予了新的实际意义。第二个是切片理论(Strip Theory)的应用,Korivin-Kroukovsky在这方面做了开创性的工作。近40年来,随着计算机技术的发展,使切片理论得到了很快的发展和推广,取得了长足的进步,同时速度势中的三维理论、二阶波浪力和水弹性问题也得到更多的重视和研究。

尽管从20世纪30年代开始就有了海上浮游栈桥的初步应用,但是发展十分缓慢,从20世纪70年代初开始,至今的30多年来海上浮游栈桥较多地得到军事和海洋资源开发者的重视。可以认为,从20世纪70年代中后期才是海上多联铰接浮式体系波浪运动响应研究的开始。美军作战工程保障部门在海上浮式结构的应用和研究方面做了开创性工作,在1972年的AD报告中查阅到浮箱铰接式浮栈在波浪中运动研究的部分成果,并给出了离岸桥节和连岸桥节的升沉、纵摇相对波长λ/L(λ为波长,L为桥节长度)的变化规律,其成果具有借鉴作用。随后Hagen、Cockerell和Haren在多联铰接式体系的波浪动力响应方面又开始了大量工作。他们在研究单点系泊波能转换筏与筏间相对转动时,指出各筏绕铰的相对转

角与筏长 L 比波长 λ 的比值关系极大,并通过调节该比值获取尽可能大的动能。

然而海上浮游栈桥是系泊的约束多联体系。强大的锚泊系统部分限制了浮游栈桥的摇荡运动,这有利于桥面的平顺和通载,但是从能量守恒来看波浪产生的能量应该转化为栈桥的动能和弹性变形能,所以栈桥的动能减少势必增加栈桥的弹性变形能,从这种意义上看,锚系结构的存在增加了栈桥的内力,因此栈桥的强度与栈桥桥面的平顺要求是相互矛盾、相互制约的。

目前发达国家和我国架设的海上浮桥或者栈桥都是以浮箱(如英国的麦克罗浮箱和我国的多用途浮箱)为拼装单元,并以此组成一定长度的桥节,然后铰联成浮桥或者栈桥,这种方法有利于将波浪生产的动力纵向弯矩释放并转化为铰接处的转动动能,但是联结铰的存在也增加了桥面的纵坡度,降低了桥面的通行性能。与 Hagen、Cockerell 的思路相反,海上栈桥却希望调节桥节长度与波长的比值,使桥节间的相对转动尽可能的小,同时又要兼顾桥体的强度。

到 20 世纪 80 年代,海上多联铰接式浮体在波浪上运动响应研究有了更多的进展。Mccomik 在 1987 年发表的论文中提出了铰接浮体临界阻尼运动在正交模态分析方法,但他的理论建立在全线性化假设的前提下。1984 年 R.S 兰利进行了多体海洋结构的随机动力分析。尽管兰利的分析对象是油轮—浮筒系,但是他提出的用约束矩阵建立运动方程的方法却有独到之处,此外,兰利在波浪力中考虑了二阶力,使得多体海洋结构的运动分析又向前迈进了一步。

由于海上浮桥或者栈桥具有与内河浮桥或者栈桥结构形式相同的特点,又具有与海船相同的工作环境,正是由于这些特点,使得我们在海上浮桥、栈桥的耐波性研究中既可利用内河浮桥、栈桥的部分设计思想,又可借用海船耐波性分析中的理论成果。但是海上浮桥或者栈桥的波浪动力效应是区别内河浮桥的主要标志,其依赖锚系定位、位移受限和多联浮体的特点又与海船有着重大区别。因此,海上浮桥、栈桥的耐波性分析具有自身的特点,建立完整的耐波性分析理论具有独立的、现实的意义。

11.3.3 耐波性几个问题

对于海上浮桥或者浮游栈桥的耐波性研究有以下内容:

(1)水弹性问题:海式结构在入射波的诱导下除产生刚体位移外,还产生弹性变形,两者又反过来干扰结构周围的流场,而干扰过的流场又影响结构的运动和受力,考虑这种耦合效应就是所谓的水弹性问题。目前舰船的水弹性问题分析已经得到越来越多的重视。然而浮桥、栈桥的相对水深,即 H/L(H 为型深,L 为桥节长)比舰船小得多,可以看成是大柔性水上结构物,其水弹性问题更为突出。因此过去全刚体假设是粗糙的,势必带来不容忽视的影响。

(2)锚系的非线性问题:锚系是浮桥、栈桥的固定系统,它所提供的恢复力具有较强的非线性特征。就单根锚链而言,其数学意义上的变分方程式,严格说是可变边界的非线性问题。由于锚链的存在使得整个结构系统呈现非线性,因此锚系非线性的引入极具挑战性。不过在海况相对平稳的海域,小量运动假设成立,故线性化分析仍具有一定的计算精度。

(3)流体动力系数问题:在过去海上多联铰接浮体的附加质量、附加阻尼的计算中以单个桥节为研究对象,而对于单个桥节而言,完全可以按照一般舰船那样将线性辐射势按其六个自由度实施分解。这样的处理方法虽然比较简单,但是却忽略了诸桥节之间对辐射势的干扰和影响。正如前面所指出的那样,多联铰接浮体已不再是海船那样的单浮体,如果说浮体周围流场的线性辐射势可以按其运动模态进行分解,那么多联铰接浮体系统的运动模态已不是简单的六个自由度模态,其复杂程度随桥节的数量增加而增加。其运动模态还要考虑到整体横向平移和绕桥轴线的转动。由此推论,多联铰接浮桥、栈桥的附加质量和附加阻尼的纵摇量不是一个而是多个,其定义也应该是广义的。此外,海洋中的浮桥或者栈桥属浅水域中小吃水平底浮体,该类浮体的流体动力系数的计算也不成熟。所以,对于多联铰接浮式结构系统,对其附加质量、附加阻尼进行研究具有独立的学术价值。

(4)运动与受力的综合分析问题。正如前面所分析的那样,海上浮桥、栈桥在波浪力作用下其运动量和结构中的内力不会协调一致地按照同一规律变化。因此就耐波性分析而言,有必要寻求它们各自按不同波参数变化的规律,并在此基础上找出既符合运动许可值又满足强度要求的最佳参数,即相对波长(λ/L),以此根据实际海况及箱体尺寸选定最佳桥节长度。

(5)锚系预张力与横漂问题。一般来说,海域都有比较固定的风向(主风向)和来波方向,而潮流却是周期性的变化。浮桥或者栈桥在这些因素影响下不会产生横向漂移。实践证明,浮桥或者栈桥沿着主风向和入射波方向的横向漂移是不可恢复的。以我国大榭跨海浮桥为例,该桥的系泊铁链的链径为$\phi32mm$,其预张力(不计锚链自身重量)高达50kN,这样强大的锚系在一般内河浮桥中从未使用过,即便如此,浮桥仍沿主风方向和入射波方向发生0.5m的横向漂移和约0.4m的纵向移动。通常两岸接坡宽度大于桥宽,但是其富余量是有限的,如果锚系不强或者比较松弛,很可能造成过大横漂移位甚至桥面一部分超过预定接坡宽度,其后果是影响栈桥或者浮桥的正常使用,甚至可能影响接岸桥节的受力状况。由此可见,海上栈桥横漂移位的研究应给予高度重视。

11.4 浮游栈桥的波浪效应估算

以势流理论和多刚体力学为基础建立起来的海上浮栈动力效应计算方法,尽管有较好的技术精度,但是计算量大,工程运用不便。为了更好地满足方案设计、野战条件下设计的需要,在模型波浪动力试验的基础上结合理论分析,给出了一套浮栈动力效应的估算方法。该方法简单易行,而且有较高的技术精度。

11.4.1 自由单桥节的运动响应

从铰接式浮游栈桥中取出单节栈桥,并不计算相邻桥节的影响,设该桥节的排水量为D,桥节长为L,桥宽为B,静载吃水为ΔT,一般入射波与岸线的法线夹角不大,而浮栈的架设方向基本与岸线垂直。试验表明:当$\beta<15°$时可以近似按照正浪计算运动响应。所以简化后的运动方程为:

$$\begin{bmatrix} M_{11} & M_{12} \\ M_{21} & M_{22} \end{bmatrix} \begin{Bmatrix} \ddot{u}_z \\ \ddot{u}_Y \end{Bmatrix} + \begin{bmatrix} C_{11} & C_{12} \\ C_{21} & C_{22} \end{bmatrix} \begin{Bmatrix} \dot{u}_z \\ \dot{u}_Y \end{Bmatrix} + \begin{bmatrix} K_{11} & K_{12} \\ K_{21} & K_{22} \end{bmatrix} \begin{Bmatrix} u_z \\ u_Y \end{Bmatrix} = \begin{Bmatrix} F_Z(t) \\ M_Y(t) \end{Bmatrix} \quad (11\text{-}13)$$

由于所讨论的单节栈桥为无航速对称方形浮体,所以可简化为格里兹玛关系式,给出各系数的计算公式如下:

$$M_{11} = \frac{D}{g}(1+m_z) \quad M_{22} = I_Y + \frac{D}{g}m_z\frac{L^2}{12} \quad K_{11} = \frac{D}{\Delta T} \quad K_{22} = \frac{DL^2}{12\Delta T} \quad C_{11} = n_z L = N_z$$

$$C_{22} = \frac{N_z L}{12} \quad C_{ij} = K_{ij} = M_{ij} = 0 \quad (i \neq j)$$

式中:m_z——附加升沉质量系数;

n_z——附加升沉阻尼系数;

I_y——单节栈桥绕 Y 轴的质量惯性矩。

设波形方程为:

$$\xi_x = A_e^{-KT^*} \times \cos(K_1 h\omega t) \tag{11-14}$$

式中:A——入射波的波幅;

K——波数;

ω——波浪的圆频率;

T^*——与斯密斯效应有关的量。

于是单节栈桥的运动响应幅值为:

$$u_{za} = F_{za}/\sqrt{(K_{11}-\omega^2 M_{11})^2 - (C_{11}\omega)^2} \tag{11-15}$$

$$\theta_{ya} = M_{ya}/\sqrt{(K_{22}-\omega^2 M_{22})^2 - (C_{22}\omega)^2} \tag{11-16}$$

式中:

$$F_{za} = (F_{zs}^2 + F_{zc}^2)^{1/2} \quad M_{ya} = (M_{ys}^2 + M_{yc}^2)^{1/2} \tag{11-17}$$

其中:

$$F_{zs} = -f(kL/2)\omega N_z$$

$$F_{zc} = f(kL/2)\left(\frac{D}{\Delta T} - \frac{D}{g}m_z\omega^2\right) \tag{11-18}$$

$$M_{ys} = f(kL/2)\left(\frac{Dm_z}{kg}\omega^2 - \frac{D}{k\Delta T} - \frac{\omega N_z L}{2}\right) \tag{11-19}$$

$$M_{yc} = f(kL/2)\left(\frac{LD}{2\Delta T} - \frac{\omega N_z}{k} - \frac{\omega^2 Dm_z L}{2g}\right) \tag{11-20}$$

并有

$$f(kL/2) = \frac{\sin(kL/2)}{kL/2}AEXP(-k\Delta T) \tag{11-21}$$

11.4.2 铰约束函数、屏蔽系数和端约束系数

事实上,浮游栈桥在纵向是用若干铰接器将数个单节桥节铰联而成的整体,除受铰约束外,还存在岸边箱的端约束效应、浮趸和停靠在侧边的大型舰船的屏蔽效应等因素的影响,其运动模态远比单节复杂。模型试验表明锚系对浮栈升沉运动的影响并不大,故在分析中不对锚系作专门的讨论,而是用所谓铰约束函数综合其影响。

此外,尽管各节桥节的运动响应不尽相同,但是试验表明,响应的最大值在首节,中部桥节运动较小,尾节的运动首端约束的影响比较明显。综合以上,在整个浮栈中我们可以用首节、尾节和中部桥节作为特征节,并以它们的运动量来估算、评估栈桥的运动效应。

在不考虑岸边箱约束效应和浮趸屏蔽效应的情况下,设第 i 个特征节的响应与自由节

响应的差值分别为 $\delta_{zi}(\lambda/L)$ 与 $\delta_{\theta i}(\lambda/L)$，并称其为约束函数。此外，设 γ_z、$\gamma_{\theta i}$ 和 $\alpha_{zi}\alpha_{\theta i}$ 分别是反映浮筏对第 i 个特征节的屏蔽系数和岸边箱对第 i 个特征节的端约束系数。这样第 i 个特性节的升沉和纵摇可表达成：

$$\frac{u_{zi}}{A} = (1 - \gamma_{zi} - \alpha_{zi})\left[\frac{u_{za}}{A} + \delta_{zi}(\lambda/L)\right] \quad (11\text{-}22)$$

$$\frac{\theta_{yi}}{\delta} = (1 - \gamma_{\theta i} - \alpha_{\theta i})\left[\overline{\theta}_{ya} + \delta_{\theta i}(\lambda/L)\right] \quad (11\text{-}23)$$

式中：$\overline{\delta}$——波陡，而 $\overline{\theta}_{ya} = 57.3\theta_{ya}\sqrt{\delta}$。

应用最小二乘法，铰约束函数可以写成下面的级数形式：

$$\delta_{()i}(\lambda/L) = \sum_{k=1}^{n} ak(\lambda/L)^k \quad (11\text{-}24)$$

表 11-4 是取级数前四项时的系数。

由于栈桥前浮筏的长度方向（垂直波向）远大于栈桥的宽度 B，从而产生一定的屏蔽效应。模型试验表明，浮筏对栈桥的屏蔽效应与相对波长 λ/L 有关，表 11-5 列出的是浮筏对栈桥运动的屏蔽系数 γ_z 和 γ_θ。

当栈桥具有岸边箱或者由于落潮使部分箱体卧滩时，将产生端约束效应使浮栈运动减小。表 11-6 是岸边箱产生的端约束系数 α，从表中可以看出，当相对波长 $\lambda/L \geq 0.86$ 时，端约束对尾节的影响十分显著。

系 数 a 表 11-4

名称	系 数							
	a_{z1}	a_{z2}	a_{z3}	a_{z4}	$a_{\theta1}$	$a_{\theta2}$	$a_{\theta3}$	$a_{\theta4}$
首节	-12.78	41.97	-44.57	14.03	141.33	-430.55	421.62	-135.26
中间节	-5.33	19.43	-21.91	7.66	-473.96	1842.93	1842.93	764.83
尾节	-5.50	20.05	-22.57	7.85	-464.81	1803.75	1803.75	735.02

屏蔽系数 γ_z 和 γ_θ 表 11-5

名称	系 数					
	γ_z			γ_θ		
	$0 < \frac{\lambda}{L} \leq 0.3$	$0.3 \leq \frac{\lambda}{L} \leq 0.86$	$\frac{\lambda}{L} > 0.86$	$0 < \frac{\lambda}{L} \leq 0.3$	$0.3 \leq \frac{\lambda}{L} \leq 0.86$	$\frac{\lambda}{L} > 0.86$
首节	0.46	0.38	0.08	0.45	0.163	0.06
中间节	0.5	0.5	0.16	0.00	0.03	0.13
尾节	0.5	0.45	0.07	0.00	0.00	0.00

端约束系数 α 表 11-6

名称	系 数					
	α_z			α_θ		
	$0 < \frac{\lambda}{L} \leq 0.3$	$0.3 \leq \frac{\lambda}{L} \leq 0.86$	$\frac{\lambda}{L} > 0.86$	$0 < \frac{\lambda}{L} \leq 0.3$	$0.3 \leq \frac{\lambda}{L} \leq 0.86$	$\frac{\lambda}{L} > 0.86$
首节	0.10	0.03	0.10	0.10	0.13	0.01
中间节	0.01	0.01	0.126	0.50	0.49	0.34
尾节	0.00	0.00	0.57	0.00	0.60	0.90

11.4.3 铰接器的受力

11.4.3.1 轴向力的估算

在波浪力作用下由于各个桥节的运动相位和幅度不同,将使铰接器中产生竖向剪力 Q,同时由于流体质点的水平分量所形成的水平推进能量还使铰接器产生轴向力 N。

试验表明,岸边箱的存在使铰接器的轴力增大,同时在斜浪作用下由于波浪力的横向分量使浮游栈桥产生横向弯曲,从而有附加轴向力。现忽略栈桥的纵向惯性运动和纵摇对轴向运动的影响。轴向力可以表达为:

$$N = C_x C_w \frac{\overline{M} \rho B}{2g} \int_{A_w} V_x^2 dA \tag{11-25}$$

式中: V_x——波浪水质点的水平运动速度;

$\overline{M}$——包含了整个栈桥附加质量和结构质量在内的总质量;

A_w——栈桥迎浪面单位宽度的湿表面积。

经过简化可得:

$$N = C_x C_w \frac{\overline{M} \rho B}{2} \cdot \frac{A}{(\mathrm{sh} kd)^2} [\mathrm{cth} k(d-A) - \mathrm{cth} k(d+\Delta T)] \tag{11-26}$$

式中: d——水深。

且系数 C_x 和 C_w 可以在以下范围内取值:

$$C_x = \begin{cases} 100\beta x & \left(0 < \frac{\lambda}{L} \leq 0.3\right) \\ 12.5\beta x & \left(0.3 < \frac{\lambda}{L} \leq 0.57\right) \\ 3.0\beta x & \left(0.57 < \frac{\lambda}{L} \leq 0.86\right) \\ 0.31\beta x & \left(\frac{\lambda}{L} > 0.86\right) \end{cases} \tag{11-27}$$

式中 βx,当波高 $H < 1.0$m 时取 0.45;当 $H > 1.0$m 时,取 0.4。

而:

$$C_w = \begin{cases} 1.0 & (\theta = 0°) \\ 1 + 0.3\psi & (\theta = 15°) \\ 1 + 0.5\psi & (\theta = 30°) \end{cases} \tag{11-28}$$

11.4.3.2 剪力的估算

当入射波行至首节时,由于波浪力的作用,迫使该桥节运动,并通过铰接器带动后续桥节运动。此时铰接器受力。当波浪行至第二节时由于波浪力的作用时该桥节运动,这时使铰接器受力变小。若取首节开始运动,而后续桥节即将运动的瞬时为分析对象,则作用在铰接器上的总剪力 Q 为:

$$\overline{Q} = \frac{M_{ya}}{L} - \frac{F_{za}}{2} \tag{11-29}$$

这里 $\overline{Q}$ 没有考虑首节栈桥的运动惯性力以及后续桥节协同运动对铰接器中剪力的影响。因此实际上的剪力的计算可以按照下列修正公式计算：

$$Q = C_q \left(\frac{M_{ya}}{L} - \frac{F_{za}}{2} \right) \tag{11-30}$$

修正系数按以下范围取值：

$$C_q = \begin{cases} 0.98 & (0 < \lambda/L \leqslant 0.57) \\ 0.60 & (0.57 < \lambda/L \leqslant 0.86) \\ 0.13 & (0.86 < \lambda/L \leqslant 1) \\ 0.41 & (\lambda/L \geqslant 1.4) \end{cases} \tag{11-31}$$

试验表明，在波浪的入射角 $\psi < 20°$ 时均可以按照上式计算铰接器中的剪力。

11.5 海岸浮游栈桥在波浪上的动力效应计算

11.5.1 前言

在近海工程保障中，重装备的集结装船需要各种浮码头和浮游栈桥。民用码头由于结构、样式等原因不能用于军事目的，此外，民用设施还会遭到敌人破坏。因此，利用我军目前装备的制式舟桥器材架设浮游栈桥是必须的、可行的。

浮游栈桥用在海岸和内河虽然在结构形式上相同，但由于使用环境、使用工况的不同，需要研究的问题也很多。用制式舟桥架设的浮游栈桥在海岸要受到海流、潮汐、海风、海水腐蚀等影响外，主要还要承受波浪作用。因此研究海岸浮栈的波浪效应、深入研究其疲劳寿命以及采取相应的技术措施是十分重要的。

11.5.2 波浪动力效应分析

11.5.2.1 力学模型

根据文献，我们采用弹性基础梁法计算。以某型二折带式舟桥架设浮栈为例，某型二折带式舟桥器材的弹性特征系数 $\beta = 0.076$，则临界长度为：

$$L = \frac{\pi}{\beta} = \frac{\pi}{0.076} = 43.2 \text{m} \tag{11-32}$$

考虑到浮栈的计算跨度为 2.7m，所以取 $L = 43.2$m，共 16 舟。由于海岸滩涂坡度一般为 1%~2%，潮差为 2~4m，需要架设的浮栈长度在 60~100m，因此上述假设是符合实际情况的。考虑最不利因素并做一定的简化，海岸状况：波浪采用正余弦波，拍岸浪高 0.6m，周期 6s，波长 43.2m，迎浪角 90°。

在空载作用下，由于整个浮栈均匀吃水，不产生附加弯矩。考虑浮栈中的某一点 O，在一个波浪周期开始 $t = t_0$ 时，如图 10-7a) 所示：波峰恰好位于 O 点，则由于波浪效应，浮栈内将产生附加弯矩。当在一个波浪周期结束 $t = t_0 + T$ 时，如图 10-7b) 所示：波谷恰好位于 O 点，由于波浪效应，浮栈内产生附加正弯矩。如此往复，对浮栈产生重要影响。

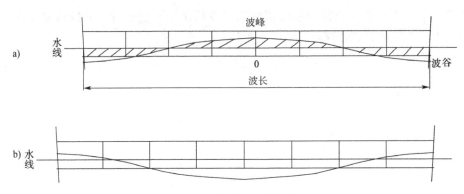

图 11-7 波浪作用浮栈模型

对 O 点,波浪方程为:

$$y = H\cos\frac{2\pi}{L}x \tag{11-33}$$

由于对称性,取浮栈右侧一半进行考虑。并且由于超过临界长度的浮栈的波浪效应对 O 点的影响可以忽略,因此在 x 处取 dx 段考察。

11.5.2.2 波浪的动力效应

弹性基础梁的弯矩可以列出分析公式来计算。

在 P 力作用下,无限长弹基梁的弯矩影响线如图 11-8 所示。

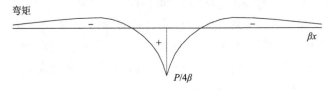

图 11-8 P 力作用下的弯矩影响线

临界长梁的右半部弯矩的公式为:

$$M = \frac{P}{4\beta}e^{-\beta x}(\cos\beta x - \sin\beta x) \tag{11-34}$$

对图 11-7a):

$$dF_1 = \gamma By dx = \gamma B\left(H\cos\frac{2\pi}{L}x - 0.06\right)$$

$$dF_2 = y_0 \gamma B dx$$

所以在图 11-7a) 的情况下,波浪引起的中心最大弯矩为:

$$M_1 = \int_0^{16.5} \frac{dF_1}{4\beta}e^{-\beta x}(\cos\beta x - \sin\beta x) - \int_{16.5}^{\frac{L}{2}} \frac{dF_2}{4\beta}e^{-\beta x}(\cos\beta x - \sin\beta x) = 335 \text{kN} \cdot \text{m}$$

在图 11-7b) 情况下,有:

$$M_2 = -M_1$$

根据文献,连续梁体系浮桥通常存在着连接间隙。由于间隙的影响,将使浮栈的弯矩减小 20%。栈桥承受弯矩,纵向丙丁接头是某型二折带式舟桥器材的主要受力构件,它承受浮桥总弯曲时所产生的拉力。

考虑到6个丙丁接头的不均匀分配,经计算得 $k_0 = 0.286$。
最不利桁架分配弯距:

$$M_0 = k_0 \cdot M_1 \cdot 80\% = 76.65 \text{kN} \cdot \text{m}$$

承压板到丙丁接头中心线距离 $h_0 = 0.8\text{m}$。
丙丁接头所受拉力:

$$P = \left(\frac{M_0}{h_0}\right) = \frac{76.65}{0.8} = 95.8 \text{kN}$$

11.5.3 疲劳寿命分析

结构的构件或机械、仪表的零部件在交变应力(Alternative Stress)作用下发生的破坏现象,称为"疲劳失效",简称"疲劳"(Fatigue)。栈桥承受一定周期波浪反复作用,从而连接件成为受力较大的部件,根据实际情况和实验,栈桥下部连接件先于上部连接件遭受破坏,从20世纪70初年代发现某舟桥丙丁接头疲劳破坏以来,已引起高度的重视。本书运用大型通用计算机程序 Ansys 确定丙丁接头疲劳位置及相应的最大应力 σ_{max}、应力幅 $\Delta\sigma$,从而应用 Morrow 公式计算丙接头的疲劳寿命。

11.5.3.1 弹塑性有限元分析

试验发现丁接头的疲劳寿命比丙接头长得多,所以本书只对丙接头进行疲劳寿命的分析。考虑到丙丁接头受力的对称性,建立如图 11-9 所示的有限元模型。

这里对实际情况作了一定的简化,左端加了小模量弹性段并且利用了对称性,这些简化对研究的问题无实质改变,是必须的、合理的。

为了保证接头的受力性质(丙丁接头只承受拉力)以及接头之间的接触状态,在计算过程中,在两构件的接触面上采用了状态非线形的分析方法。

$$\sigma_{max} = 380.4 \text{Pa}$$
$$\varepsilon_{max} = 0.002258$$

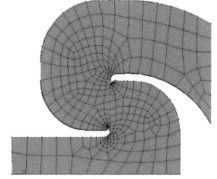

图 11-9 有限元模型

接头传递的最小荷载 $P_{min} = 0$,但在接触分离的瞬间仍存在 σ_{min}、ε_{min},然而其值的大小相对 σ_{max}、ε_{max} 可以忽略不计,所以认为 $\Delta\sigma = \sigma_{max}$,$\Delta\varepsilon = \varepsilon_{max}$。

11.5.3.2 疲劳寿命计算

疲劳破坏往往从构件危险截面的局部峰值应力(或应变)处,特别在应力集中(或应变集中)处发生。破坏定义为裂纹的外观明显可见,因为这样一种情况,对大多数结构来说将禁止其继续使用。对于构件裂纹形成寿命的估算,局部应力—应变法应用较为广泛。这种方法将材料的疲劳特性有效地应用于构件局部危险的疲劳分析,即根据相同应变条件下损伤相等的原则。

根据文献,40Cr 钢应变疲劳参数见表 11-7。

表 11-7

40Cr 钢应变疲劳参数

疲劳强度系数 $\sigma_f'(\text{MPa})$	疲劳强度指数 b	疲劳延性系数 ε_f'	疲劳延性指数 c	循环强度系数 $K'(\text{MPa})$
1661.16	-0.105	0.24	-0.597	1729.79

Morrow 公式为：

$$\Delta\varepsilon_t/2 = \frac{\sigma_f' - \sigma_m}{E}(2N_f)^b + \varepsilon_f'(2N_f)^c \tag{11-35}$$

代入求解得：

$$N_f = 30796$$

11.5.4 相应技术措施

由于波浪的周期为 6s，可以计算出浮游栈桥经过 51.3h 将有可能被破坏。根据实际经验和理论分析，如果在浮游栈桥未执行任务时可以将其分为几段，即将浮桥的固定连接变为铰接，将大大改善其受力性能。

当以 8 舟浮栈计算跨度即 21.6m 为单位解除固定连接时，承受的最大的弯矩 $M = 170\text{kN} \cdot \text{m}$，疲劳破坏次数 $N_f = 129559$，相当于 215.9h 后可能遭受破坏；当以 4 舟浮栈计算跨度即 10.8m 为单位解除固定连接时，承受最大弯矩为 $M = 140\text{kN} \cdot \text{m}$，疲劳破坏次数 $N_f = 228062$，相当于 380h 后可能遭受破坏。计算结果显示，此方法不仅实际操作简单快捷，而且浮栈的寿命得到了较大的提高，从而在技术上说明了此方法的可用性。

本书以某型二折带式舟桥器材架设的海岸浮栈为例，分析了规则波浪对浮栈内受力及疲劳破坏的影响并提出了解决方法，这对研究采用其他器材架设海岸浮栈和分析其在波浪中的状况具有一定的参考价值。

以上的计算都进行了合理的简化，今后将深入研究随机波浪和海水腐蚀对疲劳寿命的影响。

11.6 登陆浮游栈桥的接船设计

登陆浮游栈桥在使用过程中，水侧是靠泊、系留各种舰船，其舰船在靠泊和系留过程中对登陆浮游栈桥产生的力主要有舰船的系缆力、舰船的挤靠力和舰船的撞击力。凡是通过船缆而作用在浮游栈桥上的力称为系缆力，分为纵横向系缆力两种，由风和水流作用在舰船上而产生的；舰船靠泊浮游栈桥时，由于风和水流的作用，使舰船直接作用在浮游栈桥上的力称为挤靠力；舰船在靠泊浮游栈桥作业时产生的力称为撞击力。这些力产生的原因各不相同，计算方法也不一致。

11.6.1 舰船的系缆力分析

靠泊在浮游栈桥上的舰船在风和水流作用下所产生的横向分力的总和 $\sum F_x$ 和纵向分力总和 $\sum F_y$ 的作用下产生系缆力，作用在每个系缆柱上的系缆力的标准值可以按照下式计

算(图11-10):

$$N = \frac{K}{n}\left(\frac{\sum F_x}{\sin\alpha\cos\beta} + \frac{\sum F_y}{\cos\alpha\cos\beta}\right) \quad (11\text{-}36)$$

式中：　　N——系缆力标准值；

$\sum F_x$、$\sum F_y$——可能同时出现的风和水流作用而产生的横向分力总和(kN)与纵向分力总和(kN)；

K——系船柱受力不均匀系数，当实际受力的系船柱数量 $n=2$ 时，$K=1.2$，当 $n>2$ 时，$K=1.3$；

n——计算舰船同时受力的系船柱的数量，根据不同船长按表11-8确定；

α、β——系船缆的倾斜角度，其中 α 为系船缆的水平投影与浮游栈桥前沿线的夹角，β 为系船缆与水平面的夹角；实际计算中，对海船浮游栈桥取 $\alpha=30°$、$\beta=15°$，对于内陆江河的浮游栈桥 $\alpha=30°$、$\beta=0°$。

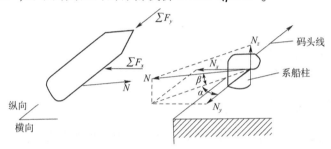

图11-10　系缆力计算示意图

不同船长的受力系船柱的数量及间距　　表11-8

舰船总长 L(m)	≤100	120~150	150~200	200~250	250~300
受力系船柱数量 n	2	3	4	5~6	7~8
系船柱间距	20	25	30	30	30

根据系缆力的计算简图和公式，可以计算系缆力 N_x 的垂直浮游栈桥前沿线的分力、平行于浮游栈桥前沿线的分力 N_y 和垂直于浮游栈桥面的向上分力 N_z。

具体计算公式为：

$$\left.\begin{array}{l} N_x = N\sin\alpha\cos\beta \\ N_x = N\cos\alpha\cos\beta \\ N_z = N\sin\beta \end{array}\right\} \quad (11\text{-}37)$$

作用在舰船上的计算风压的垂直于浮游栈桥前沿线的横向分力 F_{xw}(kN)和平行于浮游栈桥前沿线的分力 F_{yw}(kN)可以按照下式计算：

$$F_{xw} = 73.6 \times 10^{-5} \cdot A_{xw} V_x^2 \xi \quad (11\text{-}38)$$

$$F_{yw} = 49.0 \times 10^{-5} \cdot A_{yw} V_y^2 \xi \quad (11\text{-}39)$$

式中：A_{xw}、A_{yw}——舰船水平面以上横向和纵向受风面积(m²)；

V_x、V_y——设计风速的横向和纵向分量(m/s)；

ξ——风压不均匀折减系数。

水流对舰船的作用力技术比较复杂,可以根据水流条件和舰船类型,按照《港口工程荷载规范》附录 E 确定。

11.6.2 舰船的挤靠力分析

舰船挤靠力的计算分两种情况。

一种为防冲撞设施连续布置的情况,其挤靠力标准值 F_j(kN/m)按下式计算:

$$F_j = \frac{K_J \sum F_x}{L_n} \tag{11-40}$$

式中:F_j——挤靠力分布不均匀系数,采用 1.1;

$\sum F_x$——可能同时出现的风和流对舰船作用产生的横向分力总和(kN);

L_n——舰船直线段与防冲设施的接触长度(m)。

另一种为防冲撞设施间断布置的情况,其挤靠力标准值 F_j(kN/m)按下式计算:

$$F'_j = \frac{K'_J \sum F_x}{\sum L'_n} \tag{11-41}$$

式中:F'_j——挤靠力分布不均匀系数,取 1.3;

$\sum L'_n$——舰船直线段与防冲设施的接触长度(m)。

11.6.3 舰船的撞击力分析

舰船撞击力根据产生的原因不同,可以分为舰船靠泊时对浮游栈桥产生的撞击力和在系泊中舰船受横向波浪作用对浮游栈桥产生的撞击力。前者是一项设计荷载,后者是外海开敞式浮游栈桥的主要设计荷载。

11.6.3.1 舰船靠泊时的撞击力

舰船靠泊碰撞浮游栈桥时,其动能转化为防撞设施、船体结构、栈桥结构的弹性变形和舰船与栈桥的转动、摇荡以及船与栈桥之间水体的挤升、振动、摩擦、发热等形式的能量。被防冲撞设施、船体变形、栈桥结构变形所吸收的有效动能为 E_0。对于装有橡胶护舷的栈桥结构,橡胶护舷吸收的能量 E_s 比栈桥结构吸收的能量 E_j 大很多,当 $E_s \geq 10E_j$ 时,可以考虑舰船有效撞击能量全部由橡胶护舷吸收,即 $E_0 = E_s = U$(U 为与舰船接触的橡胶护舷在舰船靠泊栈桥所吸收的总能量)。E_0 可以按下式进行计算:

$$E_0 = U = \frac{\rho}{2} M V_n^2 \tag{11-42}$$

式中:E_0——舰船靠泊时的有效撞击动能(kJ);

ρ——有效动能系数,一般取 0.7~0.8;

M——舰船质量(t),按满载排水量计算;

V_n——舰船靠泊时的法向速度(m/s),根据舰船满载排水量,按《港口工程荷载规范》规定确定。

当 $E_s \leq 10E_j$ 时,有效撞击能量按护舷和栈桥结构的刚度进行分配。

制造橡胶护舷的厂家均应提供橡胶护舷的 F_x-U 曲线,由上式求得的 U 即可根据 F_x-U 曲线查得 F_x 值,此即橡胶防冲撞设施的反力 F_x,也就是舰船对栈桥的撞击力的法向反力标准值。

舰船撞击力沿栈桥长度方向的分力标准值可以按照下式计算：
$$H = F_x \cdot \mu \tag{11-43}$$
式中：H——舰船撞击力沿栈桥长度方向的分力标准值(kN)；

F_x——舰船撞击力法向分力标准值(kN)；

μ——舰船与橡胶防冲撞设施之间的摩擦系数，可取 0.3~0.4。

11.6.3.2 系泊于栈桥的舰船在波浪作用下的撞击力

这种撞击力主要是由横向波浪引起的，是大型舰船栈桥的重要设计荷载之一，在某些情况下，可能大于靠泊时舰船的撞击力。由于情况复杂，一般均应通过试验确定。《港口工程荷载规范》附录 F 提供的经验公式仅供缺乏资料时查阅使用。

11.7　架设登陆浮游栈桥的水上动力计算

由于登陆浮游栈桥架设作业（包括桥节连接及投锚等）是在有海风、海流、海浪、潮汐的条件下进行的，因此架设作业的水上驱动装备器材必须具备足够的抗风浪能力和足够的牵引动力。同时，由于是在海岸滩头作业，又需要满足吃水小的要求，此外还需要考虑海上运输机动的条件。

大马力操舟机能较好地满足这些要求，它具备体积小、重量轻、便于海上装载远距离运输的优点。它有较大的作业功率，单机马力就可以达到 75~250 马力，也可以双机、多机使用，正常工作时吃水小，安装在浮栈桥节上可在浅水区任意航行，由于这种驱动装置工作时的稳性即是浮栈桥节的稳性，因此在波浪中有很高的生存力。

也可以采用登陆艇来进行浮栈的架设，这些登陆艇吃水小、靠泊性能好，抗风浪能力强、马力大。例如，美军架设浮桥或者栈桥的军事演习，就常常采用登陆艇在浅水区架设浮栈，在深水区用 LCM 登陆艇进行投锚作业。

运用 068 型登陆艇（主机 600 马力）拖曳由多用途浮箱结构的长 30m 的浮游桥节，逆流（海流 2m/s）、逆风(9.4m/s)行驶，在相对水深 $h/H > 9$ 时，能以不小于 6 节的速度行驶，其计算参照《运用 068 型登陆艇拖曳浮桥节的动力验算》。

在 068 型登陆艇拖曳栈桥桥节的过程中，登陆艇受到两个阻力：组合体水阻力和风阻力。水阻力包括：登陆艇的水阻力 R_{1L} 和浮栈桥节的水阻力 R_{2L}。设流速为 V_0，登陆艇及浮栈桥节的航速为 V_1（绝对速度），则登陆艇与水流的相对速度为 $V = V_0 + V_1$。

11.7.1　登陆艇自身的水阻力

$$R_{1L} = R_m + R_x + R_b$$

式中：R_m、R_x、R_b——登陆艇受到的摩擦阻力、形状阻力和兴波阻力。当登陆艇处于非高速航行状态时，它们分别计算如下。

(1) $R_m = (K\xi_m + \Delta\xi_m)\dfrac{1}{2}\rho\Omega V^2$

这里 $K = 1$，$\Delta\xi_m$ 忽略不计，故：

$$R_m = \xi_m \frac{1}{2}\rho\Omega V^2 \tag{11-44}$$

(2) 形状阻力

$$R_x = \xi_x \frac{1}{2}\rho\Omega V^2 \tag{11-45}$$

(3) 兴波阻力 R_b

我们考虑在流速最大($V_0 = 2.0 \text{m/s}$)的情况下,使用登陆艇牵引浮栈桥节以 3.0 m/s 的相对水流速度航行(绝对速度1.0m/s),因此,068型登陆艇的方型系数为:

$$\delta = \frac{V}{LBT} = 0.3705$$

故

$$\varphi = \frac{10\delta B}{L} = 0.7779 \tag{11-46}$$

所以 $X = 0.805$ $\sqrt{XL} = 4.465$

故

$$R_b = C\varphi \frac{\overline{V}}{L} V^2$$

式中: ξ_m——摩擦阻力系数,按公式 $\xi_m = \frac{0.075}{(\lg R_e - 2)^2}$ 计算,其中,R_e 为雷诺数,这里: $R_e = \frac{VL}{\gamma} = 57.16 \times 10^8$。

所以 $\xi_m = 0.0023$

式中: ξ_x——形状阻力系数,按照经验数据取 $\xi_x = 1.0 \times 10^{-8}$;

ρ——海水的密度,$\rho = 1030 \text{Ns}^2/\text{m}^4$;

Ω——浸水面积,$\Omega = 111 \text{m}^2$;

V——相对速度,$v = 3.0 \text{m/s}$;

$\overline{V}$——登陆艇的排水量,$\overline{V} = 63/1.1 = 57.3 \text{m}^3$;

L——艇长,$L = 24.77 \text{m}$;

C——系数,$C = 0$;

φ——系数,$\varphi = 0.7779$;

γ——海水的黏性系数,$\gamma = 1.3 \text{m}^2/\text{s}$。

所以 $R_{1L} = R_m + R_x + R_b \approx 3000 \text{N}$

11.7.2 浮栈桥节的总阻力

11.7.2.1 水阻力

在 $v = 3.0 \text{m/s}$ 时浮栈桥节的水阻力为:

$$R_{2L} = C\frac{\rho}{2} V^2 \Omega_H$$

式中: C——总阻力系数(无因次),$C = 1.1$;

Ω_H——阻水面积,$\Omega_H = 30 \times 0.3 = 9.0 (\text{m}^2)$。

11.7.2.2 总水阻力 R

$$R = R_{1L} + R_{2L} = 58060(\text{N})$$

11.7.2.3 风阻力 R_F

风压强度可以按照下式计算：

$$\omega = 0.8V^2$$

式中：V——风速(m/s)，5 级风相当于风速的平均值为 9.4m/s，相当风压的平均值为 71N/m²

阻风面积 Ω_F：因为登陆艇的阻风面积较小，可以忽略不计，因此：

$$\Omega_F = 30 \times 1.2 = 36(\text{m}^2)$$

所以风阻力为 $R_F = \Omega_F \times \omega = 2800\text{N}$

11.7.2.4 登陆艇和栈桥桥节的总阻力

$$R' = R + R_F = 63700(\text{N})$$

11.7.3 登陆艇可以达到的理论速度

068 型登陆艇输出总功率为 $600 \times 0.5 = 300$(马力)，所以：

$$V = \frac{P}{R} = \frac{300 \times 735}{63700} = 3.46(\text{m/s}) > 3.0\text{m/s}$$

计算结果表明：068 型登陆艇牵引长为 30m、宽为 7.5m 的由多用途浮箱结构的浮游栈桥的桥节，在逆流(2.0m/s)、逆风(5 级)的条件下，完全可以 6 节的相对速度航行。

第12章 舟桥结构优化方法

12.1 桥脚分置式舟桥向带式舟桥过渡的理论

我国20世纪60年代的舟桥器材主要有某型重型舟桥、某型轻型舟桥等,从体系形式上来看都是由连续的上部结构连接于间隔一定距离的浮游桥脚上构成的,即所谓的桥脚分置式浮桥(图12-1)。

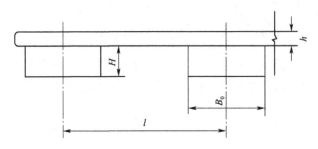

图12-1 桥脚分置式浮桥

进入20世纪70年代后,我国舟桥器材的研制是以带式舟桥为主的,如某二折带式舟桥、某型四折带式舟桥和某改进型带式舟桥。带式舟桥的特点是上部结构与浮游桥脚合为一体,连接密布于水面上,从这个意义上讲,也可称之为桥脚密布式浮桥(图12-2)。带式浮桥与桥脚置式浮桥从体系上看都属于连续体系浮桥。在架设使用方面,前者具有显而易见的优越性,比如架设撤收速度快、作业劳动强度低、易于掌握等。但是从结构力学、流体力学的理论角度来分析,带式浮桥与桥脚分置式浮桥相比较,其优越性、合理性究竟如何呢?这很值得进行详细的分析研究,找出其内在规律。

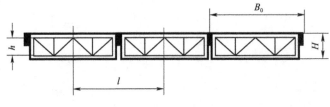

图12-2 带式浮桥

12.1.1 浮桥结构受力分析

浮桥设计的荷载指标不断地提高,必须设法减少单位荷载作用下浮桥上部结构中产生的应力和浮游桥脚的吃水。要做到这一点，重要的办法就是增大单位长度上浮桥脚的平均水线面面积 F_0/l（F_0 系浮桥平均水线面面积，l 系浮游桥脚中心线间跨度）。例如某型重型舟桥，当吨位由 160kN 提高到 500kN 时，浮游桥脚跨度不变，而浮游桥脚的组成由 1 个单舟增为 2 个；当吨位由 500kN 提高为 700kN 时，浮游桥脚的组成不变，仍为 2 个单舟，而浮游桥脚的跨度由 5.01m 降为 3.73m。可见随着浮桥吨位的增加，F_0/l 也都增加了。

对于连续体系浮桥的总体受力分析，我们知道是可简化为支承在弹性基础上的连续梁来研究的。而这种体系中力的分配取决于连续梁的抗弯刚度 nEJ（n 系上部结构的数量，E 系材料弹性模量，J 系单个上部结构的抗弯惯矩）、$\dfrac{\gamma F_0}{l}$ 与单位长度上的弹性基础系数间的关系。这个关系是用浮桥的弹性特征值 $\beta = \sqrt[4]{\dfrac{\gamma F_0}{4nEJl}}$ 来表征的。

详细的力学推导可以证明连续体系浮桥上部结构的最大荷载弯矩 $M_{\max} \propto 1/\beta$，而浮桥浮游桥脚舟的最大吃水 $Y_{\max} \propto \beta l/F_0$。由此可见，当浮桥上部结构保持不变时，即 nJ 不变时，如果增大 F_0/l，β 值也增大，因而 $M_{\max}$ 下降，最大弯曲应力 $\sigma_{\max}$ 也下降。

另一方面，由于 F_0/l 增加 $Y_{\max}$ 也下降了，当然 β 的增加对 $Y_{\max}$ 有增大的趋势，但是由 $\beta^4 \propto F_0/l$ 可知 β 值的变化较之 F_0/l 的变化是不敏感的。

例如 F_0/l 增大一倍，β 只增加 19%，所以综合考虑 F_0/l、β 都在变大，共同影响的结果 $Y_{\max}$ 仍然是下降的，下降的幅度为 40.5%（$1.19/2 = 0.595$）。

随着 F_0/l 的增大，β、$M_{\max}$、$\sigma_{\max}$、$Y_{\max}$ 的变化情况详见图 12-3。

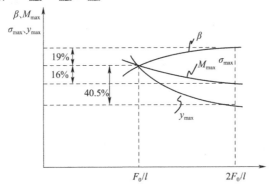

图 12-3 随着 F_0/l 的增大有关参数变化

综上所述，可知增大 F_0/l 对浮桥承载能力的两个主要方面（降低 $\sigma_{\max}$ 和 $y_{\max}$）都有明显的好处。而欲增大 F_0/l 无非是两条途径：一是增大 F_0，二是减小 l，沿着这两条途径发展下去，其必然结果就是浮桥的宽度 B_0（沿着浮桥通行方向上浮游桥脚的尺度）逼近于浮游桥脚间的跨度 l。这也就是桥脚分置式浮桥过渡为桥脚密布式浮桥即带式浮桥的一个力学道理。显然，如果单纯这样增大 F_0/l 往往带来了单位长度上浮桥自重增大的问题。

桥脚分置式浮桥向带式浮桥过渡的另一个力学道理在于对连续体系浮桥上部结构抗弯刚度 nEJ 也就是抗弯惯矩 nJ 的分析中。当浮游桥脚保持不变，即 F_0、l 均保持不变时，由浮桥弹性特征值 $\beta = \sqrt[4]{\dfrac{\gamma F_0}{4nEJl}}$ 的表达式中看，似乎用降低 nJ 的办法，也相当于增大了 F_0/l，从而

β 增大，M_{max} 减小。然而必须注意减小 M_{max} 并不是我们的最终目的，我们的指导思想是减小 σ_{max}，这有时是一回事（上部结构不变时），但有时却不一定是一回事（上部结构变动时），需进行具体分析。

(1) 上部结构截面不变，数量改变。

首先，假定单个上部结构不变的，即 J 不变，而 nJ 的下降只是同上部结构的数量 n 的减少联系在一起（实际上一般情况都是这样的）则有关系 $\sigma_{max} \propto \dfrac{M_{max}}{n}$，而 M_{max} 的下降较之 nJ 的下降是不敏感的，所以 σ_{max} 反而上升了。例如 nJ 降了一半，β 只增大 19%，而 M_{max} 只降低 16%（1/1.19 = 0.84）。综合考虑 M_{max}、n 都下降共同影响的结果，σ_{max} 不是下降的，相反上升 68%（0.84/0.5 = 1.68）。

(2) 数量不变，梁的高度改变。

其次，如果 nJ 的下降是伴随着上部结构高度 h 的下降而发生的，数量 n 保持不变，此时 h 的下降也有利于的 σ_{max} 下降，则有关系式 $\sigma_{max} \propto \dfrac{M_{max} \cdot h}{J}$，当假设上部结构宽度尺寸 b 是不变的，则 $J \propto h^3$，所以相应于 nJ 下降一半时，h 的下降为 20.6%（$\sqrt[3]{0.5} = 0.794$），即使再把前面提及 M_{max} 的下降一半时 nJ 下降 16% 考虑进去，仍是上升的，σ_{max} 上升 33.4% $\left(\dfrac{0.84 \times 0.794}{0.5} = 1.334\right)$。

(3) 截面积不变，形状改变。

如果把高度 h 下降省下来的材料加到宽度尺寸 b 上去，保持上部结构单位长度上的自重不变，即 bh 乘积不变，同时数量 n 也不变，则由 $J \propto bh^3$，得到 $J \propto h^2$，此时相应于 nJ 下降一半时 h 的下降为 29.3%（$\sqrt{0.5} = 0.707$），如前所述再把 M_{max} 下降 16% 考虑进去，仍利用关系式 $\sigma_{max} \propto \dfrac{M_{max} \cdot h}{J}$，可知 σ_{max} 还是上升的，上升 19% $\left(\dfrac{0.84 \times 0.707}{0.5} = 1.19\right)$。

另一方面，在 F_0/l 不变的条件下，因 nJ 下降，使 β 值上升，直接导致 Y_{max} 上升就不多述了 $\left(Y_{max} \propto \dfrac{\beta l}{F}\right)$。

随着 nJ 的减小，β、M_{max}、σ_{max}（J 不变）、σ_{max}（nb 不变）的变化情况详见图 12-4。

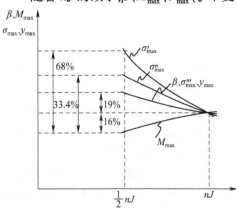

图 12-4 随着 nJ 的减小有关参数变化

通过这一段分析，我们可以看到浮桥上部结构抗弯惯矩的 nJ 减小对浮桥承载能力的两个主要方面（降低 σ_{max} 和 Y_{max}）都是不利的。所以为了提高浮桥的承载能力，我们还应该提高上部结构的抗弯惯矩 nJ，以减小浮桥的弹性特征值 β，而使 M_{max} 增大些，但因为 M_{max} 增大与 nJ 增大相比是不敏感的，因此最大弯曲应力 σ_{max} 还是下降了，同时最大吃水 Y_{max} 也下降了，整个浮桥的承载能力得到了提高。例如某重型舟桥，当浮桥吨位由 16t 提高到 50t 时，桥桁数量由 4 根增加为 8 根，即 nJ 增大了一倍。

必须指出：靠增加上部结构的数量 n 来增大 nJ，尽管 σ_{max} 下降较快（当 $F_0/1$ 不变，J 不变，n 增大一倍时，β 下降16%，M_{max} 上升19%，而 σ_{max} 下降40.5%），但材料多用了一倍，浮桥单位长度上上部结构自重增大了一倍，所以这种做法往往是受到限制的，而且从力学角度来看，这样使用材料也欠合理。

另外一条增大 nJ 的途径是在上部结构不失稳的范围内加大其高度 h，尽量保持单位长度上的总重量不变或者少变，这样既可使得 σ_{max} 下降，又不致浪费过多材料。

上部结构的高度增大带来的运输问题，造成浮桥进出口坡度过大问题等，要这样做在桥脚分置式浮桥的体系中甚至实际上成为不可能，而带式舟桥恰恰在这一点上又显示出了自己的优越性。

带式舟桥的浮游桥脚舟间跨度 l 接近于浮游桥脚的宽度 B_0，舟桁合一成为现实，上部结构的高度 h 可以大大增加甚至接近于浮游桥脚舟的高度 H，其形式也可以由型钢发展成桁架、箱梁，材料的使用也更加合理。

如前所述，h 的增大使得 nJ 大大增加，使得 β 值下降，达到提高浮桥承载力的目的。

举例说明：同样为50t浮桥，某型重型舟桥要用8根30号槽钢作为上部结构，其抗弯刚度为 $4.84 \times 10^4 cm^4$，截面抵抗矩为 $3226 cm^3$，而某型二折带式舟桥采用6片桁架，其抗弯刚度为 $18.67 \times 10^4 cm^4$，截面抵抗矩为 $4470 cm^3$，可见后者的承载力高，而上部结构在单位长度上的重量，即使用的材料反而减少了一半，某型重型舟桥为276kg/m，某型二折带式舟桥为112kg/m。

通过影响连续体系浮桥受力的两个主要因素 nJ、F_0/l 的分析讨论，除了使我们懂得了桥脚分置式浮桥应该向带式浮桥过渡的内在力学道理，而且可以学会由 nJ、F_0/l 的变化对浮桥承载力的两个方面（σ_{max}、Y_{max}）影响的敏感性来指导我们的设计工作，使所设计的浮桥取适当的弹性特征值 β，其上部结构的强度（即 σ_{max}）和浮游桥脚舟的浮性（即 Y_{max}）两个方面都达到预定的指标，做到安全经济。

在浮桥设计中，应该根据经验初步确定 nJ、F_0/l 后计算出浮桥弹性特征 β 值，进而计算在荷载作用下的 σ_{max}、Y_{max}，用容许应力 $[\sigma]$、容许吃水 $[T]$ 进行比较，如果应力富裕较多，就适当降低 nJ。如果吃水富裕较多，就适当降低 F_0/l，反复调整以使得应力、吃水两方面满足设计指标，安全经济。

12.1.2 浮桥水力性能的分析

浮桥除了需要满足承载能力方面的要求，同时还需要满足水力性能方面的要求，所谓浮桥水力性能主要包括两个方面：一是浮桥的临界流速，即水动力稳定性问题；二是浮桥的水阻力，即浮桥水平固定问题。

直观看来，带式浮桥连续密布于水面上。其水力性能应比桥脚分置式浮桥差一些，然而正是因为带式浮桥密布于水面上，其单位长度的浮力大、吃水小，而且阻水断面变化平顺、均匀，水流绕流一般呈平面状态，不至于产生散泊系，从这方面来看反而有利于浮桥的水力性能。详细的分析比较告诉我们，就临界流速来说，带式浮桥只会比桥脚分置式浮桥高；这实际遇到的流速下的水阻力来说，在平均水深 $z>5m$ 时，带式浮桥比桥脚分置式浮桥高，在平均水深 $z<5m$ 时，带式浮桥的水阻力稍大，但采用通常的水平固定方法仍可以保障安全

使用。

下面我们通过具体实例来进行分析说明。桥脚分置式以某型重型舟桥为例,带式舟桥以某型二折带式舟桥为例,分别架设500kN浮桥,当500kN荷载以间距25m通过浮桥时,其技术参数详见表12-1。在此相同条件下,我们来讨论浮桥的临界流速和水阻力。

两种浮桥的技术参数　　　　　　　　　　　　　　　表12-1

技 术 参 数	某型重型舟桥浮桥	某型二折带式舟桥浮桥	技 术 参 数	某型重型舟桥浮桥	某型二折带式舟桥浮桥
跨度 l(m)	5.01	2.71	静载吃水 $T_1 = Q_1/F_0$	0.227	0.169
桥脚舟宽 B_0(m)	2.4	2.54	单位长度上总排水量 D_0(m³/m)	23.4/5.01 = 4.67	20.03/2.71 = 7.39
桥脚舟长 L(m)	10.92	10.3	活载重 P(kN/m)	500/25 = 20	500/25 = 20
平均水线面面积 F_0(m²)	24.25	22.7	静活载下排水量(m³/m)	3.10	3.42
荷载最大偏心距离 e(m)	0.4	0.35	静活载平均吃水(m)	0.641	0.407
每跨上恒载 Q_1(kN)	55.1	38.35	阻水横断面积(m³/m)	0.307	0.381

12.1.2.1　浮桥的临界流速

关于浮桥的临界流速 V_{kp} 通常应按下式确定:

$$V_{kp} = \xi \cdot \sqrt{gL} \cdot \sqrt{1 - \frac{D}{\left(1 + \frac{eP}{LD}\right)^3 \cdot D_0}} \qquad (12\text{-}1)$$

式中:g——重力加速度,一般取9.81m/s²;

L——桥脚舟的长度(m);

D——单位长度浮桥的排水浮力(kN);

e——荷载行驶在浮桥上的偏心距离(m),一般向下游偏心取正值,向上游偏心取负值;

D_0——单位长度浮桥在全部没入水中时的排水浮力(kN)。

由表12-2可见,无论在深水或者浅水中,某型二折带式舟桥带式浮桥比某型重型舟桥桥脚分置式浮桥的临界流速都高,同时带式浮桥一般又具有建筑高度低、活载重心低、浮桥抗扭刚度大等特点,这可减小浮桥的初始横倾角,对浮桥的水动力稳定性也产生有利的影响。

两种浮桥的临界流速 表12-2

舟桥名称	平均水深 Z	>5m	4m	2.5m
某型重型舟桥	相对水深 Z/T	8	6	4
	动力系数 ξ	0.49	0.46	0.41
	临界流速 V_{kp}	2.27	2.54	2.27
某型二折带式舟桥	相对水深 Z/T	12	9	6
	动力系数 ξ	0.43	0.42	0.40
	临界流速 V_{kp}	3.08	3.08	2.88

12.1.2.2 浮桥的水阻力

浮桥的水阻力通常按下式计算：

$$R = C \cdot \gamma \frac{1}{2} V^2 \cdot \Omega = C_0 C_l C_h \cdot \gamma \frac{1}{2} V^2 \cdot \Omega \tag{12-2}$$

式中：γ——水的密度，一般取 $102 \text{kg} \cdot \text{s}^2/\text{m}^4$；

V——水流速度（m/s）；

C_0——水深为无限深时，独立的浮游桥脚舟的阻力系数，主要同浮游桥脚舟的形状及其基本尺寸之比有关，在所分析的两种浮桥中，均取 0.5；

C_l——用于考虑跨度 l 影响的系数，对于某型重型舟桥浮桥取 1.0，对于某型二折带式舟桥浮桥取 0.8；

C_h——用于考虑浅水影响的系数，浮桥水阻力与其关系颇大，当平均水深 $Z>5$m 时，对于某型重型舟桥浮桥，$Z/T>8$，对于某型二折带式舟桥，$Z/T>12$，此时浅水影响均可以省略不计，而取 $C_h=1$，由此得到水阻力 R 的计算公式：

$$R = 7.83 V^2 (\text{kg} \cdot \text{s}^2/\text{m}^4) \quad \text{（某型重型舟桥浮桥）} \tag{12-3}$$

$$R = 7.76 V^2 (\text{kg} \cdot \text{s}^2/\text{m}^4) \quad \text{（某型二折带式舟桥浮桥）} \tag{12-4}$$

由此可见，在相同水流速度的情况下，两种浮桥的水阻力是相差无几的，某型二折带式舟桥浮桥的还略小。

当水深小于 5m 时，C_h 随着 Z 的减小而上升，而且与水流速度 V 也有关系，这是因为在浅水中架设浮桥，水流受阻情况严重，水阻力就大，而且带式浮桥比桥脚分置式浮桥的水阻力增大得更加明显。

浅水中两种浮桥的水阻力对比见表 12-3。

浅水中两种浮桥的水阻力对比 表12-3

水深(m)	舟桥	相对水深	水流速度					
			1.0m/s		1.5m/s		2.0m/s	
			C_h	R(kg/m)	C_h	R(kg/m)	C_h	R(kg/m)
4.0	某型重型舟桥	6	1.20	9.4	1.40	24.8	1.70	53.2
	某型二折带式舟桥	9	1.35	10.5	1.80	31.5	2.20	68.4
	某型二折带式舟桥比某型重型舟桥大		—	12%	—	27%	—	29%

续上表

水深(m)	舟桥	相对水深	水流速度 1.0m/s C_h	水流速度 1.0m/s $R(kg/m)$	水流速度 1.5m/s C_h	水流速度 1.5m/s $R(kg/m)$	水流速度 2.0m/s C_h	水流速度 2.0m/s $R(kg/m)$
2.5	某型重型舟桥	4	1.35	10.6	1.50	26.3	2.00	62.8
	某型二折带式舟桥	6	1.75	13.6	2.00	34.8	2.50	77.6
	某型二折带式舟桥比某型重型舟桥大	—	—	28%	—	33%	—	24%

由表12-3可见,在平均水深Z、水流速度V均相同的条件下,某型二折带式舟桥浮桥比某型重型舟桥桥脚分置式浮桥的水阻力大20%~30%,但是由于在浅水条件下,一般水流速度较小,水阻力的绝对值并不是太大,而且在浅水条件下的锚定作业也比较容易,所以在浅水中架设带式浮桥也不会有太大的问题。

综上所述,无论是从浮桥的强度、刚度、桥脚舟吃水,还是临界流速和水阻力,带式浮桥都有其优点,因此这也是带式浮桥目前成为国际上各先进发达国家的主要舟桥样式。在新研制的新型重型舟桥中,也是采用了可变结构的浮桥形式,在长江或黄河的特殊情况下,采用桥脚分置式浮桥的结构样式,而在其他一般条件下,还保留了带式浮桥的结构样式。

12.2 浮桥的优化基本概念

12.2.1 传统设计和优化问题的提出

与所有的工程结构相同,浮桥或者门桥除了强度的约束条件以外,还有刚度约束条件,在浮桥上所体现的就是吃水问题。目前,在浮桥的设计中,是根据桥跨的强度和桥脚舟的吃水同时到达容许值的原则来进行设计的,可以称为是"同时到限准则法"。它满应力准则法的广义形式。例如有一连续梁体系的浮桥,承受履带式荷载,总重Q,履带接地长S,假定桥跨横断面中桥桁根数为n,桥脚舟的节间l,设计时需要决定桥桁的断面形式和舟的水线面面积。按照弹性基础梁理论的设计步骤为:

(1)假定浮桥的弹性基础梁的力学模型及其特征系数β值。
(2)求桥跨总弯矩:

$$M = \frac{Q}{8}\left(\frac{2}{\beta} - S\right) \tag{12-5}$$

(3)求所需要的桥桁断面系数W,并根据材料表查出相应的断面惯性矩和断面形式:

$$W = \frac{M}{n[\sigma]}K(1+\mu) \tag{12-6}$$

式中:$1+\mu$——动载冲击系数;
K——桥桁的横向分配不均匀系数;
$[\sigma]$——桥桁的容许应力。

(4)求桥脚舟的反力:

$$R = \frac{Q\beta l}{2} \tag{12-7}$$

(5) 求舟的水线面面积和决定舟的主尺度：

$$F = \frac{R}{\gamma [T]} \tag{12-8}$$

式中：$[T]$——为舟的容许吃水。

(6) 将求得的各项参数代入下式计算新的 β 值：

$$\beta = \sqrt[4]{\frac{\gamma F}{4nEJl}} \tag{12-9}$$

式中：E——桥桁材料的弹性模量；
γ——水的相对密度。

(7) 将计算得到的 β 值与原来假定的 β 进行比较，如果相差较大，则转到步骤(2)，重复上述技术，直到两次的 β 相差在工程容许的范围内为止。

浮桥的力学计算模型如图 12-5 所示。

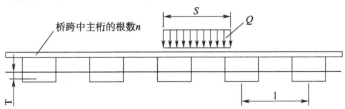

图 12-5　浮桥的力学计算模型

这样设计出来的浮桥，桥桁强度和桥脚舟的吃水同时到限，同时到达准则（是广义的满应力准则），解答从数学上看是满足等式约束条件的解答。当设计变量数正好等于等式约束条件数时，实质上便是一个非线性方程组的迭代求解问题。单纯用数学上的迭代求解不一定能保证收敛。满应力法利用了结构的力学特征（射线性质），引进了各构件断面似的调整准则，从而保证了迭代的收敛。浮桥设计中除了引用桥桁断面和舟的水线面面积的调整准则外，还用参数 β 作为迭代计算的纽带，也保证了迭代收敛和较快的收敛速度。

实际上，参数 β 是代表桥跨和桥脚舟的刚度比，也是代表迭代过程的一根射线，其收敛原理和满应力法的基本相同的。

对优化起关键作用的，还是按"同时到限准则"所制定的调整桥桁断面和舟水线面积的两条准则。至于是否用参数 β、采用什么样的结构分析理论都没有关系，因此，我们可以把上述的"同时到限准则法"推广到浮桥设计的所有情况中去，不管是什么体系的浮桥，不管是河中部分还是岸边部分，也不管是采用的什么物理力学模型和何种结构分析理论，只要运用上述两条调整准则，都可达到满意的优化结果。

与满应力设计计算类似，浮桥的同时到限设计准则可以用图 12-6 所示框图说明。

按强度和吃水同时到达极限准则所调整的设计变量，不一定是桥桁断面和舟的水线面积。例如利用就便材料和民舟架设浮桥时，桁的断面和舟的水线面积都是已定的，可以调整的是桥桁的根数 n 和舟的间距 l。

为了适应浮桥设计中的不同情况，浮桥的同时到限准则可以有如下两个普遍形式：

$$(nW)^{k+1} = (nW)^k \left(\frac{\sigma}{[\sigma]}\right)^k \tag{12-10}$$

$$(F/l)^{k+1} = (F/l)^k \left(\frac{T}{[T]}\right)^k \tag{12-11}$$

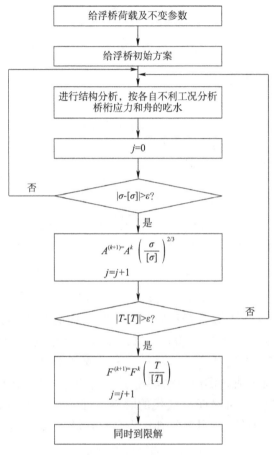

图 12-6 优化分析计算程序

将 nW 和 F/l 作为两个设计变量，它们是一种综合形式的变量，各包含了两个因子，其中一个是已经确定的，另一个是可以调整的。

同时到限解不一定是最优解，尽管在大多数场合是比较接近的。

浮桥的优化设计，要涉及舟的优化问题。作为浮桥桥脚的舟，可以看作浮桥结构中的一个"部件"，它的主要任务是承受荷载或者桥跨给它的压力，为此，它必须有一定的尺寸和体积以满足浮力条件，在舟体结构上，又必须有一定的断面性质来满足强度和刚度条件，舟的优化设计本身是一个单独的课题，也是一个比较复杂的优化问题。但是根据桥跨给它的压力，应该可以做出桥脚舟全部（优化）设计，好像结构中的任一构件，根据它所负担的内力，便可以进行断面（优化）设计一样。因此舟可以看作由所受压力所能完全决定的一个"构件"或"部件"，可以用水线面积 F（或者其他因素）作为代表它的设计变量来参加浮桥的总体优化设计。而舟的许多其他性质和参数，如长、宽、高，容许吃水和断面中的各种性质等，都可以归纳为一些比例参数来表达它们和水线面 F 之间的关系。在浮桥优化设计的目标函数中舟所提供的数值（重量或造价），自然也应该和水线面积有一定的关系，一般可以表达为 F 的函数。

可见浮桥的优化设计应该是多层次的。关于多层次优化的概念和方法，也需要进一步研究和探讨。

由于浮桥是单参数结构，自然可以用单参数搜索法求最优化问题。在运用单参数搜索时，如果是用弹性基础梁理论进行结构分析，仍可以用 $\beta = \sqrt[4]{\dfrac{\gamma F}{4nEJl}}$ 作为参数。如果采用其他结构分析理论，则参数可以改为比较简单的形式，如 $\beta = F/J$ 或者 $\beta = \dfrac{F}{nJl}$ 等。具体的步骤如下：

(1) 给出浮桥的荷载等不变参数和设计变量初值，并求相应的 β 值：

$$\beta = \frac{F}{nJl}$$

(2) 进行结构分析，求出桥桁中的应力 σ 和舟的吃水 T。

(3) 求相应射线与桥桁强度约束边界的交点（1 点）：

$$(nW)^1 = (nW)^0 \frac{\sigma}{[\sigma]} \tag{12-12}$$

$$(F/l)^1 = \beta(nJ)^1 \tag{12-13}$$

(4) 求射线与舟吃水约束边界的交点（2 点）：

$$(F/l)^2 = (F/l)^0 \frac{T}{[T]} \tag{12-14}$$

$$(nJ)^2 = \frac{(F/l)^2}{\beta} \tag{12-15}$$

(5) 比较 1、2 两点，确定那一点在可行域边界上，并求此点的目标函数值。

(6) 令 $(\tan^{-1}\beta)^{k+1} = (\tan^{-1}\beta)^k + S$，$S$ 为射线搜索的步长，而：

$$(F/l)^{k+1} = \beta^{k+1}(nJ)^k \tag{12-16}$$

(7) 重复步骤 (2)、(3)、(4)、(5)，求得新方案的目标函数值 f^{k+1}。

(8) 比较 f^{k+1} 和 f^k，如果下降则继续向前搜索，直到找到目标函数最低点，如需要，则在此点附近以更小步长进行搜索或进行抛物线三点内插求得最优解。

12.2.2 调整结构尺寸的优化准则

以前所述的满应力法，只能调整构件的断面，同时到限准则也只能调整与约束条件数目相同的几个变量。但是在工程结构设计中，可调整的和必须调整的变量较多，仅依靠有限的强度条件和刚度条件来调整是不够的。

应该强调，设计中可调整的变量愈多，则其优化的潜力也愈大。多一个变量，即多一条减少目标函数的途径。因此，除了某些受到严格控制而无法变动的以外，所有因素都应容许变化，以求得最大可能范围内的最优解。

从优化效益来说,结构尺寸调整的作用更大于构件断面调整的作用。调整结构尺寸可以改变结构中的内力分布情况,使之更加合理,按此重新选择构件断面,就能收到更大的优化效益。

如果结构的设计者对结构的力学特性有较深的了解,能确知变化某一尺寸会带来什么后果,他可能制定出调整这个尺寸的优化准则来直接调整,不必依靠数学规划法来探索,这样,尺寸的调整就异常简单。

下面以一个双下撑结构为例,提出了该结构几个尺寸的优化调整准则。

(1)尺寸 a 是一个不利因素,它使梁的边节间承受一个集中力。a 愈大,则由此产生的局部弯矩也愈大。它属于节点偏心的性质。斜杆最好交于梁的端部支点处,a 最好为零。如果由于构造或作业上的某种需要,必须有 a,则应取构造或作业上要求的最小值。

(2)a 值(或 $a+b$)是梁边节间的跨度,调整 b 值,可以改变节间和中节间的跨度,影响这两个节间中梁的局部弯矩值。一般两节间的弯矩值可以认为是随着节间跨度的增减而增减的。由于梁在全长范围内的断面是不变的,而梁的断面是按两个节间的较大弯矩应力设计的,故最佳的 b 值应使这两个节间的弯矩(应力)值相等。此时梁的断面最小。如一设计方案中 $\sigma_1 \neq \sigma_2$,则可用下式来调整 b 值:

$$(a+b)^{k+1} = (a+b)^k \left(\frac{\sigma_1}{\sigma_2}\right)^n \tag{12-17}$$

式中:n——控制收敛的指数。

优化计算结果表明,在双下撑式桁架的边节间跨度 $a+b$ 值以等于全跨度的 1/4 左右为最佳。如图 12-7 所示。

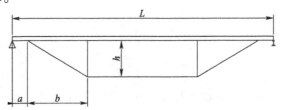

图 12-7 桁架的结构优化分析

这个使各节间弯矩(应力)相均衡的优化准则,可以推广到等截面的连续量中,特别是弹性支座上的连续梁中。

(3)h 是桁梁高度。同一般桁架高度一样,h 增加能减少梁及水平杆的轴力和相应的断面面积,但是随之也增加了斜杆和竖杆的长度。文献对变量 h 有专门的分析,提出 h 的最佳值近似公式;并指出,由于构造和施工的原因,一般也达不到此最佳值。故可根据当时具体情况,尽量取较大值。这种分析也可以推广到一般桁架中。

(4)装配超长 δ 也作为该例的一个尺寸变量,它的作用是给梁以予拱和予赋负弯矩,可以减少梁中受载后的总的正弯矩,从而减轻梁的断面。δ 的最佳值,应该使节间中的正弯矩(应力)值正好等于竖杆顶点的负弯矩(应力)值,当两者不相等时,δ 值可用以下公式进行调整:

当二竖杆与梁间作用有一对内力 $X=1$ 时,该杆的相对变位为 δ_{xx},故竖杆超长增加 $\Delta\delta$ 时可使竖杆杆力增加 $\Delta\delta/\delta_{xx}$。此时,水平杆的杆力也随着增加 $\frac{\Delta\delta}{\delta_{xx}}\frac{b}{h}$,梁中产生负弯矩增量为

$\frac{\Delta\delta}{\delta_{xx}} \frac{b}{h} \cdot h = \frac{\Delta\delta b}{\delta_{xx}}$。现欲使 δ 的作用正好使梁中的正负弯矩（应力）趋于平衡，则：

$$\frac{\Delta\delta}{\delta_{xx}} \cdot b \cong \frac{|M^+| - |M^-|}{2} \cong \frac{(|\sigma^+| - |\sigma^-|)W}{2} \tag{12-18}$$

故得 δ 的调整公式：

$$\delta^{k+1} = \delta^k + \frac{(|\sigma^+| - |\sigma^-|)W\delta_{xx}}{2} \tag{12-19}$$

制定上述这些调整准则时，最重要的是掌握这些尺寸变量变化时某些内力（应力）的增减规律。调整的公式并不要求十分准确。满应力比公式从理论讲是准确的，但是满应力法迭代中仍可以改变指数来适应收敛情况。可见调整这些设计变量时，最重要的是增减方向，其次才是数量。可以给这些调整公式加上相应的指数或参数，来控制其收敛速度和稳定性。

尺寸变量的调整，应与断面变量的调整交替进行，每次结构分析求出各处内力和应力后，先按尺寸的调整准则调整各个尺寸，再根据已调整的尺寸再进行一次结构分析得出各处的应力，并按满应力准则调整各构件的断面。尺寸调整的优化效益，就体现在随后进行的断面调整上。

重复这两种调整，直到各部内力和均衡和各构件的满应力状态同时达到为止。这种方法简称为"调整满应力法"。

在所举的双下撑桁架的例子中，单纯用满应力，结构总重优化效益为 13%，而运用兼有尺寸调整的调整满应力法，使结构总重减少 36%。

12.2.3 装配差额的优化作用

这里再专门分析一下装配差额（包括构件的装配超长和连接间隙）对结构的优化作用。在前节所举的例子中，竖杆的装配超长的作用（使梁产生预先的负弯矩）也可以通过水平杆或斜杆的缩短（或称负的装配超长）来达到。在军用桥梁和舟桥器材中，常用单销连接方式，销身和销孔间是有间隙的。这种连接间隙的作用等于使拉杆产生了超长，使压杆产生了缩短，使梁或桁架产生了角间隙。我们统称为连接间隙。在浮桥结构中，有时还特意设置较大的预留间隙来调整结构中的内力，取得优化的效果。

把装配差额列为设计变量，不但对结构优化能起很大的作用，而且从理论上对满应力优化方法带来一个值得注意的启示，能把满应力解和最优解结合起来。

在双下撑式桁架中，由于竖杆的装配超长，调整了梁和下撑结构之间的内力分配，其作用等于加大了下撑结构对于梁的刚度比值。因此，它可以解决对下撑结构的刚度要求和强度要求之间的矛盾问题。如图 12-8 所示，以梁的惯矩 J 和水平杆断面积 A 为两个主要设计变量。在 J、A 所张的设计平面中任给一设计点 $X^{(0)}$，按射线理论可以很方便地找到相应射线上梁的约束边界点①和水平约束边界点②。在此射线上各设计点的内力是不变的，包括水平杆拉力 T、竖杆支撑力 R 和梁中弯矩 M。

在①点上，梁中已达满应力，但水平杆并没有达到满应力，①点坐标 A_1，它是由对下撑结构的刚度要求决定的。而②点的坐标 A_2 才是由强度要求所决定的承受拉力 T 所需的水平杆断面积。这二者是有矛盾的。由于 $A_1 > A_2$，②点在不可行域，故只能用①点为可行方案。

此时梁达到满应力,而下撑诸杆达不到满应力。

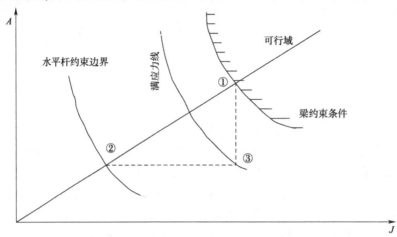

图 12-8　优化途径

但如果竖杆有装配超长 δ 且可以随意调整时,则可以用 δ 来增强下撑结构的刚度来消除它和强度之间的矛盾。可以用①点的 J_1 和②点的 A_2 来组成一个新的方案,A_2 不能满足刚度要求的部分由 δ 来弥补,并按此可以计算出所需的 δ 如下。

在原射线上的不变的水平杆力为 T,现由梁横矩 J_1、水平杆断面积 A_2(且 $\delta=0$),计算出的水平杆力为 T',则可使 δ 满足如下条件:

$$T' + \frac{\delta}{\delta_{xx}} \cdot \frac{b}{h} = T \tag{12-20}$$

由此可求出所需的 δ 值为:

$$\delta = \frac{(T-T')\delta_{xx} \cdot h}{b} \tag{12-21}$$

于是由 J_1、A_2、δ 三者组成一个新的设计方案,如图 12-8 中的③点,显然,这个满应力点,梁和下撑诸杆均为满应力状态。

任何初终点 $X^{(0)}$ 开始,都可以如上所求得相应的①②和③点。即是对于不同的初始点或不同射线,都可以找到一个相应③点或满应力点。如将这些满应力点连成一根曲线,可称为满应力线。此线可理解为在 J_1、A_2、δ 所张的设计空间内梁约束边界面与水平杆约束边界面的交线(一条空间曲线)在 $\delta=0$ 面上的投影。这根曲线与目标函数最优等值面(它是与 $\delta=0$ 平面垂直的)的公切点,就是最优点 X^*。显然,也是满应力点,这就把满应力解和最优解结合起来了,可以把它称为"最优满应力解"。

用单参扫描的办法,可以找出这个最优满应力点。可以证明这个最优满应力点的 δ 值,正好使梁中正负弯矩应力互相均衡。作者并采用数学规划法,证实了这点就是理论上的最优点。

在双下撑桁架中竖杆配装超长(或水平杆和斜杆的装配缩短)有很强的优化作用。用它的优化准则(梁中正负弯矩应力均衡)调整得出来的最佳数值所对应的结构方案,具有稳定的最优性质。不大受其他因素(如材料的不同性质和价格等)的影响,这也说明了在军用桥梁和浮桥中,装配差额是一条很重要的优化途径。

在浮桥岸边的设计中,预留垂直间隙和预留角间隙可用来调整桥跨弯矩和桥脚舟吃水的大小,使岸边部分和河中部分相匹配。这也是一种优化准则。

组合吊桥的劲性梁,如果是利用装配式桁架,则连接间隙角是一个影响梁中弯矩的重要因素。此时如设置预拱,预拱将使连接间隙角在正负闭合方向上成为不相等的,从而使梁中正弯矩进一步减小。调整预拱度可使组合吊桥收到一定的优化效益,故也应列为一个设计变量。

12.2.4 准则法与数学规划法的结合

军用桥梁和浮桥结构设计时,变量一般包括各构件的断面和结构的一些尺寸。其中构件断面可用满应力法调整,一部分结构尺寸可以根据力学规律制定优化准则来调整,剩下的一部分变量则用数学规划法调整。这种同时采用准则法和数学规划法的方法,是一条重要的优化途径。由于军用桥梁及浮桥中,设计变量比较少,除去可用准则法调整的以外,剩下的变量不会太多。结合采用数学规划法是比较容易处理的。

准则法和数学规划法结合使用,还有一个很方便之处,就是可以把一个约束规划问题转变为一个无约束规划问题。目前数学规划中有两类方法,一类是直接解约束问题,另一类是把约束问题转化为无约束问题来解。后一条途径对我们也很重要。在桥梁结构优化设计中,求导数是件很难的事,最好是采用不用导数的"直接方法"。但这些直接方法一般都是对付无约束问题的。如果不管约束条件随便抛点,得到的可行点的比率是很低的,要把问题转化为无约束问题才好采用这些方法。从数学上实现这种转化是比较麻烦的。现在采用准则法和数学规划法相结合,用满应力准则来调整各构件断面,可以使各强度约束条件得到满足,就能使结构方案成为可行的。每一次新的设计方案,都经过满应力法这一步骤来调整各构件断面后,使得方案成为可行方案。这样,尺寸变量的调整,等于在无约束的状态下进行,这便把一个约束规划问题转化为一个无约束规划问题了。

从数学上来理解,就是把强度约束都变为等式的,利用这些等式约束消去所有构件的断面变量。剩下的只是仅包含尺寸变量在内的目标函数,变成了一个无约束的函数最小化的数学命题。

当然,有些尺寸变量有优化调整准则可循,还可以直接用准则来调整(与满应力调整交替进行),剩下的变量才用数学规划法来解决。如果剩下的变量很少,而且其独立性很强,则可以单独地搜索这些变量的最佳值,即所谓"单变法"。一轮搜索,便能得到相当好的最优点。

单变法的大致步骤如下:
(1)给结构设计变量初值。
(2)结构分析,满应力调整与某些尺寸调整交替进行,求得结构的满应力解,并求相应的目标函数值。
(3)使某个尺寸变量 X_i 变化,$X_i \to X_i + S$,S 为步长。
(4)重复步骤(2)。
(5)比较目标函数,如下降则继续向前搜索,否则向反方向搜索(使 $S \to -S$),如两方向都上升,则已为最低点。搜索到最低点后,可用抛物线内插,求得最好的最低点。

(6)换一个尺寸变量搜索,搜索一轮完毕。

在搜索前进中,如果碰到该尺寸的上下限,即以此边界处的目标函数作比较,如是最小,则是最低点,否则参加三点抛物线内插。

各变量应分主次,主要的即对优化起更大作用的应先搜索,次要的后搜索。

对于独立性较强的设计变量,一轮或两轮搜索,即得到工程上满意的最优解。

对于相关性较强的尺寸变量,运用单变法会发生过多的锯齿形移动,收敛很慢,可以在一轮搜索之后加一次模式(即共轭方向上)移动,可以大大地向最优点靠近一步。

对于相关性特别强的尺寸变量,可能在移动中碰到山脊,此时用单变法找不到下降点。需要采用共轭方向法或鲍威尔法,当然迭代次数和计算量将会大大增加了。

第13章 舟桥发展的若干专题

13.1 复合材料的舟桥结构

舟桥器材的研制涉及桥梁、船舶、材料和结构等多门学科。现代舟桥器材在研制中广泛使用的仍然是以钢材为主的传统结构材料,这种材料经过一百多年的开发应用,已达到相当成熟的程度,材料力学性能进一步开发的潜力不大。而且其产品在使用中存在着诸如重量大、克服和跨越水障碍的潜力小、耐腐蚀性差、维修保养费用高等缺点,特别是由于重量大引起的一系列问题,如壳板不得不做得很薄、运输车辆多、吨位高等,进而导致器材的抗损性弱、对路面要求高、作业劳动强度大、作业人员多等缺陷,很难适应未来高技术局部战争的要求。

玻璃钢(FRP)作为一种最早出现的复合材料,具有金属等传统材料所无法比拟的特性(如重量轻、比强度高、成型方便、耐腐蚀、几乎不需维护保养等),这些优良特性正好弥补了钢材的不足,因此其产品越来越受到市场的欢迎,我军装备中采用玻璃钢生产的也越来越多。文献介绍了玻璃钢在带式舟桥中应用的必要性和可行性,提出了研制玻璃钢—钢材复合结构带式舟桥的思想。

13.1.1 钢质带式舟桥结构

带式舟桥是现代舟桥器材采取的主要形式和今后的主要发展方向,结构形式为舟、桁、板合一。它的一个全形舟由浮游桥脚(舟)、承重结构(桁)、载面部分(板)三位一体的结构组成。

带式舟桥最基本、最重要的结构是纵向承重结构。钢质四板带式舟桥的纵向承重结构布置在两个中间舟节(方舟)上,可与邻近的全形舟在桥长方向连接,边舟(尖舟)主要用来增加排水量、提高浮桥的稳定性和增大浮桥的车行部宽度。此纵向承重结构是特殊形式的"三弦梁",其腹板是承受横向力的方舟的舷板和底板,梁的下翼板是方舟底板中央龙骨(焊接工字梁),截面比舟底两根纵向边角钢构件和底板上的纵向压筋大得多,梁的上翼板是方舟的两根舷缘角钢及其附连翼板。

13.1.2 玻璃钢—钢材复合结构带式舟桥

13.1.2.1 玻璃钢—钢材复合结构

带式舟桥架设浮桥通行重装备时,整座浮桥所受的纵向弯矩相当巨大,特别是方舟箱体与箱体之间的下部连接构件,需要承受纵向弯矩产生的巨大拉力和动荷载冲击引起的疲劳,并且其单双耳板孔所在的截面有一定程度的削弱,在耳板孔处会产生很大的应力集中。这种情况对于以纤维纵向受力为主、对应力集中特别敏感的玻璃钢而言,是极为不利的,甚至会由于纤维被大量切断而使结构丧失承载能力。因此,带式舟桥的主要受力构件和连接构件仍然必须采用高强钢材,壳板可以采用玻璃钢。

由于方舟在带式舟桥中为主体舟,设计玻璃钢—钢材复合结构带式舟桥时以方舟为主进行考虑,其结构形式(图13-1)为:舟与舟之间的纵横向连接件、舟体的周边舷缘角钢和底板上主龙骨采用现有方舟的高强钢材结构。舟体的壳板全部采用玻璃钢,壳板上的纵横向加强骨架与钢质带式舟桥完全相同,加强骨架的芯材采用泡沫塑料芯材。在舟体纵向钢材构件(纵向上、下舷缘角钢与主龙骨)上,按加强筋的间隔距离要求,焊接一定数量的钢肘板,这样就可以使这些纵向主要受力构件顺畅地把力传递到舟体壳板上,实现相互之间确实的共同工作。

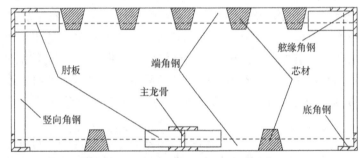

图13-1　玻璃钢—钢材复合结构方舟横断面图

在舟体中刚度要求特别高的部位,例如作为承载面的甲板,除了采取加强筋的方案之外,还可以采用碳纤维等弹性模量高的先进纤维材料进行局部加强,将模量大的碳纤维复合材料层片铺设在远离中面处,做成混杂复合材料结构的形式。为提高甲板面的防滑耐磨能力,可以在甲板面成型过程中加入耐磨成分,或在桥面上粘接一层聚石英层,或者将钢筋防滑条预埋在纤维中并突起,然后用螺栓固定,也可以采用蜂窝铝合金板与玻璃纤维或其他高模量纤维一起合成承载甲板。

13.1.2.2　原材料

主龙骨和舷缘角钢等构件采用902钢,纵向接头(包括单、双支耳及单销)采用30CrMnSi。

增强材料采用无碱玻璃纤维毡和无碱玻璃纤维布,树脂采用189号不饱和聚酯树脂,纤维和树脂的配比为1:1(重量比)。

13.1.2.3　模型制作

采用复合结构的方舟模型在生产时,需要分别设计一个方舟钢材骨架的焊接胎架,一个方舟侧板、端板和底板的糊制模具(图13-2)和一个方舟甲板的糊制模具。方舟甲板另行设计一个

图13-2　玻璃钢壳板模具

糊制模具,主要是为了便于安装钢材骨架并将之与各个壳板连接确实。

在制作时,首先将方舟钢材骨架在焊接胎架上焊接成整体框架,然后将方舟钢材骨架的整体框架准确放置在方舟侧板、端板和底板的糊制模具内,进行方舟侧板、端板和底板的糊制。糊制时以手糊工艺为主,并且一定要将钢材骨架糊制在玻璃钢壳板内,同时将加强芯材与玻璃钢壳板糊制在一起。与此同时,利用方舟甲板糊制模具进行方舟甲板的糊制,最后将方舟甲板整体粘胶到方舟的其他壳板上。

树脂完全凝固以后,对方舟进行打磨和抛光的表面处理。待各个方舟制作完成后,还应进行相互间的连接互换性试验。

13.1.3 模型试验及结果分析

13.1.3.1 试验方案

由于结构形式与现有钢质带式舟桥完全相同,故只需进行两个方舟模型简支连接后加载的静载试验,以检查玻璃钢构件与钢构件能否良好地共同工作。带式舟桥在设计时的控制荷载为履带载,限于试验条件,加载时采用近似模拟均布载的形式(图13-3、图13-4)。试验数据的采集,采用了清华大学开发的IMP数据自动采集系统(图13-5)。

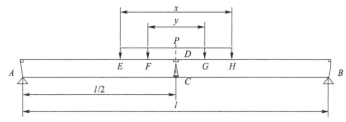

图13-3 试验装置简图

图13-4 方舟模型和加载、量测设备的安装固定

图13-5 IMP系统工作流程图

13.1.3.2 试验结果及分析

方舟模型在破坏前所能承受的最大荷载达到了 19.7kN,这个数值与采用相似理论计算的结果(19.5kN)吻合较好,并且没有出现玻璃钢壳板与钢构件脱离的现象,表明玻璃钢壳板与钢构件之间的连接情况良好。

从表 13-1 中最大应力值可以看出,钢构件(主龙骨、舷缘角钢)承担了绝大部分的应力,玻璃钢壳板也能传递一部分应力,和钢质舟桥器材的试验结果是一致的。

另外,舟桥器材在实际使用中的承载能力要比试验中的情况好得多,不仅主龙骨上的拉力可以传递到其他方舟上去,而且底板下也有均布的水荷载,可以显著减轻底板受力,因此试验结果是偏于安全的。

各个测点上最大应力值(MPa)　　　　　　　　表 13-1

测　　点	两个模型接头	试件中心点	支　座　处
主龙骨	275	175	70
玻璃钢底板	12	20	28
舷缘角钢	290	190	38
玻璃钢甲板	0	11	—

从图 13-6a)中曲线可以看出,纵向接头附近主龙骨上应力随荷载的变化比较明显,而相应点所对应的底板玻璃钢上应力的变化则很平缓。其中最大应力分别为:主龙骨上拉应力为 275MPa,玻璃钢上压应力为 12MPa。玻璃钢底板与主龙骨上应力相比较而言,可以忽略不计,亦即纵向接头附近由于弯矩而产生的拉力基本上全部由主龙骨来承受,这一点与带式舟桥的设计理论——"三弦梁"理论是吻合的。

从图 13-6b)中曲线可以看出,纵向接头附近舷缘角钢与甲板玻璃钢的荷载—应力的变化曲线都比较理想。舷缘角钢上最大应力值为 290MPa,玻璃钢甲板上最大应力值为 88MPa,表明甲板玻璃钢的受载情况良好,并能够承受较大的荷载。

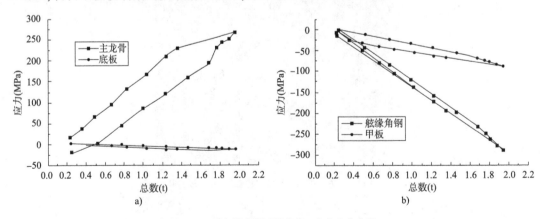

图 13-6　纵向接头附近的荷载—应力变化曲线

13.1.4　结论

本书提出了一种采用玻璃钢—钢材复合结构的带式舟桥结构形式,并探讨了这种结构形式方舟的制作工艺。通过方舟模型的静载试验,表明玻璃钢壳板与钢构件之间的连接情况良好,力的传递比较顺利,并且试验结果与现有四折带式舟桥的主要设计理论——"三弦梁"理论吻合较好,证明了玻璃钢—钢材复合结构带式舟桥的方案是可行的。

13.2 舟桥桥面结构防滑耐磨分析

13.2.1 概述

我军制式舟桥器材经过近半个多世纪的发展,从20世纪60年代的某型重型舟桥器材、某型轻型舟桥器材等"第一代舟桥",到70、80年代的某型二折带式舟桥器材、某型舟桥器材、某型特种舟桥器材、某改进型带式舟桥器材、新型特种舟桥器材等"第二代舟桥"。这些制式装备器材最显著的特点是具有保障能力大、机动能力快、适应江河能力强和克服宽大江河的能力,是我军工程兵舟桥部队遂行渡河工程保障的主要装备。

所有舟桥器材为了减轻自重、快速机动、快速架设,其主体都为薄板结构,其厚度大都为1~3mm的钢板。桥面结构主要有木质和钢质两种,其中早期某型重型舟桥、某型特种舟桥都是采用木质结构,它们的防滑效果好,但是由于是桥脚分置式舟桥,其总体性能不高;木质桥板与钢质桥面相比相对重量大;结构分散,作业手的作业步骤多、劳动强度大;而在某型二折带式舟桥上设置的木质车辙护板其容易损坏、维修维护困难等。对于带式舟桥的钢质桥面,为了防滑耐磨,往往都加焊了各种防滑条和防护板条,其防滑耐磨效果较好,但是当履带式重荷载通过一定次数后,防滑条受到损伤而难以再起作用;当钢质桥面发生"瘦马现象"后,防滑条将失去功用;在制造过程中,要增加较多焊接工作量,而且在焊接过程中产生各种焊接变形,还增加了舟桥器材的自重。针对"新一代舟桥"的研制中将广泛使用各种新型材料,因此其桥面结构和形式都要有所突破,以提高未来舟桥装备的综合性能。

13.2.2 桥面结构形式对防滑耐磨性能的影响

13.2.2.1 结构形式对装备性能的影响

各种制式舟桥装备器材,虽然其工作状况各不一致,但对他们的防滑要求都较高,并且直接影响到舟桥装备的总体性能。在各种桥面上行驶的车辆都有明确的规定,例如《渡河教范》中规定在舟桥桥面上行驶的行车速度不超过10~15km/h,而且禁止车辆在桥面上紧急制动、变速、转向等,这些要求绝大部分是考虑到桥面的摩擦力小,如果速度稍快或者在桥面上紧急制动、变速、转向,则有可能造成装备滑出桥面,情况稍轻的则会由于在桥面上处理意外而影响车辆通行,降低渡河速度甚至损坏舟桥器材;情况严重时,装备会滑离桥面落入水中,造成装备损失,同时也会破坏舟桥器材,造成渡河行动和机动工程保障的停滞而延误战机等。

而桥面的耐磨性能将直接影响到装备的使用寿命,特别是带式舟桥的桥面,都是采用钢质甲板加焊防滑条和防护板条的,在荷载通行部分也只有3mm左右的钢板,如果耐磨性能不好,甲板磨损严重,则会迅速减薄甲板的厚度,直接影响使用,也将增加平常的维护维修工作量。

13.2.2.2 桥面磨损的主要机理

磨损是指结构构件表面在相对运动过程中不断损失和破坏的现象,如果按照表面接触性质分可以分为:金属-金属磨损、金属-非金属磨损、非金属-非金属磨损、金属-流体磨损等;按照磨损的机制分可以分为:磨料磨损、粘着磨损、腐蚀磨损、接触疲劳磨损、冲蚀磨损、微动磨损、冲击磨损等。

防止磨损的一般方法有三种:一是降低摩擦系数,提高材料的强度以减小构件表面的变形;二是在基体上加覆盖层,以减少基体的磨损;三是在金属表面加一层软材料,以缓冲冲蚀磨损。

影响构件磨损的因素主要有:一是材料的硬度。一般来说,硬度高,耐磨性就好,但是还要针对材料的成分和组织进行具体分析。二是温度。温度越高,则耐磨性越差,但是温度太低,容易引起材料的脆性而降低耐磨性。目前,主要的耐磨涂层有电镀层、热喷涂层、激光表面处理涂层、堆焊层、物理气相沉积(PVD)、化学气相沉积(CVD)、固体涂层等。

13.2.3 传统舟桥的桥面形式及性能

13.2.3.1 木质桥面的防滑耐磨性能

在我军早期的舟桥装备器材中,木质桥面广泛使用,例如某型重型舟桥重型舟桥器材,某型轻型舟桥轻型舟桥器材,某型特种舟桥器材以及就便材料架设的浮桥、结构的门桥等,它们都是基本上采用的是木质桥板或以木质为主的钢木结构的桥板。这类桥板由于其本身有一定的柔性,无论是履带式装备还是轮式装备,它们在桥面上行驶附着力较大,摩擦力也较大,因此在某型二折带式舟桥中也在甲板面上加设了木质的车辙护板。但是,由于木质桥板其本身的材质强度较低,因此使用中损坏较多,它的相对重量较大,在带式舟桥甲板上设木质护板损坏后维护维修困难等诸多因素,在未来的新一代舟桥中将不可能采用木质桥板了。

13.2.3.2 钢质桥面的防滑耐磨性能

在某型四折带式舟桥、某改进型带式舟桥都是采用的钢质桥面。钢质桥面与木质桥面相比,它相对重量轻,桥面可以加焊防滑条和防护板条,增加摩擦力。但是,钢质桥面由于其硬度大、柔性小,就是加焊了防滑条,但由于大部分防滑条与履带式车辆的履带不会正好相吻合,而整个荷载的摩擦力往往作用在少数几个防滑条上,因此,防滑条容易损坏;另一方面,在钢质桥面上加焊防滑条对于舟桥装备生产工艺来说,也不是一个理想的方案,这样需要增加许多焊接工作量,增加舟桥装备的自重,增加因为焊接产生的焊接变形,也增加了桥面维护的难度等。

13.2.3.3 铝合金桥面对防滑耐磨的影响

随着技术革命的到来,我军制式的舟桥装备也要进行彻底的更新换代,特别是在使用各种新材料上将促进我军舟桥器材的不断进步。像铝合金、玻璃钢等新型的复合材料将会大有用武之地,而铝合金在外军早已使用,在我军的新研制的轻型门桥上也作为桥面进行了尝试,它由于相对重量轻,减少了战士的作业量,加快了作业速度,受到了设计人员的青睐,但是,与钢质桥面一样也存在着防滑耐磨性效果不理想、生产工艺复杂等缺点,有关技术人员对于铝合金桥面的防滑耐磨进行过系统研究,但是随着新型的铝合金材料的不断问世、新的生产工艺的摸索,其桥面结构形式和防滑耐磨措施也有进一步研究的空间和必要。

13.2.3.4 典型舟桥装备桥面的比较

将我军现装备的几种舟桥器材的桥面结构形式、技术性能等加以比较,可以对未来舟桥的研制有所启示。见表13-2。

各种舟桥的桥面结构 表13-2

名称	某型重型舟桥	某型轻型舟桥	某型特种舟桥	某型二折带式舟桥	某型四折带式舟桥	某改进型带式舟桥	备注
舟桥类型	分置式	分置式	分置式	带式	带式	带式	—
吨位(kN)	50~70	40	50~110	50	50	60	履带式
形式	木质,钢护带	木质,钢护带	木质,钢框架	钢质,木护板	钢质,防滑条	钢质,防滑条	—
桥面宽	4.0	3.85	6.0	3.8	6.5	6.6	—
单位长重量(kg/m)	246.36	139.26	611	210.9	289.38	289.38	—
	(不含舟甲板)			(连同甲板)			
单位面积重量(kg/m²)	61.59	36.17	97.9	55.5	44.52	43.85	—
防滑性能	好	好	好	好	较好	较好	
耐磨性能	一般	一般	一般	一般	好	好	
可维修性	一般	一般	一般	较差	较好	较好	就桥面而言

从表13-2可以看出,我军研制的制式舟桥装备的桥面大体分为两类。一类是以木质为主,钢护带或钢框架的桥板式,这是桥脚分置式舟桥的结构形式,其桥面还需要缘材、螺杆等构成;另一类是甲板式,其上焊有防滑条和防护板条,或者其上设有防护车辙板。

13.2.4 桥面防滑耐磨技术改进

13.2.4.1 概述

桥面防滑耐磨问题一直是道路桥梁等相关交通领域的重要课题之一,作为制式桥梁和舟桥器材也不例外,为了保证车辆通行的安全性,要求桥面甲板具有一定的附着系数,另外,由于桥面板为几毫米厚的薄壳结构,必须同时满足一定的强度和刚度要求。我军制式的渡河桥梁器材,桥面结构分为木质、钢质及钢木混合三种,作为目前骨干装备的某带式舟桥就是采用钢质桥面。

钢质桥面代替早先的木质或钢木混合桥面使用,具有质量轻、强度高的特点。桥面普遍采用了焊接钢质防护板条和防滑条来达到防滑耐磨的目的(图13-7)。由于桥面是由纵横梁支撑的厚度为3mm的薄板形式,在重荷载作用下横向刚度受影响比较大。如当轴压力为100kN(LT-15)的轮式荷载通行时,考虑冲击系数$k=4$,最不利位置的横向变形将达到

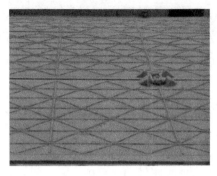

图13-7 带式舟桥的桥面

1.3cm以上。这种薄壳形式的桥面板在局部荷载的冲击作用下发生的肋骨突出而面板凹陷的现象俗称"瘦马"现象,桥面的这种形式的变形将使布置其上的防滑条难以起到预期的效果甚至失效。

为了确保其防滑和防护作用,通常都是将防护板条布置于桥面的纵横肋骨位置上,呈"W"形布置于板格中部的防滑条,通载若干次数后,由于桥面外观上产生严重的"瘦马"现象,使得实际上起到防滑作用的部分将仅限于若干点状小面积,因此大大降低了其防滑作用,而且容易损坏。这种由于桥面的弹塑性变形而导致防滑性能降低的现象在其他防滑形式的桥面中也是非常普遍的,简单地说就是,由于舟桥桥面纵横肋骨支承的薄板结构决定了桥面的"瘦马"现象,因而也影响到了其防滑性能。

13.2.4.2 桥面结构形式的改进

(1) 改进的依据

在钢质舟体结构中,通常在舷板、底板或端板上采用压筋结构以增强薄壳板的刚度,并代替附连于板上的肋材使用,但用于车行道的甲板面上压筋还未见到。如果在舟体甲板面上也采用压筋,则同舟体其他位置的压筋类似,可以有效增加桥面板的刚度。

(2) 改进的方案

在舟体甲板板架的每个板格中央压制沿桥轴线方向的压筋,压筋在方舟上的布置如图13-8所示。制作与压筋形状相同的橡胶防滑条,其表面高于四周的防护板条3~5mm,具体数值应根据所采用橡胶的弹性模量、承载的分配系数决定。另外,用高黏度的胶黏剂和固定螺栓固定橡胶防滑条,其具体结构如图13-9所示。

图13-8 压筋结构局部桥面

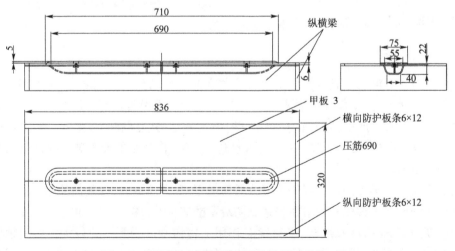

图13-9 橡胶条结合压筋槽细部设计图(尺寸单位:mm)

根据国家军用标准 GJB 1162—1991 的有关军用桥梁设计准则,并考虑到某带式舟桥装备板格的原始结构尺寸,我们选用间距为 320mm、长度为 690mm 的压筋。舟体承载薄板的厚度为 3mm,依据规范,压筋的横截面计算简图如图 13-10 所示,基本参数见表 13-3。

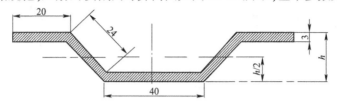

图 13-10　压筋横截面计算简图(尺寸单位:mm)

压筋横截面几何参数　　　　　　　　　　　　　　表 13-3

横截面高度 h (mm)	板厚 t (mm)	横截面积 (cm^2)	截面抵抗矩 (cm^3)	惯性矩 (cm^4)
25	3	3.84	3.6	1.95

在该改进设计中,嵌固在压筋槽内的橡胶条可以与履带凸肋形成刚柔摩擦,改善了防滑性能,并且缓冲了动荷载的冲击作用;防滑条的嵌固式设计还可有效提高其与桥面的结合强度。橡胶条的材料从耐磨、耐冲击和耐久性能综合考虑,采用天然橡胶、丁苯橡胶和顺丁橡胶并用技术。

13.2.4.3　压筋结构的有限元分析

压筋橡胶条结构的结构计算简图如图 13-11 所示,计算荷载为 LT-15 轮式荷载,轴压力为 100kN。图中作用区域的荷载集度为 0.49MPa。

压筋结构的计算采用梁板结构自然离散的方法进行,即对于板的部分仍旧取板单元进行离散,压筋部分则取梁单元进行离散。计算中,忽略螺钉对桥面板局部强度的影响。

某带式舟桥的桥面结构 902 钢材(15MnTi),由于是薄板在局部荷载冲击作用下的弹塑性分析,应该考虑到材料非线性,又根据初步估算,板格的中央挠度和桥面板的厚度属于同一个数量级,所以同时又是大挠度的几何非线性分析,即该问题是双重非线性的,采用 ANSYS 软件进行分析计算。

表 13-4 为压筋结构与原有结构在考虑冲击系数时的荷载作用下的承载能力的分析。

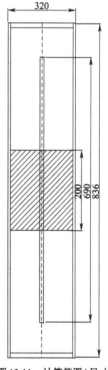

图 13-11　计算简图(尺寸单位:mm)

荷载冲击作用下桥面结构的变形和应力　　　　　　表 13-4

结　　构	最大位移(mm)	最大等效应力(MPa)	最大塑性等效应变
原有结构	13.776	391	0.0079
改进结构	10.757	393	0.0053

由以上结果可以看出,压筋形式的设计显著地增加了桥面结构在局部荷载冲击作用下

的抗变形能力,其横向最大位移比较原有结构减小了约3mm,这说明甲板上的压筋槽对减小桥面的塑性变形意义重大。

从塑性应变分析,压筋形式的桥面结构其最大塑性应变比较原有结构也有显著的减小。

13.2.4.4 附着系数的计算

下面以履带式车辆为作用荷载来讨论改进后桥面的防滑性能,具体反映在桥面附着系数的大小。附着系数的大小其计算公式为:

$$N = Q \cdot \eta_1 \cdot f_1 + Q \cdot \eta_2 \cdot f_2$$

式中:Q——履带载全重,主战坦克全重为360kN;

η_1——橡胶条上的荷载分配系数,取0.25;前面所提到的橡胶条高出防护板条的高度5mm就是结合η_1的值而定的,当荷载分配于橡胶条上的比例为25%时,经过试验,橡胶条的顶面压强达到了0.7MPa,橡胶条的变形大约为5mm,根据不同的荷载分配比例可调节橡胶条的高度;

η_2——防护板条及钢桥面上的荷载分配系数,取0.75;

f_1——橡胶条与履带凸肋的附着系数,为0.45;

f_2——防护板条与履带凸肋的附着系数,为0.08。

则原有桥面结构形式的附着力为:

$$N = 360 \times 0.08 = 28.8(\text{kN})$$

改进形式之后,坦克的全重一部分由橡胶防滑条承担,另一部分由防护板条和钢桥面承担,相应的附着力为:

$$N = 360 \times \frac{1}{4} \times 0.45 + 360 \times \frac{3}{4} \times 0.08 = 62.1(\text{kN})$$

可见,改进后的桥面形式其附着力大于原有桥面的2倍。事实上,在利用ZL50C轮式装载机和TY220履带式推土机对结构进行了行驶试验,证明了该结构防滑性能好,橡胶条固定可靠。

本书设计的压筋橡胶条形式的舟桥器材的桥面改进形式,显著改善了影响桥面防滑耐磨性能的"瘦马"现象,通过采用橡胶条与压筋槽组合设计的方法,提高了荷载通行时的附着系数,并且一定程度上使防滑条与桥面的连接更加牢固,另外,橡胶条和原有的防护板条共同防护荷载对桥面的冲击和磨损,提高了桥面的耐磨性能。

该技术通过上级组织的鉴定,鉴定意见为:该成果可用于钢质舟桥、军用桥梁和滚装船甲板,以及平板机动车平台等结构上,还可适用于挤压成型的铝合金桥面上,对军用桥梁、舟桥装备防滑耐磨性能的提高有重要促进作用。该技术已经获得了国防发明专利(专利号为:03105926.0)。

13.2.5 未来舟桥桥面的设想

13.2.5.1 复合材料桥面

复合材料作为舟桥装备的新材料将开始使用,像玻璃钢、碳纤维等材料随着其本身的技术发展,会越来越多地使用于未来的舟桥装备,它们具有材料轻、维护方便等优点,特别是作为桥面结构将成为未来舟桥装备的主要材料。但是目前我们还是将研究重点停留在如何使用这些复合材料,其防滑耐磨的研究还还刚刚起步,还有许多包括材料本身、生产工艺、结构形式等方面的问题需要不断地探讨。

13.2.5.2 喷涂耐磨颗粒的桥面

在钢质桥面上,如果利用高黏度的胶喷涂上石英或其他硬质耐磨颗粒,将有可能增强桥面的摩擦力和提高桥面的耐磨性能。这在刚研制定型的新型架桥汽艇的甲板上已经进行了尝试,显著地增加了甲板的防滑性能,但是其主要是针对作业人员的防滑和耐磨的,如果应用在未来舟桥的桥面上,在轮式车辆和履带式车辆的行驶时,其防滑耐磨效果如何?如何更好地选择高黏度的黏胶剂?选择什么样的耐磨材料?其颗粒的粒径大约在什么范围?制造工艺中有什么关键技术需要探索?这都是我们研究的内容。

13.2.5.3 局部贴胶桥面

如果在钢质桥面上有规律地粘贴高性能的橡胶片,则将十分有益于桥面防滑耐磨。首先,由于履带式荷载的履带是钢质的,刚柔滑动摩擦,其防滑性能很好;而如果轮式荷载通行时,由于桥面是局部贴胶的,因此也是刚柔摩擦,也具有同样的防滑性能。另一方面,由于橡胶是柔性的,钢质履带在其上通过时,有一定的缓冲能力,这将大大增强其耐磨性能,保护桥面结构,在北京天安门阅兵时所有履带式车辆都是挂胶的,而外军许多国家的装甲车辆也是挂胶的,这也正是出于防滑耐磨的考虑。对于制式舟桥来说,该方法也不明显增加装备的自重。

13.2.6 小结

防滑耐磨在民用道路桥梁等相关交通领域也十分重视,特别是在高速公路上,防滑耐磨就显得十分重要,在高速行驶中,车辆在各种路面上的摩擦力如果太小,则容易发生危险,因此都是从两方面考虑。一方面,在混凝土路面这样的刚性路面上做成各种防滑条纹,而在沥青路面上由于是柔性路面,本身的摩擦力较大;另一方面,在车辆的轮胎上下功夫,研究各种花纹的轮胎来提高摩擦力,减少磨损。但是,即使轮胎的研究再深入,路面的性质往往还是关键的,这就是为什么下雪冰封时高速公路都要全面封闭的原因。但是民用钢结构上的防滑耐磨的研究及其相应技术很少。

在制式舟桥上深入研究桥面的防滑耐磨技术,将可以提高舟桥的总体性能。一方面,将提高各种车辆在桥上的行驶时的附着力,防止侧滑以确保安全;另一方面,将有效地减少桥面的摩擦损耗,不但使军用桥梁的寿命增大,而且还减少了平时对器材维护保养的工作量。

13.3 信息化战争中的新概念舟桥装备

13.3.1 概述

渡河舟桥装备经过几十年的迅速发展,已经为全军工程兵的舟桥部队克服我国境内的各类江河障碍提供了有力的装备技术手段,特别是20世纪70年代末研制的带式舟桥,成为我军舟桥的主力装备,其总体技术达到了当时国际先进水平。我国江河情况复杂多变,特别是在未来的信息化战场上对渡河舟桥装备提出了更高的要求,总的说来,需要功能更多样、自动化程度更高、材料使用更合理、数字化程度更先进、机动性能更可靠、战场生存能力更强的渡河舟桥装备。下面分别进行阐述。

13.3.2 模块化舟桥装备

各种渡河舟桥装备为了既保证其有足够的承载力,又要具有良好的机动性,因此都采用拼装式舟体的结构形式,即将舟体划分为首舟、尾舟、中间舟、岸边舟、动力舟(或者尖舟、方舟)等,舟体划分的样式和大小主要取决于运输车辆的情况。利用上述各种舟节,可以架设和拼装各种水上工程物。目前我军的渡河舟桥装备一般可以架设2种以上的浮桥、结构多种吨位门桥以及构筑码头、栈桥等。

但是,我军目前的渡河舟桥装备主要是架设浮桥、结构门桥,因此对模块化的要求不高,一般只考虑同种舟体之间的互换性,并且连接方式的纵横向也是固定的。在未来的高技术战争中,特别是信息化战争中,渡河舟桥装备不但要考虑浮桥、门桥的工程保障,还要考虑其他工程保障任务。例如,执行水上浮吊、水上驳运、水上换乘、水上冲滩、水上设障、水上排障等任务,需要结构多种形式的水上工程结构物,因此要在更深层次上考虑渡河舟桥装备的模块化。

舟桥渡河装备如果实现单箱模数化尺度、高效可靠的连接机构、优化的主体尺度、适应多种工况的强度条件以及多级调整的岸滩适应性能,便可以实现高效、快速拼组搭设各种水上工程结构物。未来研制的舟桥渡河装备在执行濒海工程保障时,还要根据任务来结合构筑其他海上工程结构物,例如工程方驳、换乘门桥、高架栈桥、定位门桥、冲滩门桥、海上登陆门桥、浮游趸船、布雷扫雷平台、破障机动平台、减浪防浪结构和浮式保障平台等,甚至舟桥结构的主要模块可以作为伴随桥梁的上部结构而架设桥梁,作为路面器材克服海岸滩涂等。

13.3.3 机电化舟桥装备

未来渡河舟桥装备的发展必须向机电一体化发展,才能更大限度地提高渡河舟桥装备的总体性能。机电一体化在舟桥装备执行任务的各个阶段中可以体现在不同方面。

在渡河舟桥装备泛水作业时,利用舟桥装备上的自动泛水作业机构进行迅速泛水和装车,提高作业效率,减少作业手的作业量。特别是舟桥的泛水装车作业机构需要摈弃目前几十年来沿用的钢索绞盘机构,代之性能更加可靠的机电控制系统,减少泛水和装车过程的故障。

在渡河舟桥装备作业过程时,需要研究可靠的自动架设、自动撤收系统,特别是跳板架设、锚定设置等,目前的人工作业量较大、作业步骤较繁琐,而且还经常出现作业故障,需要研究的自动架设展开作业机构,应该在液压、闭锁、连接、解脱等方面有所突破。

在渡河舟桥装备的使用中也有许多需要实现机电化的方面,例如自动锚定、自动平衡、自动维护、自动抢修等技术手段。特别是自动维护和自动抢修技术有许多值得研究的方面,当渡河舟桥装备发生被枪弹贯穿等故障时可以自动检测、自动报警、及时堵漏、自动排水等技术手段来确保渡河舟桥装备的总体稳定性。

逐步实现上述机电一体化技术来研制新型渡河舟桥装备,使渡河舟桥装备具有自动展开功能、自动连接功能、自动锚定功能、自动撤收功能、水上自行功能等,将促进渡河舟桥装备向自行舟桥过渡,为研制成功真正的自行舟桥奠定基础。

13.3.4 新材料舟桥装备

材料科学始终是各个工程领域的先导科学,渡河舟桥装备的发展也与材料科学紧密相关,多年来,我们利用各种性能优良的高强度合金钢、低碳钢和相关材料研制了大批高性能的舟桥、桥梁和路面装备,但是在新世纪,随着材料科学的不断发展,新材料将不断地运用到渡河舟桥装备中。这些新材料主要包括铝合金、碳纤维、硼纤维、复合材料、玻璃钢等,它们各自都有其特点,特别是在未来战场上,像碳纤维、硼纤维、复合材料、玻璃钢等非金属材料具有强度高、比重低,尤其在敌人的侦察仪器设备下,暴露征候小,隐身性能好,有效减少敌人侦察的可能性,提高战场的生存能力。另外,这些新型材料在舟桥军桥装备中的运用,也会提高装备的可靠性、可维修性、机动性等总体性能。

渡河舟桥装备的每一步发展都与材料技术的发展密切相关,在19世纪初期,俄罗斯沙皇为了远征周边的疆土,利用木质框架和外蒙牛皮制造了世界上第一代制式舟桥(也称为舟桥纵列),开创了渡河舟桥发展的历史;当高强度钢材大量用于渡河舟桥装备时,各种性能优异的渡河舟桥装备纷纷面世,克服长江、黄河这样的宽大江河将不再是奢望;当美军将铝合金用于渡河舟桥装备时,他们将原本性能优越的四折带式桥的总体性能又大大推进了一步;在未来,当各种新材料用于渡河舟桥渡河装备中时,势必带来渡河舟桥装备的新一轮革命。因此我们在对渡河舟桥装备的其他方面进行综合研究时,不能忽视材料科学的每一个变革和进步可能对舟桥渡河装备的发展的影响。

13.3.5 数字化舟桥装备

数字化的舟桥部队再加上数字化舟桥装备将是舟桥部队全面数字化的具体体现,因此需要做到以下两个方面。

13.3.5.1 渡河技术的数字化

(1)决策指挥与评估数字化。

战场情报格式化:开展渡河桥梁分队战场情报格式化工作,确定情报信息的存储分类和传输分类,以使战场侦察情报从一个节点录入后,即可为所有数字化网节点共享,为决策指挥提供及时准确的定量依据。智能决策支持系统:就是将人工智能嵌入决策支持系统中,构成智能决策支持系统,能提高决策指挥的快速性和准确性。工程保障方案优化与评估:渡河桥梁分队在生成行动方案时,实现渡河桥梁分队数字化即可对行动内容方案模型化和评估优化。

(2)网络通信数字化。

根据渡河桥梁分队在作战中的地位和工程保障需求,渡河桥梁分队数字化网络通信系统可分为两个层次。第一层是与上级指挥机构、军事情报信息网以及友邻部队的数字化广域网络通信系统,功能是获取信息和接受指挥。第二层是对下级作战部队进行指挥与控制的数字化局域网络通信系统,功能是传达命令和实施监控。

(3)作业监控数字化。

其主要包括:作业小组及单兵综合系统;工程侦察数字化系统;装备器材数字化等,其中装备器材数字化又包括渡河桥梁分队战术数字化系统;渡河桥梁分队车内数字化系统;主要装备器材控制系统等。

(4)作战训练数字化。

作战训练模拟包括计算机模拟(虚拟的和实兵模拟)和高级作战实验等,它们既对渡河桥梁分队数字化进程所需的各种战术、技术指标以及措施提供定量依据,又为专业部分队提供数字化模拟训练手段,提高遂行工程保障的能力。作战训练的数字化主要分为:分布式交互仿真和高级作战试验。

13.3.5.2 渡河舟桥装备数字化设备

(1)镶嵌式装备。

工程指挥车:营指挥中心用车,集信息传输、信息处理、辅助决策、指挥控制、实时监控为一体的指挥平台。配有车载电台、差分 GPS 定位系统、计算机、打印机以及相关软件和不间断电源系统。工程侦察车:除了能够对江河特征进行测量外,还应加装通信器材、差分 GPS 定位系统、电子全站仪、计算机、打印机以及相关软件,电源配备与工程指挥车相同。

(2)附加式装备。

分队便携式数字化移动站;勤务分队(班组、单兵)手持式 GPS 定位导航系统;单兵(门桥长、码头班长、汽艇驾驶员)语音对讲机。

(3)软件设计。

系统的战术功能主要是通过软件实现的,软件的设计应满足战术指标要求和操作方面的软件系统,并具有维护、修改和扩充能力。软件一般分为如下三类,计算机操作系统软件;通用和专用支持软件;战术应用软件。

操作系统:与计算机硬件资源紧密联系,主要功能是实现计算机资源管理和软件作业运行调度。共性应用软件,主要有文电传输及处理软件、数据库应用软件、数据图形图像存储管理、显示软件、系统状态监控软件等。而关键的战术应用软件,主要有多源情报融合处理软件、辅助决策软件、指挥控制软件等。数字化舟桥装备和数字化渡河技术,具有获取信息快、传输信息快、处理信息快、决策速度快、组织作业快、监控实时准确,才能保证总体反应速度快。面对内容多和标准高的现实,需要完善的系统快速、准确地运作,以保证渡河工程保障任务的顺利完成。

13.3.6 集成化舟桥装备

舟桥装备的陆上机动性能一直是困扰设计人员的重要因素之一,我军的舟桥装备的发展也受到了运输车辆的限制和牵制,有的舟桥装备往往舟体等性能尚可,但是由于舟车落后导致装备性能降低甚至淘汰。工程装备的研究要紧密结合市场经济的发展,工程装备的设计也需要考虑市场经济的发展水平,将社会运输力量纳入我军工程装备的保障能力之中,是我工程装备迅速提高保障能力的捷径之一。

未来的重型舟桥以长江、黄河的渡河工程定点保障为主,其执行任务的范围主要在长江、黄河流域,因此陆上需要一定的机动能力,如果将重型舟桥的舟体、桁架等上部结构进行集成化,利用集装箱灵活、机动的装卸、运输方式,则在底盘车的选择上空间大得多。

舟体或者桁架进行集成化,即以集装箱的基本尺寸作为舟体的主尺度模数,设计与集装箱相同的锁闭装置和吊装设备，就可以直接利用各种专用和通用的集装箱运输车来运输转移。在陆上小范围进行运输转移时，利用集装箱运输车进行；在陆上大范围转移时，可以利用铁路集装箱运输车来进行；在水上小范围转移时可以利用渡河舟桥装备的自身水上动力进行；当在水上大范围转移时，可以利用集装箱专用内河船舶进行；当需要越海输送、越洋输送时(作战需求、军援需求)，可以直接采用集装箱海船来输送；有时根据需要还可以采用航空运输。

对于装卸作业，可以按照集装箱装卸作业的正常方式进行，在全套装备中，适当编配集成化舟桥的吊装作业机具。在长江沿线、铁路沿线、大型厂矿，都有集装箱的吊装设备和机具，根据执行任务的需要可以拟制计划，制定租用、征用作业机具计划来进行装卸。

为了减少装备的车辆、减少相应的兵力、减少车辆各种故障和维护、维修工作，并确保部队的训练，对于整套器材可以按照 1/6 的需要基数来配备底盘车；当平时需要大规模行动时，可以与地方运输部门签订长期协议，租用相应车辆来保障；装备部门在进行装备列装时，按照每年正常训练的需要计算需要租用的车辆台班预留专项经费；当战争爆发全国转入战时机制时，则根据国防动员法先征用各种车辆、机具投入使用，后进行战争赔偿。

重型舟桥属于区域定点保障装备，需要一定的陆上机动努力，但是既考虑部队装备的陆上机动保障能力来满足最低限度的训练，又将全社会的运输保障能力纳入装备的大规模机动保障中，可以大量减少装备成本、减少平时大量的士兵、减少库房建设的规模、减少平时对于车辆的维护维修的工作，实现一定程度的社会化保障，提高装备的可靠性和运输方法的多样性。

13.3.7 隐身式舟桥装备

利用渡河舟桥装备遂行渡河工程保障任务，无论是在装备的集积、开进、展开过程，还是在浮桥架设、门桥结合和使用维护、撤收转移过程，由于渡河舟桥装备体积庞大、目标明显，因此容易受到敌人的侦察和攻击。其战场的抗损性很差，战场的生存力很低，因此要努力研究渡河舟桥装备在各个环节的隐身技术。

在开进、运输过程中的隐身技术。渡河舟桥装备由于其结构的特殊性，其体积庞大，特别是为了确保渡河舟桥装备具有良好的陆上机动性，因此多采用薄板制作。渡河舟桥装备的舟车一般是越野车辆。一套渡河舟桥装备在陆上机动的车辆数量众多，如某型四折带式舟桥全套使用时舟车为 66 辆，如果按照 22 辆编一个行军纵队，车辆的车距为 60m，纵队间距离为 500m，则整个车队的行军距离为 4780m，将近 5km。这样的队形极其容易被敌人发现，往往是部队刚出营房，敌人已经侦察到动向；先头部队还没有到达目的地，攻击敌机已经到了头顶。一方面，将渡河舟桥装备集成化，在运输开进过程中，尽量不暴露渡河舟桥装备的特性；另一方面，将民用车辆征集来运输渡河舟桥装备，并将渡河舟桥装备的外表颜色平民化，也会提高渡河舟桥装备的运输、开进的安全性。

在架设、使用过程中的隐身技术。渡河舟桥装备无论是架设的浮桥还是结构的门桥，其都是在江河上使用的，江河上的工程结构物由于目标明显，舟桥装备与江河水面的介质反差大，各种侦察仪器侦察容易，因此架设、使用过程的隐身技术同样十分重要。利用新材料将有助于浮桥或者门桥在江河上的隐蔽性，因为非金属材料对于各种侦察波源的反射率小、成像率低,造成高空特别是太空侦察的"死角";在装备的涂料技术上也可以下功夫,目前装备的外表颜色主要为草绿色,从白雪皑皑的东北乌苏里江到茫茫一色的黄河,从碧波荡漾的内陆湖泊到奔腾不息的长江,其周围环境的色差区别大,因此同样为草绿色的舟桥,在不同环境下的分辨率却大不一样。在未来信息化战场上,应该使渡河舟桥装备具有"变色龙"性能。在架设使用前先进行工程侦察,获取周围环境的主要颜色,确定渡河舟桥装备的伪装颜色,然后使用该颜色进行喷涂伪装,最后再进行架设,这样将有效降低浮桥或门桥的水上暴露性,提高渡河舟桥装备的战场生存能力。

另外,还要研究渡河舟桥装备的示假技术,在第二次世界大战的末期,苏联红军为了强渡第聂伯河时尽量伪装真实渡口,而在渡口的上下游各设置了假渡口,吸引德军的轰炸和封锁,而掩护了真实渡口的正常使用。同样,在未来的信息化战场上,要完全进行隐真是不现实的,也是不可能的,同时还要靠示假技术,包括假渡口、假浮桥的设置等,来吸引敌人的注意力,浪费他们的侦察、轰炸、打击的资源,达到保护真渡口的目的。

以上仅仅结合舟桥装备的模块化、机电化、新材料、数字化、集成化和隐身化等方面,仅仅是从舟桥装备研制的层面进行了展望和设想,但是渡河舟桥装备总体性能还要取决于装备的研制计划、编制体制、保障模式、训练手段等。因此,渡河舟桥装备在信息化战场将面临更大的挑战和发展机遇。

第14章 舟车的要求与计算

14.1 舟车(桥车)概述

14.1.1 舟车(桥车)的功能

舟车(桥车)是一种集器材运输、装卸和架设作业等功能的专用车辆,是渡河桥梁装备的重要组成部分,是顺利实行装备输送、卸载、架设的重要保证,舟桥(桥车)性能的好坏直接影响渡河桥梁装备的机动性和总体性能。

在发展初期,渡河桥梁装备主要是挂车(马车)作为运输工具。随着渡河桥梁的发展及其器材自重点增加,人工装运越来越困难,由此从单一功能的运输车辆逐步转化为一些简单的装卸机构的舟桥(桥车)。运输是舟车(桥车)的最基本功能,它包括两个方面的含义:舟车(桥车)在承载状态下的公路及越野能力;舟车(桥车)在承载状态下的被输送能力(铁路、海运、空运、空投)。

装卸、架设作业是舟车(桥车)区别于通用运输车的重要标志,是其另一个重要功能,它是指舟车(桥车)在各种自然、地表条件下,通过车上的专业设备实施舟桥的装卸载作业或者桥梁的架设作业。

14.1.2 舟桥车组成

通常由越野汽车底盘、舟车平台、装卸载或架设作业装置及附属件组成(图 14-1 ~ 图 14-3)。汽车底盘主要是用于运输及装卸架设作业的动力输出。

图 14-1　某汽艇运载车　　　　　图 14-2　某四折带式桥运载车

舟桥车一般都采用各种越野车辆改装。

(1)相对汽车行业来讲,舟桥车装备数量有限,研制特殊的舟桥专用底盘车的经济性

图 14-3 某二折带式桥运载车

不好。

（2）特殊底盘车辆大研制装备后,给部队的训练、维修、保障带来困难和麻烦。

舟车平台是专门设计制造并装配在舟桥车上的一种功能平台,主要用于承受舟桥荷载和引导舟体的装卸载,通常由纵横梁组成框架,平台的中间和尾部安装有滚轮、限位销和紧定具。

14.1.3 底盘选型

14.1.3.1 汽车载重量

军用越野汽车载重量有两个指标,即公路载重量和越野载重量。

公路载重量是指汽车在良好路面上行驶所容许的额定装载重量;越野载重量是指汽车在越野状态下所容许的额定载重量。军用越野汽车按照载重量分为四类:轻型、中型、重型和超重型。

通常,舟桥和桥梁器材选用中型和重型军用越野车作为底盘车,例如:某型二折带式舟桥和某改进型舟桥选用的是中型越野车,而某型四折带式舟桥选用的是重型越野车。

汽车的载重量直接关系到装载单元重量及尺度,关系到总体方案和单车架设长度等总体性能。

例如某型二折带式舟桥和某改进型舟桥选用中型车辆,其为两折带式桥,单车架设长度为 2.7~2.2m;某型舟桥选用的是重型越野车,为四折带式桥,单车架设长度为 6.7m。

14.1.3.2 驱动形式

驱动形式用"数字×数字"表示,其中第一个数字表示汽车车轮总数,第二个数字表示驱动轮轮数。军用车辆要求越野性能要好,因此几乎采用全轮驱动的形式。如图 14-4 所示。

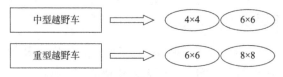

图 14-4 越野车

在桥梁装备中某重型机械化桥就是采用的 6×6 驱动的铁马底盘车,其架设长度为单车 10.5m,目前刚研制定型的某改进型重型机械化桥,采用了 8×8 驱动的铁马底盘车,其架设长度单车达到 15m。

14.1.3.3 轴距

轴距指汽车各轮轴之间的距离,对于 6×6 驱动形式的车辆,前桥至中间桥或者前桥至中、后桥中心之间的距离是一个重要的参数,对于 8×8 驱动形式的车辆,前桥至第三桥或者前桥至三、四桥中心之间的距离是一个重要的参数。轴距地大小直接影响底盘长度、重量和许多使用性能。舟桥车通常要求有较大的轴距,主要为满足单车架设长度,并有利于改善轴荷分配。但是轴距过大则底盘重量增加、转弯性能降低。

14.1.3.4 车架高度

车架是跨装在汽车前后轴上的梁式结构,其结构形式主要有框架型、脊梁型和综合型。车架高度至车架上表面至地面的高度,它与车轮直径、车轮跳动量、悬挂形式及最低离地面间隙有关。

作为舟桥车的底盘车要求有较低的车架高度,以降低舟桥车的重心高度,有利于改善车辆行驶稳定性;有利于实施桥车改装;有利于降低整车高度,满足运输要求。

14.1.3.5 可靠性

汽车的可靠性主要体现在两个方面:平均首次故障里程(MTTFF)和平均故障间隔里程(MTBF),在国军标《军用专用汽车通用规范》(GJB 1777)中规定:用1990年前定型底盘改装的专用车,平均故障间隔里程应大于1000km,1990年以后的应该大于2000km,同时作为舟桥车使用还应该注意动力引出部分的可靠性。

14.1.4 舟车的主要技术性能与要求

14.1.4.1 总重及轴荷分配

舟车承载状况和空车状况。在渡河桥梁装备机动转移过程中,舟车通常是承载状况,因此承载状况的总重和轴荷分配是舟车主要的指标。承载状况下的舟车总重主要包括三个方面:舟车底盘自重、舟车改装部分重量、装载单元重量等。

当确定舟车底盘后,则在保证总体方案技术性能的前提下,控制装载单元重量和舟车改装部分重量是舟车设计的目标之一。

降低总重量有利于提高舟车的比功率和比扭矩,这两个参数分别为发动机最大功率和最大扭矩对舟车自重之比。

比功率反映舟车的动力性能,即速度性能和加速度性能;比扭矩则反映舟车的牵引力。

轴荷分配适当与否对舟车的使用性能,如牵引力、通过性、操纵性和稳定性以及轮胎的使用寿命有很大影响。其分配原则是以轮胎磨损均匀、牵引力最佳、驾驶操纵稳定来确定。

对于6×6的底盘,前轴负荷控制在30%左右。负荷太大则增加前轮阻力、转向沉重;负荷太小则操作稳定性差,方向发"飘"。

14.1.4.2 最高车速

最高车速指舟车在承载状态下在规定的道路、规定的气候条件下所能达到的最大速度。最高车速在一定程度上反映舟桥装备的机动性,对于渡河桥梁装备完成机动保障任务有重要影响。

通常,在整车装载重量未超过原车公路载重量而且具有较合理的轴荷分配情况下,从动力学角度来说,舟车应该能够达到原车的最高车速。影响舟桥车最高车速度主要因素是承载状态下的整车重心高度及状态单元在舟车上的布置和固定等。

14.1.4.3 装卸载(架设)时间

舟桥车辆达到作业位置后,从作业准备到完成作业(例如完成装卸载、桥梁架设)的时间。装卸载(架设)作业时间是渡河桥梁装备从行车状态到使用状态快慢的主要标志。

现代的渡河桥梁装备都是折叠的舟桥车上,装卸载和展开架设作业均为机械化或者半机械化,通常要求装卸载作业时间在 5~10min,架设作业时间为 30min。装卸载(架设)时间是渡河桥梁装备设计的重要内容之一。

14.1.4.4 单车架设长度

单车架设长度指一辆渡河桥梁装备车所承载的装备所架设的浮桥或者桥梁的平均长度。单车架设长度与汽车的载重量有直接关系,合理的舟桥桥梁设计、渡河桥梁装备合理在舟车上布置,充分利用装载空间等都有利于单车架设长度,单车架设长度长有利于提高浮桥或者桥梁的架设速度、减少作业手及车辆数量、缩短行军长度、改善舟桥装备的机动性和隐蔽性。

14.1.4.5 可靠性

可靠性是指每辆舟桥车完成任务的成功概率,是提高舟桥装备可靠性的重要指标。在美军带式舟桥的规范中规定,每辆运输车完成任务的成功概率应该为 99.85%,当 14 辆运输车作为一个分系统时要求 14 辆运输车完成一次架设任务的可靠性是 98%。

14.1.4.6 通过性

通过性主要指舟车最小离地间隙、接近角、离去角和纵向通过半径。舟车通常与原车底盘有相同的最小离地间隙和接近角,离去角主要取决于舟车平台高度和装车后的尾悬。通常装车单元纵向尺度较大,因此,舟车的离去角一般小于原车离去角,轴距加长有利于提高离去角,但影响舟车的纵向通过半径。通过性能指标还包括:涉水深度、过沟能力、越障能力、过沼泽地深度等。

14.1.4.7 稳定性

稳定性包括纵向稳定性、横向稳定性和转弯稳定性。舟桥车辆在直线行驶中由于某种原因,如在上坡或下坡,其前轮或后轮对地面法向作用力为零时,舟车有可能发生纵向倾斜,即纵向稳定性不够;舟车在直线行驶中由于某种原因(例如横坡)其一侧车轮对地面法向作用力为零时,舟车有可能发生横向倾覆,即横向稳定性不够。

一般用稳定度(角)来衡量舟桥纵向或横向大稳定性,稳定度的定义是舟车在装载状态下重心高度和支承基面有效长(宽)度之比,稳定角则是该比值的反正切角。舟车在弯道转弯时,在离心力作用下外侧车轮对地面法向作用力为零时,舟车有可能发生横向倾翻,即转弯稳定性不够。

一般用舟车以最小转弯半径转弯时所容许的最大车速来反映舟车的转弯稳定性,该速度也是舟车在行军时急转弯的最高限定速度。

舟车承载状态下的重心高度对舟车的稳定性有直接到影响,降低重心高度有利于改善舟车的稳定性。

14.1.4.8 可运输性

指舟车适于公路运输、水路运输、铁路运输、航空运输及航空投送的能力。舟车装载时最大外廓尺寸应能适于公路运输,同时应满足《标准轨距铁路限界 第 1 部分:机车车辆限界》(GB 146.1—2020)的规定。舟车应设置运输时的栓系装置及足够强度的起吊装置,以能够实现承载状态下的整车起吊。

14.2 舟车的现状与发展趋势

14.2.1 舟车的现状

主流的带式舟桥装备结构十分相似,但是舟车却是国家的工业产品,例如美军使用 M812 系统和 MAN 型越野车。

俄罗斯的 ПМП 带式舟桥(图 14-5)和 PMP 带式舟桥的桥跨结构完全一致,但是舟车分别采用 КразВ 和 TATRA813。

我军在 20 世纪 50 年代至 70 年代中期,采用解放-30(CA-30)作为底盘车,研制了某重型二折带式舟桥,解决了带式舟桥的有无问题;20 世纪 70 年代初,国内出现黄河 5t 越野车,在这个条件下,研制成功了某型四折带式桥;20 世纪 80 年代后期,又使用铁马 TMXC2200 型越野车更换原黄河底盘,使得器材的运输性能和舟车的可靠性大幅度提高;20 世纪 90 年代初,在某改

图 14-5　ПМП 带式舟桥舟车

进型舟桥研制中,采用我军大量装备的通用车辆——东风 EQ2081 型越野汽车,使得小吨位的越野车性能有较大幅度的提高。

14.2.1.1 某重型二折带式舟桥的舟车

舟车是解放 CA-30(6×6)军用越野汽车底盘改装,河中舟和岸边舟舟车通用,装载河中舟时一辆舟车装载一只全形舟(即一只首舟、一只尾舟,共两只单舟),装载岸边舟时,只装载一只岸边舟。由于底盘越野车载质量较小(2.5t),实际超载严重(3.7t),河中舟的首、尾舟上下叠放,尾舟在下,首部置于车后;首舟在上,首部前伸至驾驶室上方,有效解决了轴荷分配。

采用低平台方案,降低了装车状态的整车高度。利用尾舟与驾驶室之间的间隙放置备胎,利用原车的前置绞盘动力,在原车保险架上布置滑轮架,绞盘钢索通过滑轮从驾驶室两侧向后导向,为装卸载提供动力。

组成:舟车由解放 CA-30 越野汽车底盘、舟车平台、装卸作业装置(包括绞盘、支架、装卸梁)等组成,见图 14-3。

解放 CA-30 军用越野车越野载质量 2.5t,公路载质量 4.5t,主机最大功率为 81kW(2800h/min)。

舟车平台由纵横梁、滑道及装卸载设备组成,用以装载舟体和承载舟体。平台后部有定位滑道,平台上有滚轮、滑轮、开口环、紧定具、保险插销、操纵杆、限位铁和支架等。

钢索绞盘系统由原车绞盘、钢索、滑道和滑轮架组成。

14.2.1.2 某型重型舟桥的舟车

主要技术特点有:舟车是在铁马 TMXC2200(6×6)军用越野汽车(原来为黄河 JN252)

越野汽车底盘上改装而成,河中舟车与岸边舟车通用,河中舟与岸边舟一样,每车装载一个全形舟,采用四折装车,呈 W 形,底盘前桥中心至后桥中心距离加长至 4100mm,备胎布置在驾驶室后围,装载状态下河中舟重心距离中后桥中心靠前 200mm 处,轴荷分配比较合理。

装卸载利用侧置式液压绞盘,紧定具居中布置,接近河中舟重心水平位置。平台尾端的限位导板机构可以保证装卸作业流畅,平台前端两侧布置有摆动式滑轮座,装载过程中可以随钢索角度变化而自由摆动,避免钢索偏离和磨损,提高了钢索寿命和传动效率。

组成如下:

舟车由铁马 TMXC-2200 型越野汽车底盘、舟车平台、吊架、液压系统、绞盘系统和电操纵系统组成。铁马越野载质量 8t,公路载质量 10t,主机最大功率 188kW。

舟车平台由纵横梁、边梁、副梁组成的框架,如图 14-6 所示,主要用于承受舟体自重和引导舟桥的装卸。装卸设备主要有:滑轮、滚轮、导轮、挡舟板、限位销、纤维挡铁、限位导板、紧定具等。

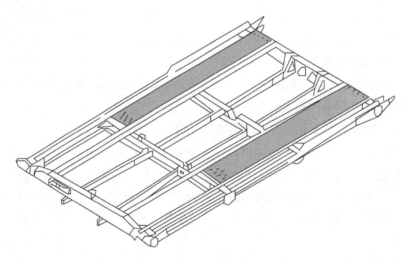

图 14-6 四折带式舟桥舟车平台

吊架由折边钢板和钢管等焊接而成,用于折叠和起吊舟体。底部设有与平台铰接的销轴,吊架中部设有与油缸活塞铰接的油缸轴,吊架中部还有两个对称布置的斜向滑轮,吊架顶部有一个双槽滑轮。

液压系统由油箱、油泵、卸荷阀、滤油器、油压表、电磁阀、液压绞盘、平衡阀、油缸、管系等组成。

14.2.1.3 某改进型重型舟桥的舟车

舟车在东风 EQ2081 军用越野汽车底盘基础上改装而成,河中舟和岸边舟通用,一个河中全形舟包括两个半全形舟由两台舟车运输。一个岸边舟全形舟包括两个岸边方舟和两个岸边尖舟,需要三台车运输。

河中半全形舟上下折叠装车,方舟在下、尖舟在上,岸边左右方舟单独装车,两个岸边尖舟配对装一辆车,如图 14-7 所示。

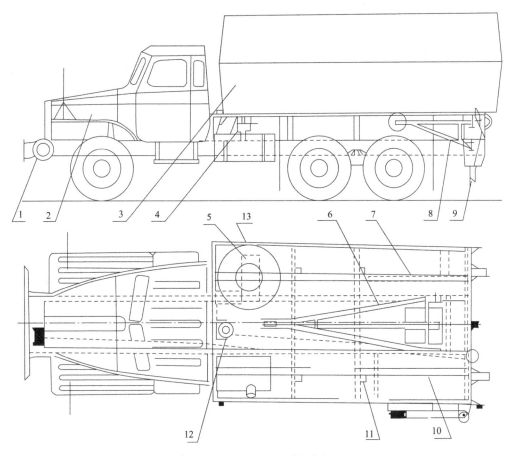

图 14-7 某改进型带式舟桥舟车

1-绞盘;2-EQ240 越野汽车;3-舟;4-限位器;5-备胎架;6-预展保险钢索;7-人字架及保险拉杆总成;8-并舟具;9-三角架总成;10-舟车紧定具;11-导索滑轮总成;12-滚轮总成;13-平台

舟车平台:如图 14-8 所示,主要用于承受舟体荷载和引导舟的装卸;是由焊接件和型钢组焊而成的框架,用螺栓固定在车底盘的大梁上。平台框架主要构件有:四根横梁、两根导向滑铁、六根边梁、两根纵向槽钢;首梁上装有承压板、限位块、自动熄火开关、限位器和紧定具座;二、三梁上装有中间滚轮,三梁上还装有保险拉杆座;尾梁上装有尾部滚轮、滑轮、三角架座、人字架支耳和紧定具座;二梁至尾梁间辅有挡板;左后侧边纵梁上装有三角架支承加强;所有轮子和轴部都有油槽、油咀和油道。

滚轮:用于装卸载时,使舟体滑道沿滚轮滑动,运输时支撑舟体。

限位块:用于装载时限定舟在平台上纵方向的位置,分别安装在平台滑道外侧的首梁上。

限位器:用于限制舟体纵向滑动。由面板,上、下撑板,插销,套管,支板,横杆,手柄,导管,导轴,销轴等组成。

导索滚轮:用于绞盘钢索的导向,由支架、轴、滚轮、油杯组成,安装于尾梁尾侧中部。

三角架座:用于支承三角架承受荷载;由三角架座板、肘板、小撑板组成。

三角架支承加强:用于运输时固定三角架及预展作业时横向支承三角架。

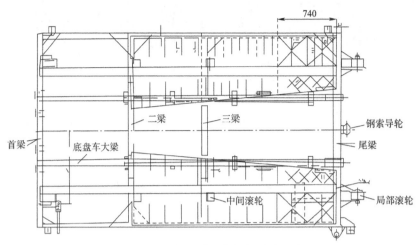

图 14-8　某改进型带式舟桥舟车卸载平台

人字架：用于舟的折叠、展开、装载，由座板、人字架、保险拉杆等组成；人字架由钢板焊接而成，其一端通过座板固定在平台尾梁的前侧，另一端装有滑轮，用于穿绕钢索，在人字架上部小横梁上设有两根保险拉杆，以承受拉力，限制人字架的角度，保险拉杆的另一端安装于平台三梁的后侧。如图 14-9 所示。

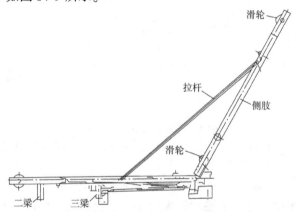

图 14-9　某改进型带式舟桥预展人字架

三角架：用于河口半全形舟泛水时预先展开舟体，由三角架、插销、三角架横撑、滑轮等组成，安装于平台三角架座板上；三角架由钢管焊接而成，其一端用插销固定于平台三角架座板上，并可绕插销侧向旋转，只一端装有滑轮，用于穿绕钢索；三角架水平撑杆中部连接一根横撑，用于保持三角架受力时的稳定及运输状态时固定三角架。如图 14-10 所示。

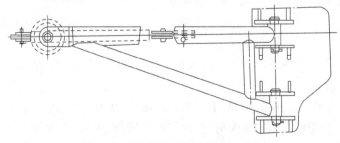

图 14-10　某改进型带式舟桥预展三角架

绞盘钢索滑轮:如图14-11所示,主要用于器材的展开、折叠及装、卸载,由绞盘、滑轮系统组成。

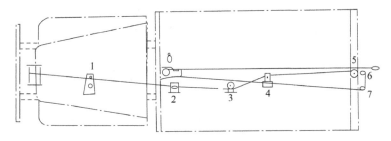

图14-11　某改进型带式舟桥预展钢索路线

绞盘:绞盘为原东风EQ-240越野汽车之绞盘,作了局部改动。

绞盘钢索长度为29.5m,工作长度27m,最大工作拉力为4500kgf。

滑轮系统:用于穿绕钢索及导向,由中间立柱及八个滑轮组成。

平台上的附属设备:并舟具固定装置;舟车紧定具:用于将舟固定在舟车平台上,由钢索、螺杆、摇把组成,每车4个,安装于平台四角;预展保险钢索:用于舟体预展时的保险,防止舟拉过位;后装载钢索:用于舟体装载过程中临时拉住舟体;人字架限位链条。

14.2.2　舟车的发展趋势

14.2.2.1　底盘选型

大吨位、高功率、通行能力强的越野型汽车。改装后其比功率高、机动性能好。舟车发展趋势如图14-12所示。

14.2.2.2　装卸载方式

装载作业装置普遍采用全新的装卸载作业装置和方法,使得装卸载作业更加快捷、可靠、方便。

例如德国的FSB2000型带式舟桥上采用了L形吊架(图14-13)。在装载过程中,舟体的起吊、折叠、上车可以一次连续完成,简化作业程序。其还实现了在陆地上的平稳卸载,有利于器材的维护保养,它的液压绞盘布置在吊架上,最大限度地减少了钢索的导向,提高了机械效率和作业可靠性。

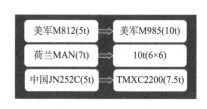

图14-12　舟车发展趋势　　　图14-13　德国FSB2000带式舟桥舟车

又如在法国的PFM带式舟桥车中,采用了导梁式装卸作业装置,舟体在舟车上折叠或者展开,摒弃了传统的吊装、拖舟上车的方法,该装置能够实现浅水装卸载。同时,舟车能够在 4m 高的堤岸上实现卸载,在 2m 高的堤岸上实现装载。如图 14-14 所示。

作业装置的通用性是舟桥舟车发展的又一个特点。

图 14-14 法军 PFMF1 摩托化浮桥舟车

14.2.2.3 通用性好

舟桥的系统中,这类比较多,有河中舟、岸边舟,还有动力舟、汽艇,有的还有辅助器材,例如路面器材等。目前先进国家的舟车大部分都是通用的。例如美军 IRB 改进型带式舟桥中,河中舟与汽艇的舟车完全是一致的,如图 14-15 和图 14-16 所示。而且 IRB 和 SRB 河中舟运输状态也是一致的,如图 14-17 所示。美军 CBT 通用桥梁运输车如图 14-18 所示,俄军舟桥底盘车如图 14-19 ~ 图 14-21 所示。

图 14-15 美军 IRB 改进型带式舟桥舟车

图 14-16 美军 IRB 改进型带式舟桥装车

图 14-17 美军 IRB 和 SRB 河中舟运输状态

图 14-18 美军 CBT 通用桥梁运输车

图 14-19 俄军 ПМП 舟桥运输车

图 14-20 俄军 ПМП 舟桥泛水

14.2.2.4 舟车平台

一般舟车平台都是由纵横梁组成的框架结构,其主要功能是运输状态承载舟体和作业状态辅助作业。国内外舟车中已经有采用作业装置和承载装置功能合二为一的方法,实现舟车无平台化。如 FSB2000 型折叠舟桥舟车中,吊架两侧各装有滚轮轴,车架尾部两侧也装有滚轮轴,舟体上车后直接承载在滚轮上。又如在 PFM 带式舟桥舟车上,导梁式作业装置作业状态时倒下,

图14-21　俄军 ПП-91 舟桥泛水

可以引导舟体,运输状态时水平置于车架上,即可作为舟体支撑架。它们均避免了结构复杂、重量较大的舟车平台,同时也降低了装车高度。

14.3　舟车计算

14.3.1　主要性能计算

舟车的性能一般最终用试验的方法确定,但是在制造后才能进行。当只有技术方案时,需要采用计算和估算的办法来确定和控制舟车性能。舟车性能主要需要计算的包括:舟车总重量、轴荷及轴荷分配、最高车速、爬坡度、稳定性(纵向、横向、转弯)等。

14.3.1.1　总重量

舟车总重量 G 通常由三部分构成:

$$G = G_1 + G_2 + G_3 \tag{14-1}$$

式中:G_1——汽车底盘重量;

G_2——装载单元重量;

G_3——舟车改装部分重量。

汽车底盘重量是所选越野汽车空载重量减去车厢板重量,这个重量通常已知。

装载单元重量主要是带式舟桥浮体重量,通常可以通过单位纵长米浮桥重量换算。60t 钢质浮桥单位纵长米浮桥一般为 1.0～1.3t。

舟车改装部分重量主要包括舟车平台重量、装卸载装置重量及附属设备及备件重量(可以参考现有舟车各部分的重量估算)。

14.3.1.2　轴荷及轴荷分配

(1)舟车承载时的轴荷和轴荷分配。

在装车总布置正视图上标注各大部件的重量、重心位置,即它们距离前桥中心距离 X_i、距离地面垂直距离 Y_i,如图 14-22 所示。

对于三轴越野汽车底盘,设前桥至中后桥中心水平距离为 L,整车重心至前桥中心水平距离为 L_1,重心至中后桥中心距离为 L_2,重心至地面垂直高度为 h,整车(包括装车单元)重量 G,则:

$$L_1 = \frac{\sum G_i \cdot X_i}{\sum G_i} \quad L_2 = L - L_1 \quad h = \frac{\sum G_i \cdot y_i}{\sum G_i} \quad G = \sum G_i$$

前后桥的轴荷分别为：

$$R_1 = \frac{L_2 \cdot G}{L} \quad R_2 = \frac{L_1 \cdot G}{L} \tag{14-2}$$

前后桥的轴荷分配分别为：

$$\eta_1 = \frac{R_1}{G} \times 100\% = \frac{L_2}{L} \times 100\% \tag{14-3}$$

$$\eta_2 = \frac{R_2}{G} \times 100\% = \frac{L_1}{L} \times 100\% \tag{14-4}$$

根据计算值调整各部件在舟车上的布置，以满足轴荷分配要求。

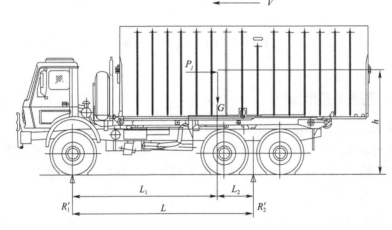

图 14-22　舟车变速时荷重分配

(2) 舟车变速时的轴荷分配。

舟车在加速(减速)行驶时，产生惯性力，改变了轴荷的分配，其变化大小与舟车惯性力和舟车高度有关。

当启动加速时，忽略其他阻力，则：

$$R_2' \cdot L = P_j \cdot h + G \cdot L_1 \tag{14-5}$$

式中：P_j——加速惯性力。

当舟车以中后桥驱动行驶时，最大加速惯性力等于驱动轮的附着力 F，即

$$P_{j\max} = R_2' \cdot \varphi \tag{14-6}$$

式中：φ——附着系数，它与路面、轮胎花纹和内胎气压有关，在公路上通常取 0.7，则：

$$R_2' \cdot L = R_2' \cdot \varphi \cdot h + G \cdot L_1 \tag{14-7}$$

因此得到中后桥和前桥的负荷分别为：

$$R_2' = \frac{GL_1}{L - \varphi h} \quad R_1' = G - R_2' = \frac{G(L_2 - \varphi h)}{L - \varphi h} \tag{14-8}$$

假设舟车以全桥驱动行驶时，则：

$$P_{j\max} = G \cdot \varphi \tag{14-9}$$

由此得到：

$$R'_2 = \frac{G(L_1 + \varphi h)}{L} \quad R'_1 = G - R'_2 = \frac{G(L_2 - \varphi h)}{L} \tag{14-10}$$

当舟车制动时其惯性力与加速惯性力相反,最大值不得超过舟车与路面的附着力 $G \cdot \varphi$,则平衡方程如下:

$$R''_2 \cdot L = G \cdot L_1 - P_j \cdot h = G(L_1 - \varphi \cdot h)$$

由此得到:

$$R''_2 = \frac{G(L_1 - \varphi h)}{L} \quad R''_1 = \frac{G(L_2 + \varphi h)}{L} \tag{14-11}$$

比较舟车在静止或者等速运动和加速或者制动时的轴荷可以发现,在加速时的中后桥(或者前桥)轴荷,比静止或者等速运动时的中后桥(或者前桥)轴荷更大(或者更小),而在制动时正好相反,其比值称为轴荷转移系数。对于全桥驱动的舟车其加速度的轴荷最大转移系数,前桥和中后桥分别为:

$$m'_1 = \frac{R'_1}{R_1} = \frac{L_2 - \varphi \cdot h}{L_2} < 1 \quad m'_2 = \frac{R'_2}{R_2} = \frac{L_1 + \varphi \cdot h}{L_1} > 1 \tag{14-12}$$

制动时轴荷最大转移系数,前桥和中后桥分别为:

$$m''_1 = \frac{R''_1}{R_1} = \frac{L_2 + \varphi \cdot h}{L_2} > 1 \quad m''_2 = \frac{R''_2}{R_2} = \frac{L_1 - \varphi \cdot h}{L_1} < 1 \tag{14-13}$$

m'_2 和 m''_1 均大于1,表示加速时负荷向中后轴转移,反之,制动时负荷向前桥转移。该数据是校核桥轴强度和轮胎极限负荷的依据。

14.3.1.3 最高车速估算

当舟车超载比较严重或采用挂车形式时,需要估算舟车所能达到的最高车速。设发动机以最大功率 P_{max} 输出时所能达到的最高车速为 v_{max},则舟车在水平地面上匀速行驶时的功率平衡方程:

$$P_{max} = \frac{1}{\eta_T} \cdot (P_f + P_w) = \frac{1}{\eta_T} \cdot (f \cdot G \cdot v_{max} + K \cdot F \cdot v_{max}^3)(W) \tag{14-14}$$

式中: η_T——传动系效率,约0.9;

f——滚动阻力系数,通常 0.015~0.02;

G——舟车承重时自重(N);

K——空气阻力系数,为 0.6~0.7N·s²/m⁴;

P_f——舟车克服滚动阻力所需功率,$P_f = f \cdot G \cdot v_{max}$;

P_w——舟车克服迎风阻力所需功率,$P_w = K \cdot F \cdot v_{max}^3$;

v_{max}——最高车速(m/s);

P_{max}——发动机最大净输出功率,即在发动机外特性曲线上的最大功率减去安装在发动机上附件(如风扇、发电机等),通常比发动机特性曲线上在最大功率值低12%~20%。

通过数值迭代求解三次方程式,可以估算舟车能够达到的最高车速。

14.3.1.4 稳定性

(1)纵向行驶稳定性。

舟车上坡行驶时如果地面的法向作用力 $Z_1 = 0$ 时,可能丧失稳定,如图14-23所示。这是由于上长坡,行驶速度低,不做加速运动,故可以忽略惯性力和风阻力。各个作用力在以后轮与地面接触点为中心的力矩平衡式表达如下:

$$Z_1 \cdot L + G \cdot h \cdot \sin\alpha - G \cdot L_2' \cdot \cos\alpha = 0 \tag{14-15}$$

式中:G——舟车的总重量;
L——前桥距后桥中心水平距离;
L_2'——重心距后桥中心水平距离;
Z_1——前桥垂直作用地面的正压力;
α——道路的纵坡度。

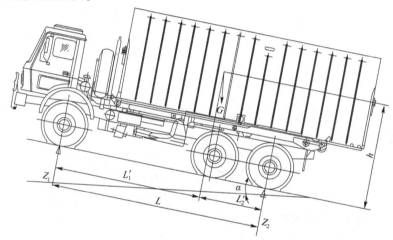

图 14-23 舟车在上坡时惯性力和风阻力

当 $Z_1 = 0$ 时,有关系式:

$$G \cdot h \cdot \sin\alpha - G \cdot L_2' \cdot \cos\alpha = 0 \tag{14-16}$$

因此可能失去操纵稳定性的极限纵坡度为:

$$\alpha_0 = \tan^{-1}\frac{L_2'}{h} \tag{14-17}$$

另外,当舟车下滑力接近于驱动轮上的附着力($F = Z \cdot \varphi$)时,舟车就不能上坡,驱动轮开始打滑。

当中后桥为驱动桥时的条件为:

$$G \cdot \sin\alpha \approx Z_2 \cdot \varphi, \text{而 } Z_2 = \frac{G \cdot L_1' \cdot \cos\alpha + G \cdot h \cdot \sin\alpha}{L}$$

当全桥驱动时的条件为:

$$G \cdot \sin\alpha \approx (Z_2 + Z_1) \cdot \varphi = G \cdot \cos\alpha \cdot \varphi$$

则中后桥为驱动桥时的打滑极限纵坡度为:

$$\alpha_\varphi = \tan^{-1}\frac{L_1' \cdot \varphi}{L - h \cdot \varphi} \tag{14-18}$$

当全桥驱动时打滑极限纵坡度为:

$$\alpha_\varphi = \tan^{-1}\varphi \tag{14-19}$$

式中,附着系数 φ 一般取 0.7 ~ 0.8。为了行驶安全起见,设计者应该使 $\alpha_0 > \alpha_\varphi$,即宁可

打滑不能上坡,也不能使舟车失去操纵控制。现得到舟车中后桥驱动或者全桥驱动行驶的稳定条件分别为:

$$\frac{L_2'}{h} > \frac{L_1' \cdot \varphi}{L - h \cdot \varphi} \quad \frac{L_2'}{h} > \varphi \tag{14-20}$$

(2)横向行驶稳定性。

舟车在横坡上做等速直线行驶时,作用在舟车上的力如图14-24所示。舟车做等速直线行驶时,由整车平衡条件可以得到:

$$Z_1 + Z_2 = G \cdot \cos\beta \tag{14-21}$$

$$Y_1 + Y_2 = G \cdot \sin\beta \tag{14-22}$$

$$Z_1 \cdot \beta + G \cdot h \cdot \sin\beta - \left(\frac{B}{2} - l\right) \cdot G \cdot \cos\beta = 0 \tag{14-23}$$

式中:Z_1、Z_2——两侧轮垂直作用于地面的正压力;

Y_1、Y_2——两侧轮横向水平作用于地表面的摩擦力;

B——两侧轮距离;

l——重心的横倾距离;

β——地面的横倾角。

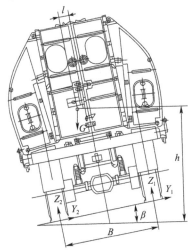

图14-24 舟车在横坡道行驶时的作用力

则得到:

$$Z_1 = \frac{\left(\frac{B}{2} - l\right) \cdot G \cdot \cos\beta - G \cdot h \cdot \sin\beta}{B} \tag{14-24}$$

舟车不会倾覆的条件是$Z_1 \geq 0$,即$\left(\frac{B}{2} - l\right) \cdot G \cdot \cos\beta - G \cdot h \cdot \sin\beta \geq 0$,因此,极限横倾角为:

$$\beta_c = \tan^{-1}\frac{\frac{B}{2} - l}{h} = \tan^{-1}\left(\frac{B - 2l}{2h}\right) \tag{14-25}$$

地面对舟车可以提供的最大侧向力为：
$$Y_{\max} = (Y_1 + Y_2)_{\max} = \mu_c \cdot G \cdot \cos\beta$$

式中：μ_c——侧向附着系数，可以近似地取 $\mu_c = \varphi$，因此舟车不发生侧滑的条件为：

$$Y_1 + Y_2 = G \cdot \sin\beta \leqslant \mu_c \cdot G \cdot \cos\beta \tag{14-26}$$

即舟车不发生横向侧滑的最大坡度为：

$$\beta_\mu = \tan^{-1}\mu_c \tag{14-27}$$

（3）转弯稳定性。

舟车在横坡道上转弯行驶时，如图 14-25 所示，会由于舟车等速曲线运动产生离心力：

$$P_j = \frac{Gv^2}{gR} \tag{14-28}$$

式中：v——行驶速度；

R——转弯半径；

g——重力加速度，一般取 $9.81\,\mathrm{N/kg}$。

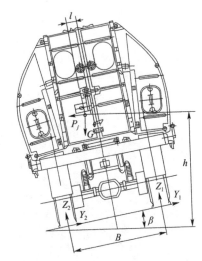

图 14-25　舟车在横坡道转弯行驶时的离心力

由整车平衡条件得到：

$$Z_1 \cdot B + \left(G \cdot \sin\beta + \frac{G \cdot v^2}{gR}\right) \cdot h - (0.5B - l) \cdot G \cdot \cos\beta = 0 \tag{14-29}$$

而不倾覆的条件为 $Z_1 \geqslant 0$。

即得到关系式：

$$(0.5B - l) \cdot \cos\beta - \left(\sin\beta + \frac{v^2}{gR}\right) \cdot h = 0$$

由此得到不倾覆的临界行驶速度为：

$$v_{\mathrm{cr}} = \sqrt{\frac{g \cdot R\left[(0.5B - l) \cdot \cos\beta - h \cdot \sin\beta\right]}{h}} \tag{14-30}$$

所以在坡道上转弯一定要特别注意降低车速。

如果在水平地面上转弯，则：

$$v_{\mathrm{cr}} = \sqrt{\frac{g \cdot R \cdot (0.5B - l)}{h}} \tag{14-31}$$

再分析一下在水平路面上舟车转弯产生侧滑的现象。此时侧向转弯离心力大于或者等于侧向附着力,即

$$P_j \geqslant (Z_1 + Z_2) \cdot \varphi \tag{14-32}$$

得到:

$$v_\varphi \geqslant \sqrt{g \cdot R \cdot \varphi} \tag{14-33}$$

当转弯半径为 R 时,舟车不致侧滑的容许最大速度为:

$$v_{\varphi\,\mathrm{max}} = \sqrt{g \cdot R \cdot \varphi}$$

为了使行车安全,使侧滑发生在翻车前,即

$$v_{\varphi\,\mathrm{max}} < v_{\mathrm{cr}} \tag{14-34}$$

最后得到:

$$\frac{B}{2h} > \varphi$$

这就是转弯稳定性的基本条件。式中 B 是轮距,一般硬路面 φ 取 $0.7 \sim 0.8$。

舟车在装车状态重心普遍较高,通常难以满足该稳定性条件,应该引起注意。在使用中,控制转向速度是非常重要的,否则舟车以超过临界转向速度转向时发生侧滑前有可能发生横向倾覆。

14.3.2 舟车强度计算

14.3.2.1 运输行驶状态下的受力分析

舟车在静止时舟车平台只承受装载单元、部分作业装置、固定在平台上的附件及自重,其总和称为静载,舟车平台在承受静载的同时也承受动荷载。舟车平台的受载情况极为复杂,因此目前在舟车平台设计计算时一般都需要作偏于安全的假设,就是只对主要受力构件做弯曲强度计算。

为了确定舟车在越野行驶时因为地面障碍物引起冲击而产生的垂直动荷载,引入动载系数 K_d,它等于平台上动载与静载的比值,据此也可以确定舟车平台的计算荷载。动载系数的确定可以通过数学和试验的方法,目前比较常用的理论研究和试验结果结合起来导出半经验公式。这类公式简明而准确,如日本文献推荐的较常见的公式:

$$K_d = 1 + \frac{(C_f + C_r) \cdot f}{G} \tag{14-35}$$

而

$$f = \frac{h}{1 + \lambda v_a^2}$$

式中:$C_f + C_r$——前后悬架合成刚度。

$$C_f = \frac{C_{f1} \cdot C_{f2}}{C_{f1} + C_{f2}}; C_r = \frac{C_{r1} \cdot C_{r2}}{C_{r1} + C_{r2}} \tag{14-36}$$

式中:$C_{f1} \cdot C_{f2}$——前悬架的轮胎刚度和悬架刚度;

$C_{r1} \cdot C_{r2}$——后悬架的轮胎刚度和悬架刚度；
f——悬架系统变形(mm)；
h——路面凸起障碍物高度(mm)；
λ——经验系数，取 $1000(km/h)^2$；
v_a——车速(km/h)；
G——车重。

从上面半经验公式中可知：

(1) 当车速增大时，f 也增大，结果使动载系数增大。但是当 $v_a > 100km/h$ 时，式中的 $\lambda/v_a^2 < 0.1$，此时，$f \approx h$，动载系数趋于一定值。

(2) 当路面障碍物高度增加时，动载系数也增大。

(3) 动载系数与悬架系统刚度有密切关系，悬架刚度与车重的比值 $(C_f + C_r)/G$ 越大，动载系数就越大。

此外，根据汽车的设计经验，汽车在实际使用条件下的最大荷载一般为静荷载的 3~4.7 倍，因此也可以直接取动力系数 $K_d = 3 \sim 4.7$。

14.3.2.2 作业状态下的受力分析

作业工况分为卸载作业和装载作业。舟体卸载过程就是克服舟体滑道与平台滚轮的滚动阻力和舟体滑道与平台滑道侧面之间摩擦阻力的过程。试验证明此力不大，故不作为强度计算的依据。舟体装载过程受力因装载方案不同而各异，通常采用的装载方案有两种：

(1) 采用装卸梁，通过绞盘钢索将舟体直接拖拉上车。

(2) 采用吊装+拖装，分两个阶段，第一阶段吊装，利用平台上的吊车起吊舟体一端，同时使舟体折叠，然后部分收回吊架，使舟体一端搁置在平台尾部上，收回吊架；第二阶段拖装，利用绞盘钢索将舟体拉上舟车平台。

先分析吊装过程中的受力。如图 14-26 所示，为了简化计算，取最不利位置，即舟车在地面上后轮没吃水，舟体远岸端直接搁地，近岸端尽量接近平台尾部，此时吊架完全展开，受力最大，计算此工况下的吊装钢索受力作为吊架强度验算的依据。

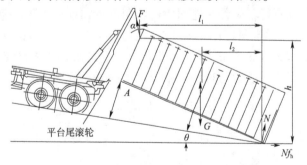

图 14-26 舟车在装车过程中的受力分析

根据试验，吊架在起吊过程中由于加速和减速产生动载，动载系数为 $K_d = 1.09 \sim 1.50$。考虑到操作的突然性等因素，吊架动载系数一般取 $K_d = 2$。

绞盘采用双绞盘时，由于作业过程中两根钢索作业长度不可能完全相等，则受力也不一致。钢索受力的不均匀系数定义为：

$$K_j = 1 + \frac{|P_1 - P_2|}{P_1 + P_2} \tag{14-37}$$

式中：P_1、P_2——两根钢索的拉力值。

则单根钢索的最大拉力值为：

$P_{\max} = K_j \cdot \left(\dfrac{P_1 + P_2}{2}\right)$，根据试验，一般取 $K_j = 1.046 \sim 1.195$。

当舟车在坡度为 θ 的岸坡上吊舟体时，受力简图如图 14-26 所示，有关系式：

$$l_1 \cdot F \cdot \cos\alpha - h \cdot F \cdot \sin\alpha - l_2 \cdot G = 0$$
$$N \cdot \cos\theta - N \cdot f_w \cdot \sin\theta + F \cdot \cos\alpha - G = 0$$
$$N \cdot \sin\theta + N \cdot f_w \cdot \cos\theta - F \cdot \sin\alpha = 0$$

式中：f_w——舟体与地面摩擦系数，取 0.7。

当舟体端底部 A 点恰好达到平台尾滚轮高度，l_1、l_2、h 值可以由作图法或解析法获取，并由联立平衡方程求得钢索拉力 F、交角 α 和地面支撑力 N。计入动载系数 K_d 的钢索拉力为：

$$P = K_d \cdot F \tag{14-38}$$

双钢索时单根钢索最大静拉力为：

$$S = 0.5 \cdot F \cdot K_j \tag{14-39}$$

再进行拖装过程的受力分析。

当舟体端底部滑道在舟车平台尾部滚轮上，钢索拖拉舟体时受力如图 14-27 所示。此时，舟体自重 G、钢索拉力 F、尾部滚轮支反力 N_1 和滚动摩擦阻力 $N_1 \cdot f_G$、地面支撑力 N_2、和滑动摩擦阻力 $N_2 \cdot f_w$ 共同作用下处于平衡状态，有关系式：

$$N_1[\sin(\beta+\theta) + f_G \cdot \cos(\beta+\theta)] + N_2 \cdot (\sin\theta + f_w \cdot \cos\theta) - F \cdot \cos\alpha = 0 \tag{14-40}$$

$$N_1[\cos(\beta+\theta) - f_G \cdot \sin(\beta+\theta)] + N_2 \cdot (\cos\theta - f_w \cdot \sin\theta) - F \cdot \sin\alpha - G = 0 \tag{14-41}$$

$$N_1[l_2 \cdot \cos(\beta+\theta) + h_2 \cdot \sin(\beta+\theta)] - F \cdot (l_1 \cdot \sin\alpha + h_1 \cdot \cos\alpha) - l_3 \cdot G = 0 \tag{14-42}$$

式中：f_G——滚动摩擦系数，取 0.1；

f_w——滑动摩擦系数，取 0.7。

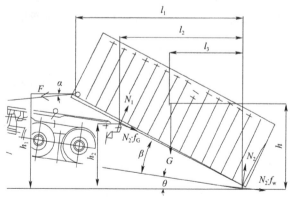

图 14-27 钢索受力分析

当坡度 θ 确定时，随着舟体向上爬升，舟体与地面的夹角 β 不断增加，l_1、l_2、l_3 及 h_1、h_2、α 可由作图或者解析的方法获取。由联系平衡方法可求得舟体不同位置，即不同 β 角下的

钢索拉力 F,滚轮压力 N_1 及地面支撑力 N_2。

通常随着 β 增加,F、N_1 会不断增加,N_2 会不断减少,舟体爬升到一定程度,β 角达到最大值时 $N_2 \to 0$,此时,舟体处于翻转的瞬间,舟体尾部脱离地面,不再受地面支撑,根据三力平衡时共点原理,可直接用作图法或解析法计算出 F、N_1,而不必解联立方程。

N_1 作为尾滚轮和平台尾梁强度的计算依据,根据试验,装载时滚轮的动载系数为 1.145~1.25。

可以确定单根钢索的最大受力。通常拖装舟体受力比吊装舟体时受力更危险,取其最大值作为滑轮强度的设计依据。

14.3.2.3 钢索滑轮系统的受力分析

(1)钢索强度计算。

钢索受力情况复杂多变,一般采用静力计算法。动载影响通过安全系数考虑,即钢索中最大静力拉力 S_{max} 应该满足:

$$S_{max} \leqslant \frac{S_b}{n} \tag{14-43}$$

式中:S_{max}——正常工作状况时钢索受到的最大静力拉力,考虑滑轮组的效率;

S_b——破断拉力,可以根据钢索型号查有关手册得到;

n——安全系数,舟车钢索安全系数通常在 3~4 之间取值。

(2)滑轮计算。

舟车上通常采用定滑轮来导向钢索,以改变钢索传力拉力的方向,舟车上滑轮的材料通常铸铁。滑轮直接安装在心轴上,轮毂宽度与轮毂直径比一般为 1.19~1.43。滑轮直径大小直接影响钢索的使用寿命及滑轮效率,故滑轮直径 D 应该小于容许的最小值:

$$D \geqslant e \cdot d \tag{14-44}$$

式中:d——钢索直径;

e——系数,在舟车上取 6.15~11.5。

在机构尺寸容许的情况下,特别是对于僵性较大的钢索应该尽量可能增大滑轮直径,以延长钢索的寿命及提高滑轮的效率。

滑轮的效率还同钢索绕过滑轮的包角有关,包角越大,效率越低,通常舟车单个滑轮的效率在 0.94~0.96 之间。为了简便起见,常常对每个滑轮效率不再详细计算,而取 0.94~0.96 范围内一个同样的值。

滑轮直接套装在心轴上,构成滑动轴承摩擦副。由于舟车绞盘速度较慢,故其承载能力主要受单位压力 P 值控制,舟车滑轮 P 值一般在 21~72MPa 之间,该值远大于手册中规定的容许值,表面舟车滑轮与心轴之间为混合摩擦状态。滑轮的工作是以磨损轮毂为代价的。

附录A 弹性基础连续梁桥各种公式

A.1 无限长弹性基础梁有关公式

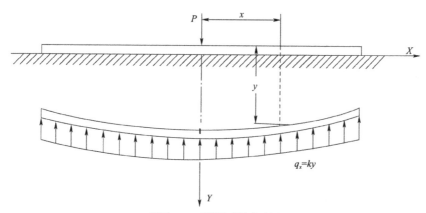

附图 A-1 无限长弹性基础梁

挠度公式为:

$$y = \frac{P}{8EJ\beta^3} e^{-\beta x}(\cos\beta x + \sin\beta x) \quad \text{(附 A-1a)}$$

转角公式为:

$$\theta = -\frac{P}{4EJ\beta^2} e^{-\beta x} \sin\beta x \quad \text{(附 A-1b)}$$

弯矩公式为:

$$M = \frac{P}{4\beta} e^{-\beta x}(\cos\beta x - \sin\beta x) \quad \text{(附 A-1c)}$$

剪力公式为:

$$Q = -\frac{P}{2} e^{-\beta x} \cos\beta x \quad \text{(附 A-1d)}$$

A.2 弹性基础梁有关函数

1) 四个函数

引入四个函数符号 η_1、η_2、η_3、η_4:

$$\eta_1 = e^{-\beta x}(\cos\beta x + \sin\beta x) \quad \text{(附 A-2a)}$$

$$\eta_2 = e^{-\beta x}\sin\beta x \quad \text{(附 A-2b)}$$

$$\eta_3 = e^{-\beta x}(\cos\beta x - \sin\beta x) \quad \text{(附 A-2c)}$$

$$\eta_4 = e^{-\beta x}\cos\beta x \quad \text{(附 A-2d)}$$

代入式(附 A-1)得:

$$y = \frac{P}{8EJ\beta^3}\eta_1 \quad \text{(附 A-3a)}$$

$$\theta = -\frac{P}{4EJ\beta^2}\eta_2 \quad \text{(附 A-3b)}$$

$$M = \frac{P}{4\beta}\eta_3 \quad \text{(附 A-3c)}$$

$$Q = -\frac{P}{2}\eta_4 \quad \text{(附 A-3d)}$$

式中:η_1、η_2、η_3、η_4 可根据 βx 值计算后,得出各数值,其图形如附图 A-2 所示,η_1、η_2、η_3 和 η_4 亦可写成 $\eta_1(x)$、$\eta_2(x)$、$\eta_3(x)$ 和 $\eta_4(x)$。

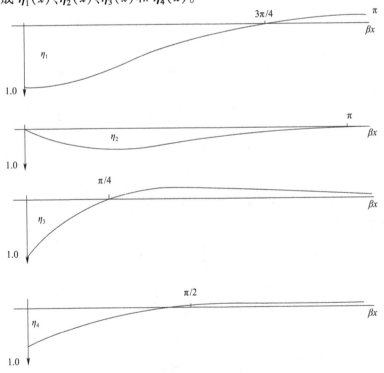

附图 A-2　函数 η_1、η_2、η_3 和 η_4 图形

2) 四个函数的性质

(1) 周期性。都是由三角函数组成,故都是以 2π 为周期,作正负波浪式变化。

(2) 收敛性。式中都有 $e^{-\beta x}$ 因子,随着 βx 的增加而衰减,经过了半个波即 $\beta x = \pi$ 以后,其数值衰减的倍数为:

$$e^{-(\beta x+\pi)}/e^{-\beta x} = e^{-\pi} = 0.04321$$

经过了全波 $\beta x = 2\pi$ 以后,衰减到 0.002。

(3)循环性。四个函数之间有循环的微分和积分关系。

微分关系：

$$\begin{cases} \eta_1'(x) = -2\beta\eta_2(x) \\ \eta_2'(x) = \beta\eta_3(x) \\ \eta_3'(x) = -2\beta\eta_4(x) \\ \eta_4'(x) = -\beta\eta_1(x) \end{cases} \quad (\text{附 A-4})$$

积分关系：

$$\begin{cases} \int \eta_1(x)\mathrm{d}x = -\dfrac{1}{\beta}\eta_4(x) + C \\ \int \eta_2(x)\mathrm{d}x = -\dfrac{1}{2\beta}\eta_1(x) + C \\ \int \eta_3(x)\mathrm{d}x = \dfrac{1}{\beta}\eta_2(x) + C \\ \int \eta_4(x)\mathrm{d}x = -\dfrac{1}{2\beta}\eta_3(x) + C \end{cases} \quad (\text{附 A-5})$$

(4)和差关系。

$$\eta_1(x) = \eta_2(x) + \eta_4(x) \quad (\text{附 A-6a})$$

$$\eta_3(x) = \eta_4(x) - \eta_2(x) \quad (\text{附 A-6b})$$

$$\eta_4(x) = \frac{\eta_1(x) + \eta_3(x)}{2} \quad (\text{附 A-6c})$$

$$\eta_2(x) = \frac{\eta_1(x) - \eta_3(x)}{2} \quad (\text{附 A-6d})$$

(5)其他关系。

$$\eta_3(a)\eta_1(a) - 2\eta_4(a)\eta_2(a) = \eta_3(2a) \quad (\text{附 A-7a})$$

$$2\eta_4(a)\eta_4(a) - \eta_3(a)\eta_3(a) = \eta_1(2a) \quad (\text{附 A-7b})$$

A.3 弹性基础梁在其他条件下的有关公式

1)在集中力矩作用下的有关公式

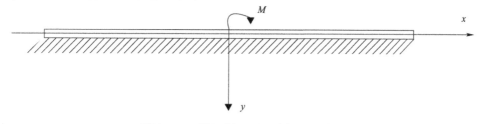

附图 A-3 无限长弹性基础梁受集中力矩作用

挠度：

$$y = \frac{\beta^2}{k}M\eta_2 = \frac{\beta^2 l}{\gamma F_0}M\eta_2 \quad (\text{附 A-8a})$$

转角：
$$\theta = \frac{\beta^3}{k}M\eta_3 = \frac{\beta^3 l}{\gamma F_0}M\eta_3 \qquad (附\text{A-8b})$$

弯矩：
$$M = \frac{1}{2}M\eta_4 \qquad (附\text{A-8c})$$

剪力：
$$Q = \frac{\beta}{2}M\eta_1 \qquad (附\text{A-8d})$$

2）在集中转角作用下的有关公式

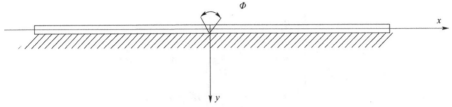

附图 A-4　无限长弹性基础梁受集中转角作用

挠度：
$$y = \frac{1}{4\beta}\Phi\eta_3 \qquad (附\text{A-9a})$$

转角：
$$\theta = \frac{1}{2}\Phi\eta_4 \qquad (附\text{A-9b})$$

弯矩：
$$M = \frac{EI\beta}{2}\Phi\eta_1 \qquad (附\text{A-9c})$$

剪力：
$$Q = EI\beta^2\Phi\eta_2 \qquad (附\text{A-9d})$$

3）在集中变位作用下的有关公式

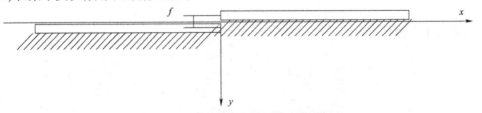

附图 A-5　无限长弹性基础梁受集中位移作用

挠度：
$$y = \frac{1}{2}f\eta_4 \qquad (附\text{A-10a})$$

转角：
$$\theta = \frac{\beta}{2}f\eta_1 \qquad (附\text{A-10b})$$

弯矩：
$$M = EI\beta^2 f\eta_2 \quad \text{（附 A-10c）}$$

剪力：
$$Q = EI\beta^3 f\eta_3 \quad \text{（附 A-10d）}$$

A.4 半无限长弹性基础梁的有关公式

1）在集中力作用下的有关公式

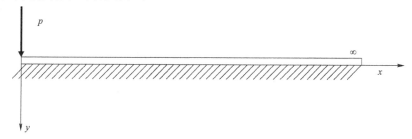

附图 A-6 半无限长浮桥受集中力作用

挠度：
$$y_x = \frac{P}{2EJ\beta^3}\eta_4 \quad \text{（附 A-11a）}$$

转角：
$$\theta_x = \frac{P}{2EJ\beta^2}\eta_1 \quad \text{（附 A-11b）}$$

弯矩：
$$M_x = -\frac{P}{\beta}\eta_2 \quad \text{（附 A-11c）}$$

剪力：
$$Q_x = -P\eta_3 \quad \text{（附 A-11d）}$$

2）在集中力矩作用下的有关公式

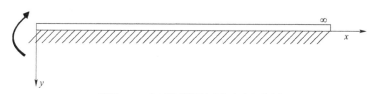

附图 A-7 半无限长浮桥受集中力矩作用

挠度：
$$y_x = -\frac{M}{2EJ\beta^2}\eta_3 \quad \text{（附 A-12a）}$$

转角：
$$\theta_x = \frac{M}{\beta EJ}\eta_4 \quad \text{（附 A-12b）}$$

弯矩：
$$M_x = M\eta_1 \tag{附 A-12c}$$

剪力：
$$Q_x = -2M\eta_2 \tag{附 A-12d}$$

3) 在集中转角作用下的有关公式

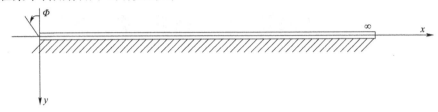

附图 A-8　半无限长浮桥受集中转角作用

挠度：
$$y_x = \frac{\phi}{\beta}\eta_2 \tag{附 A-13a}$$

转角：
$$\theta_x = \phi\eta_3 \tag{附 A-13b}$$

弯矩：
$$M_x = -2EJ\beta\phi\eta_4 \tag{附 A-13c}$$

剪力：
$$Q_x = 2EJ\phi\beta^2\eta_1 \tag{附 A-13d}$$

4) 在集中变位作用下的有关公式

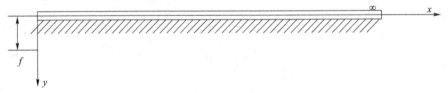

附图 A-9　半无限长浮桥受集中位移作用

挠度：
$$y_x = f\eta_1 \tag{附 A-14a}$$

转角：
$$\theta_x = -2\beta f\eta_2 \tag{附 A-14b}$$

弯矩：
$$M_x = -2EJ\beta^2 f\eta_3 \tag{附 A-14c}$$

剪力：
$$Q_x = 4EJ\beta^3 f\eta_4 \tag{附 A-14d}$$

附录B 各类锚绳材料参数

B.1 D型钢丝绳参数表

GB335-64 6×19			GB358-64 6×37		
钢索直径 (mm)	1纵长米钢索的重量 (N)	最小破坏拉力 (N)	钢索直径 (mm)	1纵长米钢索的重量 (N)	最小破坏拉力 (N)
7.7	2.1	28500	6.7	1.6	20600
9.3	3.1	41000	7.4	1.9	24700
11.0	4.2	55900	8.0	2.3	29300
12.5	5.3	73000	8.7	2.6	34200
14.0	6.9	92400	11.0	4.1	53500
15.5	8.5	114000	13.0	5.9	77100
17.0	10.3	138000	15.5	8.0	105000
18.5	12.2	164000	17.5	10.5	137000
20.0	14.3	192500	19.5	13.3	173500
22.0	16.6	223500	22.0	16.5	214000
23.5	19.0	256500	24.0	19.9	259000
25.0	21.7	292000	26.0	23.8	308500
26.5	24.5	329500	28.5	27.7	362000
28.0	27.4	369500	30.5	32.2	420000
31.0	33.9	456000	32.5	36.8	482000
34.0	41.1	552000	35.0	42.1	548500
37.0	48.8	657000	37.0	47.5	619000
40.5	57.4	771000	39.0	53.1	694000
43.5	66.4	894500	43.5	65.7	857000
46.5	76.4	1025000	47.5	79.4	1035000
			52.0	94.5	1230000
			56.5	111.0	1445000

续上表

GB362-64 7×19			GB363-64 7×37		
钢索直径 (mm)	1纵长米钢索的重量 (N)	最小破坏拉力 (N)	钢索直径 (mm)	1纵长米钢索的重量 (N)	最小破坏拉力 (N)
7.5	2.3	33200	6.51	1.7	24000
8.25	2.8	40200	7.14	2.1	28900
9.0	3.3	47900	7.77	2.5	34200
9.75	3.9	56200	8.40	2.9	40000
10.5	4.5	65200	10.5	4.5	62500
12.0	5.9	85100	13.0	6.4	90000
13.5	7.5	107500	15.0	8.8	122500
15.0	9.3	133000	17.0	11.4	160000
16.5	11.2	161000	19.0	14.4	202500
18.0	13.3	191500	21.0	19.7	250000
19.5	15.6	224500	23.5	21.7	302500
21.0	18.1	260500	25.5	25.8	360000
22.5	20.7	299000	27.5	30.3	422500
24.0	23.7	340500	29.5	35.1	490000
25.5	26.8	384500	31.5	40.1	562500
27.0	29.9	431000	34.0	45.8	640000
30.0	37.0	532000	36.0	51.7	722500
33.0	44.8	644000	38.0	57.9	810000
36.0	53.3	766500	42.0	71.5	1000000
39.0	62.6	899500	46.5	86.9	1210000
42.0	72.5	1040000	50.5	102.9	1440000
45.0	83.3	1195000	55.0	120.9	1690000
GB362-64 8×19			GB360-64 8×37		
钢索直径 (mm)	1纵长米钢索的重量 (N)	最小破坏拉力 (N)	钢索直径 (mm)	1纵长米钢索的重量 (N)	最小破坏拉力 (N)
11.5	4.2	54700	10.5	3.7	45700
12.5	4.9	64200	13.0	5.7	71400
13.5	5.7	74500	16.0	8.3	102500
15.0	7.5	97300	18.5	11.3	140000
17.0	9.5	123000	21.0	14.7	182500
19.0	11.7	152000	23.5	18.6	231000

续上表

GB362-64 8×19			GB360-64 8×37		
钢索直径 (mm)	1纵长米钢索的重量 (N)	最小破坏拉力 (N)	钢索直径 (mm)	1纵长米钢索的重量 (N)	最小破坏拉力 (N)
20.5	14.2	184000	26.5	23.1	285500
22.5	16.8	219000	29.0	27.9	345500
24.5	19.8	257000	31.5	33.2	411500
26.0	22.9	298000	34.0	39.0	483000
28.0	26.2	342000	36.5	45.2	560000
30.0	29.9	389000	39.5	51.6	643000
32.0	33.8	439500	42.0	58.9	731500
33.5	37.8	492500			
37.5	46.8	608500			
41.0	56.6	736000			

注：钢丝绳公称抗拉强度为15MPa。

B.2 麻绳诸元

直径 (cm)	周长 (cm)	未涂焦油的麻绳		涂焦油的麻绳	
		100纵长米重量 (N)	麻绳的拉断力 (N)	100纵长米重量 (N)	麻绳的拉断力 (N)
1.11	3.5	87.5	6100	103	5750
1.27	4.0	117	7750	138	7350
1.43	4.5	146	9450	172	8950
1.59	5.0	174	11200	205	10650
1.91	6.0	248	15700	293	14900
2.07	6.5	293	17550	346	16650
2.39	7.5	395	23930	466	22260
2.87	9.0	572	34330	675	32230
3.18	10.0	700	40130	826	37670
3.66	11.5	920	51150	1086	48510
3.98	12.5	1100	58250	1300	55250
4.78	15.0	1560	83900	1841	79600
5.57	17.5	2160	107400	2550	101850
6.37	20.0	2800	138050	3304	130900
7.96	23.0	4400	201800	5192	191400

注：涂焦油的麻绳系由涂焦油的麻绳股制成。

B.3 聚乙烯塑料绳诸元

直径(mm)	拉力(N)	标距长(cm)	标距断长(cm)	总伸长(cm)	延伸率(%)
12	9120	10	20.3	10.3	130
14	13100	10	23	13	130
16	16300	10	23	13	130
20	25300	10	23	13	130
24	33700	6	14	8	133
32	58300	10			
36	63400				130
40	68800				130

注:1. 聚乙烯塑料绳由聚乙烯颗粒或聚乙烯单丝塑料制作而成。
　　2. 适用温度在 -20~50℃。

参考文献

[1] 吴培德,刘建成,林铸明.带式舟桥[M].北京:国防工业出版社,2005.

[2] 林铸明,陈徐均.移动荷载作用下弹性基础梁的计算[J].解放军理工大学学报.2004.

[3] 王景全,沈庆.渡海登陆特种浮式结构工程[M].北京:国防工业出版社,2003.

[4] 林铸明,吴培德.桥梁车辆振动分析理论述评[J].工兵装备研究.2003.

[5] 曹雪琴.钢桁梁桥横向振动[M].北京:中国铁道出版社,1991.

[6] 曹雪琴.桥梁结构动力分析[M].北京:中国铁道出版社,1987.

[7] 王福天.车辆动力学[M].北京:中国铁道出版社,1981.

[8] 李国豪.桥梁结构稳定与振动[M].北京:中国铁道出版社,1996.

[9] 王家麟,李志刚,袁辉,等.舟桥结构与计算[M].南京:工程兵工程学院,1995.

[10] 俞载道.结构动力学基础[M].上海:同济大学出版社,1987.

[11] 中国人民解放军总参谋部兵种部.渡河教范[M].北京:解放军出版社,1999.

[12] R.W.克拉夫,J.彭津.结构动力学[M].北京:科学出版社,1981.

[13] 中国人民解放军89001部队.无锡:七四式重型舟桥设计计算说明书[R].1979.

[14] 工程装备专业委员会渡河桥梁学组第十届年会,渡河桥梁学组第十届年会论文集,2002.

[15] 工程装备专业委员会,某代重型舟桥专题研讨会论文集[C].2002.

[16] 中国人民解放军总装备部,武器装备订购与质量监督国家军用标准实施指南,2000.

[17] 中国人民解放军总参谋部兵种部.工程兵专业技术教材[M].北京:解放军出版社,1999.

[18] 董涤新,洪修和,等.浮桥结构与计算[M].南京:中国人民解放军工程兵工程学院训练部,1982.

[19] 中国人民解放军总参谋部兵种部.渡河教范[M].北京:解放军出版社,1998.

[20] 李国豪.桥梁结构稳定与振动[M].北京:中国铁道出版社,1992.

[21] 宁晓骏,何发礼,强士中.车桥耦合振动研究在轮轨接触几何非线性的考虑[J].桥梁建设.1998.

[22] 封长虹.外军高技术与现代军事讲座[M].北京:军事科学出版社,1994.

[23] 李开荣.军事高技术概论[M].西安:陕西科学技术出版社,1996.

[24] 邓泽生.21世纪高技术局部战争大趋势[M].北京:国防大学出版社,1997.

[25] 刘森山.高技术局部条件下的作战[M].北京:军事科学出版社,1994.

[26] 钱月明.高技术条件下工程装备技术保障[M].北京:国防工业出版社,1998.

[27] 军代表工作丛书. 文件选编. 总装工程兵军事代表处. 1999.
[28] 林铸明. 某代重型舟桥综合论证报告. 总装工程兵科研一所, 2003.
[29] 总参装备部. 美法两国陆军武器装备简介. 1986.
[30] 总参谋部兵种部. 渡河教范[M]. 北京: 解放军出版社, 1989.
[31] 渡河桥梁学组第十四届年会论文集[C]. 无锡: 总装工程兵科研一所, 2010.
[32] 渡河桥梁学组第十三届年会论文集[C]. 无锡: 总装工程兵科研一所, 2008.
[33] 渡河桥梁学组第十二届年会论文集[C]. 无锡: 总装工程兵科研一所, 2006.
[34] 渡河桥梁学组第十一届年会论文集[C]. 广州: 广州军区工程科研设计所, 2004.
[35] 渡河桥梁学组第十届年会论文集[C]. 赤壁: 国营第446厂, 2002.
[36] 渡河桥梁学组第九届年会论文集[C]. 广州: 广州军区工程科研设计所, 2000.
[37] 渡河桥梁学组第八届年会论文集[C]. 无锡: 总装工程兵科研一所, 1998.
[38] 渡河桥梁学组第七届年会论文集[C]. 北京: 总装工程兵科研二所, 1996.
[39] 渡河桥梁学组第六届年会论文集[C]. 南京: 工程兵工程学院, 1995.
[40] 渡河桥梁学组第五届年会论文集[C]. 蒲圻: 446厂, 1994.
[41] 渡河桥梁学组第四届年会论文集[C]. 秦皇岛: 耀华玻璃钢厂, 1993.
[42] 渡河桥梁学组第三届年会论文集[C]. 广州: 广州军区工程科研设计所, 1992.
[43] 渡河桥梁学组第二届年会论文集[C]. 无锡: 总装工程兵科研一所, 1991.
[44] 渡河桥梁学组第一届年会论文集[C]. 无锡: 总装工程兵科研一所, 1989.
[45] 林铸明、孙建群、刘建成等. 某舟桥使用维护说明书. 无锡: 总装工程兵科研一所, 2010.
[46] 王国强. 实用工程数值模拟技术及在ANSYS上的实践[M]. 西北工业大学出版社, 1999.
[47] 林铸明. 试论2010年前我军舟桥骨干技术型号发展[J]. 工兵装备研究. 1999(1): 22-27.
[48] 牛焱明. 外军渡河桥梁器材的发展趋势[J]. 工兵装备研究. 1996(3): 1-4.
[49] 葛荣林. 战斗中克服江河障碍的计算方法[J]. 外军工程装备与技术. 1994(4): 14-24.
[50] 葛荣林. m-91舟桥纵列[J]. 外军工程装备与技术. 1994(4): 36.
[51] 孙传富. 德国陆军桥梁和渡河器材方案[J]. 外军工程装备与技术, 1995(4): 5-8.
[52] 牛焱明. 克服水障碍[J]. 外军工程装备与技术. 1992(3): 7-10.
[53] 韩东才. 外军渡河桥梁装备发展趋势[J]. 外军工程装备与技术, 1992(4): 1-10.
[54] 郭牧. 实现老舟桥兵的理想[J]. 工兵装备研究, 2000(4): 6-9.
[55] 孙文俊. 渡河桥梁装备器材的使用极限[J]. 工兵装备研究, 1997(4): 23-27.
[56] 宋纪祥. 从渡江河进攻作战特点看渡河器材发展的要求[J]. 工兵装备研究, 1984(1): 24-27.
[57] 王建民. 关于长江专用舟桥器材初步设想[J]. 工兵装备研究, 1984(1): 31-32.
[58] 王礼友. 关于克服黄河障碍的能力和设想[J]. 工兵装备研究, 1984(1): 33-36.
[59] 曾国松. 四十年我军舟桥装备发展的历史经验[J]. 工兵装备研究, 2001(1): 59-62.
[60] 孙传富. 北约渡河桥梁器材现状与发展[J]. 工兵装备研究, 1985(3): 9-11.
[61] 林俊祥. 战役机动渡长江相关相关问题探险讨[J]. 工程装备论证与试验, 1999(4): 20-22.

[62] 王建平.宽大江河机动保障优选渡河方法[J].工程装备论证与试验,1999(1):19-23.

[63] 林俊祥.1996—1998年外军渡河桥梁装备现状与发展[J].工程装备论证与试验,1999(1):10-14.

[64] 张金元.对舟桥旅装备问题的思考[J].工程装备论证与试验,1995(3):17-20.

[65] 吴培德.高技术在我军渡河桥梁装备中的应用与发展[J].工程装备论证与试验,1997(3):14-18.

[66] 吴培德.桥脚分置式浮桥向带式浮桥过渡[J].工程装备论证与试验,1990(2):20-26.

[67] 谭笃光.舟桥器材流速适应性论证的一个概率模型[J].工程装备论证与试验,1989(2):2-11.

[68] 吴耀坤.从西德渡河桥梁器材看我军渡河桥梁器材的发展[J].工程装备论证与试验,1989(2):26-30.

[69] 王建平,程建生,黄新磊,等.渡河工程[M].北京:人民交通出版社股份有限公司,2018.

[70] 王建平.浮桥工程[M].北京:人民交通出版社,2012.

[71] 程建生,段金辉,陈启飞.渡河[M].南京:陆军工程大学,2020.

[72] 裴志勇,赵庆亮,卢梦缔,等.承压舟舟桥[M].北京:科学出版社,2019.

[73] 廖成栋,王永勤,吴爽,等.履带式自行舟桥设计研究[J].科技创新与应用,2020,(27):84-90.

[74] 卢康.一种适合军民融合发展的动力舟桥[J].中国水运,2019,(8):58-61.

[75] ПММ-2自行舟桥水上展开的动力学研究[J].造船技术,2020,(1):20-22.

[76] 王建平,陈鹏辉,程建生,等.基于模块化理论的某带式舟桥模块划分研究[J].四川兵工学报,2014,35(7):121-124.

[77] 余文明,焦宝山,黄新磊,等.某舟桥作业车的设计开发[J].国防交通工程与技术,2019,17(3):1-4.

[78] 江召兵,陈徐均,赵红亮.浮桥运动响应分析的非线性间隙单元构造与应用[J].工程力学,2012,29(10):335-339.

[79] 张军,贺方倩.移动车辆作用下铰接梁式浮桥的动力响应[J].振动与冲击,2022,41(2):193-199.

[80] 周继波,程建生,段金辉.基于PID算法的浮桥适时动力固定技术实现[J].科技创新与应用,2021,(23):19-22.

[81] 黄恒,陈徐均,施杰,等.移动荷载作用下考虑纵向连接间隙的浮桥结构计算[J].兵工学报,2020,41(8):1665-1674.

[82] 王建平,杨双双,王瑾,等.浮桥锚纲卧链长度计算及锚定安全判别[J].兵器装备工程学报,2016,37(3):1-5.

[83] 苗玉基,陈徐均,叶永林,等.波流联合作用下通载浮桥动力特性研究[J].船舶力学,2021,25(2):228-237.